市场营销学

SHICHANG YINGXIAOXUE

主　编　闫永博　张　涛
副主编　谢　婷　刘梓豪　杨晓妮

广东高等教育出版社
Guangdong Higher Education Press
·广州·

内容简介

本书是根据教育部最新教材改革精神要求编写的一本实用性教材。全书共分为十二章：市场营销导论，市场营销环境，市场分析，市场营销调研与预测，市场细分与目标市场选择，市场竞争策略，产品策略，价格策略，分销渠道策略，促销组合，市场营销计划、组织与控制，服务市场营销。本书在吸收国内外市场营销研究的理论和分析企业市场营销实践的基础上，阐明了市场营销的基本理论、基本知识、基本方法和基本策略，通俗易懂、深入浅出、简明扼要、实用性强。本书可作为高职高专院校经济管理类相关专业的市场营销学教材，也可供相关人士阅读参考。

图书在版编目（CIP）数据

市场营销学/闫永博，张涛主编. —广州：广东高等教育出版社，2017.8（2019.7重印）

ISBN 978-7-5361-5953-2

Ⅰ. ①市… Ⅱ. ①闫… ②张… Ⅲ. ①市场营销学-高等职业教育-教材 Ⅳ. ①F713.50

中国版本图书馆CIP数据核字（2017）第151464号

出版发行	广东高等教育出版社 地址：广州市天河区林和西横路 邮政编码：510500　电话：（020）87551597　87551077 http://www.gdgjs.com.cn
印　　刷	广东信源彩色印务有限公司
开　　本	787毫米×1 092毫米　1/16
印　　张	17.5
字　　数	405千
版　　次	2017年8月第1版　2019年7月第3次印刷
定　　价	39.80元

前　言

市场营销又称为市场行销，简称“营销”或者“行销”，是企业或其他组织以满足用户需求为中心进行的一系列活动。市场营销学是研究企业市场营销活动及其规律性的学科，具有综合性、实践性、创新性等特点。市场营销学的任务是通过理论教学和实践操作，使学生树立正确的营销理念，掌握市场营销的基本策略，拓展学生的思维空间，为其后续的营销实务课程和实际应用打好扎实的基础。

本教材以市场营销的基本内容为主线，以培养学生树立正确的营销理念、掌握营销运作的操作技能为目的，阐述了市场营销的基本理论、基本知识、基本方法和基本策略，力求达到内容丰富、体系完整，符合当前高等院校，特别是高等职业技术院校的教学需要。

本教材在编写过程中，吸收借鉴了国内外一些相关研究成果，引用和加工了一些国内外资料中的营销案例，以丰富和充实教材内容。本教材具有以下特色：

(1) 较为系统、全面地介绍了现代市场营销的基础理论、方法与运作策略，系统介绍和阐述了现代市场营销学的核心内容。

(2) 紧跟现代市场营销理论的最新发展和前沿研究成果，以使学生了解和把握学科发展的新动态和新进展。

(3) 反映现代企业营销实践的发展和经验教训，结合大量经典案例，以增强学生的实践经验，培养学生分析和解决实际问题的能力。

(4) 充分体现市场营销学科的实践性和应用性特点，力求书中介绍的方法、策略与技巧对企业营销管理和运作具有更强的指导性、实用性和可操作性。

本教材由广东职业技术学院教师闫永博、张涛担任主编，广东职业技术学院教师谢婷、刘梓豪，广州开海信息技术有限公司市场总监（CMO）杨晓妮担任副主编。具体编写分工如下：闫永博编写第一、二章；张涛编写第三、四章；谢婷编写第五、六、七章；刘梓豪编写第八、九、十章；杨晓妮编写第十一、十二章；全书由闫永博负责整体构思、大纲编写，并对各章节内容进行修改和补充；由张涛负责全书内容的统筹和审查。本教材在编写过程中得到了华南师范大学李永杰教授和刘汉辉副教授、中共广东省委党校张海梅教授、广东生态工程职业学院尹冬梅副教授、佛山科学技术学院李婧媛老师的支持和帮助，在此表示诚挚的谢意。

本教材是为了适应高等职业技术院校财经商贸大类专业的教学需要而编写，同时也可作为企业管理者、营销人员的培训或自学用书。由于编者水平有限，书中难免有一些不足之处，敬请读者指正。

编　者

2019 年 7 月

目录

CONTENTS

第一章　市场营销导论

【学习目标】

1. 掌握市场营销的概念，了解市场营销学的性质和内容
2. 了解市场营销观念，掌握市场观念、社会营销观念
3. 了解市场营销的职能
4. 了解市场营销管理的含义、实质、任务和过程
5. 了解市场营销组合，掌握4P营销组合理论和4C营销组合理论

【引导案例】

某商场的“挥泪大甩卖”

位于广州市天河区的某商场是一个以经营服装鞋帽为主的商场。近年来，由于受行业不景气的大环境影响以及电子商务蓬勃兴起的冲击，生意比较平淡，大批服装和鞋类商品积压，使商场举步维艰。其中，仅旅游鞋就占用了400万元资金。为了摆脱被动局面，2016年11月，商场用了半个月时间5折销售旅游鞋。商场在南方都市报、广州电视台等当地颇具影响力的媒体上对此次促销活动做了广告宣传，并宣称此次促销是“挥泪大甩卖”，将使商场亏损上百万元，目的在于加速资金周转，盘活流动资金。

广告宣传起到了明显效果。促销活动开始后，商场内每天顾客熙熙攘攘，收银柜台前排了长长的等待付款的顾客队伍，这种情况持续了15天。促销活动结束后，商场盘点，旅游鞋存货全部卖完。由于促销活动吸引了人气，带动了没有参与促销活动的其他种类商品的销售，商场不但没有亏损，反而净赚了近百万元。

（资料来源：根据广州市天河区某商场市场调研材料整理。）

思考：

某商场促销成功的原因是什么？

当今社会是一个发展十分迅速的社会，科学技术的发展日新月异，消费者的需求瞬息万变，导致市场竞争异常激烈。在这种情况下，企业能否有效地分析和识别消费者的需求，并通过有效的营销活动，促进消费者需求的满足，就成了企业能否在激烈的市场竞争中站稳脚跟的关键因素，也是在当前市场经济条件下企业一切经济活动的集中体现。一个企业自诞生之日起，就开始和市场有着必然的联系，企业的利润与目标能否实现，实现效益的好坏，都与市场活动能否取得成效密切相关。市场是所有企业从事生产经营活动的出发点和归宿，是不同国家、地区、行业的生产者相互联系和竞争的载体。

第一节　市场营销的概念

一、市场营销的定义

学习和研究市场营销，首先必须明确什么是市场营销。市场营销源于英语“marketing”一词，它既可以表示市场营销学（或市场学）这门学科，也可指市场营销方面的活动。

目前理论界对市场营销还没有一个统一的定义，国内外营销学者和相关组织均从某个角度对其内涵进行了阐述和探讨。美国著名的市场营销学者菲利普·科特勒（Philip Kotler，1983）对市场营销做了以下定义，他认为：“营销是个人和集体通过创造、提供出售，并同别人交换产品和价值，以获得其所需所欲之物的一种社会和管理过程。”① 美国市场营销协会（American Marketing Association，AMA）于1985年对市场营销做了如下定义：“市场营销是对思想、产品及劳务进行设计、定价、促销及分销的计划和实施的过程，从而产生满足个人和组织目标的交换。”② 著名的管理学者彼得·杜拉克（Peter Drucker）认为：“市场营销是如此基本，以致不能把它看成一个独立的功能，从它的最终结果来看，也就是从顾客的观点来看，市场营销是整个企业活动。”③ 美国的市场营销专家马尔科姆·麦克奈尔（Malcolm McNair）则认为：“市场营销是创造和传递生活标准给社会。”④ 这个定义强调了市场营销的两个方面：一是如何满足消费者已经产生的各种需求，即传递生活标准给社会；二是刺激和诱发消费者的各种需求，即要创造生活标准给社会。

以上是学者们从不同的角度对市场营销的内涵进行的阐述，具有一定的代表性。在综合国内外诸多学者和专家观点的基础上，我们给市场营销做如下定义：市场营销是企业诱发和满足消费者及社会公众的需求，从而促进企业生存和发展的一系列活动的总称。而市场营销学则是研究企业市场营销活动规律的一门学科。

上述观点是从企业，即供应方的角度来阐述市场营销的。下面介绍一些基本概念。

（一）消费者的需求

消费者和社会公众的需求是企业开展一切活动的中心和出发点，当然也是企业开展市场营销活动的出发点。企业只有通过有效开展市场营销活动来诱发和满足消费者的需求，即不但要满足消费者已经存在的各种现实需求，还要诱发消费者各种潜在的需求。

---

① 菲利普·科特勒，凯文·莱恩·凯勒．营销管理：全球版［M］．王永贵，等译．北京：中国人民大学出版社，2012：12.

② 雷祺，刘晓梅．浅谈AMA关于市场营销定义的演变［J］．市场营销导刊，2009（2）：43－46.

③ 侯庆轩．日本的市场营销创新与企业家［J］．现代日本经济，2001（2）：20－23.

④ 王曼莹．论现代市场营销的本质［J］．北京工商大学学报（社会科学版），2006（5）：62－67.

（二）企业的生存和发展

从企业的角度来看，企业开展市场营销活动的目的就是要促进企业的生存和发展，即企业要通过市场营销活动，使企业能从市场经营中获得利润，并在此基础上不断促进企业的成长和发展。这也是企业参与市场经营活动所要达到的最终目标之一。

（三）市场营销活动

从现实情况看，企业开展市场营销活动的过程，实际上就是企业利用各种可控因素作用和影响各种不可控因素的过程。也就是说，企业在市场调查和研究的基础上，可以通过确定和运用合适的产品策略、价格策略、销售渠道策略及促销策略等来与竞争对手展开竞争，使企业能适应环境，使消费者和社会公众的需求得到满足，从而促进企业的生存和发展。

【案例1－1】

向和尚推销梳子

有4个营销员接受任务，到寺庙里向和尚推销梳子。第一个营销员空手而归。他说："到了庙里，和尚说没头发不需要梳子，所以一把都没销掉。"第二个营销员销了十多把。他介绍经验说："我告诉和尚，头皮要经常梳梳，不仅止痒，还可以活络血脉，有益健康。念经念累了，梳梳头，头脑会更清醒。这样就销掉一部分梳子。"第三个营销员销了近百把梳子。他说："我到庙里去，跟老和尚讲，您看这些香客多虔诚呀，在那里烧香磕头，磕了几个头起来头发就乱了，香灰也落在他们头上，您在每个庙堂的前面放一些梳子，让他们磕完头烧完香可以梳梳头，他们会感到这个庙对香客的关心，下次还会再来。这样就销掉近百把。"第四个营销员说他销掉好几千把，而且还有订货。他说："我到庙里跟老和尚说，庙里经常接受人家的捐赠，得有回报给人家，买梳子送给他们是最便宜的礼品。建议和尚在梳子上写上庙的名字，再写上3个字"积善梳"，说可以保佑对方。把刻好字的梳子作为礼品储备好，谁来了就送，保证庙里香火更旺。这一下就销掉好几千把。"

［资料来源：沈建国，沈佳坤，杨赐．案例分析法在市场营销教学中的运用实例：如何把梳子卖给和尚［J］．金融经济，2015（2）：172－174.］

二、市场营销的基本特征

认识和把握市场营销的基本特征，也就把握了市场营销的关键和核心，有助于加深对市场营销概念的理解。现代市场营销有以下3个特征：

（1）顾客导向。在市场经济条件下，顾客只会购买他愿意购买和能够满足其需要的产品，而企业只不过是扮演排队等候被挑选的角色，并且还要努力做出各种姿态以求得其青睐。因此，企业必须把了解顾客的需要、欲望和行为作为营销活动的起点，竭尽全力地发展能够满足顾客需要的产品和服务，并要采取有效的营销手段以唤起顾客的需求，以便实现企业的营销目标。

（2）整体营销。为了更好地满足顾客需要，首先，企业的各职能部门要密切配合，无论是生产部门、销售部门、财务部门还是人事部门，都应该为争取顾客发挥其应有的作用；其次，企业的各种营销职能（包括产品、定价、分销和推广等）应密切配合，以便发挥出整体优势，从而实现企业的经营目标。

（3）顾客全满意营销。企业要实现营利目标，不仅要满足顾客的需要和欲望，而且还要使顾客在精神上得到最大限度的满足。因为一个满意的顾客会将其所购买的产品告诉更多的人，从而为企业带来更多的顾客；一个不满意的顾客则会向其他人诉说产品的不足，从而影响企业产品的声誉和形象，使企业失去潜在顾客。一般而言，顾客满意包括两个方面：一是对购买的产品感到满意，二是对购买过程感到满意。如果缺少其中一项，就无法实现让顾客真正的和长久的满意。为此，要求企业不仅要向顾客提供满意的产品，而且在整个营销过程中必须充分考虑顾客的心理并尊重顾客的意见，避免强行推销、高压推销和欺骗推销，而且在产品售出后还应注意收集顾客使用过程中的意见和要求。

三、市场营销学的性质

作为一门学科，严格来讲市场营销学应属于管理学的范畴。然而市场营销学与经济学又不是毫无关系的，事实上，经济学是市场营销学的母学科，只是市场营销学所研究的问题要比经济学更为深入和具体化。总的来说，市场营销学是一门具体研究如何把握有效需求、整合市场资源、创造经济效益活动规律的应用性管理学科。

（一）经济学的性质与内容

经济学是一门具有200多年历史的古老学科，其核心思想基于资源的稀缺性。经济学家早已注意到，人类的需求是无穷的，而资源却远远不足，所以，社会必须决定在资源稀缺的前提下首先满足哪些需求。经济学家主要对以下3个基本问题展开研究：①社会应生产何种产品或服务；②如何生产这些产品或服务；③谁可获得这些产品或服务。上述问题的核心是如何提高资源配置的经济效益，即如何使现有资源尽量满足社会需要。因此，经济学乃是一门研究人们如何进行抉择，以便使用稀缺的生产资源来生产各种产品或服务，并把它们分配给不同的社会成员以供其消费的一门科学。

经济学家是从消费者的主权和经济效益的角度出发来研究问题的。他们假设消费者尽可能使自己的经济需要得到最大限度的满足，因此，消费者通晓和掌握关于产品质量及其价格的详尽信息，并能顺利到达最佳交易场所。他们还假设生产者及购买者都非常了解各种资源的成本，以及不同经营规模所适用的技术，而且知道如何运用这些信息来取得最佳的经济效益。总之，消费者与生产者都是富于理性的，并且都能够自由地从事交换活动。经济学家就是在这种假设的前提下研究问题的。

（二）市场营销学的性质与内容

市场营销学产生于20世纪初，当时只是试图了解和研究经济学家忽略或过分简化的某些问题。例如，经济学家试图通过供求曲线解释食品价格，而市场营销学家则对导致最终价格及消费水平的复杂过程展开研究，包括农民决定种植何种作物，选择哪些种子、肥料、设备，如何将农产品卖给收购站，收购站如何转卖给农产品加工厂，生产加工出的食品如何经由批发商、零售商卖给消费者。上述过程涉及多种市场营销职能，包括各种不同层次的购买、销售、集散、分类、储藏、运输、风险承担以及融资等。所有上述活动的总体效益都在最终价格上得到了反映。市场营销学中的价格决定与经济学家研究的供求曲线是有区别的。

可见，市场营销学致力于更详尽地研究流通机构与流通过程的运行机制，并对探索消费者及供应商行为这一课题颇感兴趣，而不像经济学家那样将一切归结于效用及利润最大化。因此，市场营销学家不可避免地要扬弃经济学家的某些概念，而更多地吸收现代心理学、社会学、人类学的优秀研究成果。现在，市场营销学已不再是经济学的一个分支，而是一门重要的应用科学。严格地讲，它是一门建立在经济科学、行为科学和现代管理理论基础之上的应用科学。市场营销学的研究对象是以满足消费者需求为中心的企业市场营销活动过程及其规律性，即在特定的市场营销环境中，企业以市场营销研究为基础，为满足消费者现实和潜在的需要，所实施的以产品（product）、定价（price）、地点（place）、促销（promotion）为主要内容的市场营销活动过程及其客观规律性。其内容具有综合性、实践性、应用性的特点。

市场营销学要对下列3个问题展开研究：①消费者的需求和欲望及其形成、影响因素、满足方式等（即消费者行为）；②供应商如何满足并影响消费者的欲望和购买行为（即供应商行为）；③辅助完成交易行为，从而满足消费者欲望的机构及其活动（即市场营销机构行为）。上述问题乃是完善市场营销系统，提高消费者福利的关键。

（三）营销管理——从经济学母体中分离

20世纪50年代，一些市场营销研究者正式把市场营销从传统的经济学研究转入管理学研究。其中，霍华德是一个颇具影响力的代表人物。在其著作《营销管理：分析与决策》一书中，他用管理学的观点重点研究了市场营销的应用性。该书的特点是：第一，以营销决策为导向；第二，运用了分析方法；第三，具备企业营销经验；第四，融合了经济学、心理学、社会学与行为科学的分析手法。所以，全书的核心仍是从营销管理的观点来研究营销理论的应用。霍华德的著作标志着营销管理时代的来临。

美国教授菲利普·科特勒是营销管理学的著名学者，从1967年开始，他每隔约3年出版更新《营销管理》一书，2016年已更新至第15版，从而使他成为全球公认的营销大师。营销走向管理导向是一个历史飞跃，因为传统的营销属于经济学研究范畴，但是经济学往往侧重于效用、资源、分析、生产等研究，其核心是短缺，所以经济学中对营销的研究是抽象的。而营销管理侧重于从管理的层面研究企业的具体活动，其核心是交换。菲利普·科特勒说过：“经济学是营销学之父，行为科学是营销学之母；数学乃营销学之祖父，哲学乃营销学之祖母。”

四、市场营销学的研究对象与研究内容

（一）市场营销学的研究对象

市场营销学是专门研究市场营销活动及其发展变化规律的学科。市场营销学是对市

场营销实践活动的科学总结和概括，是关于市场营销活动的指导思想、基本理论、基本策略、基本方法技巧等有机结合而成的科学体系。

市场营销是企业围绕满足消费者需求这一中心，开展市场调查和预测、进行环境分析、研究产品设计和开发、在市场细分的基础上选择目标市场和分销渠道、制定促销策略、提供销售服务、反馈市场信息等营销实践活动的过程。这些营销实践活动都是市场营销学研究的对象。市场营销学研究的目的不是罗列市场营销具体实践活动的内容及其现象，而是通过对市场营销实践活动及其现象的分析研究，特别是对其进行去粗取精、去伪存真、由此及彼、由表及里的加工制作，揭示其发展变化的规律性，以更好地指导企业进行市场营销活动。当然，在揭示市场营销活动规律时，必须遵循与利用社会经济发展的一般规律，如价值规律、竞争规律、流通规律、商品自愿让渡规律等。因为脱离反映一般规律的指导原则，就难以找出市场营销活动的内在的、本质的必然联系，即无法揭示市场营销活动的特殊规律。

（二）市场营销学的研究内容

现代市场营销学的核心思想是：企业必须面向市场、面向消费者，必须适应不断变化的环境并及时做出正确的反映；企业的存在要为消费者或用户提供令人满意的各种产品或服务，并且要用最小的费用、最快的速度将产品送达消费者或用户手中；企业应该而且只能在消费者或用户的满足中实现自己的各项目标。依据上述基本思路，本书将市场营销学的基本内容进行归纳，形成以下组成结构：

（1）营销基础理论，包括市场分析、营销观念、市场营销系统与营销环境、消费者需要与购买行为分析、市场细分与目标市场选择等理论。

（2）营销策略及组合，包括产品策略、定价策略、分销渠道策略、促销策略等市场营销策略。

（3）营销管理原理，包括营销战略、计划、组织和控制等理论。

（4）特殊市场营销，包括国际市场营销、服务市场营销和非营利组织营销等理论。

（5）营销创新与发展，包括整合营销、关系营销、绿色营销、网络营销、营销道德等理论。

总之，市场营销学的研究是以了解消费者的需求为起点，以满足消费者需求为终点，通过研究，制定出营销活动战略、策略及方法技巧，以使企业在满足消费者需求的过程中实现利润目标，在激烈竞争的市场上求得生存和发展。

第二节　市场营销观念

营销观念是贯穿于整个营销工作的指导思想，它也反映出一个企业的经营态度和经营方式。

一、不同的营销观念

企业的市场营销活动可以在不同的指导思想下进行，即不同的营销观念决定着企业从事营销活动。一般认为，生产观念、产品观念、推销观念、市场观念、社会观念，是具有代表性的不同的企业营销观念。

（一）生产观念

生产观念产生于19世纪末20世纪初。由于当时社会生产力水平还比较低，商品供不应求，市场经济呈卖方市场状态。正是这种市场状态，导致了生产观念的流行。表现为企业生产什么产品，市场上就销售什么产品。在这种营销观念指导下，企业的经营重点是努力提高生产效率，增加产量，降低成本，生产出让消费者买得到和买得起的产品。因此，生产观念也称为“生产中心论”。

生产观念是指导企业营销活动最古老的观念。美国汽车大王的亨利·福特在创业初期，为了增加T型车的产量，采取流水线的作业方式，千方百计地扩大市场占有率，至于消费者对汽车款式、颜色等的主观偏好，他全然不顾，车的颜色一律是黑色。这充分体现了当时的企业只关心生产而不关心市场的营销观念。我国卷烟市场在20世纪80年代初期也曾出现过不尊重消费者偏好、对产品强行搭配出售的情况，这也是一种只顾卖产品、不顾消费者需求的生产观念。

（二）产品观念

产品观念认为，产品销售情况不好是因为产品不好，消费者喜欢质量优、性能好和有特色的产品。只要企业致力于制造出好的产品，就不愁挣不到钱。“酒香不怕巷子深”是这种观念的形象说明。企业总是在生产更好的产品上下功夫，但却出现顾客“不识货、不买账”的情况。由于这个原因导致企业失败，就是因为这种生产观念仍是从自我出发，孤芳自赏，使产品改良和创新处于“闭门造车”的状态。

（三）推销观念

第二次世界大战后，资本主义工业化大发展，社会产品日益增多，市场上许多商品开始供过于求。企业为了在竞争中立于不败之地，纷纷重视推销工作，例如，组建推销组织，培训推销人员，研究推销技巧，大力进行广告宣传等，以诱导消费者购买产品。这种营销观念是“我们会做什么，就努力去推销什么”。

由生产观念、产品观念转变为推销观念，是企业经营指导思想上的一大变化。但这种变化没有摆脱“以生产为中心”“以产定销”的范畴。前者强调生产产品，后者强调推销产品。所不同的是生产观念是等顾客上门，而推销观念是加强对产品的宣传。

（四）市场观念

这是买方市场条件下以消费者为中心的营销观念。这种观念认为：实现企业目标的关键是切实掌握目标消费者的需要和愿望，并以消费者需求为中心，集中企业的一切资源和力量，设计、生产适销对路的产品，安排适当的市场营销组合，采取比竞争者更有效的策略，满足消费者的需求，取得利润。

营销观念与推销观念的根本不同是：推销观念以现有产品（即卖主）为中心，以推销和销售促进为手段，刺激销售，从而达到扩大销售、取得利润的目的。市场营销观念是以企业的目标顾客（即买主）及其需要为中心，并且以集中企业的一切资源和力量、适当安排市场营销组合为手段，从而达到满足目标顾客的需要、扩大销售、实现企业目标的目的。

可见，市场营销观念把推销观念的逻辑彻底颠倒过来了，不是生产出什么就卖什么，而是首先发现和了解消费者的需要，消费者需要什么就生产什么、销售什么。消费者需求在整个市场营销中始终处于中心地位。它是一种以顾客的需要和欲望为导向的经营哲学，是企业经营思想的一次重大飞跃。

（五）社会营销观念

这种经营思想是对市场营销观念的重要补充和完善。其基本内容是：企业提供产品不仅要符合消费者的需要与欲望，而且要符合消费者和社会的长远利益。企业要关心与增进社会福利。强调要将企业利润、消费者需要、社会利益3个方面统一起来。社会营销观念出现于20世纪70年代，它的提出一方面是基于“在一个环境恶化、爆炸性人口增长、全球性通货膨胀和忽视社会服务的时候，单纯的市场营销观念是否合适”[①] 这样的认识，另一方面也是基于对广泛兴起的以保护消费者利益为宗旨的消费主义运动的反思。他们认为，单纯的市场营销观念提高了人们对需求满足的期望和敏感，导致了满足眼前消费需要与长远的社会福利之间的矛盾，导致产品过早陈旧，环境污染更加严重，也损害和浪费了一部分物质资源。

【案例1－2】

环保成为营销新观念

日本的许多超级市场都要求顾客自备购物袋，以便减少使用塑料袋。超级市场发给每位顾客登记卡，商店每次在自备购物袋的顾客的登记卡上盖章，积累到一定数量后，商店免费赠送一定价值的商品。英国恩斯伯里超级市场集团不仅声称自己是“最绿杂货店”，而且推出了一系列“护绿”家庭用取代化学清洁剂的植物制成品，从而使其营业额大幅度上升，取得了竞争优势。在日本、美国，以及中国香港、台湾地区，被人们称为“生态服装”的图案、色彩、文字极富特色与寓意：用珍稀动植物作图案，以花草树木为色调，甚至用简洁明了的文字写在服装上，如“我爱大自然”“保护臭氧层”等直接表达消费者的心声。因此，各种“绿色广告”应运而生，不少著名的跨国公司和大企业纷纷利用“绿色商品”大做“绿色广告”，不少新兴的中小企业也不断强化自己的“绿色企业”形象，以谋求飞跃发展。美国生产尿布的企业，从环保角度出发进行广告促销，强调布尿片埋在土里至少要经过500年才能分解，而纸尿片在土里很快分解，于是纸尿片在公众心中树起了“绿色形象”，短短3年，销售量猛增了1.8倍。

（资料来源：根据中国食品科技网《绿色包装设计席卷全球》一文整理。）

---

① 菲利普·科特勒. 营销管理：第2版［M］. 宋学宝，卫静，译. 北京：清华大学出版社，2003：17.

二、新发展的营销观念

20世纪80年代以来，随着国际形势的变化，市场营销理论得到了进一步的发展，出现了许多新的营销观念。

（一）竞争观念

竞争观念最初是由加拿大产业市场营销研究协会主席兰·戈登教授在1986年提出的。其中心思想是：企业要在竞争中处于有利地位，必须首先识别那些未被竞争者所满足的市场需求，或还未被充分提及的市场需求；然后，在营利或符合企业目标的前提下，使企业营销活动积极参与市场竞争，采取合理合法的竞争手段，以适销的产品、合理的价格、优良的服务、及时准确的信息、有效的促销措施和良好的信誉，争夺消费者，争夺市场，争得效益。

（二）大市场营销观念

这是美国著名的营销学者菲利普·科特勒提出的观念，他认为：为了成功地进入特定市场，并在那里从事业务经营活动，在策略上施用经济的、心理的、政治的和公共关系的手段，以博得外国或地方各有关方面的合作与支持。这里所讲的特定市场，主要是指贸易壁垒很高的封闭型或保护型的市场，在这种市场上，已经存在的参与者和批准者往往会设置种种障碍，使得那些能够提供类似产品，甚至能够提供更好产品和服务的企业难以进入，无法开展经营业务。

大市场营销观念发展了市场营销观念和社会营销观念：一是在企业与外部环境关系上，突破了被动适应观点，认为企业不仅可以通过自身的努力来影响，而且可以控制和改变某些外部因素，使之向有利于自己的方向转化；二是在企业与市场和目标顾客的关系上，突破了过去那种简单发现、单纯适应与满足的做法，认为应该打开产品通道，积极引导市场和消费，创造目标顾客需要；三是在市场营销手段和策略上，在原有的市场营销组合中，又加进了政治手段和公共关系两种重要手段，从而更好地保证了市场营销活动的有效性。

（三）关系营销观念

关系营销观念最早由美国营销专家巴巴拉·本德·杰克逊于1985年提出。这个观念的提出是各种社会因素共同作用的结果：首先，20世纪80年代末以来，企业面临的市场环境发生了很大变化，由于物质产品供给剧增，市场竞争激烈，在这种情况下，谁与顾客建立稳定的交易关系，谁就能拥有更多的未来销售机会；其次，企业从经济利益出发，认识到市场营销不仅要争取新顾客，而且要保持老顾客，因为保持老顾客所花费的支出比争取新顾客要少得多。因此，关系营销在实践中逐渐被认同和加以运用。其中心思想是：企业要与顾客、经销商创造更亲密的工作关系和相互依赖的关系，从而发展双方的连续性交往，以提高品牌忠诚度，巩固和扩大市场销售。

第三节 市场营销的职能

市场营销的职能就是市场营销的功能和作用。企业为什么要开展市场营销活动？企业要通过开展市场营销活动发挥什么功能？答案就是要使消费者的需求得到有效的满足。在现代营销观念的指导下，不管企业采取的是市场营销观念还是其他营销观念，都要求企业生产的产品能满足消费者的需求。只有消费者的需求得到了满足，企业才能获得生存和发展。但是，由于存在一些市场障碍妨碍消费者需求的满足，从而妨碍了企业的生存和发展，所以需要企业通过开展市场营销活动，发挥市场营销的职能来消除各种市场障碍，满足消费者的需求，促进企业的生存和发展。

一、市场障碍与消费者需求的满足

在企业与消费者之间存在着以下市场障碍，这些障碍妨碍了消费者需求的满足。

（一）地理障碍

在大多数情况下，生产某产品的企业与需要该产品的消费者在空间上总是存在着一定的距离，这种距离就会成为一种障碍，妨碍消费者需求的满足。这个距离越远，其对消费者需求的满足所产生的影响就会越大。例如，在没有中间商的情况下，北京的消费者就很难买到福建工厂所生产的产品。空间距离会成为市场障碍主要是由于时间和费用两个因素。从消费者的角度看，他必须要权衡，花一定的时间和费用到另一较远的地方买他所需的产品是否值得。一个消费者或许会认为骑自行车或搭公交车从城南跑到城北购买一台价格较便宜而且他也感到满意的空调是值得的，但他决不会为了一把牙刷去跑那么远的距离。因此，企业要通过开展市场营销活动，发挥市场营销的职能，来消除企业与消费者之间的空间障碍。

（二）时间障碍

在空间障碍消除之后，时间障碍的存在也会妨碍消费者需求的满足。所谓时间障碍，就是企业生产某产品的时间与消费者需求该产品的时间出现了差异。对于生产企业来说，为了提高经济效益，往往会对所生产的各种产品组织成批生产，以减少品种扩大批量，取得规模经济效益。因此，就可能出现当企业正在生产某产品时，消费者却不需要该产品，而消费者需要该产品时，企业却没有生产的情况。企业如果没有通过开展市场营销活动来消除这种时间上的差异，就会妨碍消费者需求的满足。因此，企业要通过开展市场营销活动，发挥市场营销的职能，来消除企业与消费者之间的时间障碍。

（三）信息障碍

信息障碍的存在也会妨碍消费者需求的满足。所谓信息障碍，就是企业与消费者之间的互不沟通，即企业不知道哪些消费者需要自己所生产的产品，而消费者也不知道哪家企业生产了自己所需要的产品。在这种信息沟通不畅的情况下，就可能会出现企业生产的产品积压卖不出去，而消费者又买不到他所需要的产品。因此，企业要通过开展市场营销活动，发挥市场营销的职能，来消除企业与消费者之间的信息障碍。

（四）价值障碍

即使空间障碍、时间障碍和信息障碍都被消除了，价值障碍的存在也会妨碍消费者需求的满足。所谓价值障碍，是指企业所提供的产品与消费者所需要的产品在价值认同上存在着差异。这种差异主要体现在两个方面：一是企业所生产产品的品种、规格、档次等与消费者所需不一致；二是企业愿意卖的价格与消费者愿意买的价格不一致，且往往是企业愿意卖的价格远远高于消费者愿意付的价格。这种价值障碍的存在会妨碍消费者的购买。所以，企业要通过开展市场营销活动，发挥市场营销的职能，来消除企业与消费者之间的价值障碍。

【案例1-3】

老太太的李子需求

一位老太太离开家门，拎着篮子去楼下的菜市场买水果。她来到第一个小贩的水果摊前，问道："这李子怎么样？"

"我的李子又大又甜，特别好吃。"小贩答。

老太太摇了摇头，向另外一个小贩走去，问道："你的李子好吃吗？"

"我这里有好多种李子，有大的，有小的，有国产的，还有进口的。您要什么样的李子？"

"我要买酸一点儿的。"

"我这篮李子又酸又大，咬一口就流口水，您要多少？"

"来一斤吧。"

老太太买完水果，继续在市场中逛。这时她又看到一个小贩的摊上也有李子，又大又圆，非常抢眼，便问水果摊后的小贩："你的李子多少钱一斤？"

"老太太，您好。您问哪种李子？"

"我要酸一点儿的。"

"其他人买李子都要又大又甜的，您为什么要酸的李子呢？"

"我儿媳妇要生孩子了，想吃酸的。"

"老太太，您对儿媳妇真体贴，她想吃酸的，证明她一定能给您生个大胖孙子。您要多少？"

"我再来1斤吧。"老太太被小贩说得很高兴，便又买了1斤李子。

小贩一边称李子，一边问老太太："您知道孕妇最需要什么营养吗？"

"不知道。"

"孕妇特别需要补充维生素。您知道什么水果含维生素最丰富吗？"

"不清楚。"

"猕猴桃有多种维生素，特别适合孕妇。您要给您儿媳妇天天吃猕猴桃，她一高兴，说不定能一下生出一对双胞胎。"

“是吗？好，那我就再来1斤猕猴桃。”

“您人真好，谁摊上您这样的婆婆，一定有福气。”小贩开始给老太太称猕猴桃，嘴里也不闲着。“我每天都在这儿摆摊，水果都是当天从批发市场找新鲜的批发来的，您媳妇要是吃好了，您再来。”

“行。”老太太被小贩夸得高兴，提了水果，一边付账一边应承着。

（资料来源：根据《东方烟草报》2012年7月11日《老太太买李子》一文整理。）

3个小贩都向老太太兜售自己的李子，他们都围绕老太太的需求进行销售，但销售结果完全不同。

二、市场营销的基本职能

根据企业与消费者之间存在的市场障碍，企业要通过开展市场营销活动，发挥以下6个基本职能来消除这些障碍。

（一）市场分析职能

企业要通过开展市场营销活动来消除各种市场障碍，满足消费者的需求。首先要了解市场，了解消费者需求的特点及其变化趋势，了解市场的竞争情况。企业必须在了解市场的基础上，对市场进行分析，然后制定正确的市场营销策略，指导企业开展有效的市场营销活动。

市场分析的职能是通过开展市场调查和市场预测活动来发挥作用的。市场分析是市场营销活动的第一个职能，市场调查与市场预测不仅开展于市场营销活动的初期，而且贯穿于企业市场营销活动的整个过程。企业要通过经常的市场调查与市场预测，及时把市场上消费者的需求及竞争的情况反馈回来，以调整企业的生产经营活动。

（二）信息沟通职能

企业不但要了解消费者的需求和市场上的竞争情况，还必须使企业与消费者之间实现双向沟通，特别是要使消费者能了解和认识企业和企业的产品。因此，企业要通过开展市场营销活动来发挥信息沟通的职能，从而消除企业与消费者之间的信息障碍。

信息沟通职能主要是通过开展促销活动来发挥的。

（三）市场细分职能

任何企业都不可能以整个市场作为自己的目标市场，而只能选择其中的若干个部分作为自己的服务对象，因此企业必须发挥市场营销的市场细分职能，将整个市场细分，再选择若干个细分市场作为自己的目标市场。这样，企业才能更深入地了解目标市场消费者的需求，集中企业的有限资源生产满足目标市场消费者需要的产品。

市场细分是企业选择目标市场、正确进行市场定位的前提和基础。

（四）产品区分职能

为了消除由于企业所生产产品的品种、规格、档次等与消费者所需不一致而产生的价值障碍，企业必须在发挥市场细分职能的基础上，对目标市场消费者的需求进行分析，从而确定企业要以什么样的产品来满足什么样的消费者的需要。这就是市场营销的产品区分职能。

产品区分职能的发挥主要是通过市场营销组合的产品策略来实现的。

（五）估价职能

为了消除企业与消费者之间的价值障碍，企业还需要发挥市场营销的估价职能，运用正确的定价方法，确定合适的产品价格水平，以消除买卖双方由于价格的差异而造成的价值障碍。

估价职能是通过市场营销组合中的价格策略来发挥作用的。

（六）选择销售渠道职能

时间障碍和空间障碍的存在都会妨碍消费者需求的满足，而时间障碍和空间障碍的消除都需要有合适的产品销售渠道。企业必须确定合适的销售渠道方式，选择合适的中间商，正确地确定各中间商的责、权、利，使销售渠道成为消除时间障碍和空间障碍、沟通企业与消费者之间联系的桥梁。

选择销售渠道职能是通过市场营销组合中的销售渠道策略来发挥作用的。

三、市场营销职能的扩展

近几年来，市场营销的职能在以下 3 个方面得到了迅速扩展。

（一）从应用于营利领域向应用于非营利领域扩展

可以说，市场营销首先是应用于各种营利性经济组织的。首先是生产和销售各种物质产品，特别是生活消费品的企业，认识到了市场营销的意义，因此，它们能积极开展市场营销活动，发挥市场营销的职能。而后，市场营销逐渐引起了各种为消费者服务的企业的注意。现在，航空公司、银行、保险公司、旅游公司等都已经认识到了市场营销的重要性，开始积极开展各种市场营销活动。

除此之外，许多非营利性的组织也对市场营销产生了兴趣。例如，许多大学通过发布精美的宣传广告图片来吸引更多的考生报考自己的学校，某些地方政府通过各种广告宣传活动、公共关系活动来宣传介绍本地区的情况，以吸引更多的投资。可见，市场营销的职能已经由营利性的经济组织扩展到各种非营利性的组织。尽管非营利性组织有着许多不同于营利性经济组织的特点，但市场营销的基本原理对于非营利性组织来说，仍然是适用的。

（二）从作用于与产品的生产销售直接相关的经济组织向其他各种非经济组织扩展

市场营销的基本职能是要消除各种市场障碍，因此，市场营销的职能主要是作用于与企业产品的生产和销售直接有关的各种经济组织和个人，例如供应商、中间商及个人消费者，企业主要是应用传统的 4P 营销组合理论来消除各种市场障碍。但是，随着企业市场营销环境的变化，特别是国际市场营销环境的变化，要求企业必须突破原来的可控因素与不可控因素的概念，把企业市场营销职能发挥作用的范围从原来与企业产品的生产、销售相关的各种经济组织扩展到其他非经济组织，如政府、各种社会团体等。在大市场营销观念的指导下，把政治力量和公共关系也作为企业开展市场营销活动的可控因素，通过政治力量和公共关系活动，打破各种人为的贸易壁垒，消除各种人为的市场障碍。

（三）从应用于卖方市场向应用于买方市场扩展

传统市场营销的基本原理是站在卖方的角度来分析市场的，即市场营销的基本原理主要是用于指导卖方开展市场营销活动。如今市场营销的基本原理已经从应用于卖方市场向应用于买方市场扩展。例如，企业应用市场营销的基本原理对所要采购的机器设备采用招标、投标的方式选择供应商；刚毕业的大学生在报上登出求职广告；一个买服装的顾客根据自己的经济状况、对服装的要求以及各个商店的特点来选择他所要去的商店，这是他在进行目标市场的选择，在买服装的过程中，他会与售货员进行讨价还价，这就是他在运用价格策略；等等。

第四节　市场营销管理

在现代市场经济条件下，企业必须十分重视市场营销管理，根据市场需求的现状与趋势，制订计划，配置资源。通过有效地满足市场需求来赢得竞争优势，求得生存与发展。

一、市场营销管理的含义

现代管理学原理指出，凡是组织的活动，都需要进行统一的计划、组织、指挥、协调与控制。企业是一个组织，在现代市场条件下，企业必须十分重视市场营销管理。所谓市场营销管理，就是指为了实现企业的目标，创造、建立和保持与目标市场之间的互利交换与关系，而对所设计的营销方案进行分析、计划、执行和控制。这一概念包括如下主要含义：

（1）市场营销管理是一个过程，这个过程以市场交换为基础。

（2）市场营销管理是在特定的经营思想指导下进行的。

（3）市场营销管理要求达到的目的是实现企业所期望的交换。

（4）市场营销管理包括分析、计划、执行和控制等基本活动。

二、市场营销管理的实质

市场营销管理，就是为了有效地适应不断变化的市场需求，使组织的活动与最佳市场机会保持动态平衡。所以，市场营销管理的实质是需求管理。市场营销管理的任务就是为促进企业目标的实现而调节需求的水平、时机和性质。企业在开展市场营销的过程中，一般要设定一个在目标市场上预期要实现的交易水平，然而，实际需求水平可能低于、等于或高于这个预期的需求水平。换言之，在目标市场上，可能没有需求、需求很小或超量需求。市场营销管理就是要对这些不同的需求情况和规律做出判断，以便决定如何采取对策和行动。

【案例1－4】

日本大荣株式会社的“前进立体陈列”经营法

日本大荣（DAIEI）株式会社创建于1957年，其前身是一家杂货店。从在大阪开设第一家店铺“主妇之店DAIEI”到1972年超越老字号的三越公司成为日本零售业霸主，日本大荣株式会社只用了短短的15年时间。可以说，日本大荣株式会社创造了一个又一个商业神话。

有这样一件事，日本大荣株式会社差不多每天都要进货，由于货物较多，卸下来后通常来不及运进仓库而杂乱地堆放在商店进门处，影响了顾客的自由出入。怎么解决这个问题呢？一位从别的部门来的新员工说，既然货物暂时无法送进仓库，何不把货物整齐地高高堆放在商店里呢？结果这位新来员工的一句话，诞生了日本大荣株式会社独有的“前进立体陈列”经营法。所谓“前进立体陈列”，也就是在货物卸下来后，可以不必运进仓库，而是就在面对过道的地方，将商品整齐地高高堆起。这样做的好处是，可以以商品的丰富程度来吸引顾客，引起顾客的购买欲望，促进销售。日本大荣株式会社实行这个新的经营法后，果然销售量猛增。

（资料来源：根据百度百科“日本大荣公司”词条内容整理。）

三、市场营销管理的任务

根据需求水平、时间和性质的不同，可归纳出8种不同的需求状况。在不同的需求状况下，市场营销管理的任务有所不同。

（一）负需求

负需求是指绝大多数人对某个产品感到厌恶，甚至愿意出钱回避它的一种需求状况。在负需求情况下，市场营销管理的任务是改变市场营销，即分析市场为什么不喜欢这种产品，以及是否可以通过产品重新设计、降低价格和积极促销的市场营销方案，来改变市场的信念和态度，将负需求转变为正需求。

（二）无需求

无需求是指目标市场对产品毫无兴趣或漠不关心的一种需求状况。通常，市场对下列产品无需求：

（1）人们一般认为无价值的废旧物资。

（2）人们一般认为有价值，但在特定市场无价值的东西。

（3）新产品或消费者平常不熟悉的物品等。

在无需求的情况下，市场营销管理的任务是刺激市场营销，即通过大力促销及其他市场营销措施，努力将产品所能提供的利益与人的各种需要和兴趣联系起来。

（三）潜伏需求

潜伏需求是指部分消费者对某物品有强烈的需求，而现有产品或服务又无法使之满足的一种需求状况。在潜伏需求的情况下，市场营销管理的任务是开展市场营销研究和潜在市场范围的测量，进而开发有效的物品和服务来满足这些需求，将潜伏需求变为现实需求。

（四）下降需求

下降需求是指市场对一个或几个产品的需求呈下降趋势的一种需求状况。在下降需求的情况下，市场营销管理的任务是重振市场营销，即分析需求衰退的原因，进而开拓新的目标市场，改进产品特色和外观，或采用更有效的沟通手段来重新刺激需求，使老产品开始新的生命周期，并通过创造性的产品再营销来扭转需求下降的趋势。

（五）不规则需求

不规则需求是指某些物品或服务的市场需求在一年内的不同季节，或一周内的不同日子，甚至一天内的不同时间上下波动很大的一种需求状况。在不规则需求的情况下，市场营销管理的任务是协调市场营销，即通过灵活定价、大力促销及其他刺激手段来改变需求的时间模式，使物品或服务的市场供给与需求在时间上协调一致。

（六）充分需求

充分需求是指某种物品或服务的目前需求水平和时间等于预期的需求水平和时间的一种需求状况。这是企业最理想的一种需求状况。但是，在动态市场上，消费者的偏好会不断变化，竞争也会日益激烈。因此，在充分需求的情况下，市场营销管理的任务是维持市场营销，即努力保持产品质量，经常测量消费者的满意程度，通过降低成本来保持合理价格，并激励推销人员和经销商大力推销，千方百计维持目前的需求水平。

（七）过量需求

过量需求是指某种物品或服务的市场需求超过了企业所能供给或所愿供给水平的一种需求状况。在过量需求的情况下，市场营销管理的任务是降低市场营销，即通过提高价格、合理分销产品、减少服务和促销等措施，暂时或永久地降低市场需求水平，或者是设法降低来自营利较少或服务需要不大的市场的需求水平。需要强调的是，降低市场营销并不是杜绝需求，而是降低需求或欲望的水平。

（八）有害需求

有害需求是指市场对某些有害物品或服务的需求。对于有害需求，市场营销管理的任务是反市场营销，即劝说喜欢有害产品或服务的消费者放弃这种爱好和需求，大力宣传有害产品或服务的危害性，大幅度提高价格，以及停止生产供应等。降低市场营销与反市场营销的区别在于：前者是采取措施减少需求，后者是采取措施将需求降为零。

四、市场营销管理的过程

所谓市场营销管理过程，就是企业为实现企业任务和目标而发现、分析、选择和利用市场机会的管理过程。这一过程的具体步骤和内容包括：发现和评价市场机会；细分市场和选择目标市场；制定市场营销组合和决定市场营销预算；执行和控制市场营销计划。在不断变化的环境条件和激烈的市场竞争前提下，任何企业的营销活动都包括两个层次的管理过程，即战略计划过程和市场营销管理过程。战略计划过程明确了企业重点经营的业务，而市场营销管理过程则用系统的方法寻找市场机会，进而把市场机会变为有利可图的企业机会。

第五节 市场营销组合

市场营销组合这一概念一直以来都是市场营销学的一个核心概念之一，是企业进行市场研究、市场开拓等工作所必不可少的工具。自尼尔·博登（Neil Borden，1953）在美国市场营销协会的一次演说中创造了“市场营销组合（Marketing Mix）”这一术语后，市场营销组合这一概念开始成为之后几十年时间内比较流行的词汇之一。按照尼尔·博登的定义，所谓的市场营销组合是指“市场营销人员根据其营销目标和营销战略，综合运用并优化组合多种可控因素，以实现其营销目标的活动的总称。”他提出，市场营销组合应该考虑 12 种不同的可控因素，包括：产品计划、价格、品牌、分销渠道、人员销售、广告、促销、包装、产品陈列、服务、产品实体处理、发现和分析事实共 12 项因素。这成为企业研究目标市场并寻求其营销目标的一整套营销方式。

一、4P 营销组合理论

1960 年，美国著名的营销学者杰罗姆·麦卡锡（E. Jerome McCarthy.）在尼尔·博登提出的营销组合的 12 要素的基础上，在 *Basic Marketing* 一书中将市场营销组合表述为产品（product）、价格（price）、渠道（place）、促销（promotion）四个要素，即著名的 4P 营销组合，简称 4Ps 组合或 4Ps 理论。麦卡锡将营销组合定义为“营销经理所能支配的用于满足目标市场的所有要素的组合。”① 麦卡锡的这一划分更加强调了营销组合的可控制特点。菲利普·科特勒（Philip Kotler，1967）又进一步确认了以 4Ps 为核心的营销组合方法，奠定了 4Ps 组合的模式。之后，4Ps 组合方法在市场营销理论和实践中产生了深刻的影响，而且不断得到广泛的传播。在 4Ps 组合中，将企业经营过程中所面临的一切要素分为两大类：一类是不可控因素，包括诸如政治、经济、社会、技术、公众等外部环境因素；另一类是涉及企业经营的微观环境因素，诸如产品、定价、渠道、促销等因素。

企业经营活动的任务就是通过各种可控因素，去影响和作用于各种不可控因素，从而为企业的发展创造一个有利的外部条件，促进企业经营目标的实现。

---

① 王珊珊. 基于价值创新的营销模式研究［D］. 天津：天津科技大学，2009：5.

【案例1-5】

宝洁公司的一次性尿布

1956年，宝洁公司开发部主任维克·米尔斯在照看其出生不久的孙子时，深切感受到一篮篮脏尿布给家庭主妇带来的烦恼。洗尿布的责任给了他灵感。于是，米尔斯就让手下几个最有才华的人研究开发一次性尿布。

一次性尿布的想法并不新鲜。事实上，当时美国市场上已经有好几种牌子了。但市场调研显示：多年来这种尿布只占美国市场的1%。原因主要有两点：首先是价格太高；其次是父母们认为这种尿布不好用，只适合在旅行或不便于正常换尿布时使用。当时，一次性尿布的市场潜力巨大。美国和世界许多国家正处于战后婴儿出生高峰期。将婴儿数量乘以每日平均需换尿布次数，可以得出一个大得惊人的潜在销量。

宝洁公司的产品开发人员用了一年的时间，设计的最初样品是在塑料裤衩里装上一块打了褶的吸水垫子。但1958年夏天的现场试验结果是，除了父母们的否定意见和婴儿身上的痱子以外，一无所获。

1959年3月，宝洁公司重新设计了它的一次性尿布，并在实验室生产了37 000个样品，拿到纽约州去做现场试验。这一次，有2/3的试用者认为该产品胜过布尿布。降低成本和提高新产品质量，比产品本身的开发难度更大。到1961年12月，这个项目进入了能通过验收的生产工序和产品试销阶段。

宝洁公司选择地处美国最中部的城市皮奥里亚试销这个后来被定名为“娇娃”（Pampers）的产品。调研发现皮奥里亚的妈妈们喜欢用“娇娃”，但不喜欢10美分一片尿布的价格。在6个地方进行的试销进一步表明，定价为6美分一片，就能使这类新产品畅销。宝洁公司把生产能力提高到使公司能以该价格在全国销售娇娃尿布的水平。

娇娃尿布终于成功推出，直至今天仍然是宝洁公司的拳头产品之一。

（资料来源：根据《市场观察》杂志2012年第2期第30页《宝洁公司和一次性尿布》一文整理。）

二、多P营销组合理论

20世纪80年代以来，外部市场环境发生了巨大的变化，许多企业界人士和营销学者发现，原来的4Ps组合存在比较大的局限性，无法更有效地指导企业的经营实践，纷纷提出对传统的4Ps组合进行修正。波姆斯和比特勒（Booms & Bitner，1982）从服务营销的角度出发，对营销组合的构成进行了更深入的研究，扩展了4Ps营销组合。他们在原来4Ps组合的基础上增加了从业人员（People）、营销过程（Process）、实体分销（Physical Distribution）3个要素。波姆斯和比特勒认为，原来的4Ps组合法相对过于机械，更侧重于短期行为的分析。在他们看来，“从业人员”是顾客对企业销售部门或服务部门工作效率的一个最直接的反映；“营销过程”是企业与顾客有关的各种业务过程和生产过程的反映；“实体分销”则是企业将其产品或“服务”有形化或具体化的一个重要标志。这一概念的扩展，更加强调了信息在企业与顾客之间的传递与沟通，体现了现代营销学所倡导的服务理念，有利于企业对无形资产的引导和挖掘。随着当时国际市场竞争的加剧，各国经济发展中出现了"滞胀"状态，许多国家均不同程度地加强了贸易保护主义的措施，使得企业在国际市场中举步维艰。针对这一现实状况，菲利普·科特勒（1986 年）认为，在"大众营销（Mega Marketing）"背景下，为了更好地发挥营销组合的作用，还应另外增加 2 个要素，即政治力量（Political Power）和公共关系（Public Relation）去指导企业打破国际贸易壁垒。此后，逐渐形成了其战略营销的观点和理念，这就是我们通常所说的 10P 和 11P 组合。科特勒认为，麦卡锡的 4Ps 组合只是企业市场营销的战术组合而已，而如何确定企业的 4Ps 战术，还需要战略性要素来进行指导。这些战略性营销要素包括：探查（Probing）、细分（Partitioning）、优先（Prioritizing）、定位（Positioning）。这一概念的提出，将传统的 4Ps 组合发展到 10P 组合。最后，科特勒吸取了服务营销的某些成果和观点，在他的战略营销组合中加入了第 11 个因素，即人（People），从而完成了营销组合从战术上到战略上的提升。应该说，此时的 11P 组合已经把营销组合发展成了一个全面而且庞大的系统，但是其考虑问题的出发点，更多地还是麦卡锡原来的立场，因此难免在营销过程中带有卖方市场的痕迹，而且该理论体系本身就是从消费品生产行业的实践总结出来的，并没有很好地去考虑行业的特点，结果也必然会导致将该方法用于其他行业的分析时，很难越过行业的障碍，从而在一定的程度上降低了该方法的实用性。

三、4C 营销组合理论

随着经济的发展和企业生产效率的逐步提高，企业与企业之间的竞争逐步加剧，产品之间的差异也越来越小。在这种情况下，运用传统 4P 理论，很难有效地指导企业的生产经营实践取得成功。许多学者对营销组合理论的研究也就从以企业为中心的 4P 理论发展到以消费者为中心的 4C 理论。20 世纪 80 年代末，布鲁纳（Brunner，1989）提出了 4C 组合方法，该组合包括概念（Concept Mix）、成本（Costs Mix）、渠道（Channels Mix）、沟通（Communications Mix）4 个子组合。布鲁纳（Brunner）认为，概念组合比产品组合更好地描述了不同组织向目标市场提供的不同产品、服务等；成本组合不仅包括货币成本，还包括顾客所面临的运输、信息搜集等成本；渠道类似于 4P 组合中的地点；沟通包括传统的促销因素，也包括企业的市场研究活动。然而，布鲁纳的 4C 理论只是 4P 组合名称上的变化，它并无本质上的不同。鉴于此，该 4C 理论并没有得到学术界的广泛认同。在学术界得到广泛认同的是劳特伯恩（Robert F. Lauterborn，1990）在《广告年代》上发表的著名的《4P 退休，4C 登场》论文中提出的 4C 理论，该理论是从消费者的角度来考虑企业营销活动的：顾客的需求和欲望（Customer Needs and Wants）、顾客的成本和费用（Cost）、顾客购买的便利性（Convenience）、企业与顾客的沟通（Communication）。劳特伯恩认为：在一定的搜集成本的条件下，顾客选择的最基本标准是顾客价值最大化；要求企业考虑和重视顾客的感受，强调企业与顾客之间的双向互动沟通，把顾客当作是共同创造价值的伙伴；通过充分倾听客户意见，满足他们的各种需求，提高顾客的价值，从而提高顾客的忠诚度。可以看出，该营销组合不再是原来的4P组合立足于卖方的立场，而是以买方为中心进行扩展，使得营销组合的方向发生了由内向外的变化，关注的重心也相应地从企业的内部转移到了企业的外部。这一理论也奠定了顾客满意管理的理论基础。但是，4C理论也存在较大的不足。首先，过多地强调了顾客的地位，强调企业应该把顾客的需求放在日常经营的首位，而顾客的需求在当时的社会条件下也呈现了日益多样化的趋势，这也导致企业为了适应多样性的顾客需求，必然要付出更大的成本，这必将影响企业的长期发展。此外，该理论对于如何有效地提高顾客价值、提升顾客满意度和忠诚度方面也没有进行深入的探讨。因此，4C理论更多的是关注顾客的短期需求和利益，而在如何建立企业与顾客之间的长期关系上仍然有所欠缺。

四、4R营销组合理论

随着产业组织营销学和服务营销学的发展，关系营销理论开始出现并广泛为人们所接受，4R理论应运而生。目前，营销理论界流行的4R理论有两个不同的表述。一是舒尔兹（Don E. Schultz，1999）提出的4R理论：关联（Relevancy）、反应（Reaction）、关系（Relation）、回报（Reward）。舒尔兹认为，企业与顾客是一个命运共同体，关联是建立企业与顾客关系的第一步，企业应分析和选择顾客，通过更好地满足顾客的需求和欲望而与顾客建立联系；同时企业应该转变视角，主动站在顾客的立场上看问题，及时满足顾客需求，主动与顾客展开互动交流，建立快速反应机制对市场变化做出快速反应；另外，企业与顾客之间应建立长期而稳定的关系，从实现销售转变为实现对顾客的责任和承诺，从管理营销活动转变为管理顾客关系；最后，企业满足客户需求，为客户提供价值，顾客也将为企业带来回报，为企业赢得长期的利润。二是艾略特·艾登伯格（Elliott Ettenberg，2001）提出的4R理论：关系（Relation）、节省（Retrenchment）、关联（Relevancy）、报酬（Reward）。艾登伯格认为，美国经济正处于"后经济时代"，这一时期的消费者将从需求层次走向欲望层次，企业应以最佳顾客为中心，通过了解最佳顾客来提升传递给他们的价值。

在新形势下，传统的4P组合将被4R组合所替代，即关系、节省、关联、报酬。关系策略是企业与企业的目标市场之间构筑起一种独特的关系，其核心是服务；节省策略是企业应接近顾客，其核心是技术和便利；关联策略是将企业的品牌资产与顾客的主要购买动机相联系，其核心是专业技能和商品；报酬策略是酬谢顾客，其核心是品位和时间。应该说，4R理论有效地体现和实施了关系营销的基本思想，在一个全新的层面上描述了市场营销的构架，与4P和4C理论相比，更具动态性、互动性、可持续性和互利性。

【案例讨论】

非洲海岛的鞋子市场

我国某制鞋企业老板一直在思考企业该如何进一步发展的问题。制鞋行业在我国应该说已相当成熟，而且市场化程度很高，竞争异常激烈。该制鞋企业在自由竞争的鞋业市场中业务十分稳定，但没有也好像不可能再有大幅提升，为了扩大自己的市场份额，公司从上到下，想了不少办法，可总是收效甚微，不仅自己的市场份额没什么变化，而且销售额也增长不大。公司大量的营销投入和各种不同的营销方式往往得不偿失、收效甚微，这一方面说明竞争惨烈，另一方面也说明国内鞋业市场已经基本饱和。

正当这位老板一筹莫展之际，公司财务科长来汇报财务工作。在讨论完公司财务问题后，财务科长趁机向老板请婚假。这位财务科长为人一向老实谨慎、中规中矩，工作一直兢兢业业、任劳任怨，深得老板信任，而且在请婚假这段时间内，公司财务工作正好不忙，只有些例行工作。老板自然很爽快地批准了财务科长的请假要求，并关切地问财务科长的婚礼筹备情况。财务科长回答说准备一切从简，不摆酒席。原来财务科长和新娘已经准备好趁婚假到非洲某海岛旅游胜地旅游放松，以旅行结婚的方式度蜜月。老板连声说好的同时突然想起公司的发展问题，灵光一现，向财务科长布置起任务来：公司的产能丰富、鞋子的品种齐全，国内市场既然难有作为，不妨从国际市场上找找出路。于是嘱咐财务科长出国旅游期间，顺便观察一下该海岛的鞋业市场，调研一下海岛对鞋子的需求情况，看看公司通过出口打开海岛甚至国际市场、扩大销售的可能性。财务科长立即同意，欣然接受了这个任务。

不久，财务科长携妻子来到这个海岛。在陪妻子旅游之余，财务科长牢记老板的嘱托，四处观察，八方走访，随时打听该岛鞋业市场的情况。令人奇怪的是：在他所到的旅游区内竟然没有看到一家卖鞋的商铺，更找不到修鞋的地方。询问当地的土著居民该岛鞋业市场的位置时，他们都是一脸茫然，说他们不需要穿鞋，更想不起有哪个地方卖鞋。更令人惊讶的是：财务科长观察到海岛上除外来游客外，当地土著居民确实基本上不穿鞋，虽有极少数的人穿鞋，那种鞋也只是一种自编的、绑在脚上的草垫而已。于是，认真负责的财务科长立刻通过越洋电话向老板汇报说："这里的居民不需要穿鞋，连个卖鞋的地方都找不到，更不用说制鞋企业了，根本就不存在鞋业市场，看样子海岛没戏，公司发展得另辟蹊径。"

这位老板一直在鞋业市场摸爬滚打，他的理想就是让消费者在全世界的鞋子市场都能找到他的鞋，让所有的人都能穿上他的鞋。听了财务科长的汇报，他似乎不能相信现在还有这样的地方，心里犯嘀咕，是不是财务科长一直做财务工作，市场意识不够敏锐呢？为了公司的进一步发展，慎重起见，老板找来两名长期在市场一线的销售人员，其中销售人员甲老成持重，办事深思熟虑、让人放心；销售人员乙则开放活泼，富于开拓进取、不断创新的精神。老板给这两名销售人员指定了一个新任务：去海岛考察当地的鞋业市场，评估公司鞋业出口的可能性。老板希望用销售人员对市场的敏感来更准确地发现、分析和把握海岛鞋业市场。鉴于财务科长只是在旅游区内观察了解，这次老板特意安排两位销售人员在海岛分头行动，尽量多走访些地方，然后分头向他汇报。

销售人员甲和乙接到了老板的指示后便迅速行动起来，前往海岛分头调研。大约过了一个星期，两人几乎同时通过越洋电话向老板汇报，但汇报的内容却大相径庭。销售人员甲汇报说：他几乎走遍了海岛，发现这里的人几乎都不穿鞋子，老百姓都不喜欢穿鞋，没有穿鞋的这种需求自然也就没有市场，公司不可能在这里开展业务。与甲的沮丧相反，销售人员乙十分兴奋地汇报说：他也走遍了海岛，发现这里的人几乎都没有鞋，海岛上也没有其他同类生产企业和市场竞争者，海岛鞋业市场潜力很大，整个岛屿都有可能是他们的市场。机会难得，公司应马上寄出一批库存鞋子，让他和甲留在这里销售，继续探讨建厂卖鞋的可能性，这样既可以为公司带来眼前利润，同时又可以迅速占领海岛鞋业市场。

听完两位销售人员的不同汇报，老板更加不知所措。在重大的经营决策问题上，他一向慎重。在公司的营销决策方面，老板对营销总监总是言听计从，于是老板又派他最信任的营销总监出马，并希望营销总监通过实地考察后能够拿出一个准确而具体的决策方案。

一个月后，营销总监拿出了一个具体的海岛鞋业营销策划方案。方案基本认同销售人员乙的看法，认为公司在该海岛发展业务是一次难得的营销机会，不过对营销的可行性以及如何营销，认识上大有不同。方案首先调查了海岛居民不穿鞋的原因：一、长期以来，由于海岛自然条件较好，到处都是沙地或草地，而且一年四季都比较暖和，岛内居民就养成了打赤脚的习惯；二、海岛居民经常出海、下水，穿鞋不方便。但是通过调查发现：岛内居民由于长期赤脚，缺乏保护，大部分人都患有脚疾，甚至存在由于脚疾影响到身体健康的情况，穿鞋对他们有好处；同时由于遗传特征和长期的生活习惯不同，海岛居民的脚部特征和内陆居民有很大不同，他们需要的鞋子的功能和款式都很独特，所以必须根据海岛人的具体工作、生活和保健等需要重新设计生产适合海岛人的鞋子，而不能简单地将公司现有的鞋搬过来卖。公司还应开展大量的海岛公益活动、宣传活动，提醒海岛居民穿鞋对他们脚部健康的好处，以挖掘他们穿鞋的需求，培养他们的穿鞋习惯。以满足海岛居民需求为前提，开展宣传、销售以及生产等活动，逐渐确立公司的鞋业领导者地位。另外，方案还提到一个制约公司海岛鞋业营销成败的关键因素：海岛经济比较落后，当地居民都比较穷，人均可支配收入较低，许多进口鞋子不远万里来到这里再加上关税后价格较高，这可能也是他们都不穿鞋的一个重要原因。不过方案接着提出了解决办法：海岛盛产一种其他地方没有的水果，预计这种水果销售前景相当好，这样可以通过公共关系手段与海岛政府协商取得该种水果的独家代理权，以补偿低价在海岛售鞋造成的损失以及组织公益活动推广穿鞋习惯的费用。

（资料来源：叶生洪. 市场营销经典案例与解读［M］. 广州：暨南大学出版社，2006.）

讨论：

（1）结合本案例，讨论营销与推销有何不同，应该如何认识“营销”？

（2）结合本案例，讨论在企业中怎样使全员都具有市场营销观念。

第二章　市场营销环境

【学习目标】

1. 掌握市场营销环境的含义、特征
2. 掌握微观环境因素和宏观环境因素
3. 了解环境威胁和机会的含义，掌握 SWOT 分析法

【引导案例】

东京迪士尼乐园

东京迪士尼乐园，修建于 1982 年，位于日本东京以东的千叶县浦安市舞滨，被誉为“亚洲第一游乐园”。美国迪士尼乐园总部在建设东京迪士尼乐园的过程中，既考虑到日本游客在消费习惯、文化传统等方面与美国游客的不同，又注意到日本市场的变化。东京迪士尼乐园的目标顾客大多是第二次世界大战后出生的中青年人，他们受美国文化影响很大，甚至对美国文化有狂热的爱好。因此，东京迪士尼在设计、建设和宣传推广中，着意强调东京迪士尼是地道的美国文化，园区内的一切标识都用英文书写，食品都是原汁原味的美国风味，设备全都从美国进口，所有景点都与美国本土的迪士尼乐园毫无两样，保持了美国迪士尼乐园的正宗风格。结果，东京迪士尼乐园受到日本游客的热情喜爱和追捧，多年保持着每年 1 500 万~1 700 万人次的客流量，利润达到 10 亿美元级。

（资料来源：根据百度百科“东京迪士尼”词条内容整理。）

思考：

建在日本的东京迪士尼乐园为什么要保持原汁原味的正宗美国风格？

任何一个企业都是在不断变化着的营销环境中运行的。环境条件的变化，既可以给企业营销带来市场机会，也可以形成某种威胁。所以，营销人员必须关注并研究企业营销环境的变化，把握环境变化的趋势，制定相应的营销策略，自觉地利用市场机会，防范可能出现的威胁，扬长避短，确保在竞争中立于不败之地。

第一节　市场营销环境概述

一、市场营销环境的含义

市场营销环境是存在于企业营销系统外部的不可控制或难以控制的因素和力量。这

些因素和力量是与企业营销活动有关的并影响企业生存和发展的外部条件。任何一个企业都是在一定的环境下进行生产和经营活动的，因此不可避免地要受到市场营销环境的影响。企业的发展要以环境为依据，主动地去适应环境，了解和掌握环境发展趋势，通过营销努力和企业自身的资源去影响外部环境，使环境有利于企业的生存与发展，在竞争中取得优势。值得注意的是，随着我国社会经济的不断发展、国际地位的不断提高，企业的市场营销环境将日趋复杂。

市场营销环境的内容既广泛又复杂，可以根据不同的标志加以分类。菲利普·科特勒采用了将环境划分为微观环境和宏观环境的方法。微观环境与企业紧密相连，是企业营销活动的参与者，直接影响与制约企业的营销能力，它与企业具有或多或少的经济联系。微观环境包括营销渠道企业、顾客、竞争者以及社会公众。宏观环境是指影响微观环境的一系列巨大的社会力量，一般以微观环境为媒介去影响和制约企业的营销活动。宏观环境包括人口、经济、政治、法律、科学技术、社会文化以及自然生态等因素。宏观环境与微观环境因素共同构成多因素、多层次、多变的企业市场营销环境的综合体，如图 2－1 所示。

图 2－1　企业市场营销环境

二、市场营销环境的特征

（一）客观性

营销环境作为企业外在的不以营销者意志为转移的因素，它有自己的运行规律和发展特点。企业的营销活动只能主动地适应和利用客观环境，不能改变或违背。特别是宏观环境，企业难以按自己的要求和意愿随意改变它，例如企业不能去改变人口的发展状况、政策方针、法律法规的制定等。所以，当环境发生变化时，企业能够做的就是迅速地改变和调整营销策略以适应环境。因此，企业只有客观地检测环境因素，才能减少营销决策的盲目和失误，赢得营销活动的成功。

（二）差异性

不同国家或地区之间，宏观环境存在着极大的差异。不同的企业之间，所面对的环境也千差万别。例如，我国的经济环境和发达国家的经济环境就不一样，社会文化、政治法律、科学技术也各不相同，就连我国南方和北方的经济、文化、地理等方面也存在较大差异。企业必须根据这些不同的环境及其变化，采用不同特点和有针对性的营销策略。营销环境的差异性还表现在即使同一环境的变化对不同企业的影响也不同。例如，2007—2009 年的全球经济危机，对于全球企业的冲击都非常大，但对不同企业所造成的冲击却并不相同。所以，企业应根据环境的变化趋势和自身行业的特点，采取相应的营销策略。

（三）动态性

市场营销环境的变化是一个动态的过程，一是某一环境的变化会引起另一环境随之变化；二是每个环境内部的子因素变化会导致该环境的另一子因素的变化；三是各因素在不同的形势下，对企业活动影响的大小不一样。随着网络化、全球化、信息化的出现，尤其是电子商务的产生和发展，使企业的内、外部环境发生了深刻的变化。例如，我国的市场状态已由卖方市场转变为买方市场，对于企业的营销观念来说就是一个极大的挑战。又如，我国的居民消费已由储蓄型转变为消费型。所以，对于不断变化的环境，应及时调整和修正企业的营销策略。

市场营销环境作为一个复杂多变的整体，单个企业不能控制它，只能适应它，然而企业通过主观能动性的发挥，如调整营销策略、进行科学预测或联合多个企业等，可以冲破环境的制约或改变某些环境因素，取得成功。

（四）相关性

市场营销环境是一个系统，在这个系统中，各个因素之间相互依存、相互作用和相互制约。例如，当企业的产品销售出现问题时，不仅是价格、产品时效、顾客爱好的变化等原因，还可能是由于经济收入、政治法律、人口结构因素的影响。

【案例 2－1】

傍名校的书店

北京万圣书园创办于 1993 年 10 月，是民营学术书店的先驱。书店早期位于西北三环中国人民大学附近，1994 年迁到北京大学东门外的成府街深巷。那个原本偏僻的角落，如今一天到晚熙熙攘攘，人群川流不息，可谓是“谈笑有鸿儒，往来无白丁”。

万圣书园在店内开设了一间“醒客咖啡厅”（Thinker’s Cafe Bar），咖啡厅营业面积近 400 平方米，其纯正的饮品和优雅的氛围已成为大学教授、学术思想家、工商界精英以及外国学者经常聚会的场所。

万圣书园依托紧邻清华大学和北京大学两所名校的地理优势，经常举办学术沙龙，邀请名人进行学术讲座，以学术气氛和名人效应吸引了大量的粉丝，同时带动了图书的销售。在万圣书园，你很难分得清楚学术和商业哪个是主，哪个是仆。

（资料来源：根据百度百科“万圣书园”词条内容整理。）

三、企业营销活动与市场营销环境

企业总是处在一定的市场营销环境之中运作的，必须根据自己所处的外部环境的优劣来调整自己，利用机遇，寻求企业发展；减少潜在威胁，使企业损失降到最低。

首先，市场营销环境制约着企业营销活动，企业营销活动必须依赖于市场环境才得以正常进行。营销管理者虽然可以控制企业的大部分营销活动，但必须注意市场环境对企业营销活动的影响，企业营销活动不能超越市场营销环境的限制，特别是宏观市场环境。所以，企业及时采取应对措施，顺潮流而动，是企业实现有效市场营销活动的关键。

其次，企业的营销活动必须符合市场营销环境的变化，但是企业也并非只能被动地接受市场环境的制约，企业管理者也应主动地去适应市场环境的变化。在一定条件下，也可以运用自身的优势和资源，主动地影响和改变市场环境，创造有利于企业的发展空间。例如，企业主动开发新产品，避免消费者需求变化所带来的威胁。

四、企业营销活动与企业内部环境

企业营销系统是指某个企业整体，市场营销环境是指企业外部的所有参与、影响、制约企业营销活动的利益关系者和宏观调控者。但是企业的营销活动能否成功，首先要受企业内部各种因素的直接影响，因此，营销部门在分析企业的外部环境之前，必须先分析企业的内部条件。

企业为开展营销活动，必须设立某种形式的营销部门。营销部门不是孤立存在的，它还面对其他职能部门以及高层管理部门。企业营销部门与财务、采购、制造、研发部门之间既有多方面的合作，也存在争取资源方面的矛盾。这些部门的业务状况如何，它们与营销部门的合作以及它们之间是否协调发展，对营销决策的制定与实施影响极大。高层管理部门由董事会、总经理及其办事机构组成，负责确定企业的任务、目标、方针政策和发展战略。营销部门在高层管理部门规定的职责范围内做出营销决策，市场营销目标是从属于企业总目标，并为总目标服务的次级目标。营销部门所制订的计划也必须在高层管理部门批准和推动下得以实施。

市场营销部门一般有市场营销副总裁、销售经理、推销人员、广告经理、营销研究与计划以及定价专家等组成。营销部门在制订和实施营销目标与计划时，不仅要考虑企业的外部环境力量，还要充分考虑企业的内部环境力量，争取高层管理部门和其他职能部门的理解和支持。成功的企业必须认识企业营销能力与外部环境相适应的重要性，使内部的优势和劣势与外部的机会和威胁相平衡。

第二节　微观市场营销环境

微观营销环境是指与企业紧密相连、直接影响企业营销能力和效率的各种力量和因素的总和，主要包括营销渠道企业、顾客、竞争者及社会公众。这些因素与企业有着双向运作关系，在一定程度上，企业可以对其进行控制或施加影响，见图2-2。

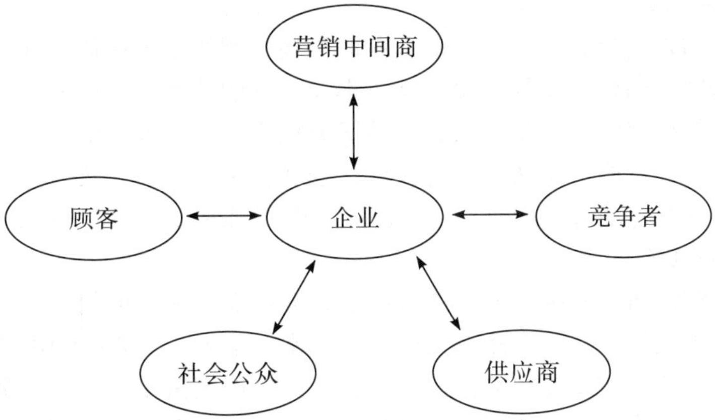

图2-2　企业的微观环境因素

一、营销渠道企业

（一）供应商

供应商是指向企业及其竞争者提供生产经营所需资源的公司和个人。供应商对企业资源供应的可靠性、供应的价格及其变动趋势如何以及供应资源的质量水平，都将直接影响到企业产品的生产、成本和质量。根据不同供应商所供货物在营销活动中的重要性，企业对较多的供货人，可按资信状况、产品和服务的质量与价格等进行等级归类，合理协调、抓住重点、兼顾一般。为了减少供应商对企业的影响和制约，必须尽可能地联系多个供应商，避免过于依赖单一的供应商。

（二）营销中间商

营销中间商是指协助企业将产品通过促销、销售和分销等方式提供给最终用户的企业和组织，包括中间商、实体分配公司、营销服务机构和财务中介机构。

1. 中间商

中间商是帮助企业寻找顾客或直接与顾客进行交易的商业性企业。它包括商人中间商和代理中间商，商人中间商需要购进商品，拥有商品所有权，主要有批发商和零售商。代理中间商专门招揽顾客或与顾客商议交易合同，但并没有商品所有权，代理中间商包括代理商、经纪人和生产商代表。

2. 实体分配公司

实体分配公司是帮助企业储存产品或把产品从原产地运往销售目的地的仓储物流公司，包括包装、运输、仓储、装卸、搬运、库存控制和订单处理等方面。其基本功能是调节生产与消费之间的矛盾，弥合产销时空上的背离。每一个企业必须从成本、运输速度、安全性和交货方便性等因素出发，进行综合考虑，确定选用成本最低而效益更高的运输和存储货物的最佳方式。

3. 营销服务机构

营销服务机构是指为企业提供营销服务的机构，例如市场调研公司、广告公司、传播机构及市场营销咨询公司。很多大型企业都有自己的营销服务机构，如广告部门和调研部门，也有很多公司委托专业的外部营销服务机构来代理有关的业务。重要的是企业面对众多的营销服务机构，应从中进行比较，选择质量、价格、效果最合适的机构。在合作过程中也可通过定期考核绩效，来促进它们提高创造力、质量和服务水平。

4. 财务中介机构

财务中介机构是指协助企业融资或分担货物购销储运风险的机构，包括银行、保险公司、信贷公司等机构。它们能够为交易提供金融支持或对货物买卖中的风险进行保险。财务中介机构不直接参与商业活动，但对于企业的发展至关重要。企业的发展需要银行支持，企业财产和货物通过保险取得风险保障。因此企业必须与金融机构建立密切关系，以降低企业的经营风险，保证企业经营的正常进行。

二、顾客

顾客就是企业的目标市场，是企业服务的对象，也是营销活动的出发点和归宿。顾客是企业产品的直接购买者，企业的一切营销活动都应以满足顾客的需要为中心。因此，顾客是企业最重要的环境因素。为便于深入研究各类市场的特点，我们将国内顾客市场按购买动机分为 4 种类型，再综合国际市场，将企业面对的市场类型分为以下 5 种：①消费者市场；②生产者市场；③中间商市场；④非营利组织市场；⑤国际市场。

三、竞争者

现代营销观念认为，任何企业在市场上进行营销活动时，都会遇到形形色色的竞争对手，企业要想在市场竞争中获得成功，就必须能比竞争者更有效地满足消费者的需要与欲望。从顾客做出购买决策的过程来分析，企业在市场上所面对的竞争者大体上可分为以下 4 种类型：

（1）愿望竞争者，指提供不同产品以满足不同需求的竞争者。消费者在同一时刻的欲望是多方面的，但有时却很难同时满足，这就出现了不同需要、不同产品的竞争。例如，本月的可随意支配收入有所增加，可以为孩子添加大型的学习用品，可以添置家庭耐用品，可外出旅游等，但从时间和财力上来讲，消费者只能选择一项作为这一时刻的欲望来满足。

（2）属类竞争者，指提供不同产品以满足同一种需求的竞争者。例如，汽车、火车和飞机都能够满足作为交通工具的需要。

（3）产品形式竞争者，指满足同一需要的同类产品的各种形式间的竞争。例如，消费者决定购买彩色电视机，那么市场上有模拟的彩色电视机、数字的彩色电视机、液晶的或等离子的彩色电视机，他可以选择购买其中的一款。

（4）品牌竞争者，指满足同一需要的同种形式产品不同品牌之间的竞争。例如，已经决定购买液晶的壁挂式电视机，但有海信、海尔、索尼等不同品牌可供选择。

四、公众

公众是指对企业实现营销目标的能力有实际或潜在利害关系和影响力的团体或个人。企业的生存和发展有赖于良好的公众关系与社会环境，所有的企业都必须采取积极措施，在各类公众心目中树立良好的企业形象。企业所面临的公众主要有以下 7 种：

（1）融资公众，指影响企业取得资金能力的任何集团，如银行、投资公司等。企业可通过自身实力树立起良好的资金运作的信用度，发布真实而乐观的年度财务报告，来赢得融资公众的支持。

（2）媒介公众，即报纸、杂志、广播、电视和互联网等具有广泛影响的大众传播媒体。企业必须与传播媒介建立友善关系，争取传播机构能够报道更多、更有利于企业的新闻信息。

（3）政府公众，即负责管理企业经营活动的有关政府机构。企业在营销活动中必须与政府的方针政策保持一致，要保持与政府部门的信息畅通，向其了解产品质量、安全卫生方面的政策、法律新动向，争取有利于行业发展的立法。

（4）社团公众，即各种保护消费者权益的组织、环境保护组织、少数民族组织等。要与社团公众保持和谐的关系，密切注意来自社团公众的批评和意见，避免与其发生矛盾和冲突，并且要争取他们有利于企业的评价。

（5）社区公众，即企业附近的居民群众、地方组织、团体等。企业要重视与当地公众的良好关系，支持社区的重大活动，并且要尽量参与社区的活动，赢得社区公众的支持。

（6）一般公众，即除上述各种公众之外的社会公众。面对一般公众，注意树立、维护企业的良好形象。

（7）内部公众，即企业的内部员工，包括董事会、监事会、经理人、一般职工等。任何一个企业首先是由它的全体内部员工构成的，企业的营销目标需要全体员工的充分理解、支持和执行，企业应经常向内部员工通报有关情况，介绍企业发展计划，发动员工出谋划策，尊重员工、关心员工的生活和学习，增强企业内部凝聚力。全体员工以主人翁的形象展示在外部公众面前，有利于塑造企业的良好形象。

【案例 2 -2】

李维斯（Levi's）牛仔裤市场营销环境分析

以生产牛仔裤闻名世界的美国李维斯公司，从 20 世纪 40 年代末期的销售额只有 800 万美元，到 1978 年销售额超过 20 亿美元，40 年时间增长 250 倍，是得益于他们的分类市场调查，充分了解他们所处的市场环境。公司设有专门机构负责市场调查，在调查时应用心理学、统计学等知识和手段，按不同国别，分析消费者的心理和经济情况的变化、环境的影响、市场竞争条件和时尚趋势等，并据此制订出销售、生产计划。

1974 年公司对西德市场的调查表明，多数顾客首先要求合身，公司随即派人在该国各大学和工厂进行合身测验，一种颜色的裤子就定出 45 种尺寸，因而扩大了销路。公司根据市场调查，了解到美国青年喜欢合身、耐穿、价廉、时髦，故把合身、耐穿、价廉、时髦作为产品的主要目标，于是产品长期打入了美国青年人的市场。近年来，在市场调查中，公司了解到许多美国女青年喜欢穿男裤，公司经过精心设计，推出了适合妇女需要的牛仔裤和便装裤，使妇女服装的销售额不断上升。

如此，虽然在美国及国际服装市场业竞争相当激烈，但李维斯公司依靠其对市场环境的充分调查研究和了解，他们制订的生产与销售计划同市场上的实际销售量只差 1% ~3%。

（资料来源：张涛. 企业管理［M］. 北京：清华大学出版社，2016：42 -43.）

第三节　宏观市场营销环境

宏观营销环境是指会对企业营销活动造成市场机会或环境威胁的主要社会力量，包括人口环境、经济环境、自然环境、技术环境、政治法律环境以及社会文化环境，这些主要社会力量是企业不可控制的变量。

一、人口环境

人口是构成市场的第一要素。市场是由有购买欲望同时又有支付能力的人构成的，这样的人越多，市场规模也就越大。因此，企业必须重视对人口环境的研究，密切重视人口特性及其发展方向。从影响消费需求的角度，对人口环境做如下分析。

（一）人口数量与增长速度

一个国家或地区的总人口数量多少，是衡量市场潜在容量的重要因素。根据 2010 年我国第六次人口普查数据，我国人口已达 13.7 亿多人，超过欧洲和北美洲人口的总和。随着我国经济的发展，居民收入不断提高，中国已被视为世界最大的潜在市场。

当前，世界人口特别是发展中国家的人口正在持续增长。美国人口调查局的数据显示全球人口在 2012 年 3 月 12 日突破 70 亿人；而联合国人口基金会则显示全球人口在

2011 年 10 月 31 日达到 70 亿人，2014 年达到 77 亿人。人口增长意味着人民生活必需品的需求增加。

世界人口的 80% 以上在发展中国家。在世界人口迅速增长的同时，美国等发达国家的人口出生率却下降，这一变化可能会造成这些国家儿童用品消费需求的相对减少。

（二）年龄结构

人口的年龄结构也直接影响市场需求。

（1）不同年龄的消费者其消费观念、消费需求和消费方式并不一样，人口可以细分为 6 个年龄组：学龄前、学龄儿童、少年、青年、中年和老年人。企业应根据不同年龄段的需求开发出有针对性的产品。例如，儿童注重小食品、玩具；青少年注重计算机、游戏机、服饰、运动器材等；老年人注重营养品、保健品等。

（2）许多国家人口的年龄结构呈现老龄化。随着社会经济的发展、生活水平和医疗条件的改善，人口的平均寿命延长，老龄化成为当今世界发展的必然趋势。根据 2010 年我国第六次人口普查数据，我国 60 岁及以上人口约占 13.26%，其中 65 岁及以上人口约占 8.87%。在一些大城市，老年人比例更大。因此，人口结构中的消费主体也会相应老龄化，老年用品的需求正在上升。

（三）地理分布

人口的地理分布是指人口在不同地区的密集程度。不同地域的消费者，由于地理环境、气候条件、自然资源、风俗习惯、宗教信仰的不同，其消费习惯，消费需求也存在差异。我国乡镇城市化的趋势日益加快，农村市场需求将有大的变化。我国人口地理分布最显著的特点是：不均衡性，东南部沿海省份人口密度大，消费品市场规模也大，西部地区人口稀疏，市场容量相对较小。

（四）家庭结构

家庭是购买与消费的基本单元。一个国家或地区的家庭单位的多少，影响着消费品市场的大小，家庭结构的变化将影响需求量的变化。按照年龄、婚姻、子女等状况，一个家庭的生命周期可分为 7 个阶段：

（1）未婚期：年轻的单身者。

（2）新婚期：年轻夫妻，没有孩子。

（3）满巢期一：年轻夫妻，有 6 岁以下孩子。

（4）满巢期二：年轻夫妻，有 6 岁以上儿童。

（5）满巢期三：年纪较大的夫妻，有已能自立的子女。

（6）空巢期：身边没有孩子的老年夫妻。

（7）孤独期：单身老人独居。

近几年来，我国的城市家庭规模也趋向小型化。随着计划生育、晚婚晚育的实施，职业妇女的增多，单亲家庭和独身者的涌现，家庭消费需求也会发生很大的变化。

（五）人口性别

比较男性和女性的市场需求，发现他们对于商品的需求以及购买行为都有明显差别。

由于大多数家庭中日用消费品由女性采购，因此，很多家庭用品及儿童用品也可纳入妇女市场。而家庭中价格昂贵的耐用品一般由男性决策购买。

二、经济环境

经济环境是指影响企业市场营销方式与规模的经济因素，主要包括收入与支出水平、储蓄与信贷及经济发展水平等因素。

（一）收入与支出状况

社会购买力是受宏观经济环境制约的，是经济环境变化的反映。影响购买力的主要因素有人均国内生产总值、消费者个人收入、消费者支出模式以及消费者储蓄和信贷等。

1. 收入

消费者收入的高低，直接影响着购买力的大小，从而决定了市场容量和消费者支出的模式。在研究收入对消费需求的影响时，常使用以下指标：

（1）人均国内生产总值。

一般指的是人均GDP，它是一个国家或地区的所有常驻单位在一定时期内（如一年）按人口平均所生产的全部货物和服务的价值，超过同期投入的全部非固定资产货物和服务价值的差额。国家GDP总额反映了全国市场的总容量、总规模。人均GDP则从总体上影响和决定了消费结构与消费水平。近几年我国的GDP总额都居世界前列，而人均GDP却较低，在国际比较中仍属较低水平。

（2）消费者个人收入。

市场容量的大小，归根结底取决于消费者购买力的大小，消费者的需要能否得到满足，主要取决于其收入的大小。

消费者个人收入是指消费者从各种来源所得的货币收入，通常包括个人工资、奖金、其他劳动收入、退休金、红利、馈赠、出租收入等。消费者个人可支配收入是指从个人收入中减除缴纳税收和其他经常性转移支出后，所余下的实际收入，即能够以作为个人消费或储蓄的数额。消费者可任意支配收入是指可支配的个人收入减去消费者用于购买生活必需品的固定支出（如维持个人或家庭的生活支出、房租、保险费、贷款等）。这是影响需求变化的最活跃因素，特别是奢侈品的消费。

2. 支出

支出是指消费者的支出模式和消费结构。收入在很大程度上影响着消费者的支出模式与消费结构。随着消费者收入的变化，支出模式与消费结构也会发生相应的变化。消费者支出模式和消费结构是指消费者收入中用于衣、食、住、行、娱乐、教育、保健等支出的比例。现在最常用的衡量指标就是德国统计学家恩格尔提出的“恩格尔定律”。恩格尔定律是，当收入增加，食物支出占总支出的比重下降；当其他条件不变时，新增加的收入用于食物支出较少；用于食物、燃料、住房等相对不变，而用于教育、医药、卫生、娱乐、体育方面的支出较大。食物支出的比重越大，表明家庭越贫穷，反之则比较富裕。所谓恩格尔系数，是指食品支出占总支出的比重。一般认为恩格尔系数越大，生活水平越低；反之恩格尔系数越小，生活水平越高。联合国根据恩格尔系数制定和评价国家或地区家庭贫富的标准。根据联合国粮农组织的标准：59%以上为赤贫，50%～59%为温饱，40%～49%为小康，40%以下为富裕，其中20%以下为很富裕。我国近年来的恩格尔系数参见图2-3。

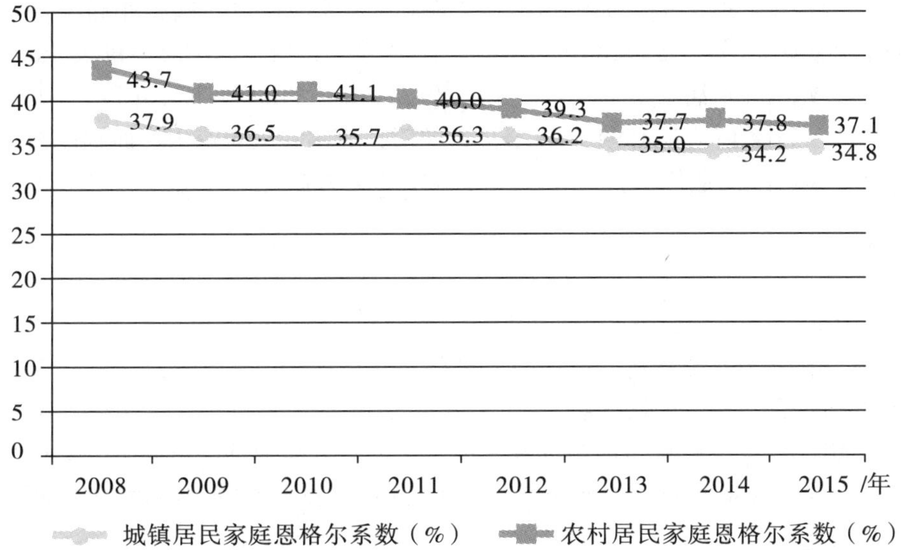

图2-3　我国城乡居民恩格尔系数（2008—2015年）①

3．消费者的储蓄和信贷

消费者储蓄实际上是一种未来的购买力。个人储蓄形式包括：银行存款、公债、股票和不动产。在正常情况下，银行存款随国民收入的增加而稳定增长，两者是成正比例的关系。但是，如果遇到通货膨胀、物价上涨，消费者就会取出存款，争购保值商品。我国人均收入水平虽不高，但储蓄率相当高，所以国内潜在市场规模甚大。消费者信贷是一种超前的消费方式，即个人通过信贷方式预支未来的购买力。有短期赊销、分期付款、消费贷款等。消费者储蓄和信贷状况总是影响消费者现实购买力和潜在购买力的重要因素。一般情况下，消费者个人储蓄的增加，会相对减少现实的购买力，但又预示着潜在购买力的增加。而消费者信贷的增加，则会刺激消费者的现实购买。

（二）经济发展水平

企业的市场营销活动还受到一个国家或地区的整个经济发展水平的制约。在经济全球化的条件下，国际经济形势也是企业营销活动的重要影响因素。

1．经济发展阶段

经济发展阶段不同，居民的收入不同，消费者对产品的需求也不一样，从而会在一定程度上影响企业的营销活动。一般来说，经济发展水平较高的国家和地区，在市场营

① 根据国家统计局发布的《中国统计年鉴》相关数据计算整理。

销方面，强调产品款式、性能和特色，侧重资本密集型产业的发展。经济发展水平较低的国家和地区，侧重于产品的功能和实用性，以发展劳动密集型产业为主。

2. 宏观经济形势

自2008年国际金融危机以来，国际原油、粮食、原材料等价格大幅下跌，美国、欧盟、日本等发达国家经济增长缓慢，国际市场需求萎缩，这对我国企业和经济发展造成了明显的不利影响。以2015年8月为例，生产者物价指数（Producer Price Index，PPI）同比下降5.9%，同时居民消费价格指数（Consumer Price Index，CPI）却同比上涨2.0%，CPI与PPI差值达到1994年以来最大差值，表明我国企业生产面临压力、利润下滑，又存在一定程度的通货膨胀，宏观经济形势比较复杂。

【案例2-3】

北大才子卖猪肉

2009年"北大才子卖猪肉"的新闻曾引起广泛关注，"壹号土猪"品牌开始被人们熟悉。经过数年发展，"壹号土猪"在广州已有200多家连锁店，在珠江三角洲地区有500多家连锁店。"壹号土猪"的创办人、毕业于北京大学的陈生说："'壹号土猪'发展这么快，是因为大家都开始关注生活的品质……我们踩对了趋势，在正确的时间，选择了正确的行业和产品。"

在1994年之前，中国只有土鸡、土猪，但是很快被转化率高、生长快的洋鸡、洋猪取代，因为它们更便宜。土猪生长周期达10个月，而洋猪（即瘦肉型猪）只需要5个月。10年之后，随着生活水平的提高，很多人开始怀念很久以前土鸡、土猪的好滋味。陈生经过调查，发现2006年广州土猪肉占肉禽市场的1%，地级市是20%，县级市是50%，而乡镇里面全都是土猪。在市场需求最大的地方，供应却是最少的，这成为"壹号土猪"最重要的一个转折点。

"壹号土猪"在广州上市时，陈生让员工牵着一头头戴大红花、浑身漆黑、270斤左右的大土猪在菜市场里面游街，让城市里的人看看土猪的模样。虽然价格比瘦肉型猪贵了50%以上，但土猪肉靠香味留住了不少消费者。陈生的努力很快见到了成效，2015年"壹号土猪"销量超过10亿元，成为国内市场响亮的土猪肉第一品牌。

（资料来源：黄秋丽. 北大才子卖猪肉：让"土猪"飞［N］. 中国企业家，2013-06-25. 本文根据该文整理。）

三、自然环境

自然环境主要是指营销者所需要或受营销活动所影响的自然资源。自然环境是影响企业营销活动的基本因素。营销活动要受自然环境的影响，也对自然环境的变化负有责任。当前，营销管理者应注意自然环境面临的难题和趋势，主要动向是：自然资源日益短缺，能源成本趋于提高，环境污染日益严重，政府对自然资源的管理和干预不断加强。不可再生资源的减少，成为企业发展中的一种威胁，迫使人们研究如何合理开发利用和寻找替代品，例如限制小煤矿，限制造纸用料等。企业的运营和市场营销活动的开展都必须考虑自然环境的承受能力，人类只有一个地球，企业在营销活动中要实行生态营销、绿色营销，实现可持续发展。

四、政治环境

政治环境是指企业市场营销的外部政治形势。一个国家或地区的政局稳定与否会给企业营销活动带来重大影响。所以在营销中，一定要考虑政治环境的变化和社会稳定情况可能造成的影响。党在不同时期的方针、政策，不仅指导经济的发展，引导企业的行为，还会对企业的利益产生直接或间接的影响，从而制约企业的营销活动。

五、法律环境

法律环境包括一个国家规范人们行为的法律和法规、得以强制执行的程序，以及通过这一程序使受损害者得到补偿的机制。法律详细规定了企业的运作方式、限定了交易履行的方式、规定了交易各方的权利和义务，对营销活动带来了制约、机会和影响。因此，一个国家的法律环境对企业的营销活动是极为重要的。

根据各国法律制度的基本特征，法律可划分为若干个法系，主要有大陆法系和英美法系，另外还有伊斯兰法系等。

（一）大陆法系

大陆法系最先产生于欧洲大陆，以罗马法为历史渊源，以民法为典型，以法典化的成文法为主要形式。属于大陆法系的国家和地区有法国、德国、意大利、西班牙等欧洲大陆国家，以及曾是法国、西班牙、荷兰、葡萄牙 4 国殖民地的国家和地区，如阿尔及利亚、埃塞俄比亚等及中美洲的一些国家。中国台湾地区也属于大陆法系。

大陆法系特点有：

（1）全面继承罗马法，吸收了许多罗马私法的原则、制度，如赋予某些人的集合体以特定的权利能力和行为能力；所有权的绝对性，取得财产的各种方法，某人享有他人所有物的某些权利；侵权行为与契约制度；遗嘱继承与法定继承相结合制度等。还接受了罗马法学家的整套技术方法，如公法与私法的划分，人法、物法、诉讼法的私法体系，物权与债权的分类，所有与占有、使用收益权、地役权相关法，以及思维、推理的方式。

（2）实行法典化，法律规范的抽象化、概括化。

（3）明确立法与司法的分工，强调制定法的权威，一般不承认法官的造法功能。

（4）法学在推动法律发展中起着重要作用，法学创立了法典编纂和立法的理论基础，如自然法理论、分权学说、民族国家理论等，使法律适应社会发展需要的任务由法学家来完成。

（二）英美法系

英美法系，又称普通法法系，是以英国自中世纪以来的法律，特别是它的普通法为基础而发展起来的法律的总称。英美法系的范围，除英国（不包括苏格兰）、美国（路易斯安那州除外）外，主要是曾是英国殖民地、附属国的国家和地区，如印度、巴基斯坦、新加坡、缅甸、加拿大（魁北克省除外）、澳大利亚、新西兰、马来西亚等。中国香港地区也属于英美法系。

由于英美国家在西方文明的影响力和英美法本身的特点，英美法在当今世界的某些领域有着广泛的影响力，尤其是在国际贸易和海商运输等方面。经常有国际贸易的合约，虽然参与各方都与英国无关，却指名以英格兰法律约束合约。

英美法系特点有：

（1）以英国为中心，英国普通法为基础。

（2）以判例法为主要表现形式，遵循先例。

（3）变革相对缓慢，具有保守性，“向后看”的思维习惯。

（4）在法律发展中，法官具有突出作用，法官拥有广泛的自由裁量权。

（5）体系庞杂，缺乏系统性。

（6）注重程序的“诉讼中心主义”。

六、科学技术环境

科学技术是第一生产力，科技在市场营销环境中的地位和作用正处于迅速上升阶段。科学技术因素不仅影响企业的内在环境，而且同时与其他环境因素相互依赖、相互作用，给企业营销活动带来有利或不利的影响。对于企业营销决策者来说，应该注意全球科技发展的趋势。当今科学技术发展的特点是：①微电子技术的发展；②生物工程技术的发展；③重视在新产品开发上采用新的科研成果；④新技术、新产品的研发受到广泛重视。现代科学技术的发展给市场营销带来的影响是：①产品生命周期缩短；②技术贸易的比重较大；③劳动密集型产业面临压力；④发展中国家劳动力低廉的优势减弱；⑤交易方式、流通方式更加现代化；⑥对企业的组织结构及管理人员素质提出更高的要求。

七、社会文化环境

社会文化环境主要是指一个国家、地区的民族特征、价值观念、生活方式、风俗习惯、宗教信仰、伦理道德、教育水平、语言文字等的总和。核心文化是一个社会文化中被全体社会成员公认和共有的基本内容。核心文化是全社会通过长期的共同社会实践所积累形成的，是社会文化中的深层内涵、基本框架，是区别于其他社会文化的主要界限。核心文化具有深刻性、稳定性，不会被外界冲击所轻易改变。亚文化是在核心文化支配下所形成的文化分支，包括种族、地域、宗教等。社会文化环境不管是对营销者还是对消费者，其影响都是多层次、全方位、渗透性的，这些影响多半是通过间接的、潜移默化的方式来进行。在此只分析以下 4 方面：

（1）教育水平。教育水平是指消费者受教育的程度。消费者的文化教育素养不同，所表现出的审美观、选择商品的原则和方式也不相同，从而影响着企业营销策略的制定和实施。

（2）价值观念。价值观念是指一个社会里人们对事物的评价标准和态度。在社会生活中，价值观念主要体现为时间观念、财富观念、创新观念和风险观念等。在不同的文化背景下，价值观念有很大差异，影响着消费需求和购买行为。

（3）风俗习惯。风俗习惯是人们自发形成的习惯性的行为模式，是一定社会中大多数人共同遵守的行为规范。风俗习惯所包含的范围十分广泛，涉及社会生活的方方面面，如消费习俗、节日习俗、商业习俗。

（4）宗教信仰。宗教信仰直接影响着人们的生活习惯、礼仪、风俗、爱好等，从而影响着人们的消费行为。宗教信仰对于需求季节波动的影响有4个方面：宗教、社会规范、宗教禁忌、宗教节日。

第四节　市场营销环境分析与企业对策

一、市场营销环境威胁与机会的含义

市场营销环境通过对企业构成威胁或提供机会而影响企业的营销活动。

所谓市场营销环境威胁，是指市场环境中一种不利于企业的发展趋势所形成的挑战，如果企业不采取果断的市场营销行动，这种不利趋势将伤害到企业的市场地位。所谓市场营销机会，是指由于市场环境变化而形成对企业市场营销活动富有吸引力的领域，在该领域内，企业拥有竞争优势。

任何企业都面临着若干市场环境威胁和市场机会。然而，并不是所有的市场环境威胁都一样危险，也不是所有的市场机会都有同样的吸引力。企业的最高管理层可以用“市场环境威胁矩阵图”和“市场机会矩阵图”来加以分析，评价企业的营销环境。

【案例2－4】

日本汽车工业

日本汽车制造业始于吉田真太郎，1904年他成立日本第一家汽车厂——东京汽车制造厂（现五十铃汽车公司），3年后制造出第一台日本国产汽油轿车“太古里1号”。随后，日本国内出现了众多汽车制造厂。出于军事需要，日本政府颁布了《军用汽车补助法》，对汽车厂商进行扶持，这成为早年日本汽车业发展的原动力。

20世纪70年代的石油危机重创了欧美汽车厂商，但是却让推崇小排量车的日本车企从中受益，日本汽车被推上了世界汽车的舞台。石油危机之后，美国一部分家庭难以承担高昂的油费，选择了日本汽车代替大排量美系汽车；在欧洲注重节能减排之后，日本汽车又进一步抓住了欧洲市场，一跃成为世界汽车工业的巨头。

从20世纪90年代开始，日本汽车企业大力推进国际化战略，在北美、欧洲及其他地区就地设厂、开办事业部。以亚洲为例，日系汽车在东南亚地区有80%占有率。日本通过承诺为较落后国家提供技术，促进当地经济发展，换取政策优惠，日系汽车在亚洲地区迅速扩张，高峰时期每年增长率在30%以上。雷克萨斯、英菲尼迪、讴歌，日系三巨头的高端车代表，如今完全可以与欧美豪车一较高下。

日本因为国土面积小，资源与能源贫乏，所以对于大排量车型的开发很谨慎。日本汽车的总体特色是注重经济实用，更加追求良好的性价比，节约资源和降低石油消耗的造车理念让日本汽车先于欧美，成为节能、降耗的先行者。

（资料来源：根据百度百科“日本汽车工业”词条内容整理。）

二、市场营销环境威胁分析

对市场营销环境威胁的分析，一般着眼于两个方面：一是分析威胁的潜在严重性，即影响程度；二是分析威胁出现的可能性，即出现概率。其分析矩阵图，如图 2－4 所示。

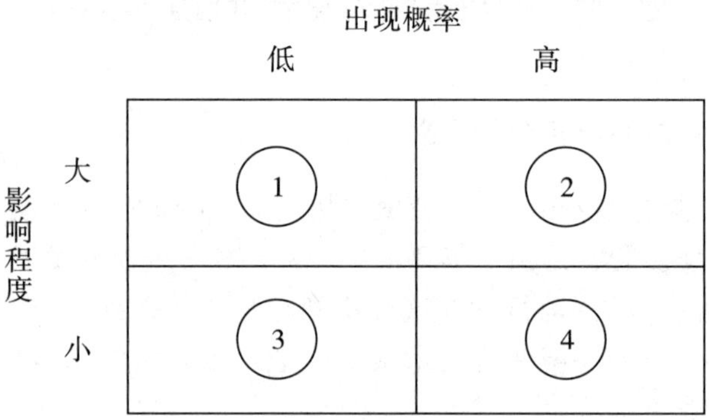

图 2－4　市场营销环境威胁分析矩阵图

在图 2－4 中，处于 2 位置的威胁出现的概率高，影响程度大，必须特别重视；处于 3 位置的威胁出现的概率低，影响程度小，企业不必过于担心；处于 1 位置的威胁出现的概率虽低，但影响程度大，必须密切监视；处于 4 位置的威胁影响程度小，但出现的概率高，也必须充分重视。

三、市场营销环境机会分析

市场营销环境机会分析主要考虑其潜在的吸引力和成功的可能性大小，其分析矩阵图，如图 2－5 所示。

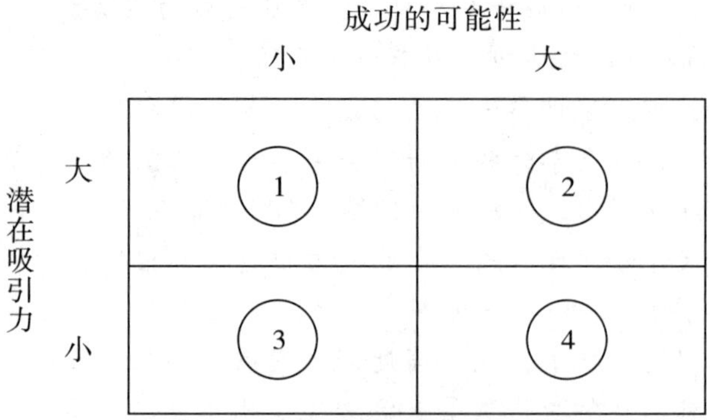

图 2－5　市场营销环境机会分析矩阵图

在图2－5中，处于2位置的机会，潜在的吸引力和成功的可能性都大，企业应把握时机全力发展；而处于3位置的机会，其潜在的吸引力和成功的可能性都小，企业应改善自身条件，关注机会发展变化，谨慎适时地开展营销活动。

用矩阵图经过以上分析后，可能会出现4种不同的结果，如图2－6所示。

		威胁 低	威胁 高
机会	高	理想环境	冒险环境
机会	低	成熟环境	困难环境

图2－6　市场环境分析综合评价图

面对理想环境，企业应必须抓住机遇，迅速行动。面对冒险环境，企业应全面分析自身优势与劣势，扬长避短，创造条件，争取突破性的发展。面对成熟环境，企业可开展常规业务，维持企业的正常运转。面对困难环境有3种可能选择的对策：①反抗，即试图限制或扭转不利因素的发展；②减轻，即通过调整市场营销组合等来改善或适应环境，以减轻环境威胁的严重性；③转移，即决定转移到其他赢利更多的行业或市场。

四、SWOT分析法

SWOT分析法，是指对企业内部环境的优势（Strength）和劣势（Weakness）按一定标准进行评价，并把市场环境中的机会（Opportunity）和威胁（Threat）结合起来权衡抉择企业的营销活动，力求企业的内部环境与外部环境协调和平衡，扬长避短、趋利避害，牢牢把握对企业最适宜的市场机会（如图2－7所示）。

内部因素 / 外部因素	优势（S）	劣势（W）
机会（O）	SO战略	WO战略
威胁（T）	ST战略	WT战略

图2－7　SWOT分析模型

1. 企业内部环境的优势和劣势（SW）分析

企业内部的优势与劣势是相对于竞争对手而言的，表现在资金、技术设备、职工素质、产品市场、管理技能等方面。衡量企业优势与劣势有两个标准：一是资金、产品、市场等单方面的优劣势；二是综合的优劣势。企业应扬长避短，内部优势强，就宜于采取发展型战略，否则就宜于采用稳定型或紧缩型战略。

2. 企业的市场机会与威胁（OT）分析

企业的外部环境是企业无法控制的，随着社会经济的迅速发展，特别是随着世界经济全球化的步伐加快、全球信息网络的建立和消费需求的多样化，企业所处的市场环境更为开放和动荡。这样一方面可能给企业带来发展的机会，如我国加入 WTO（世界贸易组织）；另一方面可能给企业带来威胁，如我国技术的落后、税率高等。

在图 2－7 中，SO 战略所处位置表明企业外部有众多机会，内部又具有强大优势，在这种情况下，企业宜采用发展型战略，依靠内部优势去抓住外部机会，为企业赢得利润。WO 战略所处位置表明企业外部有机会，但内部条件不佳，这时，企业应设法采取稳定型战略，利用外部机会来扭转内部的劣势，即先稳定后发展。WT 战略所处位置表明企业外部有威胁，并且内部状况不佳，这时企业应设法避开威胁、消除劣势，可采用紧缩型战略。ST 战略所处位置表明企业拥有内部优势而外部存在威胁，在这种情况下，企业宜采用多种经营战略，以有效分散风险，寻找新的机会。

运用 SWOT 模型分析方法，可以对企业所处的内、外部环境进行全面、系统、准确的研究，明确自身的战略地位，并初步选定企业可能采取的发展战略、计划以及对策等。

【案例讨论】

肯德基家乡鸡快餐店进入香港市场

1973 年，肯德基公司进入香港市场，并计划要在香港开设 50～60 家分店。1973 年 6 月，香港第一家肯德基家乡鸡快餐店开业，到 1974 年，数目已达到 11 家。

在肯德基家乡鸡快餐店中，除了炸鸡之外，还供应其他杂类食品，包括菜丝沙拉、马铃薯条、面包，以及各种饮料。鸡分 5 件装、10 件装、15 件装和 20 件装出售。此外还有套餐，例如售价 6.5 元的套餐，由 2 件鸡、马铃薯条和面包组成。

肯德基家乡鸡首次在香港推出时，配合了声势浩大的宣传攻势。电视广告迅速引起了消费者的注意。电视和各种印刷品的主题，都采用了家乡鸡世界性的宣传口号：“好味到舔手指。”

声势浩大的宣传攻势，加上独特的烹调方法和配方，使得顾客们都乐于一尝，而且在肯德基家乡鸡进入香港以前，香港人很少品尝过所谓的美式快餐。虽然大家乐和美心快餐店均早于肯德基家乡鸡快餐店开业，但当时规模较小，未形成连锁店，不是肯德基的竞争对手。在当时看来肯德基在香港前景光明。

然而肯德基家乡鸡快餐店在香港并没有风光很久。1974 年 9 月，肯德基公司突然宣布多家快餐店停业，只剩 4 家坚持营业。到 1975 年 2 月，首批进入香港的肯德基全军覆没，所有快餐店关门停业。当时的香港评论家曾热烈讨论此事，认为导致肯德基家乡鸡快餐店全盘停业的原因，是鸡的味道和宣传服务上出了问题。

为了适应香港人的口味，肯德基家乡鸡快餐店采用了本地产的土鸡品种，但却仍采用以前的喂养方式，即用鱼肉饲养。这样一来，破坏了中国鸡特有的口味，甚是令香港人失望。在广告上，肯德基家乡鸡快餐店采用了“好味到舔手指”的广告词，这在观念上也很难被香港居民所接受。而且，当时的香港人认为家乡鸡价格太昂贵，因而抑制了需求量。在服务上，肯德基家乡鸡快餐店采用了美国式服务，在欧美的快餐店一般是外卖店，即顾客驾车到快餐店，买了食物回家吃。因此，店内通常不设座位。而香港的情况则不同，人们在买的地方进餐，通常是一群人或三三两两买了食品后坐在店内边吃边聊。肯德基家乡鸡快餐店不设座位的做法，等于是赶走了一批有机会成为顾客的人。因此，肯德基家乡鸡快餐店虽然广告规模较大，吸引了许多人前往尝试，但是回头客就不多了。

肯德基家乡鸡快餐店首次进入香港的失败，败在未对香港的环境文化做深入了解。正如英国市场营销专家史狄尔先生对此评价：“当年家乡鸡进入香港市场，采用了与美国一样的方式。然而，当地的情况，要求它必须修改全球性的战略来适应当地的需求、产品的用途和对产品的接受，受到当地的风土人情影响，食物和饮品类产品的选择亦取决于这一点。当年的鸡类产品不能满足香港人的需求，宣传的概念亦不适当。”

一转眼多年过去了。1985 年，肯德基在马来西亚、新加坡、泰国和菲律宾已投资成功。这时，他们准备再度进军香港。

这次，肯德鸡重新进入香港，是由太古集团的一家附属机构取得香港特许经营权。这一次肯德基开拓市场更为谨慎，在营销策略上按香港的情况进行了适当变更。顾客对象定位在 16 ~ 39 岁之间，主要是年轻的一群，包括写字楼职员和年轻的行政人员。在食品项目上，以鸡为主，有鸡件、鸡组合装、杂项甜品和饮品。杂项食品包括薯条、沙拉和玉米。所有鸡都是以贺兰迪斯上校的配方烹调，大多数原料和鸡都从美国进口。食品是新鲜烹制的，炸鸡若在 45 分钟仍未售出便不会再售，以保证所有鸡件都是新鲜的。在价格上，公司将鸡以较高的议价出售，而其他杂项商品如薯条、沙拉和玉米等以较低的竞争价格出售。这是因为，如果鸡价格太低，香港人会把它看成是一种低档快餐食品；而其他杂项食品以低价格出售，则是因为肯德鸡分店周围有许多出售同类食品的快餐店与之竞争，降低杂项食品价格，能在竞争中取得一定优势。在广告上，肯德鸡把 1973 年的广告口号“好味到舔手指”改为“甘香鲜美好口味”。在地铁车站和报纸、杂志上都能看到新的广告词。很明显，新的广告词已带有浓厚的港味，因而很容易为香港人接受。增开新店时，尽量开设在人流较大的地方，以方便顾客；同时扩大营业面积，改变消费者拥挤的状况；以及增加菜的种类等。

（资料来源：蒋新宁，沈波，肖立刚. 企业经营管理学概论：原理 · 实务 · 案例［M］. 南京：东南大学出版社，2009：106.）

讨论：

（1）肯德基第一次进入香港市场失利的原因有哪些？

（2）肯德基第二次进入香港市场做了哪些营销策略方面的调整？

（3）对于肯德基公司而言，香港市场具有哪些不同于欧美市场的特点？

第三章　市场分析

【学习目标】

1. 了解市场的含义、特征和功能，熟悉市场的分类和基本模式

2. 掌握消费者市场的含义和特点，了解消费者购买决策过程，掌握影响消费者行为的主要因素

3. 掌握产业市场的含义、特点，了解产业购买者的购买行为类型，掌握影响产业购买者决策的主要因素

【引导案例】

从豆浆到维他奶

豆浆是以大豆为原料制作的一种饮品，在中国已有 2 000 多年的历史。豆浆的形象与可乐、牛奶相比，浑身上下透着中国本土气息。以前，喝豆浆的人大多是中国的老百姓，但是现在在美国、加拿大、澳大利亚等国的超级市场上都能见到，与可乐、七喜、牛奶等国际饮品并列排放，且价高位重，有形有派。当然，它改了名，叫维他奶。

豆浆改名维他奶，是香港一家公司为了将街坊饮品变成一种国际饮品，顺应不断变化的价值和现代人的生活形态，不断改善其产品形象而特意选择的。“维他”来自拉丁文 Vita，英文 Vitamin，其意为生命、营养、活力等，而舍“浆”取“奶”，则来自英语 Soybean Milk（豆奶，即豆浆）的概念。20 世纪 60 年代之前，香港人的生活不富裕，营养不良，各种疾病很普遍。当时生产维他奶的用意，就是要为营养不良的人们提供一种既便宜又有营养价值的牛奶代用品——穷人的牛奶。此后一直到 20 世纪 70 年代，维他奶都是以普通大众的营养饮品这个形象出现的，是一个廉价饮品的形象。

可是到了 20 世纪 70 年代以后，香港人的生活水平大大提高，对一般人来说并不缺乏营养，人们反而担心营养过多的问题。如果此时还标榜“穷人的牛奶”，那么选择喝它的顾客不就掉价了吗？于是维他奶公司的业务陷入低潮。

20 世纪 70 年代中期，维他奶公司试图把维他奶树立为年轻人消费品的形象，使它能像其他汽水一样，与年轻人多姿多彩的生活息息相关。这时期的广告摒除了“解渴、营养、充饥”或“令你更高、更强、更健美”等字眼，而是打造“消闲饮品”形象。公司推出了一个电视广告，背景为现代化城市，一群年轻人拿着维他奶随着明快的音乐跳舞。到了 20 世纪 80 年代，广告重点变为突出它亲切、温情的一面。对于很多香港人来说，维他奶是个人成长过程的一个组成部分，大多数人对维他奶有一种特殊的亲切感和认同

感，它是香港本土文化的一个组成部分，是香港饮食文化的代表作，维他奶对香港人的意义如同可口可乐对美国的意义一样。由此，维他奶又开始树立一个“经典饮品”的形象。

在同一时期，维他奶开始进入国际市场。这一时期，脂肪太多成了美国等国公民的一大问题。在美国，维他奶标榜高档“天然饮品”。所谓天然饮品，就是没有加入人工的成分，如色素和添加剂等，可以使消费者避免吸收太多脂肪，特别是动物脂肪。将维他奶标榜为天然饮品，当然受美国人的欢迎。于是便出现了这样历史性的趣事：维他奶创始之初，被标榜为穷人的牛奶，强调它与牛奶的相似之处，并且价格比牛奶要低；今天在美国市场，维他奶强调的是与牛奶不同的地方（维他奶具有牛奶所有的养分，而没有牛奶那么多的动物脂肪），其价格也比牛奶高。

［资料来源：魏西友．从“廉价饮品”到“天然饮料”：维他奶不断变化的市场定位［J］．现代交际，2007（3）：26．］

思考：

从豆浆到维他奶，其目标消费群体发生了什么样的调整和变化？

市场分析是市场预测的前提和准备过程。从纵向角度看，市场分析要研究从生产者到消费者的所有商业活动，揭示生产者和消费者各自在从事市场活动中的行为和遵循的规律。从横向角度看，市场活动是一个全方位的活动，而且市场的类型多种多样，各种不同类型的市场各有其特点和运行规律，市场分析必须揭示这些市场活动的特点和规律。

第一节 市场概述

一、市场的含义

市场是与商品经济相联系的经济范畴，哪里有商品生产和商品交换，哪里就有市场。同时，市场的含义不是静止不变和唯一的，它随着商品经济的发展而不断丰富和发展，在不同场合具有不同的含义。一般来说，市场有以下 4 种含义：

（1）市场是买者和卖者进行商品交换的场所或地点。这是狭义的和地理意义上的市场，这种含义的市场是与简单商品经济相联系的。在现代社会，每个企业也必须重视作为商品交换场所的市场，即要了解本企业的产品销售到了哪些地区，是在何种场所销售的。

（2）市场是买者和卖者进行商品交换关系的总和。这是广义的、抽象的和经济学意义上的市场，这种含义的市场是与发达商品经济相联系的。因为随着商品数量的增加、交换关系的复杂化，生产者和消费者之间的关系必须通过市场表现出来，从而市场就成为商品交换关系的总和，它体现了买者和卖者之间的关系。这种含义的市场对于企业的意义在于：在现代市场经济条件下，任何企业都离不开市场，任何企业都必须与顾客发生关系，市场是企业赖以生存的环境和条件。

（3）市场是指对某种商品或服务有需求的人或组织。一个现实的市场由 3 个基本要素构成，即人口、购买力和购买动机。这是现代的和管理学意义上的市场，这种含义的市场反映了企业服务顾客、以满足顾客需要为己任的思想。用公式表达如下：

$$市场 = 人口 \times 购买力 \times 购买动机$$

人口是构成市场的基本要素，人口越多，现实的和潜在的消费需求也就越大；购买力因素是指人们支付货币购买商品或劳务的能力，购买力水平的高低是决定市场容量大小的重要指标；购买动机是指导致消费者产生购买行为的驱动力、愿望和要求，它是消费者将潜在购买力变为现实购买行为的重要条件。这种含义的市场对于企业具有十分重要的意义，一个企业究竟开发和生产什么样的产品以及生产多少，首先要考虑有没有需要该产品的人，其次是要考虑需要该种产品的人有没有支付能力，最后还要考虑本企业开发的产品能否满足目标顾客的需要以及是否比竞争对手做得更好。

（4）市场是某种商品或服务的所有现实和潜在买主的总和。这是动态的和扩大的市场，这里的市场不仅包括现实购买者，而且包括潜在购买者，即暂时没有购买欲望或购买力但是一旦条件成熟就会实施购买行为的人。这种含义的市场对于企业也具有十分重要的意义，它要求企业在开发新产品时，不仅要考虑现实需要，而且要考虑潜在需要；不仅要适应市场，而且要引导市场。

二、市场的一般特性和主要功能

（一）市场的一般特性

形成市场的 3 个基本条件是：①存在买方与卖方；②有可供交换的商品；③有买卖双方都能接受的交易价格及其条件。这三者具备，才能实现商品的让渡，形成现实的而不是观念上的市场。

市场活动的中心是商品买卖，形成买卖行为的 3 个要素是：消费者、购买力和购买欲望。没有消费者就谈不上购买力和购买欲望，消费者没有购买力和购买欲望，也不能形成现实市场，只有这 3 个要素结合起来，才能促进买卖行为的实现。

市场交易活动的当事人主要是生产者、中间商和消费者，他们在商品交换中地位各不相同，参与交换的目的和要求也不一样，因而都有各自不同的经济利益，要正确处理交易活动以及当事人之间的经济利益关系。由政府作为管理主体制定和实施的市场管理制度或各种市场“游戏规则”，构成市场交易活动顺利进行的公平交易的条件。

（二）市场的主要功能

市场的功能就是指市场在商品经济运行中的作用。市场的主要功能有：

1. 价值实现功能

商品生产是为交换而进行的生产，作为商品的任何产品都必须进入市场，接受市场的检验。商品只有在市场上卖出去，转化为货币，才能完成它“惊险的跳跃”，使商品的内在价值得到实现。正如马克思所说：“每一种商品都只能在流通过程中实现它的价值，它是否实现它的价值，在多大程度上实现它的价值，这取决于当时市场的状况。”①所以，市场是商品价值得以实现的场所，现实市场的供求状况决定着商品价值的实现程度，商品价值是在市场竞争中，在价值规律的作用下实现的。价值实现问题则是市场经济运行的根本问题。

2. 经济联系功能

商品经济是社会分工的产物。在商品经济条件下，尤其是在发达商品经济条件下，社会分工越来越细，生产专业化程度日益提高，整个国民经济成为众多经济部门、行业和企业相互依赖的有机整体。这些部门、行业和企业之间的有机联系只能依赖于市场。市场是商品经济尤其是在发达商品经济条件下，生产与消费、宏观与微观、企业与企业经济活动的基本纽带。

3. 利益协调功能

市场是交换关系的总和，因而是各种类型的社会成员经济利益的集结点和实现地。商品生产者、经营者和消费者都要通过市场活动实现各自的经济利益，并由市场通过价格的涨落对买卖双方的经济利益进行调节，从而协调着社会经济生活。

4. 信息传导功能

市场信息特别是市场供求关系和市场价格情况，在现代社会已经成为生产者、经营者乃至消费者的一种无形的重要资源和财富。迅速掌握和充分利用市场信息，既有利于生产经营者正确认识市场形势，把握市场变幻的风云，做出科学的生产经营决策，根据社会需要来安排生产，从而使社会经济各部门能够合乎比例地发展，也有利于消费者做出正确的购买决策，以少量的货币支出获得较多的能够满足自己消费需要的使用价值，提高消费效益。可见，市场通过信息传导促进生产和消费，从而对整个商品经济活动发挥指示器的作用。

5. 优劣评判功能

在商品经济条件下，一切商品生产者和经营者都在市场这个大舞台上同台竞技，他们凭借各自的经济技术实力参与市场竞争，谁优谁劣，都由市场来判定。企业通过市场获得最大的经济利益来证实自己的能力，并由市场来执行优胜劣汰。市场评判是一种最公开、最公正及最准确的评判。

市场在商品经济运行中虽然有着越来越重要的作用，但市场不是万能的，它有着自身固有的缺陷，如市场主体的活动是以自身利益最大化为动力的，单靠市场难以解决非营利性的公用事业的发展问题，市场主体追求最大利润的目的会产生损人利己的行为，典型的事例就是，生态环境污染和制造假冒伪劣商品等外部不经济问题。这种情况称为“市场失灵”或“市场失效”，它一般不能靠市场自身来克服，而需要通过政府干预来弥补市场的不足并限制其消极作用的发挥。

---

① 卡尔·马克思. 资本论：第三卷［M］. 北京：人民出版社，2004：720.

【案例3－1】

马云和他的阿里巴巴公司

阿里巴巴网络技术有限公司的创始人马云在当今的中国是一个引人瞩目的人物，他在1995年4月成立的中国黄页互联网公司，是中国较早的互联网公司之一。马云是中国电子商务的开拓者。早在20世纪90年代末，当时中国几乎还没有电子商务，但马云清晰并且坚定地认为，电子商务将是未来中国乃至世界商业模式发展的一场革命，有着巨大的市场前景。他认为，如果把企业也分成富人穷人，那么互联网就是穷人的世界，“例如市场上一支钢笔订购价是15美元，沃尔玛仅开出8美元/支的订购价，但是，是1 000万美元的订单，于是供应商不得不做。但是，如果第二年沃尔玛取消订单，这个供应商就完了。而通过互联网，这个供应商就可以在全球范围内寻找客户”。1999年3月10日，马云创立了阿里巴巴网络技术有限公司，不久就获得了来自软银集团的风险投资资助。现在，阿里巴巴网络技术有限公司搭建的网络平台已发展成为全球最大的B2B电子商务平台，马云个人也被认为是在全世界范围内最有影响力的企业家之一。

（资料来源：张涛. 创业管理［M］. 北京：清华大学出版社，2016：66.）

三、市场的分类和基本模式

（一）市场的分类

对于市场分类，可以采取不同方法和按照不同标准进行，但既然我们所讲的市场是指对商品或服务有需求的人或组织，那么，对市场的分类也就应以谁在市场上购买为依据。

由于市场上的购买者有两大类，即个人和组织，从而根据购买主体的不同就可以将整个市场分为两大市场，即个人市场和组织市场。个人市场的购买主体是个人或家庭，其购买商品的目的是满足个人或家庭成员的生活消费需要，因此，个人市场也称为消费者市场。组织市场的购买主体是团体或组织，包括生产企业、商业企业、服务企业、政府机构、民间团体和各种非营利机构等。

组织市场是由各种组织机构形成的对企业产品和劳务需求的总和。根据组织市场上购买者的购买目的不同，它可分为3种类型，即产业市场、中间商市场和政府市场。

（1）产业市场又叫生产者市场或组织市场或生产资料市场，它是指一切购买产品和服务并将之用于生产其他产品或劳务，以供销售、出租或供应给他人的个人和组织。

（2）中间商市场是指那些通过购买商品和劳务以转售或出租给他人获取利润为目的的个人和组织。

（3）政府市场是指那些为执行政府的主要职能而采购或租用商品的各级政府单位，也就是说，一个国家政府市场上的购买者是该国各级政府的采购机构。

（二）市场的基本模式

了解竞争环境中市场的基本模式及其特点，对于营销管理有着重要意义。从市场竞争态势来看，市场可归纳为 4 种基本模式。

1. 独家垄断市场

这种市场主要表现为一个行业只有一家企业，或者说一种产品只有一个销售者或生产者，没有或基本没有替代者。这种市场在现实经济生活中是罕见的，典型的例子是公用事业企业。当一家企业独自拥有制造某种产品的全部或绝大部分原料或材料时，该企业的产品市场便是独家垄断市场。至于通过专利取得垄断地位，或通过确立极高的声誉而占据垄断地位，则是独家垄断市场的另外两种情况。

很明显，在独家垄断市场上，不存在竞争或基本不存在竞争。因此，企业的营销活动相对来说比较简单，企业主要考虑的是如何在合理的价格水平上尽可能保质保量地满足市场消费需求。在这种市场上，为了保护消费者和用户的利益，法律限制和政府干预通常会多一些，企业应当严格遵守。

2. 寡头垄断市场

这是指一种产品在拥有大量消费者或用户的情况下，由少数几家大企业控制了绝大部分的产品和销量，剩下的一小部分则由众多小企业去分享。产生这种市场的主要原因是资源的有限性、技术的先进性、资本规模的集聚以及规模经济效益所形成的排他性。汽车、飞机、电视机、电冰箱和计算机等产品的市场往往属于这种市场，这种市场有 3 个特点：

（1）控制市场的几家大企业是相互依存、相互制约的，其中任何一家营销策略的变化对其他几家都会产生重大影响，并会引起相关的反应。因此，每家企业在制定或改变营销策略时，都要仔细考虑对竞争对手的影响以及竞争对手可能做出的反应。

（2）几家大企业之间的竞争激烈，主要表现为非价格竞争，尤其注重树立良好的企业形象。

（3）由于存在着少数大企业的垄断，新企业加入这个行业将会十分困难。如果加入，往往投资大、风险大，收回投资的时间也会比较长。

3. 垄断竞争市场

这是指一个行业中有许多企业生产和销售同一种产品，每一个企业的产量或销量只占总需求的一小部分。这种市场大量存在，食品、服装、百货、化妆品、日杂用品、餐馆和理发店等市场均属于这一类。

在这种市场上，由于同行业的企业很多，产品具有趋同性和替代性，因而竞争激烈，同时由于企业对价格没有多大的控制能力，企业进出这些行业也很容易，竞争也就主要表现为非价格竞争。各个企业为了提高市场占有率，都十分重视产品特色，力图使自己的产品与竞争者的产品区别开来，许多企业都相当重视广告宣传、人员推销等促销工作。

4. 完全竞争市场

这是指一个行业中有众多的独立生产者，他们都以相同的方式向市场提供同类的、标准化的产品。例如粮食、棉花、西瓜和大白菜等农产品的市场。

完全竞争市场具有如下特点：不同生产者生产的产品几乎完全相同，买主买谁的产品都无所谓。每个生产者只供应市场需求量的很小一部分，因而任何生产者都不可能控制市场，生产者、销售者可以毫无障碍地自由进入或退出某一行业。竞争主要表现为价格竞争，一般不采用非价格竞争，广告宣传并不重要。

归纳起来，企业面对的市场主要就是上述4种基本模式。每一个企业都应当具体而不是抽象地认识自己所属的市场是哪一种模式，自己的产品处于哪一种市场竞争态势之中，以利于正确决策，制订并实施适应市场环境的营销方案。

第二节 消费者市场与消费者购买行为分析

消费者市场指为满足自身需要而购买的一切个人和家庭构成的市场，它是现代市场营销理论研究的主要对象。成功的市场营销者是那些能够有效地发展对消费者有价值的产品，并运用富有吸引力和说服力的方法将产品有效地呈现给消费者的企业和个人。因而，研究消费者市场的特点、影响消费者购买行为的主要因素及其购买决策过程，对于开展有效的市场营销活动至关重要。

一、消费者市场的特点

相对于生产资料市场而言，消费者市场具有以下特点：

（1）购买者多。从理论上讲，有多少个社会成员，就有多少个购买者。

（2）购买量少。消费品的购买是属于小型购买，消费者一次购买的数量少，购买的次数多，因此企业在商品的包装上必须要适应这个特点。

（3）地区广泛。人的足迹遍布世界的各个角落，使得消费品的购买者在地理分布上非常分散，这种情况使得消费品要有比较长的销售渠道，有比较多的中间商。

（4）消费品的购买是非专家性的购买。

（5）消费品的需求弹性比较大。

二、消费者的购买决策过程

市场营销者在分析了影响购买者行为的主要因素之后，还需要了解消费者如何真正做出购买决策，即要了解谁做出购买决策、购买决策的类型以及购买过程的具体步骤。

（一）购买决策的参与者

人们在购买决策过程中可能扮演不同的角色，包括：

（1）发起者，即首先提出或有意购买某一产品或服务的人。

（2）影响者，即其看法或建议对最终决策具有一定影响力的人。

（3）决策者，即对是否买、为何买、如何买、何处买等方面的购买决策最终做出完全或部分决定的人。

（4）购买者，即实际采购人。

（5）使用者，即实际消费或使用产品或服务的人。

（二）购买行为的类型

消费者的购买决策随其购买决策类型的不同而变化。较为复杂和花钱多的决策往往是购买者反复权衡和众多人参与决策的结果。根据参与者的介入程度和品牌间的差异程度，可将消费者购买行为分为4种类型：

（1）习惯性购买行为。对于价格低廉、经常购买、品牌差异小的产品，消费者不需要花时间进行选择，也不需要经过搜集信息、评价产品特点等复杂过程，其购买行为最简单。消费者只是被动地接收信息，出于熟悉而购买，也不一定进行购后评价。这类产品的市场营销者可以用价格优惠、电视广告、独特包装、销售促进等方式鼓励消费者试用、购买和续购其产品。

（2）寻求多样化购买行为。有些产品品牌差异明显，但消费者并不愿花长时间来选择和估价，而是不断变换所购产品的品牌。这样做并不是因为对产品不满意，而是为了寻求多样化。针对这种购买行为类型，市场营销者可采用销售促进和占据有利货架位置等办法，保障供应，鼓励消费者购买。

（3）化解不协调购买行为。有些产品品牌差异不大，消费者不经常购买，而购买时又有一定的风险，所以消费者一般要比较、看货，只要价格公道、购买方便、机会合适，消费者就会决定购买。购买以后，消费者也许会感到有些不协调或不够满意，在使用过程中，会了解更多情况，并寻求种种理由来减轻、化解这种不协调，以证明自己的购买决定是正确的。经过由不协调到协调的过程，消费者会有一定的心理变化。针对这种购买行为，市场营销者应注意运用价格策略和人员推销策略，选择最佳销售地点，并向消费者提供有关产品评价的信息，使其在购买后相信自己做了正确的决定。

（4）复杂购买行为。当消费者购买一件贵重的、不常买的、有风险的而且又非常有意义的产品时，由于产品品牌差异大，消费者对产品缺乏了解，因而需要有一个学习过程来广泛了解产品的性能、特点，从而对产品产生某种看法，最后决定是否购买。对于这种复杂购买行为，市场营销者应采取有效措施帮助消费者了解产品性能及其相对重要性，并介绍产品优势及其给购买者带来的利益，从而影响购买者的最终选择。

（三）购买决策的过程

在复杂购买行为中，购买者的购买决策过程由引起需要、收集信息、评价方案、决定购买和购后行为5个阶段构成。

1. 引起需要

购买者的需要往往由两种刺激引起，即内部刺激和外部刺激。市场营销人员应注意识别引起消费者某种需要和兴趣的环境，并充分注意到两方面的问题：一是注意了解那些与本企业的产品实际上或潜在有关联的驱使力；二是消费者对某种产品的需求强度会随着时间的推移而变动，并且被一些诱因所激发。

2. 收集信息

一般来说，消费者的需要不是马上就能满足的，消费者需要寻找某些信息。消费者信息来源主要有个人来源（家庭、朋友、邻居、熟人）、商业来源（广告、推销员、经销商、包装、展览会与展示）、公共来源（大众媒体、消费者评比机构）和经验来源（处理、检查和使用产品）等。市场营销人员应对消费者使用的信息来源认真加以识别，并评价其各自的重要程度，以及询问消费者最初接到品牌信息时有何感觉等。针对这个阶段，企业营销的关键是要能掌握消费者在收集信息时会求助于哪些信息源，并能通过这些信息源向消费者施加影响力。

3. 评价方案

消费者对产品的判断大都是建立在自觉和理性基础之上的。消费者的评价行为一般要涉及产品属性（即产品能够满足消费者需要的特性）、属性权重（即消费者对产品有关属性所赋予的不同的重要性权数）、品牌信念（即消费者对某品牌优劣程度的总的看法）、效用函数和评价模型等问题。

4. 决定购买

评价行为会使消费者对可供选择的品牌形成某种偏好，从而形成购买意图，进而购买所偏好的品牌。但是，在购买意图和决定购买之间，有两种因素会起作用，一是别人的态度，二是意外情况。也就是说，偏好和购买意图并不总是导致实际购买，尽管二者对购买行为有直接影响。消费者修正、推迟或者回避做出某一购买决定，往往是受到了可觉察风险的影响。可觉察风险的大小随着冒这一风险所支付的货币数量、不确定属性的比例以及消费者的自信程度而变化。市场营销人员必须了解引起消费者有风险感的那些因素，进而采取措施来减少消费者的可觉察风险。

5. 购后行为

消费者在购买产品后会产生某种程度的满意感或不满意感，进而采取一些使市场营销人员感兴趣的买后行为。所以，产品在被购买之后，就进入了买后阶段，此时，市场营销人员的工作并没有结束。购买者对其购买活动的满意感（S）是其产品期望（E）和该产品可觉察性能（P）的函数，即 $S=f(E, P)$。若 $E=P$，则消费者会满意；若 $E>P$，则消费者不满意；若 $E<P$，则消费者会非常满意。消费者根据自己从卖主、朋友以及其他来源所获得的信息来形成产品期望，如果卖主夸大其产品的优点，消费者将会感受到不能证实的期望，这种不能证实的期望会导致消费者的不满意感。E 越大于 P，消费者的不满意感也就越强烈。所以，卖主应使其产品真正体现出其可觉察性能，以便使购买者感到满意。事实上，那些有保留地宣传其产品优点的企业，反倒使消费者产生了高于期望的满意感，并树立起良好的产品形象和企业形象。

三、影响消费者购买行为的主要因素

消费者的购买决策在很大程度上受到文化、社会、个人和心理等因素的影响。

（一）文化因素

文化、亚文化和社会阶层等文化因素，对消费者的行为具有最广泛和最深远的影响。文化因素对消费者行为的影响最难以识别，又是最广泛、最深远的。文化是人类欲望和行为最基本的决定因素，低级动物的行为主要受其本能的控制，而人类行为大部分是通过学习而获得的，在社会中成长的儿童通过其家庭和其他机构的社会化过程，学到了一系列基本的价值、知觉、偏好和行为的整体观念。社会阶层是重要的文化因素之一，社会阶层是指社会中按等级排列的具有相对同质性和持久性的群体，每一阶层的成员具有类似的价值观、兴趣爱好和行为方式。具体地说，社会阶层有以下特点：一是相同社会阶层中人的行为要比两个不同社会阶层中人的行为更为相近；二是人们以所处的社会阶层来判断一个人的地位；三是某人所处的社会阶层是由职业、收入、财产、教育和价值取向等多种变量而不是由其中的一种变量决定的；四是个人可以改变自己所处的社会阶层，这种改变的幅度随各社会阶层森严程度的不同而各异。正因为社会阶层具有这样的特点，因此，市场营销者可以通过对社会阶层的识别来进行市场细分，从中选择目标市场，并进行恰当的市场营销策略安排。

（二）社会因素

消费者的购买行为也受到诸如参照群体、社会角色与地位等一系列社会因素的影响。如在中国，消费者购买香烟受参照群体影响很大，尤其是在年轻人中更为明显。

1. 参照群体

参照群体是指那些直接或间接影响人的看法和行为的群体。参照群体分为直接参照群体和间接参照群体。直接参照群体是某人所属的群体或与其有直接关系的群体。直接参照群体又分为首要群体和次要群体。首要群体是指与某人直接、经常接触的一群人，一般都是非正式群体，如家庭成员、亲戚朋友、同事、邻居等。次要群体是对其成员影响并不频繁但一般都较为正式的群体，如宗教组织、职业协会等。间接参照群体是指某人的非成员群体，即此人不属于其中的成员，但又受其影响的一群人。

其中，家庭是消费者最主要的参照群体。一个人一般要经历两个家庭，一个是父母的家庭，一个是自己的家庭。受父母家庭的影响是间接的，受自己家庭的影响是直接的。

2. 社会角色与地位

每个人都担当着不同的社会角色，并有其相应的地位。每一个角色及其相应的地位都不同程度地影响其购买行为。一个人在单位可能吸烟，回家后可能就不吸烟。在单位吸高档烟，回家后可能吸低档烟。

（三）个人因素

个人因素是消费者购买决策过程最直接的影响因素。消费者购买决策也受其个人特性的影响，特别是受其年龄所处的生命周期阶段、职业、经济状况、生活方式等的影响。

1. 生命周期阶段

年龄不同的消费者，需要与欲望是有很大不同的，即使相同，其需求量也有很大的差别。例如，青年吸烟者的每日吸烟量远远大于老年吸烟者。家庭也有生命周期阶段，不同阶段也影响着消费。

2. 职业

职业对消费的影响往往是显而易见的。蓝领工人与公司经理的消费是有很大差异的。营销人员应设法找出那些对其产品有非同一般需求兴趣的职业群体。为了某一特定的职业群体的需要，公司甚至可以特别地为他们设计产品。

3. 经济状况

经济状况包括收入、储蓄、资产、债务、借贷能力以及对待消费与储蓄的态度等。

消费者的经济状况既与个人能力有关，也与整个经济形势有关。例如，收入高的消费者往往吸高档烟，而收入低的消费者一般吸低档烟。

4. 生活方式

生活方式就是人们在活动、兴趣和思想见解上表现出的生活模式。根据研究的目的不同，生活方式可以从不同的角度进行划分。一些社会学和心理学方面的研究成果可以作为市场营销者的借鉴，但市场营销者若能根据本企业营销标的特点和营销策略的意向性有针对性地进行生活方式的划分，对市场营销活动就会更有意义。

（四）心理因素

消费者购买行为主要受动机、知觉、学习以及信念与态度等主要心理因素的影响。

1. 动机

动机是引起人们为满足某种需要而采取行动的驱动力量。动机产生于未满足的某种需要，这时心理上就会产生一种紧张感，驱使人们采取某种行动以消除这种紧张感。行为科学认为，最缺乏的需要常常是行为的主要动机。因此，关于消费者动机的研究主要集中于对需要的研究。关于人的需要、动机与激励的研究，已形成非常丰富的学术成果，并得到较为广泛的实践应用，其中包括马斯洛的“需要层次论”、赫茨伯格的“双因素理论”和弗洛伊德的“潜意识理论”等。这些理论对市场营销都具有一定的借鉴意义。

马斯洛认为，人的需要是以层次的形式出现的，按其重要程度的大小，由低级需要逐级向上发展到高级需要，依次为生理需要、安全需要、社会需要、自尊需要和自我实现需要。一个人得首先使自己最重要的需要得到满足，一旦成功地实现了这一愿望，那时，这一最迫切的需要就不再是一个激励因素了，这个人也就会向下一个最重要的需要寻求满足。

赫茨伯格提出了动机的“双因素”理论，这种理论区分了不满意因素（产生不满意情感的因素）和满意因素（产生满意情感的因素）。对“满意”与“不满意”是要严格加以区分的，他指出，“没有不满意”并不就是满意。满意可以起到激励作用，而“没有不满意”则不能。当我们把市场营销看作是一种激励过程的时候，这种区分就非常具有指导意义。举例来说，为促进卷烟销售，我们实行“买一包烟，送一个打火机”的促销活动，消费者开始对得到一个打火机感到满意，受到激励后可能再次购买该产品，当促销活动结束后，购买该产品不再赠送打火机，消费者虽然“没有不满意”，但他再次购买的欲望可能大打折扣。

弗洛伊德的“潜意识理论”是指人们行为的真正心理压力大多是无意识的。他看到人们在成长过程中和接受社会标准的过程中，往往得压制许多欲望，这些欲望在梦境中、脱口而出的话语中以及神经质的行为中常常会得到表现。弗洛伊德的“潜意识理论”应用于营销学上的最重要成果就是用下意识动机来解释购买情况和产品选择。

2. 知觉

人通过视、听、嗅、味、触 5 种感官对刺激物的反应是感觉。随着感觉的深入，将感觉到的材料通过大脑进行分析综合，从而得到知觉。知觉有以下特点：

（1）知觉的选择性。由于客观事物的多种多样，各人的背景、兴趣和经验不同，在一定的时间和环境条件下，人们对客观事物往往不是全面吸收，而是有所选择地把事物的少数方面作为知觉的对象。以卷烟消费者为例，老板、经理们注重卷烟是否名牌，低收入者注重的则是卷烟的价位。

（2）知觉的理解性。知觉不仅是对事物的感知，还包括对这一事物赋予的意义。人们往往用自己的知识、经验和需要来理解事物。因此，这种知觉可能是正确的也可能是错误的。例如，将产品的价格定价为 9.98 元，而不是 10 元，就是利用知觉的理解性的一种定价技巧。

（3）知觉的恒常性。人们一旦形成对某一事物的知觉，其后就会继续以这种知觉去认识这一事物。这种特点对建立顾客的忠诚非常重要，一旦顾客对某种产品产生好印象，他就会有继续购买这种产品的倾向；反之，第一印象不好，以后再使他对该产品建立好印象就难上加难了。

3．学习

学习是指由于经验而引起的个人行为的改变。一个人的学习是通过驱使力、刺激物、诱因、反应和强化的相互影响而产生的。例如，第一次消费某品牌的卷烟觉得好，下次就还会消费；反之第一次消费某品牌的卷烟觉得不好，下次就不会消费了。正强化或负强化激励人们重复某种行为或避免某种行为。由于市场营销环境不断变化，新产品、新品牌不断涌现，消费者的购买行为必须经过多方收集有关信息之后，才能做出购买决策，这本身就是一个学习过程。

4．信念与态度

信念与态度是同价值观念紧密相关的概念。信念是指一个人对某些事物所持有的描述性思想，态度是指一个人对某些事物或观念长期持有的好与坏认识上的评价、情感上的感受和行动倾向。态度是由许多相关的信念构成的，所以它比信念更复杂、更持久。要改变消费者的品牌态度有 3 种方式：

（1）改变消费者对这一品牌特征的信念。例如，消费者认为某品牌卷烟吸食口味很好，但包装不佳，这时厂家要做的就是继续保证吸食口味，同时改进包装，改变消费者对该品牌包装方面不好的信念。一般来说，消费者对产品的态度比较容易改变，但对服务的态度则难以改变，因为服务的特性是模糊和难以捉摸的。

（2）改变所有信念中对态度最重要的信念。例如，在经济落后的农村地区，消费者对卷烟最看重的是价格，只有价格低廉的卷烟才能受到欢迎。

（3）增加新的观念。例如，环保型卷烟，“环保”就是在人们对卷烟的一般信念基础上又新增的信念。

【案例3-2】

给汽车起个好听的名字

汽车制造厂家都想为汽车起个好听的名字。美妙的商品名称能取悦用户，打开销路。德国大众汽车集团的桑塔纳高级轿车，是取“旋风”之美誉而得名的。桑塔纳原是美国加利福尼亚州一座高山的名称，该地因生产名贵葡萄酒而闻名于世。在山谷中，经常刮起一股强劲的旋风，当地人称这种旋风为桑塔纳。德国大众汽车集团决定以桑塔纳作为新型轿车的名字，希望它能像旋风一样风靡全球，结果好名字带来了好销路。汽车也有因对名称疏忽而受到冷遇，造成销路大减的后果。20世纪60年代中期，美国通用汽车公司向墨西哥推出新设计的汽车，名为“雪佛莱诺瓦”，结果销路极差。后来经调查发现，“诺瓦”这个读音在西班牙语中是“走不动”的意思。又如，福特公司曾有一款命名为“艾特塞尔”的中型客车问世，但销路不畅，原因是车名与当地的一种伤风镇咳药读音相似，给人一种“此车有病”之感，因此问津者甚少。更有趣的是，美国一家救护公司成立30年来，一直把“态度诚实、可靠服务”作为宗旨，并将这四个词的英文开头字母“AIDS”印在救护车上，以至此款车型生意一直很好。然而，自从艾滋病流行以来，这种车型严重滞销。

（资料来源：根据《中国汽车报》2005年8月8日AII版《给汽车起名字有什么名堂》一文整理。）

第三节　产业市场与产业购买者购买行为分析

一、产业市场的特点

在组织市场中，产业市场的购买行为与购买决策具有典型的代表意义。在某些方面，产业市场与消费者市场具有相似性，二者都是人为满足某种需要而担当购买者角色，制定购买决策等。然而，产业市场在市场结构与需求、购买单位性质、决策类型与决策过程及其他各方面，又与消费者市场有着明显差异：

（1）产业市场和消费者市场比较，产业市场上购买者的数量较少，购买者的规模较大。

（2）产业市场上的购买者往往集中在少数地区。

（3）产业市场的需求是引申需求，即产业购买者对产业用品的需求归根结底是从消费者对消费品的需求引申出来的。

（4）产业市场的需求是缺乏弹性的需求。在产业市场上，产业购买者对产业用品和劳务的需求受价格变动的影响不大。

（5）产业市场的需求是波动的需求。产业购买者对于产业用品和劳务的需求比消费者的需求更容易发生变化。

（6）专业人员购买。由于产业用品特别是主要设备的技术性强，企业通常都雇有经过训练的、内行的专业人员负责采购工作。

（7）直接购买。产业购买者往往向生产者直接采购所需产业用品（特别是那些单价高、技术含量较高的机器设备），而不是通过中间商采购。

（8）互惠。产业购买者有时这样选择供应商："你买我的产品，我就买你的产品。"互惠有时表现为三角形或多角形。例如，假设有 A、B、C 3 家公司，C 是 A 的顾客，A 就可能提出这种互惠条件：如果 B 购买 C 的产品，A 就购买 B 的产品。

（9）产业购买者往往通过租赁方式取得产业用品。例如，某些机器设备、车辆、飞机等产业用品单价高，通常用户需要融资才能购买，而且技术设备更新快，因此，企业所需要的机器设备等有越来越大的部分不采取完全购买方式，而是通过租赁方式取得。

二、产业购买决策的参与者

产业用品供货企业不仅要了解谁在市场上购买和产业市场的特点，而且要了解谁参与产业购买者的购买决策过程，他们在购买决策过程中充当什么角色、起什么作用，也就是说，要了解其顾客的采购组织。

在任何一个企业中，除了专职的采购人员之外，还有一些其他人员也参与购买决策过程。所有参与购买决策过程的人员构成采购组织的决策单位，市场营销学称为采购中心。企业采购中心通常包括 5 种成员：

（1）使用者，即具体使用欲购买的某种产业用品的人员。例如，公司要购买实验室用的电脑，其使用者是实验室的技术人员。使用者往往是最初提出购买某种产业用品意见的人，他们在计划购买产品的品种、规格中起着重要作用。

（2）影响者，即在企业外部和内部直接或间接影响购买决策的人员。影响者通常协助企业的决策者决定购买产品的品种、规格等。企业的技术人员是最主要的影响者。

（3）采购者，即在企业中有组织采购工作（如选择供应商、和供应商谈判等）的正式职权人员。在较复杂的采购工作中，采购者还包括参加谈判的公司高级人员。

（4）决定者，即在企业中有批准购买产品权利的人。在标准品的例行采购中，采购者常常是决定者；而在较复杂的采购中，公司领导人常常是决定者。

（5）信息控制者，即在企业外部和内部能控制市场信息流到达决定者、使用者的人员，如企业的购买代理商、技术人员等。

三、产业购买者的购买行为类型

产业购买者的购买行为大体有 3 种类型：一种极端情况是直接重购，基本上属于惯例化决策；另一种极端情况是新购，需要做大量的调查研究；上述二者之间是修正重购，也需要做一定的调查研究。

直接重购，即企业的采购部门根据过去和许多供应商打交道的经验，从供应商名单中选择供货企业，并直接重新订购过去采购的同类产业用品。此时，组织购买者的购买行为是惯例化的。

修正重购，即企业的采购经理为了更好地完成采购工作任务，适当改变要采购的某些产业用品的规格、价格等条件或供应商。这类行为类型较复杂，因而参与购买决策过程的人数较多。这种情况给“门外的供货企业”提供了市场机会，并给“已入门的供货企业”造成了威胁，这些供货企业要设法拉拢其现有顾客，保护其既得市场。

新购，即企业第一次采购某种产业用品。新购的成本费用越高、风险越大，则需要参与购买决策过程的人数和需要掌握的市场信息就越多。这类行为类型最复杂。因此，供货企业要派出特殊的推销人员小组，向其顾客提供市场信息，帮助顾客解决疑难问题。

四、影响产业购买者决策的主要因素

产业购买者确定购买决策时受一系列因素的影响：

（1）环境因素，即一个企业外部周围环境的因素。

（2）组织因素，即企业本身的因素。

（3）人际因素。如上所说，企业的采购中心通常包括使用者、影响者、采购者、决定者和信息控制者，这 5 种成员都参与购买决策过程。

（4）个人因素，即各个参与者的年龄、受教育程度、个性等。这些个人的因素会影响各个参与者对要采购的产业用品和供应商的感觉、感觉、看法，从而影响购买决策、购买行动。

【案例 3 –3】

中国飞机采购需求旺盛

2016 年 9 月 13 日，美国波音公司在中国发布的市场展望报告显示，未来 20 年中国将需要 6 810 架新飞机，总价值达 1.025 万亿美元，中国将成为全球首个总价值超万亿美元的飞机采购市场。

采购飞机的需求来自于旅客吞吐量上升的支撑。中国主要的几家航空公司都保持了良好业绩，虽然受汇率波动影响，净利润有所下滑，但航空公司对未来市场前景仍保持乐观态度。新兴的民营航空公司更是呈现强劲发展势头，其中吉祥航空的净利润增长幅度最大。

目前，中国单通道机队规模占全球单通道机队的 18%，但宽体机队的规模只占全球宽体机队的 5% 左右。波音公司预测未来 20 年中国年客运量增长率将达到 6.4%。波音集团市场营销副总裁兰迪·廷塞斯认为，中国远程航线市场前景光明，宽体客机采购量将有所上升，未来 20 年宽体机队规模将增至当今的 3 倍。

除了客运需求旺盛之外，快速增长的航空货运需求也推动中国航空市场的发展。受电子商务持续发展推动，航空货运有望成为中国航空业的核心业务。波音集团预测，未来中国将需要 180 架新货机和 410 架改装货机以满足航空货运发展需求。

中国万亿美元的飞机采购市场“大蛋糕”，不仅吸引着国际航空制造业巨头的目光，也将给我国航空制造业创造机遇。据悉，2016 年是我国国产大型客机 C919 的首飞年，该机型的市场投放目标除了国内航线，也包括更为广阔的国际航线。

（资料来源：根据新华社2016年9月14日专电《波音报告：未来20年中国飞机采购将超万亿美元》一文整理。）

五、产业购买者的决策过程

产业购买者的购买过程取决于产业购买者行为类型的复杂程度。在直接重购这种最简单的行为类型下，产业购买者的购买过程较为简单，阶段最少；在修正重购情况下，购买过程的阶段多一些；而在新购这种最复杂的情况下，购买过程的阶段最多，要经过8个阶段：

（1）认识需要。在新购和修正重购情况下，购买过程是从企业的某些人员认识到要购买某种产品以满足企业的某种需要开始的。认识需要是由两种刺激引起的：①内部刺激，诸如，企业最高管理层决定推出某种新产品，因而需要采购生产这种新产品的新设备和原料；有些机器发生故障或损坏，需要购置零部件或新机器；发现购进的某些原料质量不好，必须更换供应商；等等。②外部刺激，如采购人员看广告或参加展销会等，发现了更物美价廉的产业用品。

（2）确定需要，即确定所需品种的特征和数量。对于标准品，确定过程较为简单。至于复杂品种，采购人员要和使用者、工程师等共同研究，确定所需品种的特征和数量。供货企业的市场营销人员在此阶段要帮助采购单位的采购人员确定所需品种的特征和数量。

（3）说明需要。企业的采购组织确定需要以后，要指定专家小组，对所需品种进行价值分析，做出详细的技术说明，作为采购人员取舍的标准。供货企业的市场营销人员也要运用价值分析技术，向顾客说明其产品有良好的功能。

（4）物色供应商。在新购情况下，采购复杂的、价值高的品种，需要花较多时间物色供应商。

（5）征求建议，即企业让采购经理邀请合格的供应商提出建议。

（6）选择供应商。采购中心根据供应商的产品质量、产品价格、信誉、及时交货能力、技术服务等来评价供应商，选择最有吸引力的供应商。

（7）选择订货程序，即采购经理开订货单给选定的供应商，在订货单上列举技术说明、需要数量、期望交货期等。

（8）检查合同履行情况。采购经理最后还要向使用者征求意见，了解他们对购进的产品是否满意，检查和评价各个供应商履行合同的情况。然后根据这种检查和评价，决定以后是否继续向某个供应商采购产品。

【案例讨论】

日清食品公司智取美国快餐市场

日清食品公司是日本一家食品产销企业集团。日清食品公司始终坚持“只要口味好，众口也能调”的独特经营宗旨，从人们的口感差异性出发，不惜人力、物力、财力在食品的口味上下功夫，终于改变了美国人“不吃热汤面”的饮食习惯，使日清公司的方便面成为美国人的首选快餐食品。

日清食品公司在将营销触角伸向美国食品市场之前，为了能够确定海外扩张的最佳切入点，曾不惜高薪聘请美国食品行业的市场调查权威机构，对方便面的市场前景和发展趋势进行全面细致的调查和评估。可是，美国食品行业的市场调查权威机构所得出的调查评估结论，却令日清食品公司大失所望——“由于美国人没有吃热汤面的饮食习惯，而是喜好‘吃面条时干吃面，喝热汤时只喝汤’，绝不会把面条和热汤混在一起食用，由此可以断定，汤面合一的方便面是很难进入美国食品市场的，更不会成为美国人一日三餐必不可少的快餐食品”。日清食品公司并没有因这种结论而放弃，而是坚持“求人不如求己”的信念，派出自己的专家考察组前往美国进行实地调研。经过千辛万苦的商场问卷调查和家庭访问，专家考查组最后得出了与美国食品行业的市场调查权威机构完全相反的调查评估结论——美国人的饮食习惯虽呈现出“汤面分食，绝不混用”的特点，但是随着来自世界各地不同种族移民的大量增加，这种饮食习惯在悄悄地发生着变化。再者，美国人在饮食中越来越注重口感和营养，只要在口味和营养上投其所好，方便面就有可能迅速占领美国食品市场，成为美国人的饮食“新宠”。

日清食品公司基于亲自调查的结论，从美国食品市场动态和消费者饮食需求出发，确定了“四脚灵蛇舞翩跹”的营销策略，全力以赴向美国食品市场大举挺进：

“第一脚”——日清食品公司针对美国人热衷于减肥运动的生理需求和心理需求，巧妙地把自己生产的方便面定位于“最佳减肥食品”，在声势浩大的公关广告宣传中，刻意渲染方便面“高蛋白，低热量，去脂肪，剔肥胖，价格廉，易食用”等种种食疗功效；针对美国人好面子、重仪表的特点，精心设计出“每天一包方便面，轻轻松松把肥减”“瘦身最佳绿色天然食品，非方便面莫属”等颇具煽情色彩的广告语，挑起美国人的购买欲望，获得了四两拨千斤的营销奇效。

“第二脚”——日清食品公司为了满足美国人以叉子用餐的习惯，果敢地将适合筷子夹食的长面条加工成短面条，为美国人提供饮食之便；并从美国人爱吃硬面条的饮食习惯出发，一改方便面适合东方人口味的柔软特性，精心加工出稍硬又有劲道的美式方便面，以便吃起来更有嚼头。

“第三脚”——由于美国人“爱用杯不爱用碗”，于是日清公司别出心裁地把方便面命名为“杯面”，并给它起了一个地地道道的美国式副名——“装在杯子里的热牛奶”，期望“方便面”能像“牛奶”一样，成为美国人难以割舍的快餐食品；日清食品公司根据美国人“爱喝口味很重的浓汤”的独特口感，不仅在面条制作上精益求精，而且在汤味佐料上力调众口，使方便面成为“既能吃又能喝”的二合一方便食品。

“第四脚”——日清食品公司从美国人食用方便面时总是“把汤喝光而将面条剩下”的偏好中，灵敏地捕捉到了方便面制作工艺求变求新的着力点，一改方便面“面多汤少”的传统制作工艺，研制生产了“汤多面少”的美式方便面，并将其副名更改为“远胜于汤”，从而使“杯面”迅速成为美国消费者人见人爱的“快餐汤”。

通过采用以上营销策略，日清食品公司果敢挑战美国人的饮食习惯和就餐需求，以“投其所好”为一切业务工作的出发点，不仅出奇制胜地突破了“众口难调”的产销瓶颈，而且轻而易举地打入了美国快餐食品市场，开辟出了一片新天地。

（资料来源：根据《证券日报》2003 年 1 月 12 日《日清智取美国快餐食品市场》一文整理。）

讨论：

（1）日清食品公司为什么能够成功进入美国市场?

（2）请根据以上事例，谈谈消费者购买行为的重要性。

第四章 市场营销调研与预测

【学习目标】

1. 了解市场营销信息系统的含义和构成

2. 熟悉市场营销调研的含义、类型和内容，掌握市场营销调研的步骤和方法，掌握市场营销调研问卷的设计

3. 了解市场需求测量的含义，掌握市场需求预测的方法

【引导案例】

吉列公司的妇女用户市场调研

男人长胡子，因而要刮胡子；女人不长胡子，自然也就不必刮胡子。然而，美国的吉列公司却把“刮胡刀”推销给女人，居然大获成功。

吉列公司创建于1901年，其产品因使男人刮胡子变得方便、舒适、安全而大受欢迎。进入20世纪70年代，吉列公司的销售额已达20亿美元，成为世界著名的跨国公司。然而吉列公司的领导者并不以此满足，而是想方设法继续拓展市场，争取更多用户。1974年，公司提出了面向女性的专用“刮毛刀”。这一决策看似荒谬，却是建立在坚实可靠的市场调研基础之上的。

吉列公司先用1年的时间进行了周密的市场调研，发现美国30岁以上的女性中，有65%的人为保持美好形象，要定期刮除腿毛和腋毛。这些女性，除使用电动刮胡刀和脱毛剂之外，主要靠购买各种男用刮胡刀来满足此项需要，1年在这方面的花费高达7 500万美元。相比之下，美国女性1年花在眉笔和眼影上的钱仅有6 300万美元，染发剂仅有5 500万美元。毫无疑问，这是一个极有潜力的市场。

根据结果，吉列公司精心设计了新产品，新产品的刀头部分和男用刮胡刀并无两样，采用一次性使用的双层刀片，但是刀架则选用了色彩鲜艳的塑料，并将握柄改为弧形以利于女性使用，并在握柄上印压了一朵雏菊图案，被称为雏菊刮毛刀。这样一来，新产品立即显示了女性的特点。

为了使雏菊刮毛刀迅速占领市场，吉列公司还拟定几种不同的“定位观念”到消费者之中征求意见。这些定位观念包括：突出刮毛刀的“双刀刮毛”、突出其创造性的“完全适合女性需求”、强调价格的“不到50美分”，以及表明产品使用安全的“不伤玉腿”等等。

最后，公司根据多数女性的意见，选择了“不伤玉腿”作为推销时突出的重点，刊

登广告进行刻意宣传。结果，雏菊刮毛刀一炮打响，迅速畅销全球。

（资料来源：张涛. 创业管理［M］. 北京：清华大学出版社，2016：121.）

思考：

女用刮毛刀与男用刮毛刀相比具有哪些不同的特点？

企业要比竞争者更好地满足消费者需求，赢得竞争优势，就必须从研究市场出发，了解市场需求及竞争者的最新动态，开展市场调研，广泛收集市场营销信息，预测目前和未来的市场需求大小，据此制定市场营销战略决策。

第一节 市场营销信息系统

一、市场营销信息系统的含义

菲利普·科特勒对市场营销信息系统是如下定义的：市场营销信息系统由人员、机器和程序组成，它为营销决策者收集、挑选、分析、评估和分配适当的、及时的、准确的信息。市场营销信息系统是从了解市场需求情况、接受顾客订货开始，直到产品交付顾客使用，为顾客提供各种服务为止的整个市场营销活动过程中的相关市场信息搜集和处理过程。企业市场营销信息系统是企业管理信息系统的一个重要的子系统，它的基本任务是搜集顾客对产品质量、性能方面的要求，分析市场潜力和竞争对手的情况，及时、准确地评价和提供信息，用于企业营销决策。

一个理想的市场营销信息系统一般应具备如下特点：

（1）它能向各级管理人员提供从事工作所必需的一切信息。

（2）它能够对信息进行选择，以便使各级管理人员获得与他能够且必须采取的行为有关的信息。

（3）它提供信息的时间限于管理人员能够且应当采取行动的时间。

（4）它提供所要求的任何形式的分析、数据与信息。

（5）它所提供的信息一定是最新的，并且所提供的信息的形式都是有关管理人员最容易了解和消化的。

二、市场营销信息系统的构成

（一）内部报告系统

内部报告系统的主要工作任务是向营销管理人员提供有关销售、成本、存货、现金流程、应收账款等各种反映企业营销状况的信息。市场营销管理人员必须以产品、地区、推销员为基础进行分类，并深入分析有关目前与过去销售及成本的信息。

内部报告系统的核心是订单—收款循环（Order-to-Paymentcycle）：销售代表、经销商和顾客将订单送交公司；销售部门准备数份发票副本，分送各有关部门；存货不足的项目留待以后交付，需装运的则附上运单和账单，同时还要复印多份分送各有关部门。

销售信息系统应向营销经理提供当前销售的最新报告。

（二）市场营销情报系统

市场营销情报系统是指市场营销管理人员用以了解有关外部环境发展形势的信息的各种来源与程序。借助该系统，将环境最新发展的信息传递给有关的管理人员。企业一般比较重视普查数据、企业统计数据及市场调研这 3 个方面。

（三）市场营销调研系统

市场营销调研系统也可称为专题调查系统，其主要任务是收集、评估、传递管理人员制定决策所必需的各种信息。企业管理人员常常请求市场研究部门从事调查、消费者偏好测验、销售研究、广告评估等工作。研究部门的工作主要侧重于待定问题的解决，即针对某一特定问题正式收集原始数据，加以分析研究，写成报告供最高管理层参考。

（四）市场营销分析系统

市场营销分析系统的任务是从改善经营效益的目的出发，通过分析各种模型，帮助市场营销管理人员分析复杂的市场营销问题。市场营销分析系统包括一些先进的统计程序和模型，借助这些程序和模型，可以从信息中发掘出更精确的调查结果。

第二节　市场营销调研

一、市场营销调研的含义和作用

（一）市场营销调研的含义

市场营销调研，就是运用科学的方法，有目的、有计划、系统地收集、整理和分析研究有关市场营销方面的信息，并提出调研报告，以便帮助管理者了解营销环境，发现问题及机会；作为市场预测和营销决策的依据。

（二）市场营销调研的作用

（1）有利于制定科学的营销规划。通过营销调研和分析市场、了解市场，才能根据需求及变化、市场规模和竞争格局、消费者意见与购买行为、营销环境的基本特征，科学制定和调整企业营销规划。

（2）有利于优化营销组合。企业根据营销调研的结果，分析研究产品的生命周期，开发新产品，制定产品生命周期各阶段的营销策略组合。例如，各阶段的促销方式、价格等。

（3）有利于开拓新的市场。通过市场调研，企业可发现消费者尚未满足的需求，测量市场上现有产品及营销策略满足消费者需求的程度，从而不断开拓新的市场。

【案例4-1】

脑白金的市场调研

史玉柱曾经说过一句很有名的话："我在我的公司只管一件事——市场调研。"史玉柱在做脑白金项目的时候，曾花费了几个月的时间在公园、茶馆、大街小巷，甚至所有能跟大叔大妈大婶们接触到的机会和地方他都不会放过，目的就是一个：调研这些脑白金的目标客户对保健品的看法。根据调研后的结果发现，这些群体对保健品有较强烈依赖，也就是对健康有强烈追求，并且不希望由自己出钱买（这点很重要）。当儿子女儿送了保健品后，老人家吃完又不好意思再叫儿子女儿送，所以这些老人平时在吃完保健品之后，就把包装盒放在家里显著的位置，希望儿子女儿能看到。于是，被许多所谓专家评为中国营销史上最差的广告词应运而生——"今天过年不收礼啊，收礼只收脑白金"。哪个孝子孝女看了这句广告词会不动心呢？让客户动情的广告词就是伟大的广告词，这句广告词让史玉柱赚了个盆满钵满。

（资料来源：张涛．创业管理［M］．北京：清华大学出版社，2016：116-117.）

二、市场营销调研的类型和内容

（一）市场营销调研的类型

根据不同的标准，营销调研划分为不同类型。例如，按调研时间可分为一次性调研、定期性调研、经常性调研、临时性调研；按调研目的可分为探测性调研、描述性调研、因果关系调研。

以下对调研目的下的市场营销调研类型进行陈述。

（1）探测性调研，是指企业对需要调研的问题尚不清楚，无法确定应调查哪些内容，因此只能收集一些有关的资料进行分析，然后再做进一步调研。

（2）描述性调研，是指针对某一问题通过调研如实地记录并做客观的描述，诸如某种产品的市场潜量、顾客态度和偏好等方面的数据资料。

（3）因果关系调研，即为了弄清原因与结果之间的关系的调研。例如降价能否使销售额上升等。

（二）市场营销调研的内容

营销调研涉及营销的各个方面，主要有产品调研、顾客调研、销售调研、促销调研和竞争者调研等。

（1）产品调研。包括对新产品设计、开发和试销，对现有产品进行改良，对目标顾客在产品款式、性能、质量、包装等方面的偏好趋势进行预测，还有对产品价格有关情况的调研。

（2）顾客调研。包括对消费心理、消费行为的特征进行调查分析，研究社会、经济、文化等因素对购买决策的影响以及这些因素的影响作用到底发生在哪个环节。此外，还要了解顾客的需求情况、消费者的品牌偏好以及对企业产品的满意度等。

（3）销售调研。包括对购买行为的调查、企业销售活动的调查、产品的市场潜量与销售潜量以及市场占有率的变化情况的调研。

（4）促销调研。包括对企业在产品或服务的促销活动中所采用的各种促销方法的有效性进行测试和评价，例如，为选择媒体而进行的媒体调查，为评价广告效果而进行的广告跟踪调查等。

（5）竞争者调研。包括谁是企业的竞争者，企业如何根据销售量、成本、顾客满意度等同企业的竞争者比较，企业竞争者的资源和计划是什么？

三、市场营销调研的步骤

市场营销调研是指根据调研课题的需要，系统地搜集、分析和报告有关市场营销问题的资料的过程。其步骤为：

（1）确定调研问题与调研目标。为了有针对性地进行市场调研，避免盲目行动所造成的人力、财力的浪费，必须首先找出需要解决的问题以及问题的关键所在，确定调研的课题。

（2）制订调研计划。调研计划主要包括如下内容：①调研目的；②调研项目；③调研方法；④经费估计；⑤调研日程安排。

（3）收集信息。调研资料的搜集一般按照调研课题的需要，遵循从内到外、从现有到实地的原则进行。有多种方法可供选择。

（4）分析信息。对统计信息进行分类、汇总，制成表格。根据整理好的信息，进一步加以分析，以掌握市场发展的动态。分析信息的方法主要有：①描述性分析；②因果性分析；③预测性分析。

（5）提交报告。根据调研情况和分析结论，写出调研报告，供决策者参考。

四、市场营销调研的方法

（一）确定调查对象

调查对象的代表性直接影响调查资料的准确性。应根据调研的目的、人力、财力及时间情况，适当地确定调查对象和调查样本的多少。

1. 普查和典型调查

（1）普查是对调查对象进行逐个调查，以取得全面、精确的资料，信息准确度高，但耗时长，人力、物力、财力花费大。例如，库存商品普查，某种商品的社会饱和量普查等。

（2）典型调查是选择有代表性的样本进行调查，据此推论总体。只要样本代表性强、调查方法得当，典型调查可以收到事半功倍的效果。例如，购买本企业产品占全部销量的比例较大者，或者是老客户，或者对其他用户的购买有一定影响等。这种调研可以使企业用较少的人力、物力、财力、时间取得重要的市场资料，但其准确性不如市场普查。

2. 抽样调查

抽样调查是指从调研总体中抽选出一部分要素作为样本，对样本进行调查，并根据抽样样本所得结果推断总体的调查活动。抽样调查克服了普查的缺点，克服了重点调查、典型调查的主观性，具有较强的代表性和科学性。常用的抽样方法有：

（1）随机抽样。随机抽样就是按照随机原则进行抽样，即调查总体中每一个个体被抽到的可能性都是一样的，是一种客观的抽样方法。随机抽样方法主要有：简单随机抽样、等距随机抽样、分层随机抽样、分群随机抽样。

①简单随机抽样，即对总体单位不进行任何组合，仅按随机原则直接抽取。简单随机抽样是抽样方法中最简单也是最基本的方法，是其他抽样方法的基础，具体方法有抽签法和随机数表法等。

②等距随机抽样，即将总体平均分成几部分，几个部分之间的间隔是相等的，然后按照一定的规则，从每一部分抽取一些个体作为样本的抽样方法。当总体容量较大时，采用等距抽样。

③分层随机抽样，即在抽样时，将总体分成互不交叉的层，然后按照一定的比例，从各层独立地抽取一定数量的个体，将各层取出的个体合在一起作为样本的抽样方法。

④分群随机抽样，就是先将总体各单位按一定标准分成许多群，并将每一个群看作一个抽样单位，然后按照随机原则抽取几个群作为样本，最后对样本群体中的每一个单位逐个进行调查。

（2）非随机抽样。非随机抽样是指抽样时不是遵循随机原则，而是按照研究人员的主观经验或其他条件来抽取样本的一种抽样方法。常用的非随机抽样方法主要有：任意非随机抽样、判断非随机抽样、配额非随机抽样。

①任意非随机抽样也称便利抽样，这是纯粹以便利为基础的一种抽样方法。街头访问是这种抽样最普遍的应用。这种抽样方法偏差很大，结果极不可靠。一般用于准备性调查，在正式调查阶段很少采用。

②判断非随机抽样是根据样本设计者的判断进行抽样的一种方法，它要求设计者对母体有关特征有相当的了解。在利用判断抽样样本选取时，应避免抽取“极端”类型，而应选择“普通型”或“平均型”的个体作为样本，以增加样本的代表性。

③配额非随机抽样与分层抽样法类似，要先把总体按特征分类，根据每一类的大小规定样本的配额，然后由调查人员在每一类中进行非随机抽样。这种方法比较简单，又可以保证各类样本的比例，比任意非随机抽样和判断非随机抽样样本的代表性都强，因此实际上应用较多。

（二）收集资料的方法

1．观察法

通过观察正在进行的某一特定市场营销过程，来解决某一市场营销调研问题。这种调查大多是在被调查者不知情的情况下进行的，直接观察所得资料比较客观实在，如实反映问题。其局限性在于难以捕捉内在问题，被观察者的行为或环境无法加以控制。

2．调查法

调查方法主要有 3 种，即电话访问、邮寄问卷以及人员访问。这 3 种方法各有特点。

（1）电话访问。电话访问可获得最迅速、最及时的信息。与邮寄问卷相比，其优势在于访问人员可与多人交谈，并可及时解决疑难问题，而且电话访问的反应率也比邮寄问卷高。电话访问有两个缺点：一是访问只限于有电话的家庭，二是谈话时间受限制，不能问太多问题。

（2）邮寄问卷。邮寄问卷具有较强的可送达性和可接近性，在调查那些不愿接受访问或对访问人员抱有偏见的对象时，它最经济、实用。但是邮寄问卷也有缺点：一是问题的用语必须简单明白且问题不能太多，二是邮寄问卷的反应速度太慢且反应率也最低。

（3）人员访问。人员访问在这3种方法中最具有灵活性，可以提出许多问题，并且还可以察言观色，及时补充、修正面谈内容。但是，采用这种方法要花费很高的成本，因此，企业一般很少采用这种方法。

3. 实验法

实验法是通过小规模的实验来了解情况，取得资料。这种调查形式主要用于新产品的试销和新方案实施前的调查。实验调查法将自然科学中的实验方法用于市场营销调查之中，是比较科学的调查形式，取得的资料比较准确，但所花费用较高，取得资料的时间较长。例如，在特定地区及时间内进行小规模实验以收集资料，并用市场营销原理分析其是否值得大规模推行，即销售试验。

4. 询问调研

即以询问的方式搜集调查资料，这是市场调查中常用的一种方法。询问调查通常采用直接询问、电话询问、邮寄询问和留置问卷询问四种形式进行。在调查中，可以根据调查项目的特点，对各种方法进行评定，选择最佳方法进行调查。市场营销调研实质上就是取得和分析整理市场营销信息的过程。

五、市场营销调研问卷的设计

（一）问卷结构

一份完整的问卷通常由前言、主体内容和结束语3部分组成。

问卷前言主要是对调查目的、意义及填表要求等的说明，包括问卷标题、调查说明及填表要求。前言部分文字须简明易懂，能激发被调查者的兴趣。

问卷主体内容是市场调查所要收集的主要信息，它由一个个问题及相应的选择项目组成。通过主体部分问题的设计和被调查者的答复，市场调查者可以对被调查者的个人基本情况和对某一特定事物的态度、意见倾向以及行为有较充分的了解。

问卷结束语主要表示对被调查者合作的感谢，记录下调查人员姓名、调查时间、调查地点等。结束语要简短明了，也可以省略。

（二）问卷设计

1. 问题类型

问题的类型一般有开放式和封闭式两种。

（1）开放式问题。就是调查者不提供任何可供选择的答案，由被调查者自由答题，这类问题能自然地充分反映调查对象的观点、态度，因而所获得的材料比较丰富、生动，但统计和处理所获得的信息的难度较大。可分为填空式和回答式。

例如：

如果食堂不卫生，问题在哪？

（2）封闭式问题。封闭式问题的后面同时提供调查者设计的几种不同的答案，这些答案既可能相互排斥，也可能彼此共存，让调查对象根据自己的实际情况在答案中选择。它是一种快速有效的调查问卷，便于统计分析，但提供选择答案本身限制了问题回答的范围和方式，这类问卷所获得的信息的价值很大程度上取决于问卷设计自身的科学性、全面性的程度。

常用的封闭式问卷的形式有：

①肯定否定式：对问题只给出肯定或否定两个答案，被试者从中选择一个。

例如，你喜欢学数学吗？A. 是的；B. 不是的。

②多项选择式：在每个问题后列出多项答案，让被试选择，选择的数量可以限制，也可以不限制。

例如，对你填报高考志愿影响最大的人是：A. 父母；B. 老师；C. 同学；D. 同性朋友；E. 异性朋友；F. 兄弟姐妹；G. 其他人（请具体填写）。

③排列顺序式：在每个问题后列出多项答案，让被试者按某种标准将其排列成顺序。

例如：您最喜欢看哪一类电视节目？（请将答案号码填在下划线上）

第一________　　第二________　　第三________

A. 新闻节目；B. 电视剧；C. 体育节目；D. 广告节目；E. 教育节目；F. 歌舞节目；G. 少儿节目；H. 其他（请写明）。

④等级评分式：提出问题后，让被试者回答其程度，程度用文字、数字、线段单独或组合排列成连续的等级。

例如，你是否喜欢学习？A. 非常不喜欢；B. 比较不喜欢；C. 一般；D. 比较喜欢；E. 非常喜欢。

2. 问卷设计应注意的问题

（1）问卷的开场白必须慎重对待，要以亲切的口吻询问，措辞应精心设计，做到言简意赅、亲切诚恳，使被查者自愿与之合作，认真填好问卷。

（2）问题的语言。由于不同的字眼会对被调查者产生不同的影响，因此往往看起来差不多或相同的问题，会因所用字眼不同，而使应答者做出不同的反应，做出不同的回答。所以问题所用的字眼必须小心，以免影响答案的准确性。一般来说，在设计问题时应留意以下两个原则：

①避免一般性问题。如果问题的本来目的是在求取某种特定资料，但由于问题过于一般化，使应答者所提供的答案资料无多大意义。

例如：某酒店想了解旅客对该酒店房租与服务是否满意，因而作以下询问：你对本酒店是否感到满意？

这样的问题，显然有欠具体。由于所需资料牵涉房租与服务两个问题，故应分别询问，以免混乱。

例如：

A. 你对本酒店的房租是否满意？

B. 你对本酒店的服务是否满意？

②问卷的语言要口语化，符合人们交谈的习惯，避免书面化和文人腔调。

（3）问题的选择及顺序。通常问卷的头几个问题可采用开放式问题，旨在使应答者多讲话，多发表意见，使应答者感到十分自在，不受拘束，可以充分发挥自己的见解。当应答者话题多，其与调查者之间的陌生距离自然缩短。不过要留意，最初安排的开放式问题必须较易回答，不要有高度敏感性的问题。否则一开始就被拒绝回答的话，以后的问题就难继续了。因此，问题应容易回答且具有趣味性，旨在提高应答者的兴趣。核心问题往往置于问卷中间部分，分类性问题如收入、职业、年龄通常置于问卷之末。

问卷中问题的顺序一般按下列规则排列：

①容易回答的问题放前面，较难回答的问题放其后，困窘性问题放后面，个人资料的事实性问题放卷尾。

②封闭式问题放前面，自由式问题放后面。由于自由式问题往往需要时间来考虑答案和语言的组织，放在前面会引起应答者的厌烦情绪。

③要注意问题的逻辑顺序，按时间顺序、类别顺序等合理排列。

第三节　市场需求的测量与预测

市场需求测量和市场需求预测是两个相互关联的概念，前者是对目前需求的估计，后者是对未来需求的估计。需求测量着重估计现实市场潜量和企业可能的市场份额，这对发现和分析市场机会、研究和选择目标市场至关重要；但要制订可靠的营销计划和切实可行的营销方案，还要研究、分析和估计与可能的营销努力相对应的市场需求，这便是市场预测。

一、市场需求测量

（一）不同层次的市场

一个市场就是某一产品的实际和潜在购买者的全体人员。市场的规模是随着一个特定市场供应品的购买者人数而定的。潜在市场（Potential Market）就是指那些表明对某个市场上出售的商品有某种程度兴趣的顾客群体。有效市场（Available Market）由一群对某一产品有兴趣、有收入和购买通路的潜在市场顾客组成。合格有效市场（Qualified Available Market）是指对于某个市场上出售的商品有兴趣、有收入和可取得该商品的合格的顾客群体。目标市场（Target Market）是公司决定要在合格有效市场上追求的那部分人。渗透市场（Penetrated Market）就是指那些正在购买这种公司产品的顾客群体。图4－1说明了上述不同含义的市场。潜在市场占总人口的10%，而有效市场仅占潜在市场的40%，合格有效市场又只占有效市场的50%，市场细分后，企业选定占合格有效市场50%的细分部分为目标市场，已经渗入的市场占目标市场的50%，但仅占潜在市场的5%（如图4-1所示）。

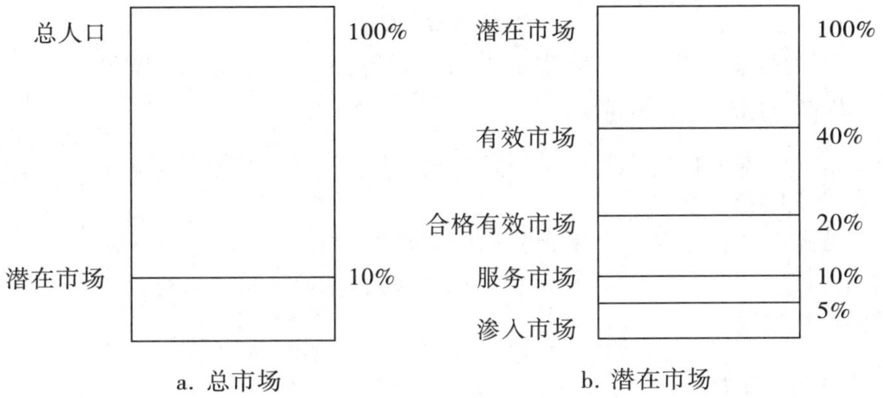

图4-1　不同层次的市场定义

（二）市场需求

某一产品的市场总需求，是指在一定的营销努力水平下，一定时期内在特定地区、特定营销环境中、特定顾客群体可能购买的该种产品总量。

对需求可从8个方面考察：

（1）产品。首先确定所要测量的产品类型及范围。

（2）总量。可用数量和金额的绝对数值表述，也可用相对数值表述。

（3）购买。指订购量、装运量、收货量、付款数量或消费数量。

（4）顾客群。明确是总市场的顾客群还是某一层次市场的顾客群、目标市场或某一细分市场的顾客群。

（5）地理区域。根据非常明确的地理界线测量一定的地理区域内的需求。

（6）时期。市场需求测量具有时间性，例如年度为5年、10年的市场需求。

（7）营销环境。确切掌握宏观环境中人口、经济、政治、法律、技术、文化诸因素的变化及其对需求的影响。

（8）营销努力。应考虑企业的营销行为对市场需求变动的可能影响。市场需求受产品改良、产品价格、促销和分销方式等影响，表现出某种程度的弹性，不是一个固定的数值。因此，市场需求也称为市场需求函数。

例如市场需求与营销费用之间的函数关系：一些基本销售量在没有任何需求促进费用时也会发生，随着营销费用的增加，刺激消费的力度加大，市场需求一般会随之增大，但报酬率由递增转入递减。也就是说，高水平的营销费用会产生先是报酬率递增随后是报酬率递减的高水平的需求。当营销费用超过一定的水平后，就不能再进一步促进需求，市场需求所达到的极限值称为市场潜量。

（三）企业需求

企业需求是指在市场需求总量中企业所占的份额，即市场总需求与企业市场占有率的乘积。在市场竞争中，企业的市场占有率与其营销努力成正比，表示成数学公式为：

$$Q_i = Si \times Q$$

其中，Q_i 为企业 i 的需求；S_i 为企业 i 的市场占有率；Q 为市场总需求。

（四）公司预测与企业潜量

公司预测是指公司销售预测，是与企业选定的营销计划和假定的营销环境相对应的销售额，即预期的企业销售水平。

企业潜量即公司销售潜量，是指公司的营销努力相对于竞争者不断增大时，企业需求所达到的极限。当公司的市场占有率为100%时，企业潜量也就是市场潜量，但这只是一种少见的极端情况。

二、估计当前市场需求

（一）总市场潜量

总市场潜量是在一定的时期内，在一定的行业营销努力水平和一定的环境条件下，一个行业全部公司所能获得的最大销量。其常用的估计方法是：估计潜在的购买者数量乘上一个购买者的平均购买数量，再乘上每一平均单位的价格。其中最难估计的是特定产品或市场的购买者人数。

例如，如果每年有 1 亿人买书，平均每人每年买 3 本，平均每本的价格为 10 元，假设总市场潜量为 Q，那么：

$$Q = 100\,000\,000 \times 3 \times 10 = 3\,000\,000\,000\text{（元）} = 30\text{（亿元）}$$

即图书的总市场潜量是 30 亿元。

（二）地区市场潜量

公司面临的问题是选择最佳的区域并在这些区域内适当地分配它的营销预算。因此，公司需要估计各个不同城市、州和国家的市场潜量。有两种主要的方法可以采用：一种是主要为企业服务的厂商所采用的市场累加法；另一种是主要为消费者服务的厂商所采用的多因素指数法。

市场累加法要求辨别在每一市场上的所有潜在购买者，并且对他们潜在的购买量进行评估。如果公司有一张全部潜在购买者的清单和他们将购买什么的可靠估计，则可直接应用该法。可惜这些条件往往并不容易获得。

多因素指数法借助于与区域购买力有关的各种指数以估算其市场潜量。例如，药品制造商假定药品市场与人口直接相关，某地区人口占全国人口的 2%，则该地区的药品市场潜量也占全国市场的 2%。这是因为，消费品市场上顾客很多，不可能采用市场累加法。但上例仅包含一个人口因素，而现实中影响因素很多，且程度不同，因此一般采用多因素指数法，公式表示为：

$$B_i = 0.5Y_i + 0.3R_i + 0.2P_i$$

上式中：B_i 为 i 地区占全国购买力的百分率；Y_i 为 i 地区个人可支配收入占全国的百分率；R_i 为 i 地区占全国零售总额的百分率；P_i 为 i 地区占全国人口的百分率。

（三）行业销售额和市场占有率

企业为了识别竞争对手并估计它们的销售额，同时正确估量自己的市场地位，以利于在竞争中知己知彼，正确制定营销战略，必须要了解整个行业总的销售额和本企业的市场占有率。

各种行业协会通常会收集和发表整个行业的销售情况，当然并不具体列出每家公司的销售量。企业可通过对照全行业的情况给自己以评价。假定某企业的年销售量增长了5%，但全行业的年销售量增长了10%，那么这家企业在本行业中的地位实际是下降了，既市场占有率下降了。

另外，企业也可以向专业的市场调研组织购买有关整个企业总销售情况和各品牌销售情况的具体资料，然后通过研究、比较市场占有率，了解自己与竞争者相比市场地位是加强了还是减弱了。

三、市场需求预测的方法

科学的营销决策，不仅要以市场营销调研为出发点，而且要以市场需求预测为依据。市场需求预测是在营销调研的基础上，运用科学的理论和方法，对未来一定时期内的市场需求量及影响需求的诸多因素进行分析研究，寻找市场需求发展变化的规律，为营销管理人员提供未来市场需求的预测性信息，作为营销决策的依据。

市场需求预测的方法常用的主要有以下几种：购买者意向调查法、综合销售人员意见法、专家意见法、市场试验法、时间序列分析法、直线趋势法、统计需求分析法等。

（一）购买者意向调查法

即通过直接询问购买者的购买意向和意见来判断销售量。这种调查结果是比较有效的，因为只有购买者自己才能知道将来会购买什么和购买多少。在满足下面3个条件的情况下，此种方法比较有效：①购买者的购买意向明确清晰；②这种意向会转化为顾客购买行为；③购买者愿意把其意向告诉调查者。用这种方法预测非耐用消费品需要的可靠性较低，预测耐用消费品需要的可靠性稍高，预测产业用品需要的可靠性最高。

（二）销售人员综合意见法

在不能直接与顾客见面时，企业可以通过听取销售人员的意见估计市场需求。

此种方法的主要优点是：①销售人员对顾客有较全面深刻的了解；②对上级下达的销售配额有较大的信心完成；③可以获得各种销售预测。

此种方法的主要缺点是：①销售人员主观有某些偏差；②销售人员对经济发展形势或企业的营销总体规划不了解；③销售人员可能故意压低其预测数字；④销售人员可能对这种预测没有足够的知识、能力或兴趣。

尽管有这些不足之处，这种方法仍为人们利用。因为销售人员较多时，过高或过低的预测可能会相互抵消，从而使预测结果趋向合理。

（三）专家意见法

营销者有时可求助于企业外部的专家预测未来需求，这些专家包括分销商、供应商、营销咨询顾问及贸易协会成员等。例如，汽车制造公司可定期要求它的分销商们对汽车市场的短期需求做出预测。也有不少企业向一些著名的经济预测专业公司购买关于宏观经济趋势和行业发展的情报。专门从事市场调研预测的公司比一般厂商掌握了更多有价值的情报资料、雇用了更多的预测专家，因此，它们对市场需求的发展可能会提供更全面的信息。

还有一些企业组成特别专家小组对某项特殊问题进行预测，把专家们聚集在一起互相交换意见，得出整个小组的结论，称为“小组讨论法”。也可要求每位专家单独提出个人预测，然后由专项负责人员将各个专家的意见综合起来得出一个结论，称为“单独预测集中法”。或者由每位专家分别提出个人预测，然后由专项负责人员综合修正后发回各个专家再进行个人预测，专项人员再修正，如此循环往复，直到得出接近统一的结论为止，其特点是各个专家彼此不见面、不知名，称为“德尔菲（Delphi）法”。

（四）市场试验法

在预测某种新产品的销售，或者预测某种老产品在某一新地区，或通过某种新渠道销售的前景时，市场试验法特别适用。由于时间长、费用高，因而多用于投资大、风险高和有新奇特色产品的预测。

（五）直线趋势法

直线趋势法是运用最小平方法，以直线斜率表示增长趋势的外推预测方法。其公式为：

$$Y = a + bX$$

式中，a 为直线在 Y 轴上的截距；b 为直线斜率，反映年平均增长率；Y 为销售预测趋势值；X 为时间。其中：

$$a = \frac{\sum Y}{n} \qquad a = \frac{\sum XY}{\sum X^2}$$

例如：假设某公司 2012—2016 年的销售额分别为 840 万元、1 050 万元、1 240 万元、1 480 万元、1 680 万元，运用直线趋势法预测 2017 年的销售额。

由于 $n=5$ 为奇数，且间隔为 1，故 $X=0$ 设在 2014 年，X 的取值依次为 -2、-1、0、1、2，XY 依次为 -1 680、-1 050、0、1 480、3 360，X^2 依次为 4、1、0、1、4，所以：

$$\sum Y = 6\ 290 \qquad \sum Y = 2\ 110$$

把 $\sum X^2 = 10 =$ 代入公式，得

$$Y = \frac{6\ 290}{5} + \frac{2\ 110}{10}X = 1\ 258 + 211X$$

预测 2017 年的销售额，将 $X=3$ 代入公式，得：

$$Y = 1\ 258 + 633 = 1\ 891\ （元）$$

【案例讨论】

中国人喝不喝冰红茶？

一间宽大的单边镜访谈室里，桌子上摆满了没有标签的杯子，几个测试者逐一品尝着不知名的饮料，并且把口感描述出来写在面前的卡片上……这个场景发生在1999年，当时任北华饮业公司调研总监的刘强组织了5场这样的双盲口味测试，他想知道，北华饮业公司试图推出的新口味饮料能不能被消费者认同。

此前调查显示：超过60%的被访问者认为不能接受“凉茶”，他们认为中国人忌讳喝隔夜茶，冰茶更是不能被接受。刘强领导的调查小组认为，只有进行了实际的口味测试才能判别这种新产品的可行性。

拿到调查结论，刘强的信心被彻底动摇了，测试者表现出对冰茶的抵抗，一致否定了装有冰红茶的测试标本。于是，新产品在调研中被否定。直到2000年，以“统一”“康师傅”等品牌为代表的冰红茶在中国全面旺销，北华饮业公司想迎头赶上为时已晚，一个明星产品就这样穿过详尽的市场调查与刘强擦肩而过。

说起当年的教训，刘强还满是惋惜：“我们举行口味测试的时候是在冬天，被访问者从寒冷的室外来到现场，没等取暖就进入测试，寒冷的状态、匆忙的进程都影响了访问者对味觉的反应。测试者对口感温和浓烈的饮品表现出了更多的认同，而对清凉淡爽的冰红茶则表示排斥。测试状态与实际消费状态的偏差让结果走向了反面。”

（资料来源：根据《江苏经济报》2005年4月2日《揭开数据真相》一文整理。）

讨论：

（1）为什么说北华饮业公司进行了一次失败的市场调研？

（2）结合本案例，企业在开展市场调研时，要注意哪些方面的问题？

第五章 市场细分与目标市场选择

【学习目标】

1. 掌握市场细分的概念，了解市场细分的作用和原则，掌握市场细分的标准和方法
2. 掌握目标市场的概念、目标市场的选择模式，熟悉目标市场选择战略，了解影响目标市场营销战略确定的因素
3. 掌握市场定位的概念，了解市场定位的作用，掌握市场定位的步骤和战略

【引导案例】

“尿垫王”尼西奇

尼西奇公司是日本福冈市的一家专门生产婴儿尿垫的公司，其婴儿尿垫产品在日本的市场占有率达到70%以上，不仅是日本的“尿垫王”，同时也是全世界最大的尿垫专业公司之一。

尼西奇公司自1921年开始创建以来，起初只是生产雨衣、旅游帽、卫生带等橡胶制品的小企业，后来还出现订货不足，面临破产的局面。“二战”后，日本的经济经过复兴时期，国民经济开始好转，人民生活水平日益提高，生活方式也逐渐发生变化，家庭用品的档次不断提高。有一天，尼西奇公司经理看到一份人口普查的报告，得知日本每年大约出生250万名婴儿的信息，他想，现在人们的生活方式都在变化，收入在不断提高，对婴儿用品的要求也不断提高，如果每个婴儿用两条尿垫，一年就需要500万条，这是一个相当广阔的尿垫市场；如果把眼光放到国外，市场更大。于是他决定放弃尿布以外的产品，实行尿布的专业化生产。

尼西奇公司根据这一战略决定，为了满足日本战后人口出生高峰所带来的对婴儿尿垫的巨大需求，聘请专业技术人员研究各种花色品种，不断选择新材料、开发新品种，在激烈的竞争中首先站住了脚跟。虽然其他服装公司也生产尿垫，但他们毕竟不是专业公司，其价格和品种都不如尼西奇公司的有优势，因此，在尿垫的竞争中纷纷败北，从而使尼西奇公司成为日本占垄断地位的尿垫公司。

（资料来源：根据《中国经贸画报》1997年11期《“尿垫王”尼西奇》一文整理。）

思考：

尼西奇公司的专业化产品是面向哪类消费者群体的？

在经济迅速发展的今天，企业所面临的市场是非常广阔而又复杂的。面对着成千上万的消费者，他们的需求和欲望是千差万别的并且分散于不同的地区，而且随着环境因

素的变化而变化。对于这样复杂多变的大市场，任何企业，无论规模大小，都不可能满足该市场上全部顾客的所有要求；又由于企业的资源、条件等方面的限制，也不可能满足全部顾客的不同需要。因此，企业只能根据自身的优势条件选择目标顾客，从事营销活动，这是企业营销管理中的战略决策问题。整个决策过程由市场细分、目标市场选择、市场定位三个环节组成。

第一节　市场细分

市场细分的概念是美国市场学家温德尔·史密斯于20世纪50年代中期在总结一些企业的实践经验中提出来的。该概念一经提出，立即被理论界接受，同时受到了企业重视，并迅速得以利用，至今仍被广泛应用。

一、市场细分的概念与作用

（一）市场细分的概念

市场细分，是指按照消费者需求的差异性把某一产品的个整体市场划分成若干个在需求上大体相似的子市场，以便选择目标市场的工作过程。划分以后形成的不同的子市场，我们称之为细分市场。因此，属于同一细分市场的消费者，他们的需要和欲望极为相似。分属于不同细分市场的消费者对于同一产品的需要和欲望存在着相对明显的差别。

理解这一概念需注意的是，细分市场不是以物品来进行划分的，而是从消费者需求差异性的角度进行划分的，是根据市场细分的理论基础，即消费者的需求、动机、购买行为的多元化和差异性来划分的。市场细分对企业的生产、营销起着极其重要的作用。

（二）市场细分的作用

1. 有利于企业发现新的市场机会，开拓新市场

通过市场细分，企业可以对每一个细分市场的购买潜力、满足程度、竞争情况等进行分析对比，发现市场的空白点，探索出有利于本企业的市场机会，开拓新的目标市场，以更好地适应市场的需要。

2. 有利于企业选择目标市场和制定市场营销战略

市场细分后的子市场比较具体，每一个细分市场的消费者需求特点比较明显，企业可以根据自己的经营战略确定服务对象，即目标市场。针对较小的目标市场，便于制订特殊的营销策略。同时，在细分市场上，信息容易了解和反馈，一旦消费者的需求发生变化，企业可迅速改变营销策略，制订相应的对策，以适应市场需求的变化，提高企业的应变能力和竞争力。

3. 有利于企业集中、有效利用营销资源

任何一家企业的资源都是有限的。通过细分市场，企业可以集中有效资源，选择最适合企业经营的细分市场，发挥优势和特色，在激烈的市场竞争中求得发展。

4. 有利于企业提高经济效益

企业通过市场细分后，确定正确的目标市场，生产出适销对路的产品，既能满足市

场需要，又可增加企业的收入。

二、市场细分的原则

成功、有效的市场细分应遵循以下基本原则：

（1）可衡量性原则。细分市场是可以识别和衡量的，亦即细分出的市场不仅范围明确，而且对其容量、潜力、购买力大小也能大致做出判断。有些细分变量难以测量和推算，不能作为细分的依据。

（2）可进入性原则。细分出的市场应是企业营销活动能够达到的，亦即是企业通过努力能够使产品进入并对顾客施加影响的市场。一方面，有关产品的信息能够通过一定媒体顺利传递给该市场的大多数消费者；另一方面，企业在一定时期内有可能将产品通过一定的分销渠道运送给市场。否则，该细分市场的价值就不大。

（3）可赢利性原则。细分出来的市场，其容量或规模要大到足以使企业获利。进行市场细分时，企业必须考虑细分市场上顾客的数量，以及他们的购买力和购买产品的频率。如果细分市场的规模过小，市场容量太小，企业就没有开发的价值。

（4）稳定性原则。有效的市场细分所划分出的子市场必须具有相对的稳定性。企业目标市场的改变必然带来经营设施和经营资源的改变，因此增加企业的投入。如果市场变化过快，变动幅度过大，必将会给企业带来风险和损失。

（5）发展性原则。企业选择的细分市场应具有未来发展的潜力，通过企业的开发可以成长为一个大市场，给企业带来长远的利益。可见，细分市场的选择具有战略意义，必须与企业的长期发展战略相结合。

【案例 5－1】

海尔洗衣机细分市场实现低迷环境下的逆袭

据某权威机构发布的 2016 年上半年洗衣机市场总结报告，2016 年上半年中国洗衣机市场销量为 1 464 万台、销售额 263 亿元，分别比去年同期下降 1.6% 和 4.6%，呈现规模下滑趋势。然而在这种低迷的大环境下，海尔仍能打破销售瓶颈，实现突围转型。

作为全球洗衣机行业的领导品牌，海尔多年来一直深耕细分市场，精准满足不同用户的洗涤需求。以行业同体积下最大筒径的紫水晶洗衣机为例，因内筒直径达到 525 mm，紫水晶洗衣机的“实用面积更大”，做到超大容量更小体积，12 kg 洗衣机的体积和传统8 kg洗衣机一样大。据相关数据显示，在 2016 年上半年，洗衣机市场 6 000 ~ 8 000元价位段的 22 个品牌，346 个型号中，海尔紫水晶洗衣机连续 6 个月累计单型号销量第一。

以海尔子母机免清洗洗衣机和卡萨帝双子云裳洗衣机为例，海尔是行业首家推出分区同时洗的洗衣机品牌，海尔子母机免清洗洗衣机更把分区洗和免清洗整合在一起，实现健康双洗护，满足了更多尤其是二胎家庭用户的专属洗护需求。据相关数据显示，2016 年上半年，在 4 000 元以上高端价位的 10 个品牌 101 个型号的波轮洗衣机中，海尔子母机免清洗洗衣机一直保持单型号销量第一，引领分区洗护潮流。

业内人士分析认为，大容量+大筒径、健康分区洗、滚筒带烘干等细分市场潜力巨大，成为行业结构性发展的重要机会点。据数据统计，2016年上半年，7.5 kg以上的大容量洗衣机在波轮和滚筒两个市场，均实现了零售份额的大幅跨越。目前，8 kg及以上的滚筒洗衣机的市场份额，已经超过60%，成为市场发展的潮流。

海尔洗衣机深耕用户需求进行产品研发，并以精益求精的匠心精工和技术引领不断进行颠覆式创新，因此即使在产业规模下滑、市场消费升级的背景下，海尔洗衣机仍可保持对市场趋势的引领地位，同时也为整个行业实现结构性发展指出了一条可供参考的路径。

（资料来源：根据家电消费网2016年8月29日《海尔洗衣机细分市场实现低迷环境下的逆袭》一文整理。）

三、市场细分的标准

（一）消费者市场细分的标准

消费者市场的需求千差万别，影响因素也错综复杂。随着市场细分化理论在企业营销中的普遍应用，消费者市场细分标准可归纳为四大类：地理环境因素、人口因素、消费者心理因素和消费者行为因素。这类因素有些是相对稳定的，多数则处于动态变化中。

1. 地理环境因素标准

该标准是指按照消费者所处的地理位置、自然环境来细分市场。具体变量包括国家、地区、城市、乡村、城市规模、气候、地形及人口密度等因素。处于不同地理位置的消费者，对同一类产品往往呈现出较大的需求特征，对企业营销组合的反应也存在较大的差别。例如对自行车的需求，城市市场倾向于购买轻便、新颖的自行车，而农村市场则注重坚固耐用、负重大等特点；对服装的需求呈现明显的气候差异，9月在我国南方还是夏季气候的特点，人们的着装仍然是夏装，而在我国的北方地区，尤其是黑龙江、内蒙古等地区已经进入秋季，气候寒凉，人们的服装已经是由薄入厚，开始准备冬衣。按地理环境因素细分市场常用的标准包括：

（1）行政区域。包括国家、省、市县，城市、农村等。不同的行政区域，历史文化背景、地形、气候等因素不同，形成了不同的消费习惯，企业可以按行政区域不同细分市场。

（2）地形。包括沿海、内陆，平原、山地等。不同的地形特点，形成了不同的生活习惯和消费习惯，企业可以按地形特点细分市场。

（3）气候。我国幅员辽阔，气候包括热带、亚热带、温带、寒带等。不同的气候，人们在住宅、服装、饮食等诸多方面的需求有很大的差异，企业可以按气候不同细分市场。

2. 人口因素标准

该标准是指按照各种人口统计变量，包括年龄、婚姻、职业、性别、收入、受教育程度、家庭生命周期、国籍、民族、宗教、社会阶层等来细分市场。比如，不同的年龄、受教育程度不同的消费者在价值观念、生活情趣、审美观念和消费方式等方面会有很大的差异。人口是构成市场最主要的因素，人口标注易于统计且与市场规模直接相关，因此是市场细分最常用、最主要的标准。按人口因素细分市场常用的标准包括：

（1）年龄。不同年龄的消费者需求和购买力明显不同，很多消费品都可以按照消费者的年龄进行市场细分。

（2）性别。性别差异是由自然生理差别引起的，不同性别具有不同的需求特点和购买行为特点，很多消费品具有明显的需求性别差异，因此性别是企业进行市场细分常用的标准。

（3）收入。消费者的收入直接影响他们的购买力，以及对消费需求的数量、结构和变化趋势具有决定性影响。因此许多耐用消费品都以消费者的收入作为市场细分的标准。

（4）职业。消费者的职业不同，需求特点迥异。因此像服装、服饰、化妆品等消费品以消费者的职业作为市场细分的标准。

3. 消费者心理因素标准

该标准是指按消费者的心理特征来进行市场细分。随着社会经济、文化的发展，按照上述地理和人口标准划分的处于同一细分市场中的消费者对同类产品的需求仍会显示出差异性，因此，企业必须从更深层次上，即消费者的心理特征上进行市场细分。按消费者心理因素细分市场常用的标准包括：

（1）生活方式。生活方式是指消费者对工作、休闲、娱乐的态度。生活方式不同的消费者，他们的需要、欲望和需求是明显不同的，企业在很多消费品市场上可以根据生活方式进行市场细分。

（2）个性特征。消费者的个性千差万别，对消费者的需求和购买动机有很大影响。企业可以根据消费者的个性类型进行市场细分。

（3）购买动机。购买动机是驱使消费者实现消费的一种内在力量，消费者的购买动机可以分为求实动机、求名动机、求廉动机、求新动机等。企业可以根据消费者的不同动机进行市场细分。

（4）购买态度。购买态度是指消费者对所购买产品持有的肯定与否的评价、情感上的感受和行动倾向。企业可以根据消费者对产品的态度是热爱、肯定、冷淡、拒绝、敌意来进行市场细分，企业可以根据不同态度的消费者市场采取不同的营销策略。消费者的心理因素很难衡量，企业运用起来难度大，但是随着经济的发展、市场竞争的加剧，企业对消费者心理因素的运用日益重要。

4. 消费者行为因素标准

消费者行为因素标准是指按照消费者的购买行为细分市场，常用的标准包括：

（1）购买时机。根据顾客有无规律购买、是否只在特定时间购买等因素进行市场细分。企业现在非常重视节假日营销，正是利用了这一理论，抓住有利时机开展营销活动，促进产品销售。

（2）消费者寻求的利益。即根据消费者从产品中追求的利益不同进行市场细分。例如，航空公司的顾客可以分为两类：一般旅行者和商务旅行者。这两类顾客追求的利益是不同的。一般旅行者旅行的目的为旅游、探亲等，他们希望能够顺利、经济地到达目的地；而商务旅行者的旅行目的是执行公务，他们尤其重视时间和舒适，对票价不敏感。因此航空公司可以根据这两类顾客设计不同的舱位。

（3）使用者情况。消费者对产品的使用状况是不同的。根据消费者的使用状况可以分为非使用者、曾使用者、潜在使用者、初次使用者、经常使用者五类，据此可以细分为五个细分市场，企业针对不同的细分市场可以采取不同的营销策略。

（4）使用频率。根据消费者的使用频率不同可以把市场细分为大量使用市场、一般用量市场、少量使用市场。大量使用市场消费者人数虽然少，而所消费的量却在消费总量中占有较大比重，少量使用市场反之。企业往往选择大量使用市场进行经营。

以上四项消费者市场细分的标准，是一般的企业常用的标准，但这并不一定适合任何消费品的市场细分，企业应该根据具体情况来确定市场细分的标准，企业通常选择与消费者关联度最大的变数作为市场细分的标准。

（二）产业市场细分的标准

消费者市场细分的标准有些同样适用于产业市场，但产业市场有其特殊性，因此产业市场也有其独特的细分标准。

1. 最终用户

不同的使用者对产品的需求不同。例如，豪华车制造商所需轮胎，比普通车档次要高；飞机制造商所需轮胎，比拖拉机安全标准要严。

2. 用户规模

企业在细分产业市场时，可将用户分为大客户、中客户、小客户 3 类，大客户一般数量较少，通常购买力较强，消耗量大；小客户则相反。因此，对待不同规模的客户，企业应在价格、销售渠道、服务以及促销等方面采取不同的营销组合策略。

3. 用户地理位置

用户地理位置，是指用户所在区域、气候、资源条件、基础设施条件等因素。由于用户的地理位置不同，对产品的性能要求会有差异，因此企业通过市场细分，可以根据自己的资源条件、技术设备、运输条件等情况来选择有利的细分市场进行经营。

4. 用户追求利益

按用户追求利益重点的不同，可以把用户进一步分为重视价格、重视服务、重视质量等不同价值取向的用户。

四、市场细分的方法

企业在根据相关细分变量进行市场细分时，可以根据单一变量因素、多个变量组合因素和系列变量因素进行。

（一）单一变量因素法

单一变量因素法就是根据影响消费者需求的某一个重要因素进行市场细分。例如服装企业，按年龄细分市场，可分为童装、少年装、青年装、中老年装等；按用途的不同，可分为礼服、运动服、便服等。

（二）多个变量因素组合法

多个变量因素组合法就是根据影响消费者需求的两种或两种以上的因素进行市场细分。例如家具生产厂家，主要根据消费者家庭规模的大小，户主的年龄、家庭收入等因素来细分市场。

（三）系列变量因素法

系列变量因素法就是根据企业经营的特点并按照影响消费者需求的诸因素，由粗到细进行市场细分。这种方法可以使目标市场更加明确而具体，有利于企业更好地定制相应的市场营销策略。例如自行车市场，可按地理位置（城市、郊区、农村、山区）、性别（男、女）、年龄（儿童、青年、中年、中老年）、职业（工人、农民、学生、职员）、购买动机（求新、求美、求物美价廉、求实用耐用）等变量因素细分市场。

五、市场细分的要求

无论是消费者市场还是产业市场，要想形成有效的细分市场，必须具备一定的条件，只有达到以下条件要求，细分市场才有效。

（一）可识别性

可识别性即差异性，是指细分市场之间客观存在着对某种产品购买和消费上的明显差异，不同的细分市场对营销组合有不同的反应。如果不同的细分市场对产品需求差异不大，即不同细分市场的差异性较小，企业就不必对该市场进行细分。

（二）可衡量性

可衡量性是指企业对细分市场的购买力、市场规模、需求潜力能够进行量化评估，并可以获取有关的顾客资料。而有些细分标准企业不易获取，或者难以衡量和测算，则不宜作为细分标准。

（三）可进入性

可进入性是指企业可以有效进入细分以后的市场并有所作为。主要表现在两个方面：一方面是这些细分市场能使企业的资源得到利用，生产出满足消费者需求的产品；另一方面，对细分后的市场，企业能够对消费者施加影响，能够传递产品信息，进行销售。如果不具备这些可进入性，细分出来的市场毫无意义。

（四）可赢利性

可赢利性是指细分市场的购买力，应使企业有利可图，能够实现预期的经济效益。如果市场容量太小，销量有限，则不宜细分。当然，市场容量不仅要考虑现实的购买力，还要考虑发展潜力。

（五）稳定性

稳定性是指细分以后的子市场的特征，在一定时期内能够保持相对不变。如果市场变化太快，变化幅度大，企业还没来得及实施其营销方案，细分市场已面目全非，这种细分就没什么意义。参照以上标准，进行比较，然后选择符合企业目标的细分市场作为目标市场。

第二节　目标市场的选择

一、目标市场的含义

企业进行市场细分的最终目的是有效地选择并进入目标市场。目标市场，是指通过市场细分，被企业选定的，拟以相应的产品和服务去满足其现实的或潜在的消费需求的那一个或几个细分市场。

目标市场选择是企业营销活动的一个重要步骤。企业之所以要进行目标市场选择，原因有3个：第一，消费者的需求是企业开展经营活动的前提，但消费者的需求是千差万别的，企业不可能满足所有消费者的需求，而只能从中选择一部分消费者作为企业的营销目标；第二，并不是所有的细分市场都对企业有吸引力，企业必须根据自身的优势资源条件选择一部分细分市场；第三，有时各细分市场之间会存在矛盾，企业必须从经济效益上对各细分市场进行评价，决定取舍，避免资源浪费。

二、细分市场的评估

为了准确选择目标市场，企业必须对每一个细分市场进行评估，在综合分析各细分市场的规模和发展潜力，细分市场的盈利能力以及企业的优势资源和目标等各方面因素的基础上，选择目标市场。

（一）市场规模和发展潜力

所谓市场规模和发展潜力评估就是分析细分市场是否有适当的规模和发展潜力。这里的适当规模是相对于企业实力而言的。大的细分市场相对于小企业来说，缺乏足够的资源进入，即使进入，在竞争中也很难与大企业抗衡；而小市场对于大企业，又不值得涉足。市场发展潜力的大小，关系到企业未来的发展和盈利空间的增长，但市场的潜力大，也会招来竞争对手争夺。

（二）市场的吸引力

市场吸引力是指该市场长期获利率的大小。一个具有适当规模和发展潜力的细分市场，从获利的观点来看可能缺乏盈利能力，不一定具有吸引力。决定一个细分市场是否具有吸引力主要取决于五种因素，即现实竞争者、潜在竞争者、替代产品、购买者的讨价还价能力、供应商的讨价还价能力。

（三）企业的目标和资源

细分市场的评估还要分析企业的经营目标和资源状况。例如，某些细分市场具有适当的规模和发展潜力，也具有一定的吸引力，但与企业的长远发展目标不一致，或者是不具备竞争制胜的能力和优势资源，这样的细分市场是不合适的，企业只能放弃。

【案例 5 -2】

统一“鲜橙多”的目标市场选择策略

统一“鲜橙多”通过深度的市场细分，选择了追求健康、美丽、个性的年轻时尚女性作为目标市场。针对这一目标消费者群体，统一“鲜橙多”选用 500mL、300mL 等外观精致适合随身携带的 PET 瓶包装，卖点则指向消费者的心理需求——“统一鲜橙多，多 C 多漂亮”，所有的广告、公关活动及推广宣传也都围绕这一主题展开。例如，在一些城市开展“统一鲜橙多 TV - GIRL 选拔赛”“统一鲜橙多阳光女孩”及“阳光频率统一鲜橙多闪亮 DJ 大挑战”等，无一不是直接针对以上群体，从而极大地提高了产品在主要消费人群中的知名度与美誉度。

2010 年以来，国内果汁饮品市场不仅同质化日益严重，同时果汁饮料消费群体也逐渐年轻化、减龄化，而且他们获取信息的手段和喜欢阅读信息的内容也都在发生着翻天覆地的变化。在此情况下，统一“鲜橙多”积极开始战略定位转型，准确定位新消费群群体。2012 年，在众多果汁饮品还在追求用大规模广告轰炸的环境下率先求变，利用换新装之际大胆启用韩国巨星张根硕与朴敏英，进而开启了统一鲜橙多从“多 C 多漂亮”的功能性诉求到“漂亮”内涵演绎的情感诉求，品牌活力得到了新生，品牌“漂亮”内涵也经历了一场漂亮蜕变。

（资料来源：根据《中国质量报》2012 年 6 月 8 日 006 版《统一鲜橙多“漂亮”蜕变》一文整理。）

三、目标市场的选择模式

企业对不同的细分市场进行评估以后，决定进入那些细分市场，有 5 种可以参考的模式，即市场集中化、产品专业化、市场专业化、选择性专业化、市场全面化。

（一）市场集中化

如图 5 -1 所示，这是一种最简单的目标市场选择模式。即企业只选取一个细分市场，只生产一类产品，供应某一单一的顾客群，进行集中营销。选择市场集中化模式一般基于以下 4 点考虑：①企业具备在该细分市场从事专业化经营或取胜的优势条件；②限于资金能力，只能经营一个细分市场；③该细分市场中没有竞争对手；④准备以此为出发点，取得成功后向更多的细分市场扩展。但这种模式的经营风险较大，一般实力弱小的中小企业适用这种模式。

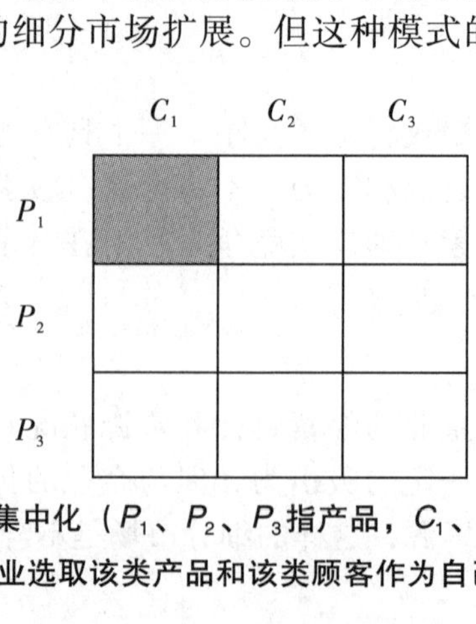

图 5 -1　市场集中化（P_1、P_2、P_3 指产品，C_1、C_2、C_3 指顾客，阴影部分指企业选取该类产品和该类顾客作为自己的目标市场）

（二）产品专业化

如图 5－2 所示，企业集中生产一类产品，并向各类顾客销售这类产品。例如，电冰箱厂只生产电冰箱这类产品，同时向家庭、餐厅、招待所等各类用户销售。产品专业化模式的优点是企业专注于某一种或某一类产品的生产，有利于形成和发展生产和技术上的优势，在该领域树立形象。其局限性是当该领域被一种全新的技术与产品替代时，产品销售量有大幅度下降的危险。

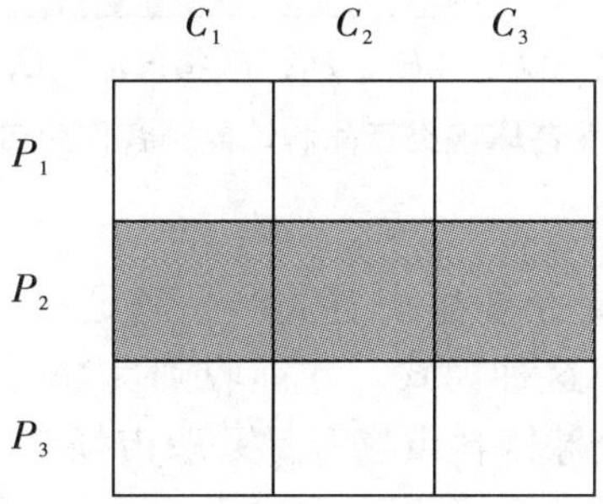

图 5－2　产品专业化（P_1、P_2、P_3 指产品，C_1、C_2、C_3 指顾客，阴影部分指企业选取该类产品和该类顾客作为自己的目标市场）

（三）市场专业化

如图 5－3 所示，它是企业专门经营满足某一顾客群体需要的各种产品。比如医疗仪器公司专门向医院用户供应各种医疗仪器设备。市场专业化所经营的产品种类众多，能有效地分散经营风险。但由于集中于某一类顾客，当这类顾客的需求下降时，企业也会遇到收益下降的风险。

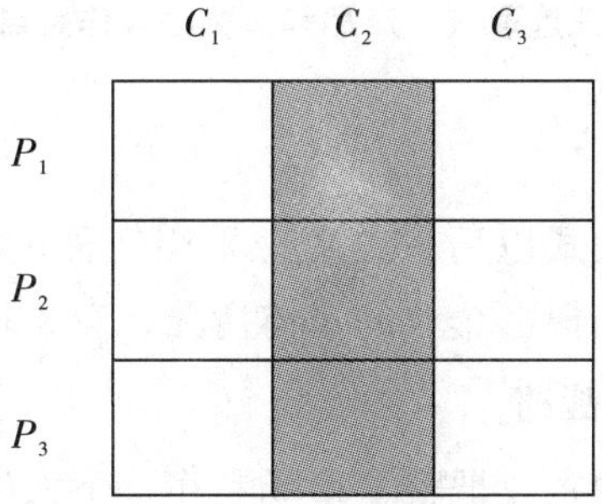

图 5－3　市场专业化（P_1、P_2、P_3 指产品，C_1、C_2、C_3 指顾客，阴影部分指企业选取该类产品和该类顾客作为自己的目标市场）

（四）选择性专业化

如图 5－4 所示，企业选取若干个具有良好的盈利潜力和结构吸引力，且符合企业的目标和资源的细分市场作为目标市场，其中每个细分市场与其他细分市场之间较少联系。其优点是可以有效地分散经营风险，即使某个细分市场的盈利情况不佳，仍可在其他细分市场取得盈利。采用选择产品专业化模式的企业应具有较强资源和营销实力。

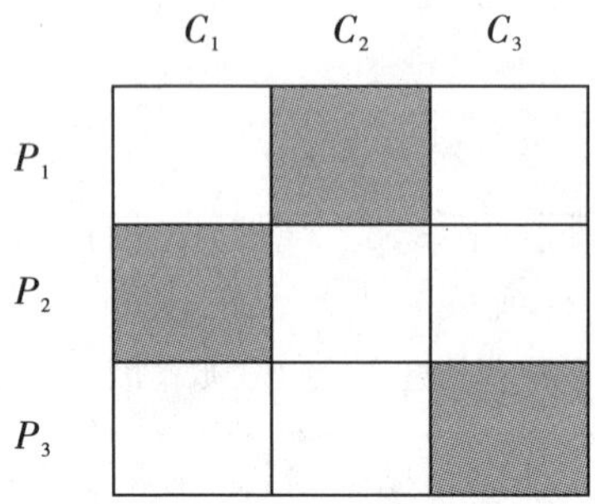

图 5-4 选择性专业化（P_1、P_2、P_3指产品，C_1、C_2、C_3指顾客，阴影部分指企业选取该类产品和该类顾客作为自己的目标市场）

（五）市场全面化

如图 5-5 所示，该模式是企业生产各类产品满足各种顾客群体的需要。一般来说，只有实力雄厚的大型企业选用这种模式，才能收到良好的效果。例如，丰田公司在全球汽车市场、可口可乐公司在全球饮料市场等都采取市场全面化的模式。

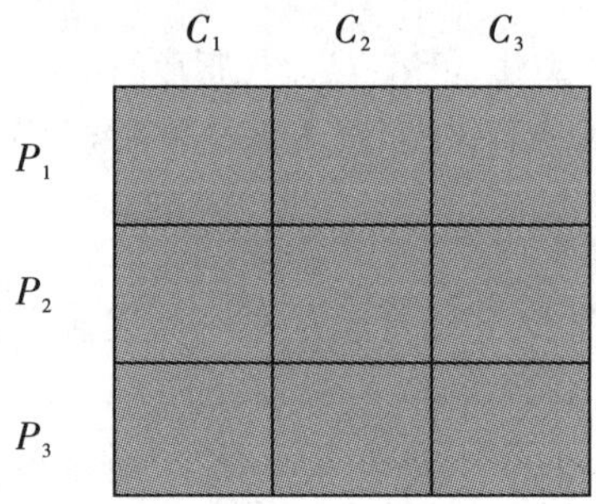

图 5-5 市场全面化（P_1、P_2、P_3指产品，C_1、C_2、C_3指顾客，阴影部分指企业选取该类产品和该类顾客作为自己的目标市场）

四、目标市场营销战略

企业在确定目标市场的模式以后，应考虑采用何种市场营销战略进入该市场，直至占领该目标市场。一般来说，根据企业的具体情况，有 3 种目标市场战略可供选择。

（一）无差异性市场营销战略

无差异性市场营销战略的企业把整个市场看作一个大的目标市场，不进行市场细分，提供一种产品，采用统一的市场营销组合策略对待整体市场，如图 5-6 所示。在 20 世纪 60 年代之前，美国可口可乐公司一直奉行典型的无差异战略，以单一的品种、标准化的瓶装和统一的广告宣传，长期占领世界非酒类饮料市场。在大量生产、大量销售的产品导向时代，企业多数采用无差异营销战略经营。

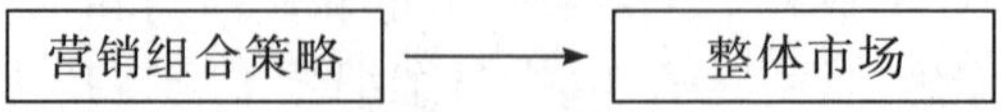

图 5-6 无差异性市场营销战略示意图

这种战略的最大优点是成本的经济性。大批量的生产销售，必然降低单位产品成本；无差异的广告宣传可以减少促销费用；不进行市场细分，也相应减少了市场调研、产品研制与开发以及制订多种市场营销战略、战术方案等带来的成本开支。

但无差异性营销战略的缺点也是很明显的。一方面是产品的适应性差，随着市场环境的变化，一种产品能长期适应所有消费者的需求是不可能的；另一方面，如果很多企业都采用此战略，势必造成市场竞争的异常激烈，企业的发展和盈利空间都会受到限制。20 世纪 60 年代以后，可口可乐公司独霸市场的局面被打破，之后不得不改变无差异性营销战略，使用差异化营销战略，生产芬达、雪碧等各种产品来满足不同细分市场顾客的需求。

（二）差异性市场营销战略

差异性市场营销战略是把整体市场划分为若干需求与愿望大致相同的细分市场，然后根据企业的资源及营销实力选择部分细分市场作为目标市场，并为各目标市场制订不同的市场营销组合策略，如图 5－7 所示。采用差异性市场营销战略的最大优点是市场适应性强。该战略可以有针对性地满足具有不同特征的顾客群的需求，提高产品的竞争力，提高企业抗市场风险的能力。但是，由于产品品种、销售渠道、广告宣传的扩大与多样化，导致产品设计制造、仓促管理、广告促销费用大幅度增加；同时，该战略在推动成本和销售额上升时，市场效益并不具有保证。所以究竟要差异化到什么程度，企业要权衡利弊得失之后再做决策。

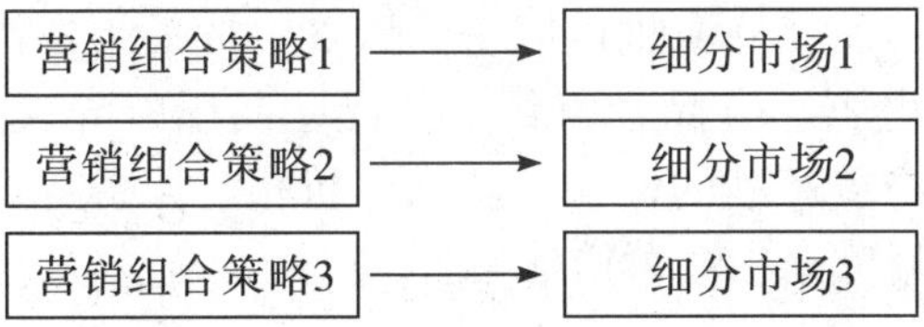

图 5－7 差异性市场营销战略示意图

（三）集中性市场营销战略

无差异性营销战略和差异性营销战略都是以整体大市场作为目标市场，一般适用于势力雄厚的大企业，而中小企业，实力弱小，资源有限，更适合采用集中性市场营销战略。集中性市场营销战略是在将整体市场细分为若干细分市场后，只选择其中某一个或少数几个细分市场作为目标市场，制订一套市场营销组合方案，集中企业的资源和实力，争取占有较大的市场份额。其指导思想是把企业的人、财、物集中用于某一个或几个小型市场，不求在较多的细分市场上都获得较小的市场份额，而要求在少数较小的市场上得到较大的市场份额。如图 5－8 所示，这种战略也称为“弥隙”战略，即弥补市场空隙的意思，适合资源稀少的小企业。如果小企业能避开大企业竞争激烈的市场部位，选择一两个能够发挥自己技术、资源优势的小市场，往往容易成功。由于目标集中，可以大大节省营销费用和增加营利；又由于生产、销售渠道和促销的专业化，也能够更好地满足部分特定消费者的需求，企业易于取得优越的市场地位。

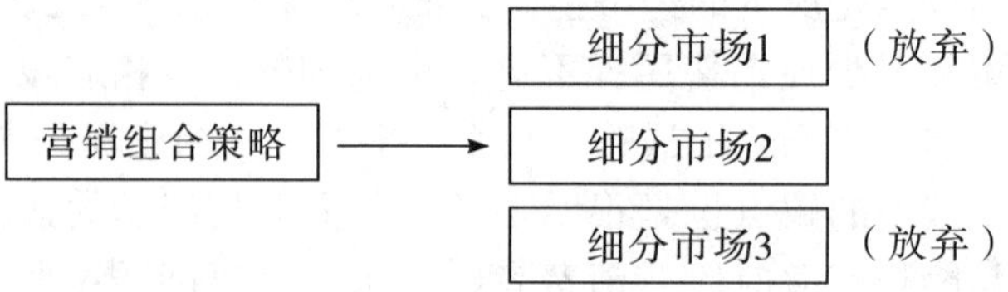

图5-8 集中性市场营销战略示意图

这一战略的不足是经营者承担风险较大，如果目标市场的需求情况突然发生变化，目标消费者的兴趣突然转移或是市场上出现了更强有力的竞争对手，企业就可能陷入困境。因此，实行这种战略的企业应加强风险意识，做好应变准备。

五、影响目标市场营销战略确定的因素

（一）企业的实力

企业实力是指企业在生产、技术、销售、管理和资金等方面力量的总和。如果企业力量雄厚，且市场营销管理能力较强，即可选择差异性营销战略或无差异性营销战略。如果企业能力有限，则适合选择集中性营销战略。

（二）产品的差异性

产品的差异性是指产品在性能、特点等方面的差异程度。同质性产品主要表现在一些未经加工的初级产品上，如水力、电力、石油、粮食等，虽然产品在品质上或多或少存在差异，但用户一般不加区分或难以区分。因此，同质性产品适宜采用无差异性营销战略。而对服装、家用电器、食品、家具等产品，品质差异较大，可视为异质性产品，消费者在购买时，非常注重产品的性能、特点、价格、服务等因素，可根据企业资源力量，采用差异性营销战略或集中性营销战略。

（三）市场的差异性

如果顾客的要求、偏好较为接近，对市场营销刺激的反应差异不大，即为同质市场，可采用无差异性营销战略；反之，对异质市场应采用差异性或集中性营销战略。

（四）产品所处的市场生命周期阶段

新产品刚上市时，主要是以介绍产品为主，往往品种单一，因此，新产品在上市阶段可采用无差异性营销战略；而待产品进入成长或成熟阶段，市场竞争加剧，同类产品增加，再采用无差异性经营就难以奏效，所以在成长期和成熟期阶段采用差异性营销战略效果更好；对于进入衰退期的产品，企业应采用集中性市场营销战略，缩小市场，延长产品的生命周期，为企业减少损失。

（五）竞争者战略

企业采用何种战略，往往与竞争对手的战略有关。如果竞争对手的实力强大，采用无差异性营销战略时，企业应根据实力选择差异性或集中性营销战略有利于开拓市场，提高产品的竞争能力。如果竞争者已采用差异性营销战略，则不应以无差异性营销战略与其竞争，可以选择更深层次的差异性或集中性营销战略。

第三节　市场定位

市场定位就是重点向目标市场说明，本企业或产品、品牌与竞争者有什么不同，勾画出企业形象和提供的价值，使市场全面理解和正确认识企业有别于其他竞争者的象征。企业必须具备顾客所认为的、能够满足他们需要和欲望的重要特征。定位能否成功，关键在于能否比竞争者更好地了解顾客，对市场需求和企业所提供的服务——包括商品、价格、销售渠道与促销各个方面的关系，有更深刻和独到的认识。

一、市场定位的含义与作用

（一）市场定位的含义

市场定位，就是勾画企业产品在目标市场即目标顾客心目中的形象，使企业所提供的产品具有一定特色，适应一定顾客的需要和偏好，并与竞争者的产品有所区别，从而确定该产品在市场上的竞争地位。“定位”一词最早出现在广告界，是在1969年由美国学者首次提出的。

市场定位的基点是竞争。市场定位强调企业在满足市场需求方面，与竞争者比较，应当处于什么位置，使顾客产生何种印象和认识，区别各自的优、劣势。

市场定位的目的是吸引更多顾客。消费者形形色色的追求与偏好与他们的价值取向相关，企业要想取得竞争优势，就必须进一步明确服务对象的需求特征，在此基础上，赋予产品明确的特色，以吸引消费者。市场定位就是准确地勾画出企业形象和提供的价值，使市场正确认识有别于其竞争者的象征，并争取目标顾客的认同。

市场定位的实质是塑造产品的特色或个性。产品的特色或个性可以通过多种方式来表现：

（1）通过产品实体本身的各种特征因素来表现。

（2）从消费者对产品的心理感受来表现。

（3）通过价格、质量、服务、促销方式等形式来表现。

（二）市场定位的作用

在竞争日益激烈的市场上，品牌层出不穷，产品的同质性越来越高，如何使企业的品牌吸引消费者而不至在品牌的大潮中被淹没，关键在于企业的市场定位。

1. 准确的市场定位是企业制定营销策略的依据

市场细分、目标市场选择、市场定位是企业目标市场战略的3个有机环节，环环相扣，缺一不可。而市场定位即企业树立的消费者理解的市场形象，围绕这个形象，设计产品、制定合理的价格、选择适当的分销渠道、制定有针对性的促销策略等。因此市场定位是制定正确的营销组合策略的依据。

2. 准确的市场定位是吸引消费者的关键因素

通过市场定位，给产品描绘一个鲜明的、有别于竞争对手的形象，再把定位信息准确地传递给消费者，就能够使产品在众多同类竞争品种中凸显出来，吸引消费者的注意。

3. 准确的市场定位是形成竞争优势的前提

当今市场的竞争异常激烈，单凭产品的质量、价格、服务等方面的优势已经无法打动消费者，赢取竞争优势。如何在消费者心目中烙印上品牌的特色，是赢取消费者，竞争制胜的前提。

【案例5-3】

香港银行利用定位谋取市场

香港金融业非常发达，占其产业的1/4。在这一弹丸之地，各类银行多达几千家，竞争异常激烈。如何在这个狭小的市场找到自身的生存空间？他们的做法是，利用定位策略，突出各自优势。

汇丰银行：定位于分行最多，全港最大的银行。这是以自我为中心实力展示式的诉求。20世纪90年代以来，为拉近与顾客之间的距离，汇丰银行改变了定位策略。新的定位立足于“患难与共，伴同成长”，旨在与顾客建立同舟共济，共谋发展的亲密朋友关系。

恒生银行：定位于充满人情味的、服务态度最佳的银行。通过走感性路线赢得顾客的心。突出服务这一卖点，也使它有别于其他银行。

渣打银行：定位于历史悠久，安全可靠的英资银行。这一定位树立了渣打银行可信赖的“老大哥”形象，传达了让顾客放心的信息。

中国银行：定位于强大后盾的中资银行。直接针对有民族情结、信赖中资的目标顾客群，同时暗示它能够提供更多更新的服务。

创兴银行：定位于助你创业兴家的银行。以中小工商业者为目标对象，为他们排忧解难，赢得事业的成功。香港中小工商业者有很大的潜在市场。创兴银行敏锐地洞察到这一点，并精准把握他们的心理——想出人头地，大展宏图。据此，创兴银行将自身定位于专为这一目标顾客群服务，给予他们在其他大银行和专业银行所不能得到的支持和帮助，从而牢牢占有了这一市场。

[资料来源：陈支农. 引领新潮香港银行业长盛不衰 [J]. WTO经济导刊，2004(5)：49-54. 本案例根据该文整理。]

二、市场定位的步骤

（一）确定产品的定位依据

产品的定位依据来源于与竞争对手的比较。企业可以在产品、价格、渠道、促销、服务等方面与竞争对手比较，找出自身的优势与劣势，确认本企业可以提供的产品、服务、个性化差异，以及消费者对产品的各种属性（产品的功能、价格、质量、款式、服务、节能等因素）的重视程度，作为定位的依据，以便进行恰当的定位。

（二）确定初步的定位方案

根据分析选定的定位因素，利用定位图进行定位分析。在对竞争对手分析的基础上，把现有的竞争对手的状况在定位图上标示出来，根据定位图的标示，可以一目了然目前该产品的竞争状态，然后选择本企业的市场定位。下面用一个案例来了解定位图及市场定位过程。

X 汽车厂商经过市场调查以后，了解到目标顾客对其产品最关心的是耗油量和价格问题。家用汽车目前的市场竞争定位图（见图 5－9）表明：市场上已有 4 个厂家的产品，他们的市场定位分别是，B 厂生产高价位高耗油量的高档汽车；A 厂生产中等价位一般耗油量的中档汽车；C 厂生产低价位低耗油量的低档汽车；D 厂生产低价位高耗油量的汽车。图中圆圈的大小表示该企业的市场份额。

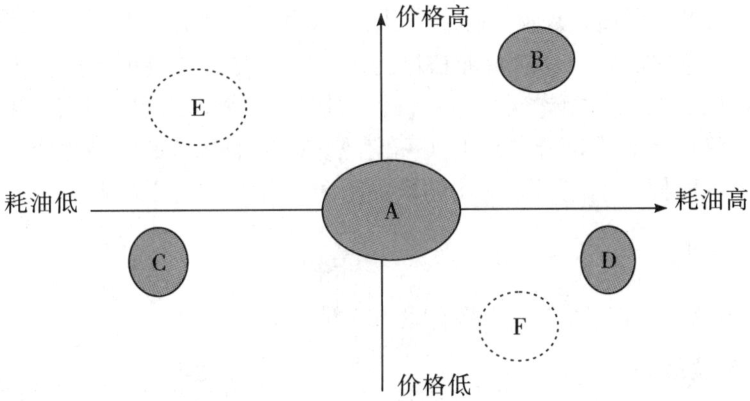

图 5－9　目标市场定位

在图 5－9 中，目标市场中竞争对手的产品基本定位明确，X 汽车厂商根据自身的优势可以有两种选择：一种定位 E，定位在空白地带，即生产高价位低油耗的汽车；一种定位 F，定位在实力相对较弱的 D 企业附近，生产低价位高耗油量汽车。

如果企业选择定位 E，则必须具备以下条件：

（1）企业应具备优势的技术资源，能够开发出高技术含量、低油耗的高档产品。

（2）虽然价格高，但是由于产品具有良好的节能效果和技术性能，仍然能够吸引消费者。

如果企业选择定位 F，则必须具备以下条件：

（1）市场足够大，能够容纳下两个以上的竞争者。

（2）虽然价格较低，但仍有利可图。

（3）本企业应该有比 D 企业更优势的资源，生产出比 D 企业价格更低或相对节能的产品。

（4）产品的价格优势可以让消费者忽略产品的耗能劣势。

（三）调整定位方案

完成初步定位以后，应该做进一步的检验，即进行产品试销活动，如果存在偏差或失误，立即纠正。

（四）重新定位

重新定位是指企业产品上市以后，随着企业的发展、技术的进步、市场环境的变化，对以前的定位进行修正，使企业更具适应性和竞争力。使企业考虑重新定位的原因有三个：

（1）企业的经营战略和目标发生了变化，原来的定位已经不能适应新的发展战略。

（2）竞争格局已发生变化，竞争者的定位战略已调整，对本企业产生了威胁。

（3）消费者需求偏好已改变或市场萎缩，企业必须调整原定位方案，以满足消费者不断变化的需求。

（五）定位传播

企业做出定位决策以后，还必须大力开展广告宣传，把企业的定位观念准确地传播给目标消费者和广大的社会公众。企业在进行定位宣传时，要避免 3 种宣传失误：

（1）宣传定位过低，不能体现产品的特色和优势，使消费者对产品产生怀疑。

（2）宣传定位过高，不符合产品的实际定位，误导消费者的消费需求。

（3）宣传定位模糊，不能树立鲜明的产品形象，使消费者对产品印象模糊。

三、市场定位战略

企业在实践中常用的市场定位战略有以下 3 种。

（一）填补定位战略

填补定位战略是指企业为避开强有力的竞争对手，将产品定位在目标市场的空白部分或是“空隙”部分。使用此战略可以使企业避开激烈竞争，迅速在市场上站稳脚跟，并能在消费者或用户心目中迅速树立一种形象。这种定位方式风险较小，成功率较高，常常为多数企业所采用。但采用这种战略需要注意如下问题：

（1）研究市场的空白地带是如何形成的，是因为没有潜在的需求，还是竞争对手无暇顾及。

（2）考虑这一市场部分是否有足够的需求规模，是否足以使企业有利可图。

（3）考虑企业的营销能力是否能胜任这一部分市场的开发，自身是否有足够的技术开发能力去提供足够的产品。例如图 5 -9 中的 E 定位即为填补定位。

（二）并列定位战略

并列定位战略是指企业将产品定位在现有竞争者的产品附近，服务于相近的顾客群，与同类、同质产品满足同一个目标市场部分。使用此战略有一定的风险，但不少企业认为这是一种更可行的定位尝试，一旦成功就会取得巨大的市场优势，因为这个市场部分肯定是最有利可图的部分。要注意的问题是：必须知己知彼，尤其应清醒估价自己的实力，不一定试图压垮对方，只要能够平分秋色就已是巨大的成功。例如图 5 -9 中的 F 定位即为并列定位。

（三）对抗定位战略

对抗定位战略是指企业要从市场上强大的竞争对手手中抢夺市场份额，改变消费者原有的认识，挤占对手原有的位置，自己取而代之。使用此战略的企业准备扩大自己的市场份额，决心并且有能力击败竞争者。对抗定位战略的风险较大，成功，可以独占市场大部分；一旦失败，将损失惨重，所以企业在选用此战略时比较谨慎。企业在以下情况可以采用对抗定位：

（1）实力比竞争者雄厚。所谓实力，是指企业的产品开发、科研、销售、筹资、广告、宣传、形象战略诸方面的综合表现。

（2）企业所选择的目标市场区域已经被竞争者占领，而且不存在与之并存的可能，企业有把握赢得市场。例如图 5－10 中的 G 定位即为对抗定位。

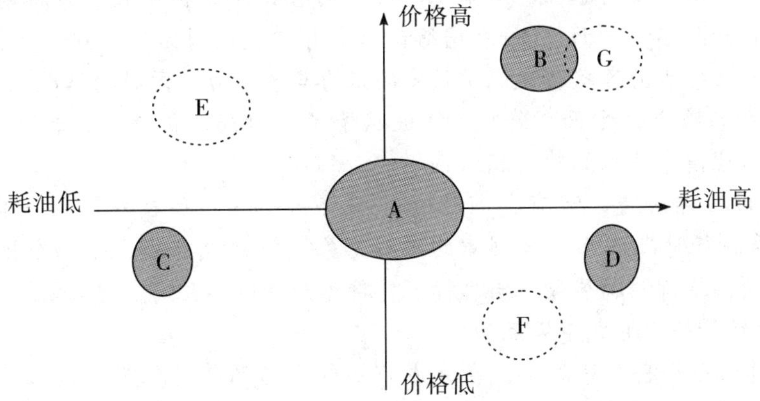

图 5－10　对抗市场定位战略示意图

【案例讨论】

奇瑞 QQ 诠释“年轻人的第一辆车”

奇瑞 QQ 是国内第一款为年轻人打造的轿车，定位为“年轻人的第一辆车”，其设计原则就是“快乐”。奇瑞 QQ 的主题词是“梦想，触手可及”，寓意此车面向年轻人和比较价廉的经济车市场。奇瑞 QQ 外观时尚，具有个性和青春气息。其 2.66 万～5 万元的价格也是相当具有市场潜力的。令人惊喜的外观、内饰、配置和价格是奇瑞公司占领微型轿车这个细分市场成功的关键。

1．明确的市场细分，锁定时尚男女

奇瑞 QQ 的目标客户是收入并不高但有知识、有品位的年轻人，同时也兼顾有一定事业基础、心态年轻、追求时尚的中年人。一般大学毕业两三年的白领都是奇瑞 QQ 的潜在客户。月收入 2 000 元即可轻松拥有这款轿车。

奇瑞汽车股份有限公司有关负责人介绍，为了吸引年轻人，奇瑞 QQ 除了轿车应有的配置以外，还装载了独有的“I－say”数码听系统，成为“会说话的 QQ”，堪称目前小型车时尚配置之最。据介绍，“I－say”数码听是奇瑞汽车股份有限公司为用户专门开发的一款车载数码装备，集文本朗读、Mp3 播放、U 盘存储多种时尚数码功能于一身，让奇瑞 QQ 与电脑和互联网紧密相连，完全迎合了离开网络就像鱼儿离开水的年轻一代的需求。

2. 独特的品牌策略，诠释“年轻人的第一辆车”

奇瑞 QQ 的目标客户群体对新生事物感兴趣、富于想象力、崇尚个性、思维活跃、追求时尚。虽然由于资金的原因他们崇尚实用，对品牌的忠诚度较低，但是对汽车的性价比、外观和配置十分关注，是容易互相影响的消费群体。从整体的需求来看，他们对微型轿车的使用范围要求较多。奇瑞把 QQ 定位为“年轻人的第一辆车”，从使用性能和价格比上满足他们通过驾驶奇瑞 QQ 所实现的工作、娱乐、休闲、社交的需求。

奇瑞汽车股份有限公司根据对奇瑞 QQ 设定的营销理念推出符合目标消费群体特征的品牌策略：在产品名称方面，QQ 在网络语言中有“我找到你”之意，奇瑞 QQ 突破了传统品牌名称非洋即古的套路，充满时代感的张力与亲和力，同时简洁明快，朗朗上口，富有冲击力；在品牌个性方面，奇瑞 QQ 被赋予了“时尚、价值、自我”的品牌个性，将消费群体的心理情感注入品牌内涵。

引人注目的品牌语言，富有判断性的广告标语——“年轻人的第一辆车”，以及“秀我本色”等流行时尚语言配合创意的广告形象，将追求自我、张扬个性的目标消费群体的心理感受描绘得淋漓尽致，与目标消费群体产生情感共鸣。

3. 整合营销传播，形成市场互动

奇瑞 QQ 作为一个崭新的品牌，在完成市场细分与品牌定位后，投入了立体化的整合传播，以大型互动活动为主线，具体的活动包括奇瑞 QQ 价格网络竞猜、奇瑞 QQ 秀个性装饰大赛、奇瑞 QQ 网络 FIASH 大赛等，为奇瑞 QQ 车型营销传播大造声势。相关信息的立体传播，诸如选择目标群体关注的报纸媒体、电视、网络、户外、杂志、活动等，将奇瑞 QQ 的品牌形象、品牌诉求等信息迅速传达给目标消费群体和广大受众。各种活动“点”“面”结合，通过新闻发布会和传媒的评选活动，形成全国市场的互动，并为市场形成了良好的营销氛围。在所有的营销传播活动中，特别是网络大赛、动画和内装饰大赛，都让目标消费群体参与进来，在体验之中将品牌潜移默化地融入消费群体的内心，与消费者产生情感共鸣，起到了良好的营销效果。奇瑞 QQ 作为奇瑞诸多品牌战略中的一环，抓住了微型轿车这个细分市场的目标用户。

[资料来源：沈小雨. 定位鲜明奇瑞 QQ 诠释“年轻人的第一辆车”[J]. 成功营销，2004（2）：34－36. 本案例根据该文整理。]

讨论：

（1）奇瑞 QQ 系列车型定位于哪类目标消费者群体？此类消费者群体具有哪些消费特征？

（2）针对目标消费者群体，奇瑞 QQ 实施了哪些营销策略和手段？

第六章 市场竞争策略

【学习目标】

1. 了解企业竞争者的分类，熟悉企业应对竞争者的反应模式，掌握企业应对竞争者的对策

2. 掌握企业在行业中的3种基本竞争战略

3. 掌握四种不同类型市场地位企业的市场竞争战略

4. 了解战略联盟的含义、发展与形式，熟悉战略联盟的特点，了解构建战略联盟的优势和存在问题

【引导案例】

舒肤佳缘何后来居上

舒肤佳是宝洁公司日用品品牌之一。舒肤佳作为全球著名的个人清洁护理品牌之一，一直引导儿童养成良好的卫生习惯。在中国，舒肤佳旗下产品包括沐浴露、香皂、洗手液及活力运动系列。

1992年3月，舒肤佳进入中国市场，而早在1986年就进入中国市场的力士已经牢牢占住香皂市场，但“舒肤佳”却在短短几年时间里，硬生生地把力士从香皂霸主的宝座上拉了下来。到2001年，舒肤佳市场占有率达41.95%，比位居第二的力士高出14个百分点。

舒肤佳的成功自然有很多因素，但关键的一点在于它找到了一个新颖而准确的“除菌”概念。在中国人刚开始用香皂洗手的时候，舒肤佳就开始了它长达十几年的“教育工作”，要中国人把手真正洗干净——看得见的污渍洗掉了，看不见的细菌你洗掉了吗？

在舒肤佳的营销传播中，以“除菌”为轴心概念，“有效除菌护全家”，并在广告中通过踢球、挤车、扛煤气等场景告诉大家生活中会感染很多细菌，然后用放大镜下的细菌“吓你一跳”。接着，舒肤佳再通过“内含抗菌成分‘迪保肤’”之理性诉求和实验来证明舒肤佳可以让你把手洗“干净”，另外，还通过“中华医学会验证”增强了品牌信任度。

（资料来源：根据《山西科技报》2003年11月12日005版《舒肤佳缘何后来居上》一文整理。）

思考：

舒肤佳的市场竞争策略具有什么特点？

在市场分析中，竞争者分析至关重要。古人云：知己知彼，百战不殆。根据波特竞争理论，每个行业都有优秀竞争者和低劣竞争者，明智的企业应善于支持、团结前者，进攻、制约后者。即与优秀竞争者结成相互配合、密切合作的战略联盟，共同对低劣竞争者展开攻击，以便实现企业的战略目标。总而言之，只有了解竞争者的动向，才能赢得市场，维系顾客，进而在激烈的市场竞争中立于不败之地。

第一节　竞争者分析

分析和了解竞争对手，是企业制定竞争战略和策略的前提。企业对竞争对手的分析要包括以下 5 个方面：①识别竞争对手；②确定竞争者的目标；③他们的营销战略和策略是什么；④判断竞争者的反应模式；⑤企业应采取的对策。在了解、掌握上述问题的基础上，企业才可以正确选择自己的对策。

一、识别竞争者

从市场角度看，企业的竞争者有以下 4 类：

（1）一般竞争者。一般竞争者指提供不同产品，满足消费者的不同愿望，但目标消费者相同的企业。例如，很多消费者收入水平提高后，可以把钱用于旅游，也可用于购买汽车，或购置房产，因而这些企业之间存在相互争夺消费者购买力的竞争关系，消费支出结构的变化，对企业的竞争力有很大影响。

（2）形式竞争者。形式竞争者指提供不同形式种类的产品，但满足和实现消费者同种需要的企业。例如航空公司、铁路客运公司、长途客运汽车公司都可以满足消费者外出旅行的需要，当火车票价上涨时，乘飞机、坐汽车的旅客就可能增加，相互之间争夺满足消费者的同一需要。

（3）行业竞争者。企业把提供同种或同类产品，但规格、型号、款式不同的企业称为行业竞争者。所有同行业的企业之间存在彼此争夺市场的竞争关系。例如家用空调与中央空调的厂家、生产高档汽车与生产低档汽车的厂家之间的关系。

（4）品牌竞争者。企业把同一行业中以相似的价格向相同的顾客提供类似产品或服务的其他企业称为品牌竞争者。例如家用空调市场中，格力空调、海尔空调、三菱空调等厂家之间的竞争关系。品牌竞争者之间的产品相互替代性较高，因而竞争非常激烈，各企业均以培养顾客品牌忠诚度作为争夺顾客的重要手段。

二、了解竞争者的目标和战略

确定了谁是企业的竞争者之后，还要进一步明确每个竞争者在市场上追求的目标是什么？每个竞争者行为的动力是什么？据此采取行动。

每个竞争者都有侧重点不同的目标组合，如获利能力、市场占有率、现金流量、技术领先和服务领先等。企业要了解每个竞争者的重点目标是什么，才能正确估计他们对不同的竞争行为将如何反应。例如，一个以“低成本领先”为主要目标的竞争者，对其他企业在降低成本方面技术突破的反应，要比对增加广告预算的反应强烈得多。企业还必须注意监视和分析竞争者的行为，如果发现竞争者开拓了一个新的细分市场，那么，这可能是一个市场营销机会；如果发觉竞争者正试图打入属于自己的细分布场，那么，就应抢先下手，予以回击。

一般来说，各企业采取的战略越相似，它们之间的竞争就越激烈。例如，在家电行业中，海尔、海信、三星、松下等企业都提供类似的家电产品，因此可将它们划分为同一战略群体，它们之间存在着激烈的市场竞争。除了在同一战略群体内存在激烈竞争外，在不同战略群体之间也存在竞争。原因在于：第一，某些战略群体可能具有相同的目标顾客；第二，顾客可能分不清不同战略群体的产品的区别，如分不清低档货与中档货的区别；第三，属于某个战略群体的企业可能改变战略，进入另一个战略群体，如提供中档货的企业可能转产高档货。例如，20 世纪 90 年代中期，华龙集团主打低端市场，迅速成为农村方便面市场的第一品牌；后来，华龙集团因不甘心总戴着“农村品牌”的帽子，推出了一系列高端方便面，尤其是 2015 年创新推出今麦郎“一桶半”系列产品、老爸厨房“一莱一面”西红柿鸡蛋浇头面等，与康师傅、统一两大巨头争夺高端市场，对两大巨头形成巨大压力。

同时，企业需要估计竞争者的优势及劣势，了解竞争者执行各种既定战略的情况是否达到了预期目标。了解竞争者和自己的长处和劣势，进一步采取对策。

三、判断竞争者的反应模式

竞争者的目标、战略、优势和劣势决定了它对降价、促销、推出新产品等市场竞争战略的反应。例如强化促销、加强售后服务、推出新产品、降价等。每个竞争者都有一定的经营哲学和指导思想，因此，企业的市场营销管理者要深入了解竞争者的思想和信念，当企业采取某些措施和行动之后，通常竞争者会有以下相应反应：

（1）从容不迫型。一些竞争者反映不强烈，行动迟缓，其原因可能是认为顾客忠实于自己的产品；也可能重视不够，没有发现对手的新措施；还可能是因缺乏资金无法做出相应的反应。

（2）选择型。一些竞争者可能会在某些方面反应强烈，如对降价竞销总是强烈反击，特别敏感，但对其他方面（如增加广告预算、加强促销活动等）却不予理会，认为这些对自己威胁不大。

（3）凶猛型。一些竞争者对任何方面的进攻都迅速做出强烈反应。该类型常见于实力雄厚的企业。例如美国宝洁公司就是一个强劲的竞争者，一旦受到挑战就会立即发起猛烈的全面反击。因此，同行企业都避免与它直接交锋。

（4）随机型。有些企业的反应模式难以捉摸，它们在特定场合可能采取也可能不采取行动，无法预料它们将会采取什么行动。

四、企业应采取的对策

企业明确了谁是主要竞争者并分析了竞争者的优势、劣势和反应模式之后，就要决定自己的对策，是发动进攻还是回避。企业在选择对策时，可根据以下情况做出决定：

（1）竞争者的强弱。多数企业认为应以较弱的竞争者为进攻目标，因为这可以节省时间和资源，事半功倍，但获利较少。有些企业认为应以较强的竞争者为进攻目标，因为即使强者也有自己的弱点，与强者竞争可以提高自己的竞争能力并且获利较大。

（2）竞争者与本企业的相似程度。多数企业主张与相近似的竞争者展开竞争，但同时又认为应避免摧毁竞争者，因为造成摧毁的结果很可能对自己不利。

（3）竞争者表现的好坏。每个行业中的竞争者通常都分为表现良好和具破坏性两种类型。表现良好的竞争者按行业规则行动，按合理的成本定价，有利于行业稳定和健康发展；他们激励其他企业降低成本或增加产品差异性；他们接受合理的市场占有率与利润水平；他们通过一些手段，试图使本行业竞争者的市场营销活动限于协调合理的范围之内，遵守行业规则，凭自己的努力扩大市场占有率，彼此在市场营销因素组合上保持一定的差异性，从而减少直接的冲突。而具有破坏性的竞争者则不遵守行业规则，他们常常用不正当手段扩大市场占有率，或者不顾一切地冒险，投资于能量过高的产业，扰乱行业的均衡。

【案例 6－1】

方太厨具有限公司（以下简称方太）甘当行业老二

许多企业热衷于把自己定位于行业“龙头”、集团“航母”，销量“第一”，而国内厨具知名品牌方太董事长茅理翔却说：“方太不争第一，甘当老二”。

茅理翔认为，老大老二均是行业的首领，何必一定要去争老大呢？更何况第一也好，第二也罢，关键在于谁是强势品牌，能永远立于不败之地。

方太处于企业成长阶段，定位于“老二”有助于减少浮躁情绪，稳下心来精耕细作。关于这一点，茅理翔说，也可能有人会讥笑：“你没能力拔头筹，故自圆其说，这是懦夫哲学”。而茅理翔的理解是，当第一太累了，会成为众矢之的，天天战战兢兢怕掉下来。事实上，当老二也不是件简单的事；而甘当老二，更难能可贵。现在有很多大企业，扩张太快，几年后立即倒下去了。有的图个盛名，内部是千疮百孔，不堪一击；有的是泡沫，有风吹草动，就会破灭。所以，关键还得保持内功，才能成为长寿企业。

甘当老二，也是一种策略。老大最怕有人超过他，往往不惜一切手段打击和扼制，不叫老二跟上来；老三老四也往往首先把目标对准老二，以便把他拉下来自己取代之。所以老二的日子是很不好过的。这时，如果你表个态，不争第一，甚至还要同情第一，保护第一，老大就可能不恨你，不防你，你就可以保存精力，卧薪尝胆。

甘当第二，还有一个理由。方太的市场定位是中高档，而中高消费阶层不可能占大多数，从市场占有率来讲，市场份额就相对比较小。所以方太要老老实实甘当老二，扎扎实实打造顶尖品牌。能长久当老二，就是一个成功者、胜利者。

方太总经理茅忠群也认为，“甘当老二”的战略是一种理性选择。他认为，企业要先把定位搞清楚，其他工作才不会犯糊涂。现在厨具行业一直存在价格战误区，一些厂家急功近利，经常采取降价手段实现销量上的突破。方太却紧紧把握住两点：一是市场一开始就有自然的产品定位与价格定位，顾客群分解得比较清楚，方太是中高档定位，降低价格就等于降产品定位。二是方太要对用户负责。价格战必然导致全行业的亏损，一个企业不可能长期亏损，如果长期亏损就失去了3个功能：其一，失去了优质服务的支撑力，最终还是用户受害；其二，失去了支撑高品质的能力，会走上偷工减料的路子；其三，失去了进一步开发新品的能力，不能满足忠诚用户的新需求。所以6年来，方太从长远利益考虑，始终不参与价格战，坚持否定降价政策，冷静地处理价格与销量的关系，熬过了一次又一次的价格风波。随着消费者消费心理的日益成熟，方太中高档定位已被用户广泛接受，并达到相当高的认同度。方太的利润年年增长，始终保持健康的发展趋势。

（资料来源：根据《中国企业报》2005年11月10日005版《方太做厨具中的“金刚钻”》一文整理。）

第二节　市场竞争战略

随着全球经济一体化的发展，在新的竞争格局下，企业间的竞争日趋激烈。如何在激烈的市场竞争中胜出，已成为困扰所有企业的共同难题。美国著名战略专家、哈佛大学工商管理学院教授迈克尔·波特（Michael E. Porter）的竞争战略对企业的发展实践具有指导意义。

一、企业在行业中的竞争战略

迈克尔·波特认为有3种能够带来成功机会的基本竞争战略，即成本领先战略（Cost Leadership Strategy）、差别化战略（Differentiation Strategy）和集中化战略（Focus Strategy）。在这三种基本竞争战略中，其中成本领先战略是构建竞争优势的基础。

（一）成本领先战略

1. 成本领先战略的含义及理论依据

成本领先战略是指企业通过降低成本，在研究开发、生产、销售、服务、广告等领域，使企业的总成本低于竞争对手的成本，甚至达到全行业最低，以构建竞争优势的战略。成本领先战略是建立在规模效益和经验效益的理论基础之上的。首先是规模效益。当生产规模不断扩大时，单位产品的生产成本就会随之不断降低，从而使企业获得由规模扩大而带来的效益；其次是经验效益，随着生产数量的增加，人们的生产与管理的技术与经验水平不断提高，从而降低单位产品的成本，为企业带来效益。

2. 成本领先战略的适用条件

（1）产品市场需求具有较大的价格弹性。

（2）企业所处产业的产品基本上是标准化或同质化的。由此价格竞争决定了企业的市场地位。

（3）实现产品差异化的途径很少。

（4）多数顾客使用产品的方式相同。

（5）消费者的转换成本很低，即用户购物从一个销售商改变为另一个销售商时，不会发生转换成本，因而特别倾向于购买价格最优惠的产品。

（6）有低成本的分销系统。

3. 低成本领先战略的优缺点

低成本领先战略对于提高企业的竞争地位具有十分重要的作用，它可以帮助企业在行业中获得强有力的竞争优势。

（1）低成本领先战略的优点。

①企业处于低成本地位上，可以抵挡住现有竞争对手的对抗。当竞争对手在竞争中不能获得利润、只能保本的情况下，企业仍能获利。

②面对强有力的购买商要求降低产品价格的压力，处于低成本地位的企业在进行交易时握有更大的主动权，可以抵御购买商讨价还价的能力。

③当强有力的供应商抬高企业所需资源的价格时，处于低成本地位的企业可以有更多的灵活性来解决困境。

④企业已经建立起的巨大的生产规模和成本优势，使欲加入该行业的新进入者望而却步，形成进入障碍。

⑤在与代用品竞争时，低成本的企业往往比本行业中的其他企业处于更有利的地位。

（2）低成本领先战略的缺点。

①投资较大。为保持较高的劳动生产率，企业必须高额投资引进先进的生产设备才能高效率地进行生产。

②技术变革会导致生产工艺和技术的突破，而生产技术的变化或新技术的出现可能使得过去的设备投资或产品学习经验变得无效，变成无效用的资源，使企业很快丧失高效率的优势。

③行业中新加入者通过模仿、总结前人经验或购买更先进的生产设备，使得他们的成本更低，以低的成本参与竞争，后来居上。这时，企业就会丧失成本领先地位。

④由于采用成本领先战略的企业其力量集中于降低产品成本，从而使它们丧失了预见产品的市场变化的能力，忽视顾客对产品差异的兴趣。企业可能发现所生产的产品即使价格低廉，却不为顾客所欣赏和需要。这是成本领先战略的最危险之处。

⑤由于企业大量投资于现有技术和设备，提高了退出障碍，从而不能与采用其他竞争战略的企业相竞争。例如，20 世纪 20 年代的福特汽车公司，曾经通过限制车型及种类、采用高度自动化的设备、积极实行后向一体化，以及通过严格推行低成本措施等取得过所向无敌的成本领先地位。然而，当许多收入高、同时已购置了一辆车的买主考虑再买第二辆车时，市场开始更偏爱具有风格的、车型有变化的、舒适的和封闭型的汽车而非敞篷型的 T 型车。通用汽车公司看到了这种趋势，因而对开发一套完整的车型进行资本投资有所准备。福特公司由于为把被淘汰的生产成本降至最低而付出了巨额投资，这些投资成一种顽固障碍，使福特公司的战略调整面临极大代价。

（二）差异化战略

1．差异化战略的概念

所谓差异化战略是指为使企业产品与竞争对手产品有明显的区别，形成与众不同的特点而采取的一种战略。应当强调的是，差异化战略并不意味着公司可以忽略成本，但此时成本不是公司的首要战略目标。这种战略的核心是取得某种对顾客有价值的独特性，具体包括以下类型：

（1）产品差异化战略。产品差异化的主要因素有：特征、工作性能、一致性、耐用性、可靠性、易修理性、式样和设计。

（2）服务差异化战略。服务的差异化主要包括送货、安装、咨询、顾客培训等服务因素。

（3）人事差异化战略。训练有素的员工应能体现出下面6个特征：胜任、礼貌、可靠、可信、反应敏捷、善于交流。

（4）形象差异化战略。品牌可以形成不同的“个性”，如个性与形象、标志、书面与听觉和视觉、媒体、环境、活动项目等，供消费者识别。

2．差异化战略的适用条件与组织要求

企业采用差异化战略应具备如下外部条件：

（1）可以有很多途径创造企业与竞争对手产品之间的差异，并且这种差异被顾客认为是有价值的。

（2）顾客对产品的需求不同，有差异性。

（3）采用类似差异化途径的竞争对手很少，即真正能够保证企业是“差异化”的。

（4）技术变革很快，市场上的竞争主要集中在不断地推出新的产品特色。

除上述外部条件之外，企业实施差异化战略还应该具备以下内部条件：

（1）具有很强的研究开发能力，研究人员要有创造性的眼光。

（2）企业具有以其产品质量或技术领先的声望。

（3）企业在这一行业有悠久的历史或吸取其他企业的技能并自成一体。

（4）企业有很强的市场营销能力。

（5）企业的研究与开发、产品开发以及市场营销等职能部门之间具有很强的协调性。

（6）企业具备能吸引高级研究人员、创造性人才和高技能职员的物质设施。

（7）可以得到渠道成员的高度合作。

3．差异化战略的优点和缺点

实施差异化战略的优点在于：

（1）建立起顾客对产品或服务的认识和信赖。当产品或服务的价格发生变化时，顾客的敏感程度就会降低。这样，差异化战略可为企业在同行业竞争中形成一个隔离地带，避免竞争对手的侵害。

（2）形成强有力的产业进入障碍。如果行业新的加入者参与竞争，它必须扭转顾客对原产品的信赖和克服原产品的独特性的影响，这就增加了新加入者进入该行业的难度。

(3) 增强了企业对供应商讨价还价的能力。这主要是由于差异化战略提高了企业的边际收益。

(4) 削弱了购买商讨价还价的能力。企业通过差异化战略，使得购买商缺乏与之可比较的产品选择，降低了购买商对价格的敏感度；另外，通过产品差异化使购买商具有较高的转换成本，使其依赖于企业。

(5) 使替代品无法在性能上与之竞争。由于差异化战略使企业建立起顾客的忠诚，所以使得替代品无法在性能上与之竞争。

差异化战略也有一些缺点，主要表现如下：

(1) 生产成本高。实行差异化战略的企业，其生产成本可能很高。因为它要选用高档原材料、增加设计和研究费用等。如果采取差异化战略的产品成本与追求成本领先战略的竞争者的产品成本差距过大，可能会使得购买者宁愿牺牲差异化产品的性能、质量、服务和形象，而去追求低采购成本。

(2) 可能丧失部分客户。顾客对差异化所支付的额外费用有一定限度，若超过这一限度，低成本的企业在竞争中就更占有优势。在这种情况下，用户会为了大量节省费用，放弃取得差异化的厂家所拥有的产品特征、服务或形象，转而选择物美价廉的产品。

(3) 用户所需的产品差异的因素下降。当用户变得越来越老练时，或对产品的特征和差别体会不明显时，就可能发生忽略差异的情况。

(4) 大量的模仿缩小了感觉得到的差异。随着企业所处行业的发展进入成熟期，差异化产品的优点很可能为竞争对手所模仿，削弱产品的优势。

(5) 过度差异化。过度差异化使价格失去竞争优势或差异化属性超出顾客的需求。

【案例6-2】

贝因美奶粉的差异化市场竞争战略

贝因美于1992年11月成立，总部位于浙江杭州，是中国大陆婴幼儿产业的开创者、领跑者及最大规模企业之一，主营业务包括婴幼儿食品、婴幼儿用品、育婴咨询服务、生命科学和母婴保健、育婴工程、爱婴工程六大块架构，产品已在消费者心中树立了“育婴专家”的品牌地位。

贝因美之所以取得这么大的成功，是因为它的差异化战略，主要体现在其目标群体的定位、产品及品牌定位、产品成分及包装、重点销售区域的选择、市场推广等方面。

1. 目标群体的定位

贝因美把自己的目标群体定位在居住在中小城市或大城市郊区的年轻的普通工人和个体工商户这一类人群，这就与外资品牌定位的“三高”群体（高收入、高学历、高地位）拉开了距离，避免了与外资品牌的直面竞争，从而可以使自己快速地成长。

2. 产品及品牌定位

贝因美果断把自己的产品定位为国产高档精品奶粉，这是一个巨大的市场空缺。在中国市场上，高档奶粉一直都被国外品牌占据，但大部分人群虽对奶粉有高品质追求，却买不起外国奶粉，这就给国产奶粉提供了一个很好的发展机会。与此同时，贝因美把自己的品牌定位在婴幼儿专用奶粉，这个定位抓住了消费者相信专家，崇尚专业的消费心理，非常巧妙地占领了消费者的消费观念，使其得到了广泛的认可。

3. 产品成分及包装

贝因美把自己的产品定位为国产高端精品奶粉，率先在奶粉中加入了“DHA + AA”的营养配方，并将其作为产品卖点加以宣传。同时在包装上把当时流行的有封口拉链的立袋换成袋装奶粉，凸显出产品包装的不同。

4. 重点销售区域的选择

贝因美把自己的重点销售区域定位二三线城市和乡镇，避开了和国外品牌的区域竞争。

5. 市场推广

在市场推广方面，贝因美应用了在保健品行业已盛行的导购策略；在品牌塑造方面，贝因美积极开展育婴讲座和爱婴工程，大量赞助全国的多胞胎家庭和儿童福利院，争取新闻媒体的大量报道，潜移默化地塑造了品牌形象。

（资料来源：根据《证券时报》2011 年 4 月 12 日 B04 版《贝因美实施多元化战略要做婴童业综合运营商》一文整理。）

（三）目标集中战略

1. 目标集中战略的含义

迈克尔·波特认为，目标集中战略是指企业主攻某个特定的顾客群、某产品链的一个细分区段或某一个地区市场。即企业为一个特定的目标市场提供产品和服务，把自己的生产资源和主要精力集中在该市场上，对其进行密集性经营，以建立企业的竞争优势及市场地位。由于资源有限，一个企业很难在其产品市场上展开全面的竞争，因而需要减少经营目标，瞄准一定的重点，缩短经营战线。以期产生有效的市场占有力，该战略实施的结果就是企业不在较大的市场获得一个较小的市场份额，而是在一个较小的细分市场里获得较大的市场份额。企业在经营活动中实行市场集中战略，会在以下 3 个方面取得优势：首先，经营目标集中，可以集中企业的主要资源于这一特定的战略目标上：其次，熟悉产品的市场、用户及同行业竞争情况，能够全面把握市场，获取竞争优势；最后，由于生产高度专业化，在制造、科研方面更容易实现规模效益。

2. 目标集中战略的适用条件

（1）企业的资源不允许追求广泛的细分市场。

（2）具有完全不同的用户群，这些用户或有不同的需求，或以不同的方式使用产品。

（3）在相同的目标细分市场中，其他竞争对手不打算实行重点集中战略。

（4）行业中各细分部门在规模、成长率、获利能力方面存在很大差异，致使某些细分部门比其他部门更有吸引力。

3. 目标集中战略的优、缺点

（1）实行目标集中战略的优点。

①便于集中使用整个企业的力量和资源，更好地服务于某一特定的目标。

②将目标集中于特定的部分市场，可以更好地调查研究与产品有关的技术、市场、顾客以及竞争对手等各方面的情况，全面把握市场，获取竞争优势。

③战略目标明确，经济效果容易评价，战略管理过程也容易控制，从而带来管理上的简便。

④由于生产高度专业化，在科研制造方面可以实现规模效益。

（2）实行目标集中战略的缺点。

①由于资源投入集中，当顾客偏好发生变化、技术出现创新或有新的替代品出现时，企业就会受到较大的冲击。

②该行业的其他企业也可采用目标集中战略，或者以更小的细分市场作为目标，构成对该企业的威胁。

③覆盖整个市场的竞争对手很可能将实施目标集中战略企业的特定细分市场纳入其竞争范围，构成对该企业的威胁。

二、不同地位的企业的市场竞争战略

（一）企业的市场地位分析

当一个产品进入成熟期后，在这个市场里竞争的同类企业，便都各自维持着一个稳定的市场占有份额，在目标市场上扮演着不同的角色，这种角色就决定了它们在市场上的竞争地位。据此，可把企业划分为 4 种类型：市场领导者、市场挑战者、市场跟随者和市场补缺者。

（1）市场领导者。是指在相关产品的市场上占有率最高的企业。一般来说，大多数行业都有一家企业被认为是市场领导者，它在新产品开发、价格变动、分销渠道的覆盖面和促销支出等方面都处于主宰地位，为同业者所公认。它是市场竞争的导向者，也是其他企业挑战、效法或回避的对象，如手机行业的苹果、饮料行业的可口可乐以及快餐行业的麦当劳等，这种领导者几乎各行各业都有，它们的地位是在竞争中自然形成的，但不是固定不变的。

（2）市场挑战者。是指那些在市场上处于次要地位（第二、第三甚至更低地位）的企业，它们在市场上的地位与份额仅次于市场领先者，但它们完全具备与领先者相竞争的实力，喜欢抓住机会向领先者发起猛烈进攻，时刻威胁着市场领导者的“霸主地位”。例如手机行业的三星、快餐行业的肯德基、软饮料市场的百事可乐公司等。

（3）市场跟随者。市场跟随者的市场份额要远远小于市场领先者，它没有实力与领先者抗衡，也不愿与市场挑战者抗衡，只求在“和平共处”的状态下求得尽可能多的收益。市场跟随者喜欢模仿、追随市场领先者的产品策略和经营策略，寻找机会侵蚀对方，或者寻找市场空白区域进入。例如手机行业的小米、快餐行业的德克士炸鸡等。

（4）市场补缺者。每个行业几乎都有些小企业，它们专心关注市场上被大企业忽略的某些细小部分，拾遗补阙。在这些小市场上通过专业化经营来获取最大限度的收益，也就是在大企业的夹缝中求得生存和发展。这种有利的市场位置也被称为“利基”，因此占据这种市场位置的企业，也称为市场利基者。

（二）企业的竞争战略

上述 4 种类型的划分，既可针对企业，也可针对企业的某种产品或某条产品线。而同一企业的不同产品也有可能处于不同的竞争地位，需要不同的营销战略。

1. 市场领导者战略

市场领导者如果没有获得垄断地位，必然会时刻面临竞争者的无情挑战。因此，必须保持高度的警惕并采取适当的战略和策略，否则就很可能丧失主导地位而降到第二位或第三位。市场领导者为了维护自己的优势，保住自己的主导地位，通常可采取三种战略：一是扩大市场需求总量；二是采取有效的防守措施和攻击战术，保护现有的市场占有率；三是提高市场占有率。总之，战略核心是守住阵地，以防守为主。

（1）扩大市场需求总量。当一种产品的市场需求总量扩大时，受益最大的是处于主导地位的企业。例如，美国消费者如果增加软饮料的消费，受益最大的将是可口可乐公司，因为它占有美国软饮料市场40%以上份额。一般来说，市场主导者可从3个方面扩大市场需求量：

①发掘新的使用者。每种产品都有吸引顾客的潜力，但往往因为这样那样的原因而导致顾客不想购买这种产品，因此企业可以从多个方面发掘新的使用者。例如，香水制造商可以从3个方面挖掘新用户：设法说服不用香水的女性使用香水；倡导男士使用香水是新好男人的表现；向其他国家或地区推销香水。

②开辟产品的新用途。企业可以通过发现并推广产品的新用途来扩大市场规模，例如，杜邦公司的尼龙，当产品进入成熟期时，杜邦公司发现其新用途，从最初的制作降落伞绳，到妇女丝袜，再到用于制作汽车轮胎、地毯等，使其产品用途不断增加，市场规模不断扩大。

③刺激使用者增加使用量。刺激使用者增加使用量、提高购买频率也是扩大总需求的重要手段。例如，牙膏广告的代言者劝告消费者每天要刷3次牙，这样就增加了牙膏的使用量；同样，若牙医说要一个月换一次牙刷，以防止细菌入侵，势必会增加牙刷的使用量。

（2）保持市场占有率。处于市场领导地位的企业，必须时刻防备竞争者的挑战与威胁，保护好自己的市场份额。所以，市场领导者必须在产品的创新、技术水平、服务水平的提高、分销渠道的高效性以及降低成本等方面都处于该行业领先地位。同时，还要善于抓住对手的弱点主动出击，以防止过于被动，正所谓“进攻是最好的防御”。例如苹果手机每隔一段时间就会推出更新、更先进的机型，部分原因也是为了防止其他公司乘虚而入，对自己构成威胁。企业常用的防御策略有以下6种：

①阵地防御，即在现有阵地周围建立防线。这是一种静态的、消极的防御，是防御的基本形式，但不能作为唯一的形式，对营销者来说，单纯采用消极的静态防御，只保卫自己目前的市场和产品，是一种“营销近视症”，最后很可能导致失败。例如，当年福特公司的T型车就曾因为“营销近视症”而付出了极大代价，使得年盈利10万美元的公司很快跌到了濒临破产的境地。

②侧翼防御。指市场主导者除保卫自己的主阵地外，还应注意保卫自己较弱的侧翼，防止对手乘虚而入。例如，20世纪70年代美国的几大汽车公司因为没有做好侧翼防御，结果遭到日本小型汽车的攻击，失去大片市场。

③先发防御。这是一种“先发制人”式的防御，即在竞争者尚无足够能力进攻之前，先主动攻击它。具体做法是：当竞争者的市场占有率达到某一危险的高度时，就对它发动攻击；或者是对市场上的所有竞争者全面攻击，使对手人人自危。例如，日本本田公司曾以生产高品质的摩托车闻名于世，每年都推出多款新型摩托车，每当有竞争对手生产同样品种摩托车时，本田公司就率先采取降价策略，迫使对手退出竞争领域，此举使得本田公司在摩托车市场上的领先地位长久保持。当然，企业如果对自己的技术或品牌声誉有充分信心，自信足以承受某些攻击的话，也可以沉着应战，不轻易发动进攻。例如，美国亨氏公司对汉斯公司在番茄酱市场上的进攻，就置之不理，结果是后者得不偿失，以败阵告终。

④反击式防御。当竞争对手无视市场主导者的侧翼防御和先发防御措施而发动进攻时，就不仅仅是采取单纯防御的办法，而且主动组织进攻，以挫败对手。市场主导者采用反击式防御策略，可实行正面反攻、侧翼反攻，或发动钳形攻势以切断进攻者的后路。例如，日本松下公司一旦发现对手欲采取新的促销措施或降价销售时，马上会增强自己的广告力度或进行更大幅度的降价。

⑤运动防御。这种战略是不仅防守目前的阵地，而且扩展到新的市场阵地，作为未来防御和进攻的基地，使企业在战略上有较多的回旋余地。市场扩展可通过两种方式实现：市场扩大化和经营多元化。前者指向与产品有关的市场拓展，例如把“石油”公司变成“能源”公司；后者指向无关的其他市场扩展。

⑥收缩防御。在所有市场阵地上全面防御有时会得不偿失，在这种情况下，最好是实行战略收缩——收缩防御，即主动放弃某些本企业实力较弱的市场阵地，把力量集中用到实力较强的市场阵地上去。例如，美国西屋电器公司将其电冰箱的品种由40个减少到30个，撤销了10个品种，竞争力反而增强。

（3）提高市场占有率。市场领导者设法提高市场占有率，也是增加收益、保持主导地位的一个重要途径。美国的一项研究表明，市场占有率是与投资收益率有关的最重要的变量之一，市场占有率越高，投资收益率也越大。市场占有率高于40%的企业，其平均投资收益率相当于市场占有率低于10%者的3倍。因此，许多企业以提高市场占有率为目标。例如，美国通用电器公司要求它的产品在每个市场上都占据第一位或第二位，否则便撤出该市场。该公司就曾将电脑和空调机两项业务的投资撤回，原因就是它们无法取得领先的优势地位。提高市场占有率通常可通过产品创新、质量领先、实行多品牌策略以及大量广告策略等途径来实现。

总之，市场主导者必须善于扩大市场需求总量，保卫自己的市场阵地，防御挑战者的进攻，并在保证收益增加的前提下，提高市场占有率。这样，才能持久地占据市场主导地位。

2. 市场挑战者战略

在市场上居于次要地位的企业——市场挑战者，如果要向市场领导者和其他竞争者挑战，首先，必须确定自己的战略目标和挑战对象；其次，还要选择适当的进攻策略。

（1）确定战略目标和挑战对象。战略目标与进攻对象密切相关，对于不同的对象有不同的目标和策略。一般来说，挑战者可选择下列 3 种竞争对手作为攻击对象：

①攻击市场领导者。选择这种进攻对象风险很大，然而吸引力也很大。挑战者必须认真调研，详细把握消费者的需求以及市场领导者的不足之处，明确自己确实高于领导者的优势所在，然后进行猛烈进攻。例如，美国米勒淡啤酒就是因为瞄准了那些想喝“低度”啤酒的消费者并以其为开发重点，而这一市场恰恰被市场领导者所忽视，因此一举成功。同时，挑战者必须有办法将主导者的反攻限制在最小范围内，否则所获得的利益不会长久。

②攻击与自己实力相当者。挑战者对一些与自己势均力敌的企业，可选择其中经营不善者作为进攻对象，设法夺取它们的市场阵地。

③攻击地方性小企业。对一些地方性小企业中经营不善、财务困难者，可设法夺取它们的顾客，甚至小企业本身。例如，美国几家主要的啤酒公司能成长到目前的规模，就是靠夺取一些小企业的顾客而达到的。

总之，战略目标取决于进攻对象。如果以市场领导者为进攻对象，其目标可能是夺取部分市场份额，或者是夺取市场领导者地位；如果以小企业为进攻对象，其目标可能是将它们逐出市场。但无论在何种情况下，如果要发动攻势，进行挑战，就必须遵守一条“军事”原则，即每一项“军事”行动都必须指向一个明确的和可达到的目标。

（2）选择进攻战略。在确定了战略目标和进攻对象之后，挑战者还需要考虑采取什么进攻战略。这里，有 5 种战略可供选择：

①正面进攻，是指集中攻击对手的强项而不是弱点，如在产品开发、定价、广告等方面较量，以更好的产品、更低的价格、更大规模的广告投入攻击对手的拳头产品。正面进攻的胜负取决于谁的力量更强，耐力更持久。因此，若无在相应项目上优于对手的资源和能力，就不宜采取此策略。“军事”信条认为，当对方占有防守优势时，进攻者必须具有 3∶1 的优势才有把握取得胜利。

②侧翼进攻，是指选择对手之弱点或“缺口”，集中优势力量，以己之长，攻彼之短。这体现了避实就虚的“军事”原则。侧翼进攻包括两个方向：一是地理市场战略方向，二是细分市场战略方向。如进攻偏僻地区市场或某个细分市场，有时这些地区市场几乎没有竞争者的推销力量，或这些细分市场并未被竞争者明确意识到，因此是最容易取得攻击胜利的薄弱之处。

③包围进攻，这是一种全方位、大规模的进攻策略，是指看准敌方一块阵地后，从前后左右几条战线上同时进攻，迫使对手从正面、侧翼和后方同时全面防守。例如产品包围战，就是针对竞争者的产品，推出质量、风格、特点各异的数十种同类产品，以此淹没对手的产品，最后夺取市场。日本精工表在国际市场上就是采用这种策略，在美国，它提供了 2 300 种手表、约 400 个流行款式，占据了几乎每个重要钟表商店，通过种类繁多、不断更新的产品和各种吸引人的促销手段，日本精工表取得了巨大成功。

④迂回进攻，这是一种间接进攻战略。它不是进攻竞争者现有的市场或地盘，相反，对这些产品和市场采取回避态度，绕过竞争者，或是开发新产品去满足未被任何竞争者满足的市场；或是开展多元化经营，进入与竞争者不相关的行业；或是寻找新的、未被

竞争者列入经营区域的地区市场。例如，美国的高露洁公司就是采用这种策略，取得了极大成功，面对强大的宝洁公司的竞争压力，高露洁公司实行多元化经营，向宝洁没有占领的市场发展，相继收购了纺织品、医药产品、化妆品、运动器材和食品公司，迂回包抄宝洁公司，加强了高露洁公司在海外的领先地位。

⑤游击进攻。游击战在军事上是以小胜大、以弱胜强的有效战略，在市场营销上也不例外，因此它适用于规模较小、力量较弱的企业。其典型做法是向竞争者的不同领域或不同部位发动小规模、时断时续的攻击，骚扰对手，使之不得安宁，疲于应付，最终逐渐被削弱和瓦解。具体做法包括有选择的降价、突袭式的促销行动等。但要注意的是，若想真正打倒对手，就要在进行游击战的同时，不断壮大自己的力量，等时机成熟发动更强大的全方位的进攻。

3. 市场跟随者战略

美国管理学家李维特曾指出，产品模仿有时像产品创新一样有利。一种新产品开发要花费大量投资才能取得成功，而市场跟随者通过仿造或改良这种产品，节省了大量投资，虽不能取代市场领导者，但同样也可获得很高的利润。市场跟随者与挑战者不同，其竞争目的不是争做领导者，而只是跟随领导者之后维持“共处”局面。例如，钢铁、化工等资本密集且产品同质性高的行业，产品差异化小，价格敏感度很高，容易爆发价格竞争，因此，它们通常会达成一种默契，彼此不互相争夺客户，采取市场跟随战略，维持相对稳定的市场份额。

但是，市场跟随者也不是被动地单纯追随领导者，每个市场跟随者必须懂得：要保持现有顾客，并争取一定数量的新顾客，必须设法给自己的目标市场带来某些特有的利益，例如渠道、服务、融资等；还必须尽力降低成本并保持较高的产品质量和服务质量。它必须找到一条不致引起竞争性报复的成长途径。以下是 3 种可供选择的跟随战略：

（1）紧密跟随。指在各个细分市场和产品、价格、广告等营销组合战略方面模仿市场领导者，完全不进行任何创新的公司。由于他们在各个子市场和营销组合方面都尽可能仿效主导者，有些甚至发展成为“伪造者”，因此具有较强的寄生性。

（2）有距离的跟随。这种跟随者是在主要方面，如目标市场、产品创新、价格水平和分销渠道等方面都追随主导者，但仍与主导者保持若干差异。这种跟随者可通过兼并小企业而使自己发展壮大。

（3）有选择的跟随。这种跟随者在某些方面紧跟主导者，而在另一些方面又自行其是。也就是说，它不是盲目跟随，而是择优跟随，在跟随的同时还要发挥自己的独创性，但不进行直接的竞争。这类跟随者之中有些通过改进并在别的市场壮大实力后可能会发展成为挑战者。

4. 市场补缺者战略

每个行业几乎都有些小企业——市场利基者，它们精心服务于市场的某些细小部分，而不与主要的企业竞争，只是通过专业化经营来占据有利的市场位置，获取最大限度的收益。这种市场位置（利基）不仅对于小企业有意义，而且对某些大企业中的较小业务部门也有意义，它们也常设法寻找一个或多个这种既安全又有利的利基。例如，有的公司专门生产卫生间用的去污粉；有的公司专门生产医用口罩；耐克公司一直不断地为各种不同的运动员设计特殊的鞋（跑步鞋、骑车鞋、登高鞋、气垫鞋、啦啦队鞋等），以创造利基市场。

（1）一个最好的“利基”应具有以下特征：

①市场规模能保证一定利润，并有增长的潜力。

②企业可为之提供有效服务。

③对主要竞争者不具有吸引力。

④当这个市场利基成长到具有更大吸引力时，企业所具备的技术和信誉足以对抗主要竞争者的进攻。

（2）市场补缺者的主要策略。一个企业如何取得利基呢？进取利基的主要战略是专业化营销。营销者为了取得利基，可在市场、顾客、产品或渠道等方面实行专业化。下面是8种可供选择的专业化方案：

①按最终使用者专业化，专门致力于为某类最终使用者服务。例如，电脑行业有些小企业专门针对某一类用户（如诊疗所、银行等）进行营销。

②按垂直层面专业化，专门致力于生产—分销渠道中的某些层面。例如，制铝厂可专门生产铝锭、铝制品或铝质零部件。

③按顾客规模专业化，专门为某一种规模（大、中、小）的客户服务。例如，有些小企业专门为那些被大企业忽略的小客户服务。

④按特定顾客专业化，只对某一个或几个主要客户服务。例如，美国有些厂商专门为西尔斯百货公司或通用汽车公司供货。

⑤按地理区域专业化，专为国内外某一地区或地点服务。

⑥按产品或产品线专业化，只生产一大类产品。例如，美国的 Wrigley 公司专门生产口香糖一种产品，现已发展成为一家世界著名的全球性公司。

⑦按质量和价格专业化，专门生产经营某种质量和价格的产品。例如，专门生产高质高价产品或低质低价产品。

⑧按服务项目专业化，专门提供某一种或几种其他企业没有的服务项目。例如，美国有一家银行承办电话贷款业务，并为客户送款上门。

在选择市场利基时，多重利基比单一利基更能减少风险，增加保险系数。因此，营销者通常选择两个或两个以上的利基，以确保企业的生存和发展。总之，只要营销者善于经营，小企业也有许多机会可以在获利的条件下提供优质服务。

第三节　市场竞争新模式——战略联盟

随着市场竞争的日益加剧，以往人们所奉行的视竞争者为仇敌、水火不容的竞争理念已逐渐被人们所抛弃。现代营销哲学所推崇的是在竞争中共存、共发展，最终实现双赢的目标。战略联盟正是顺应这种理念而产生的兼有合作与竞争的新型的营销组织形式，是现代企业竞争的产物。它是指一个企业为了实现自己的战略目标，与其他企业在利益共享的基础上形成的一种优势互补、分工协作的松散式网络化联盟。它可以表现为正式的合资企业，即两家或两家以上的企业共同出资并且享有企业的股东权益；或者表现为短期的契约性协议，即两家公司同意就某项课题，例如开发某种新产品等问题进行的合作。战略联盟是各企业在追求长期竞争优势过程中为达到阶段性企业目标而与其他企业的结盟，通过相互交换互补性资源形成合力优势，共同对付强大的竞争者。

一、战略联盟的发展与形式

（一）战略联盟的发展

随着市场经济的不断发展，企业的发展也经历了以下 3 种形式：

（1）自我发展。这是指企业不借助外力靠自我的实力进行发展。随着市场竞争的不断加剧，实力再强的企业如果不依靠任何外力而单打独斗，是很难应对多变的经济环境、在激烈的竞争中立足的，因此这种形式已为大多数企业所摒弃。

（2）兼并收购。这种形式目前成为企业谋求发展的主要途径。但同时也存在很多缺陷：一是对兼并或收购方来说，成交后就要负起被兼并方或被收购方的全部责任和经济法律上的义务，而很多情况下，这种责任或义务几乎成为一种包袱和阻碍企业发展的障碍；二是对被兼并方或被收购方而言，则需适应新的管理模式，特别是作为兼并者的大企业，其组织结构和企业文化难以为被兼并的小企业所接受。所以，在变幻莫测的竞争中，兼并的形式也欠灵活。

（3）战略联盟。这种新型的企业联合模式，不论是在适应环境的能力方面，还是在市场渗透的能力方面均比前两种形式更具优越性，因此成为企业进入新竞争时代的必然选择。

（二）战略联盟的形式

企业可根据自身的战略目标的不同，寻找具有不同资源的企业结为战略伙伴，由此可形成以下 4 种战略联盟：

（1）生产合作联盟，即由各方集资购买设备以共同从事某项生产。这种联盟可以使各加盟方分享到生产能力利用率提高的益处，联盟可根据需要，在各参与者之间进行劳动力、传输制造技术、操作技巧等要素的配置，各参与方既可优化各自的生产量，又可根据供需的不同对比状况及时迅速地调整生产量。

（2）技术开发联盟。常见的形式有以下 3 种：①大企业与中小企业间形成的技术商业化协议，即由大企业提供资金与营销力量等，而由小企业提供新产品研制计划，合作进行技术与新产品开发；②合作研究小组，即各方将研究与开发的力量集中起来，以提高研发水平，加速研发的进程；③联合制造工程协议，即由一方设计产品，另一方设计工艺。

（3）市场开拓联盟，是指加盟方相互利用彼此的市场销售渠道销售自己的产品，实现资源共享，达到销售的规模效益。常见的有连锁加盟、特许经营等形式的销售联盟，这种联盟可使企业销售网点实现低成本的迅速增长，比竞争对手更积极、更迅速地占领市场。

(4) 多层次合作联盟。该联盟是上述各种联盟形式的组合，即由加盟各方在若干领域内开展合作业务。企业加入这种联盟可根据实际情况采取渐进方式，从一项业务交流发展到多项合作。

【案例 6 -3】

金龙鱼—苏泊尔联合推广活动

2014 年，国内生产食用油知名企业嘉里粮油（中国）有限公司和制造炊具的著名企业浙江苏泊尔股份有限公司开展各自旗下两大知名品牌金龙鱼—苏泊尔的联合推广活动，食用油和炊具两大领导品牌的联合促销合作使2014 年春季的食用油营销大战升温。此次联合品牌营销的主题是“好锅好油健康美食”，两家公司投入费用共达到 2 000 多万元，双方在市场和品牌推广、销售渠道共用、媒体投放等方面开展深度合作。两家公司的全线产品都贴上金龙鱼—苏泊尔品牌标志，在全国数千家商场和超市销售。嘉里粮油（中国）有限公司认为，能够与中国炊具第一品牌苏泊尔合作，金龙鱼可在推广时节节省成本，实现双方品牌资源利用的最大化，因为双方拥有类似的目标消费群，可以借助于品牌的合作在销售渠道实现互补。

（资料来源：根据《北京商报》2015 年 7 月 14 日 B01 版《益海嘉里多元化寻找新利润点》一文整理。）

二、战略联盟的特点

战略联盟是现代企业组织制度的一种创新，随着经济的发展，企业作为组织社会资源的最基本的单位，其边界越来越模糊，目前，网络式组织已经成为企业组织发展的一种趋势，战略联盟正是具备网络组织的特点。

(1) 边界模糊。战略联盟这一组织并不像传统的企业那样具有明确的边界和层级，企业之间以一定的契约或资产联结起来对资产进行最优化配置。战略联盟一般是由具有共同利益关系的单位之间组成的战略共同体，他们可能是供应者、生产者、分销商之间形成的联盟，甚至可能是竞争者之间形成的联盟，从而产生一种你中有我、我中有你的局面。

(2) 关系松散。战略联盟由于主要是契约形式联结起来的，因此各合作方的关系十分松散，不像传统企业组织中主要通过行政方式进行协调管理。另外，战略联盟不是由纯粹的市场机制进行协调，而是兼具了市场机制与行政管理的特点，各合作方主要通过协商的方式解决各种问题。在时间上，战略联盟存在期限一般较短，在战略联盟形成之时，一般部门有存续时间的协议，或者规定一个固定的时期，或者规定在一定任务完成之后解散。

(3) 自主经营，平等合作。战略联盟中，合作伙伴之间的关系是平等的，这种关系不受合作伙伴之间经济实力差别的影响。任何一个合作伙伴如果感到受到了不平等待遇，或对其他合作伙伴的信任产生危机，都可以选择退出该项战略联盟或选择新的联盟形式。所以，战略联盟通过平等的合作，把各方的决策都纳入自身利益与共同利益相一致的轨道上来。战略联盟对资源与能力的贡献不做任何规定，完全由合作伙伴自主决策，不设置固定的管理体系，对战略实施过程中每一个环节的控制基本上是通过市场力量来完成的。

（4）机动灵活。由于战略联盟主要是以契约的方式所组成的，因此相对通过购并或内部投资新建来扩展所需的时间较短，组建过程也相对简单，同时也不需要大量投资。这样，如果外部出现发展机会，战略联盟可以迅速组成并发挥作用。另外，由于合作者之间的关系十分松散，战略联盟存续时间又较短，解散十分方便，因此，当外界条件发生变化，战略联盟不适应变化的环境时，可迅速将其解散。

（5）运作高效。由于战略联盟在组建时，各合作方都是将自己最核心的资源加入到联盟中来，联盟的各个方面都是一流的，在目前分工日益深化的情况下，战略联盟的实力是单个企业很难达到的。在这种条件下，联盟可以高效运作，完成一些单个企业难以完成的任务。

三、战略联盟的优势和存在的问题

（一）构建战略联盟的优势

企业为什么要构建战略联盟？战略联盟的优势是什么？企业在与其他企业组成“团队”时需注意哪些因素？管理大师彼得·德鲁克（P. Drucker）把联盟看作“从不协调中创造协调”的最灵活的手段，泰吉等人把战略联盟看作弥补战略缺口的手段，但是他们的观点过于笼统，而林奇则著书对此进行了详细阐述，并指出战略联盟存在一些需要予以重视的问题。

根据林奇的研究，公司进入联盟往往意在以下 3 个目标：①达到战略目标；②在增加收益的同时减少风险；③充分利用宝贵资源。

战略联盟还可为合作双方提供下列其他机制中所不具有的显著优势：

（1）协同性，整合联盟中分散的公司资源凝聚成一股力量。

（2）提高运作速度，尤其是当大公司与小公司联合时更是如此。

（3）分担风险，使公司能够把握伴有较大风险的机遇。

（4）加强合作者之间的技术交流，使他们在各自独立的市场上保持竞争优势。

（5）与竞争对手结成联盟，可以把竞争对手限定在它的地盘上，避免双方投入大量资金展开两败俱伤的竞争。

（6）通过联盟可获得重要的市场情报，顺利地进入新市场，与新客户维护好关系，这些都有助于销售的增长。

（7）大公司以股票或研究与开发（Research and development，R&D）合约方式的投资将会给小公司注入一笔资本。

（8）由于许多联盟形式不含有稀释股权的投资，因而有助于保护股东在各公司的股东权益。

（9）组成联盟可给双方带来工程技术信息和市场营销信息，使他们对于新技术变革能够做出更快速地调整和适应。

（10）营销领域向纵向或横向扩大，使合作者能够进入新的市场，进入单方难以渗透的市场。

一旦战略联盟管理有方，合作双方将比单方自行发展具有更广阔的战略灵活性，最终可以达到双赢。

（二）战略联盟存在的问题

战略联盟与任何的企业战略一样，也有其不可避免的局限性。战略联盟与并购一样，寻找合适的伙伴是联盟构建过程中所遇到的最大难题。如果双方不匹配乃至不相容，容易产生消极的后果。若这一步走得比较顺利，寻找到了合适的伙伴，随着联盟进程的发展，双方的配合将越来越有成效，还可进一步发展为兼并收购。另外就是联盟的控制权问题，据调查，美国经理比欧洲和亚洲的同行更担心失去对联盟的控制权，他们更倾向于避免达成双方各占50%的合资企业项目，因为他们担心不能保持住控制权。

总之，企业建立战略联盟目的在于与合作方协力加速扩大市场容量，提高市场占有率，与竞争对手共同创造并分享一个更大的新市场。

【案例讨论】

格兰仕转型困局

2014 年 4 月 14 日，格兰仕集团中山工厂数百名员工聚集起哄，把宿舍、食堂、车间的流水线等砸坏，原因是抗议工资低于公司招工时承诺的标准。

格兰仕集团此次“打砸事件”发生一个月后，2014 年 5 月 13 日，格兰仕集团发布互联网专属品牌 UU，宣称以“极致性价比”模式——成本定价，面向年轻消费群体。

事实上，成本定价只是格兰仕集团低价策略的一个说辞。可以说，一个月内，一次是被动，一次是主动，格兰仕集团就以“低价”做了两次特殊营销。然而，舆论的反应却是，“价格屠夫”的路越走越窄了。

格兰仕集团最早生产羽绒产品，1993 年开始生产微波炉，但只用了两年时间就以 25.1%的占有率成为中国微波炉市场第一，1999 年市场份额甚至达到 70%。毫不夸张地说，格兰仕就是微波炉的代名词，而它垄断市场的武器就是低价。

1996 年 8 月，格兰仕集团微波炉第一次降价，平均降幅为 40%，当时一台松下微波炉在中国市场的售价为 3 000 元以上，而格兰仕微波炉的价格为 1 600 元左右。此后 7 年间，格兰仕集团共 9 次大规模降价，而且降得非常狠，不降则已，降则降到 30% 以上。

为什么格兰仕集团能把价格降得那么低？其中一个原因是规模制造。业内人士认为，10 多年来，格兰仕集团扩大产能，通过降价和促销扩大市场容量，提高市场占有率，降低成本，规模每上一个台阶，就大幅度下调价格。比如 2004 年格兰仕以 1 200 万台的保本点经营规模制定价格，封杀年产量 1 000 万台以下规模的微波炉企业。对于这场价格战，事后格兰仕集团总裁梁昭贤如此陈述战绩：“日本、韩国两家著名企业已经从微波炉行业逐步退出，而另外一家重量级韩国企业也在转移过程中。”

格兰仕集团得意地把低价产品形容为“烧鹅味道，豆腐价格”，把微波炉的利润降到极端，建立成本壁垒，把当时参与竞争的外资品牌乐金、三星、松下等扫出中国市场第一军团，清除竞争对手，同时垒高了行业门槛，不断通过“薄利多销”做大自己的蛋糕，提高市场集中度，诸侯混战的微波炉市场最终成了格兰仕集团独霸天下。

曾经主导格兰仕集团10多年的俞尧昌把这样的竞争战略称为“价值摧毁理论”，他认为只有彻底摧毁产业的投资价值，让别人不愿意进入，才能保障企业安全。

但是，当规模越来越大，成本下降的空间是有限的，而走过高速扩张时期后，利润率增长变得极其缓慢。据媒体报道，2011年格兰仕集团营业额在2010年的基础上有所增长，但增长率小于前几年，净利润由于原材料成本升高等原因，跟2010年基本持平。

格兰仕集团以低价革命冲击微波炉行业，也试图借此染指空调、冰箱和洗衣机领域。2000年9月，格兰仕集团携20亿元进入空调制冷业。梁昭贤坦言：“格兰仕是低价格、低成本的代名词，在空调上要迅速扩大，也要围绕这个核心。”最让行业吃惊的是，它在2012年推出的999元6 kg滚筒洗衣机，价格仅为同样规格国产品牌的1/3，外资品牌的1/5，把滚筒洗衣机的高端定位拉下马，而据称999元的售价仍“有赚的空间”，因为滚筒洗衣机发展至今，技术日臻成熟，价格居高不下有暴利之嫌。但是随着时间推移，999元洗衣机的市场关注度开始减弱，洗衣机市场依然是海尔、西门子唱主角。

业内人士表示，格兰仕集团的营销策略就是以低价进入新行业，再慢慢以差异化进行产品和营销分级。这种策略优势在于它能快速切入和重新启动市场，短期内能快速见效。

但格兰仕集团并不想一直戴着“价格屠夫”的帽子，近几年，它在产品和整个市场运作、产品结构及代理商政策上一直进行调整，例如2007年成立冰洗（冰箱和洗衣机，简称冰洗）部门及厨电部门，定位于中高端产品，结果事与愿违。家电专家认为：“格兰仕的营销、市场投入，相应人才、人员配备等完全无法很好地转型和改变市场对格兰仕集团的认识和看法，屡次尝试转型失败的格兰仕冰箱、洗衣机和空调产品，唯有重走旧路，才能引起市场关注，低价策略成为格兰仕集团市场操作的三板斧，也是快速起效和改变格兰仕多年现状的速效药。”

只是在空调和冰洗领域，格兰仕集团的低价模式最终没能像微波炉那样所向披靡。家电专家刘步尘说，格兰仕空调在国内排在第六名之后，其销量为格力的1/12或1/13，为美的的1/10到1/8，市场占有量小，并且格兰仕空调定价不是根据其劳动力、营销成本等计算，而是紧跟对手的价格打价格战。

为什么格兰仕集团的低价模式在空调和冰洗没有取得成功？因为江湖已经不是当年的江湖了，低价模式要生效有其特殊的时代条件，而现在这样的条件已经不存在了。中国电子商会副秘书长陆刃波分析：“消费者已经成熟了，他们大多是二次购买，而且在他们的观念里，最便宜的产品未必是最好的。另外，10多年前，格兰仕集团面对的竞争对手是外资品牌，他们打不了价格战，格兰仕集团可以打赢他们，但现在面对的是国内企业，别人同样可以做得规模更大，价格更低。格兰仕集团已经没有资格打价格战了。”

诚如江湖已经变了，竞争对手也找到了新的突破手段。2012 年，美的厨电宣布在百货超市停止销售 399 元以下的微波炉，在家电连锁系统停止销售 599 元以下的产品，而且今年发布售价 2 万元的 X7 微波炉，以及售价 100 万元的智能整体厨房 SK1。美的的意图非常明显，就是放弃低端市场，争夺高端领域的话语权，向智能家居、互联网迈进。一个更让人惊讶的消息是，据中怡康数据显示，2014 年 3 月，美的微波炉的市场零售量、零售额，分别以 6 个百分点超过格兰仕成为中国微波炉零售市场第一名。

近年来，格兰仕集团在市场新品开发方面缺少创新和革命性的产品，而且不是上市公司，不能通过资本市场筹集资金，盈利能力低，没钱做研发。由此，刘步尘认为，格兰仕正陷入一种恶性循环，“它不得不降价，降价进而影响利润，在这种状况下，原来给工人的工资承诺就自然会面临压力”。

这是中国制造业的一个缩影，反映了市场困境。以大量的廉价劳动力生产劳动密集型产品，而这种产品严重过剩，企业就打价格战，导致效益很低，员工的工资自然无法提高。如此循环，其实是慢慢地透支企业的生命力。另一个现实是，中国企业已经明显感受到招工难和工资上涨相互缠绕的冲击，开始寻求进入产业链价值高端。例如海尔跳出传统的产品硬件思维，整体向互联网转型。据说格兰仕集团有 5 万名员工，用一个时髦的说法，如何让他们过得有尊严，既不能把成本代价压在工人身上，又要有市场突破，跳出低价竞争的恶性循环？不难看出，格兰仕集团面临的障碍太多了。

最近格兰仕集团有一点创新的改变，就是联合京东推出互联网品牌 UU，定位于个性、年轻、时尚的互联网消费群体。业内人士分析认为：格兰仕集团经过多年的互联网平台合作，以及前期低价策略，已在电商平台上积累了一定的消费群体和客户认证。加上今年推出的唯爱系列和发布的 UU 品牌，采取彩色系列，更加贴近现在互联网年轻、个性、时尚客户的需求。格兰仕集团在面对日益下滑的渠道市场份额及代理商信心散失等各种市场影响下，互联网成为格兰仕品牌能快速增长和抢占份额的另一出路。

“我们乐意看到格兰仕寻求变革，推出适合于互联网时代的新品牌，这是变革的第一步。”但电商渠道不是格兰仕的救命稻草，刘步尘形容说，格兰仕集团得的是综合征，要综合治疗。有业内人士更是一针见血地指出：“格兰仕可以逐步地转型，并推广中高端策略产品，但目前的格兰仕体制，包括梁老板（梁昭贤）的高度集权及各类市场推广投入、客户管理维护、人才流失等，得要先根治。”

（资料来源：根据《中国经营报》2014 年 4 月 21 日 C05 版《格兰仕打砸事件幕后低成本模式遭遇转型困局》一文整理。）

讨论：

（1）总结格兰仕的市场竞争策略。

（2）如果你是格兰仕的营销管理人员，应采取什么策略和方法破解所面对的困局？

第七章 产品策略

【学习目标】

1. 掌握产品整体概念，掌握产品整体概念的组成部分
2. 掌握产品组合的相关概念，熟悉产品组合策略
3. 掌握产品生命周期的概念，熟悉产品生命周期各阶段的特征和营销策略
4. 了解更新换代产品的分类，了解新产品开发的程序，掌握新产品开发策略
5. 掌握品牌的概念，了解品牌的作用，掌握品牌策略，了解包装的概念、作用和设计要求，掌握包装策略

【引导案例】

农夫山泉三把“斧头”定江山

农夫山泉股份有限公司总部位于浙江杭州，成立于1996年9月，是一家饮用水生产企业，拥有浙江千岛湖、吉林长白山、湖北丹江口、广东万绿湖、宝鸡太白山、新疆天山玛纳斯、四川峨眉山以及贵州武陵山八大优质水源基地。

农夫山泉为了突出产品与其他品牌的差异，一直进行差异化的行销传播战略，传播主题从“农夫山泉有点甜”逐步转化为“好水喝出健康来”，更加突出农夫山泉产品的水质。2000年，农夫山泉公布了一项“长期饮用纯净水有害健康”的实验报告并宣布全面停产纯净水，由此引发了一场旷日持久的天然水与纯净水阵营在媒体上的“口水大战”。此举虽然招来了同行们的敌视，但却树立了农夫山泉倡导健康的专业品牌形象，拉开了与竞争对手在品牌上的距离。一直以来，农夫山泉都强调天然水的产品概念以区别于纯净水，同时，农夫山泉还常常在全国的报纸媒体上发布软性的科普教育文章，介绍天然水的优点，暗暗的抵制纯净水。农夫山泉认为纯净水几乎不含任何物质，对人体健康并无好处，而含有矿物质和微量元素的天然水对生命成长有明显的促进作用。

农夫山泉一直以天然水为最大的产品卖点，它认为自来水无论怎么净化都达不到健康的水质标准，天然水中对人体有益的矿物质是净化水不可能拥有的。公司的地理位置也可以成为产品差异化的来源。农夫山泉一直坚持在水源地建厂，并且通过广告告知广大消费者，每瓶农夫山泉都清晰地标注水源地，以此向消费者印证了农夫山泉的水质。农夫山泉还每年举办一次“亲水”寻源活动，随机邀请一些消费者来到农夫山泉的水源地工厂，让消费者亲眼看见农夫山泉水源地山清水秀的美丽风景及其产品生产过程。这些都是许多矿泉水品牌没有做到的，从而实现了产品差异化，树立了天然、健康的品牌形象。

（资料来源：根据《中国高新技术产业导报》2004年4月2日《农夫山泉三把“斧头”定江山》一文整理。）

思考：

农夫山泉的产品策略是什么？

第一节 产品整体概念

关于产品的概念，人们的理解通常局限在某种物质的形态和具体用途上，即由劳动创造，具有使用价值和其他价值，能满足人类需求的有形物品。这是比较狭义的理解。而在现代市场营销学中，产品的概念是具有比较广泛的延伸和内涵的。产品是指通过交换获得的能够满足人们需求和欲望的任何有形物品和无形的服务。有形产品包括产品实物及其品质、款式、特色、品牌和包装等；无形的服务包括可以使顾客产生满足感、信任感以及各种售后服务、保证等。

一、产品整体概念的组成部分

产品整体概念的组成如图 7－1 所示。

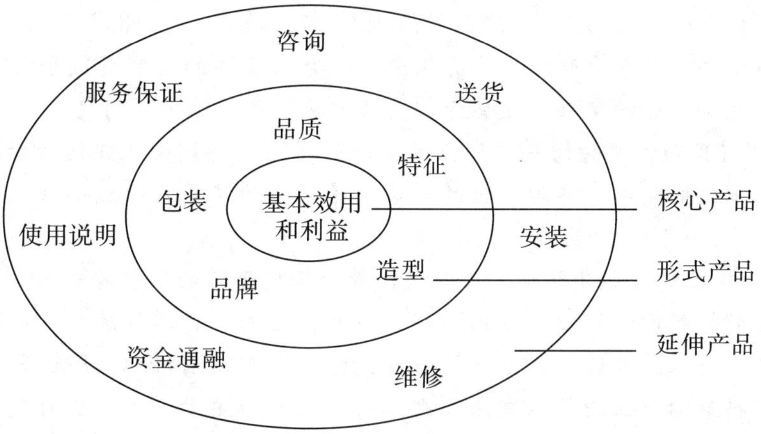

图 7－1 产品整体概念示意图

（1）核心产品。是指产品的使用价值，即向顾客提供的基本效用或利益。从根本上讲，顾客购买产品不会只是为了获得这个产品本身，而是为了满足某种需要或解决某种问题。例如，人们购买相机不是为了获得装有一些零件的匣子，而是为了满足留念、回忆、报道等的需要。同样，买化妆品是为了美丽、气质、魅力等的需要。所以，营销人员必须向顾客提供能够满足他们核心需要的基本效用和利益的产品。

（2）形式产品。是指产品的基本形式和外在的表现，即核心产品借以实现的形式，具有具体的物质外形。一般由品质、式样、特征、品牌和包装 5 个特征构成。比如空调，形式产品不仅包含它的制冷功能，还包括它的质量、款式，颜色、功率等。由于产品的基本效用必须通过特定形式才能实现，因此营销人员在着眼于满足顾客核心利益的基础上，还应努力寻求更加完善的外在形式，以满足顾客的需要。

（3）延伸产品。是指顾客在购买形式产品时所获得的全部附加服务和利益。包括免费送货、安装、维修、质量保证等服务项目，以保证实现顾客满意的产品使用价值。随着现代市场竞争的激烈展开和顾客要求的不断提高，国内外许多企业都认识到在新的竞争中，延伸产品将越来越成为获胜的重要因素。因此，企业要正确地发展延伸产品，以便有利于在竞争中获得主动权。

以上所述为产品整体概念的3个层次，这3个层次清晰地体现了以消费者为中心的现代市场营销观念。企业如果没有产品整体概念，就不能说是以消费者为中心，企业营销也不会成功。一件产品之所以能顺利出售，主要在于它能给消费者带来生理和心理上的满足。随着科学技术的不断进步和消费者需求的多样化，产品整体概念还有不断扩大的趋势。企业只有充分认识产品的整体概念，提供满足消费者需要的整体产品，才能在竞争中立于不败之地。

【案例7－1】

皇家血统的卡地亚品牌

卡地亚（Cartier SA）是一家法国钟表及珠宝制造商，于1847年由Louis-Fran Cois Cartier在巴黎创办。在卡地亚的发展历程中，一直与各国的皇室贵族和社会名流保持着息息相关的联系和紧密的交往，被誉为“皇帝的珠宝商，珠宝商的皇帝”。

2011年获得奥斯卡奖的影片《国王的演讲》讲述了英国国王乔治六世和他的语言治疗师莱纳尔·罗格的故事。乔治六世的哥哥就是那位为了美人而放弃江山的国王——爱德华八世。

1931年，37岁的爱德华认识了出身平民曾经两度婚嫁的辛普森夫人。爱德华对其一见钟情，但他的婚姻问题引发了英国的宪政危机，政府、自治领政府、人民和教会均反对他迎娶辛普森夫人，爱德华八世如果违背民意则引起政府辞职，即违背作为君主立宪政体下国王保持政治中立的基本宪法原则，所以他选择主动逊位，成为英国和英联邦历史上唯一主动逊位的国王。爱德华八世逊位后，他的弟弟乔治六世继位成为英国国王，并册封爱德华为温莎公爵。于是成就了一段“爱美人不爱江山”的爱情佳话。

婚后，温莎公爵对夫人宠爱有加，邀请著名的珠宝制造商卡地亚为其设计了一系列珠宝首饰。这些首饰刻录了夫妇二人爱情生活的点点滴滴，与珠宝设计融为一体，其中最著名的就是“猎豹”胸针等。20世纪最荡气回肠的爱情故事，为卡地亚品牌文化注入了新的内涵，并更加巩固了卡地亚的皇家血统，使其成为上流社会的象征，成为区分富有阶层与普通大众的特别标志。

（资料来源：根据《中国矿业报》2006年11月4日B05版《走近“皇帝的珠宝商”》一文整理。）

二、产品整体概念对企业营销活动的意义

（1）产品整体概念的各个层次清晰地体现了以顾客为中心的现代市场营销观念。这个概念的内涵和外延都是以消费者需求为标准的，并由消费者的需求来决定。说明了企业和产品的竞争力主要取决于需求的满足程度。

（2）产品整体概念把产品的范围拓展到劳务及其他所有部门，为企业开发满足消费者需要的有形与无形产品挖掘新的市场机会提供了新的思路。

（3）产品整体概念揭示了企业产品差异可以体现在上面几个层次的任何一个方面，因而也为企业的产品差异化策略提供了新的线索。

（4）产品整体概念提出了重视服务的基本思想，要求企业在出售实体产品的同时应加强对不同层次顾客的各种售后服务。企业在竞争中一定要在上述几个层面上认识产品，努力为消费者提供高品质的整体产品。这其实也是产品整体概念研究的出发点。

第二节　产品组合管理

一、产品组合的相关概念

产品组合是企业所生产的各种产品的组成方式。一个企业提供给市场的往往不是单一产品，而是不同品种、不同规格的各种产品。这些产品有的可能处于生命周期的投入期，有的可能处于成长期、成熟期或衰退期。这些不同产品的组成方式就称为产品组合。

（一）产品线、产品项目和产品组合

产品线又称产品大类和产品系列，是一组密切相关的产品。同一产品线的产品有类似的生产技术、类似的功能、类似的分销渠道和共同的消费者。

产品项目是指同一产品线中不同品种、规格、质量和价格的特定产品，是企业产品目录上列出的每一个产品。产品组合是指一个企业提供给市场的全部产品线和产品项目的组合或结构，即企业的业务经营范围与结构。如海尔集团的产品包括家电、通信、IT、家居、生物、软件、物流、金融、旅游、房地产、电器用品、数字家庭和生物医疗设备等，形成46个系列，8 600多个品种规格的多元化产品群。

（二）产品组合的宽度、长度、深度、关联度

1. 产品组合的宽度

产品组合的宽度是指一个企业的产品组合中所拥有的产品线的数目。产品组合中包含的产品线的多少，反映一个企业经营范围的大小，所包含的产品线越多，产品组合就越宽。如表7－1所示，A公司共有沙发、服装、雨具和鞋4条产品线，产品组合的宽度为4。

2. 产品组合的长度

产品组合的长度是指一个企业的产品组合中产品项目的总数。所包含的产品项目越多，产品组合就越长。如表7－1所示，A公司产品组合的长度为24。

3. 产品组合的深度

产品组合的深度是指每条产品线平均包含的产品项目的多少。如表7－1所示，A公司产品组合的深度为6。

表 7－1　A 公司的产品组合

沙发	服装	雨具	鞋
布艺沙发	运动服	晴雨伞	女式皮鞋
真皮沙发	休闲服	雨斗	女式皮靴
实木沙发	风雨衣	雨伞	男式皮鞋
	孕妇服	雨衣	童鞋
	童装		布鞋
	真丝旗袍		凉鞋
	皮装		运动鞋
	西服		
	羽绒服		
	夹克衫		

4. 产品组合的关联度

产品组合的关联度是指各条产品线在最终用途、生产条件、分销渠道或其他方面相互关联的程度。

二、产品组合策略

企业根据自己的营销目标，为增强自己的竞争力就必须要对产品组合的宽度、深度、密度进行相关的优化组合。一般可以根据具体情况采取以下策略。

（一）扩大产品组合策略

这种策略包括扩大产品组合的宽度和加强产品组合的深度。

扩大产品组合的宽度，是指在原产品组合中增加一条或几条产品线，扩大生产经营范围。当企业预测现有产品线的销售额和盈利率在未来可能下降时，就应考虑在现有产品组合中增加新的产品线，或加强其中有发展潜力的产品线，以弥补原有产品线的不足。

加强产品组合的深度，是指在原有的产品线内增加新的产品项目，增加企业经营的品种。随着消费者需求的变化，企业及时发展新的产品项目，是增强产品竞争力的有效手段。增加产品项目的数量，可以通过发掘尚未被满足的那部分需求来确定。

增加产品组合的宽度是属于战略性决策，所以企业要高瞻远瞩。除了要考虑企业资源，还要注意产品系列的关联度，同时要确保主产品优势，不要盲目拓展。还要清楚新产品系列的市场供应量和需求。除此以外，还要以科技为先导，新产品应有较高的科技含量才能使企业有更好的生存和发展空间。而扩大产品组合深度属于战术决策，其主要目的是突出企业产品特色，抑制竞争者，增加销售量。

（二）缩减产品组合策略

缩减产品组合，即缩短产品线，减少经营范围，实现产品专业化。市场繁荣时，扩大产品组合可能为企业带来更多的盈利机会。但当市场不景气或原料、能源供应紧张时，缩减产品组合反而会使总利润上升。这是因为从产品组合中剔除了那些获利很少甚至亏损的产品线或产品项目，使企业可以集中力量发展那些获利多、竞争力强的产品线和产品项目。

（三）产品线延伸策略

产品线延伸策略，是指部分或全部地改变企业原有产品线的市场定位。每一个企业生产经营的产品都有其特定的市场定位。每一企业的产品都有其特定的市场定位。比如，美国的“林肯”汽车定位在高档汽车市场，“雪佛莱”定位在中档汽车市场，而“斑马”则是定位在低档汽车市场。当一家企业把自己的产品线长度延伸超过现有范围的时候，我们称之为产品线延伸。具体有向下延伸、向上延伸和双向延伸3种实现方式。

1. 向下延伸

向下延伸，也称为品牌低档化策略，即生产经营高档产品的企业，在原有产品线中增加低档产品项目。这种策略通常适用于下列4种情况：第一，利用高档名牌产品的声誉，吸引购买力水平较低的顾客慕名购买这种产品线中的低档廉价产品，扩大市场占有率；第二，高档产品的销售增长速度下降，市场范围有限，且企业的资源设备利用不足，开发中低档产品可以进入新市场，增加销售收入；第三，企业最初进入高档产品市场的目的是建立品牌信誉，树立企业形象，然后再进入中、低档产品市场，以扩大销售增长率和市场占有率；第四，补充企业的产品线空白，以填补市场空缺或防止新的竞争者进入。但是，实行这种策略也会给企业带来一定的风险，如果处理不慎，很可能影响企业原有产品的市场形象及名牌产品的声誉。所以必须辅以一套相应的市场营销组合策略，如销售系统的重新设置等，这样也将大大增加企业的营销费用。

2. 向上延伸

向上延伸，也称为品牌高档化策略，即生产经营低档产品的企业，在原有产品线中增加高档产品项目。这种策略通常适用于下列3种情况：第一，高档产品市场具有较高的销售增长率和毛利率；第二，企业的技术设备和营销能力已具备进入高档市场的条件，为了追求高、中、低档完备的产品线的完整；第三，以较先进的产品项目来提高原有产品线的地位。

采用这种策略的企业也要承担一定的风险，因为要改变产品在消费者心目中的地位是相当困难的，如果决策不当，不仅难以收回开发新产品项目的成本，还会影响老产品的市场声誉。所以企业想要向上延伸就要事先做好应有的准备。例如，做好企业形象宣传，赢得消费者的信任；寻找和培训更好的供应商，提高竞争实力等。

3. 双向延伸

双向延伸，即一直生产中档产品市场的企业，现在决定同时生产高档和低档产品。这种策略在一定条件下有助于扩大市场占有率，加强企业的市场地位。如果延伸成功，企业能得到更快的发展。但由于要同时面对两个战场，所以难度和风险就更大一些。

（四）产品线更新策略

这一策略强调把现代化科技应用到生产过程中。由于现代科技发展迅速，产品的开发也日新月异，产品线的现代化改进也就成为必然。实现这一策略要面临的问题是逐步改进技术还是以更快速度全部更新设备。逐步实现产品线现代化可以节省资金耗费，但是竞争者容易察觉和模仿。快速使产品线现代化，虽然在短时间内需要耗费的资金较多，但可以快速产生市场效果，威胁甚至击败竞争对手。

（五）产品线特色化和削减策略

产品线特色化和削减策略是指企业在产品线中选择一个或少数几个产品项目进行精心打造，使之特色化的策略。企业有时以产品线上的低档产品型号进行特别宣传，使之充当打开销路的廉价品。也可以对高档产品项目进行强调，以提高产品档次。企业还要定期检查产品项目，对不利于增加市场份额的项目，或者缺乏足够的生产能力时，也可以考虑缩短产品线。

【案例7－2】

宝洁公司的产品延伸

宝洁公司（Procter & Gamble，P&G）创于1837年，总部位于美国俄亥俄州辛辛那提市，全球员工近110 000人，是全球最大的日用消费品公司之一，其产品包括洗发用品、护发用品、护肤用品、化妆品、婴儿护理产品、妇女卫生用品、医药、食品、饮料、织物、家居护理用品、个人清洁用品及电池等。

宝洁公司名称P&G宝洁没有成为任何一种产品的商标，而根据市场细分洗发、护肤、口腔等几大类，分别以品牌为中心运作。宝洁公司在中国市场上，香皂有“舒肤佳”，牙膏有“佳洁士”，卫生棉有“护舒宝”，洗发水就有“飘柔”“潘婷”“海飞丝”3种品牌。洗衣粉有“汰渍”“碧浪”“洗好”“欧喜朵”“波特”“世纪”等9种品牌。要问世界上哪个公司的品牌最多，恐怕非宝洁公司莫属。多品牌频频出击，使公司在顾客心目中树立起实力雄厚的形象。

宝洁公司经营的多种品牌策略不是把一种产品简单地贴上几种商标，而是追求同类产品不同品牌之间的差异，包括功能、包装、宣传等诸方面，从而形成每个品牌的鲜明个性。这样，每个品牌有自己的发展空间，市场就不会重叠。

不同的顾客希望从产品中获得不同的利益组合。例如洗衣产品，有些人认为洗涤和漂洗能力最重要，有些人认为使织物柔软最重要，还有些人希望洗衣粉具有气味芬芳、碱性温和的特征。于是宝洁就利用洗衣粉的9个细分市场，设计了9种不同的品牌。利用一品多牌从功能、价格、包装等各方面划分出多个市场，满足不同层次、不同需要的各类顾客的需求，从而培养消费者对该企业某个品牌的偏好，提高其忠诚度。由于边际收入递减，要将单一品牌市场占有率从30%提高到40%很难，但如重新另立品牌，获得一定的市场占有率相对容易，这是单个品牌无法达到的。

宝洁公司不仅对不同种类产品设立品牌，在相同的产品类型中，也大打品牌战。洗发水在中国销售的就有“飘柔”“海飞丝”“潘婷”“伊卡璐”“润妍”“沙宣”等。“飘柔”“海飞丝”“潘婷”使用效果和功能相近，广告的诉求和价位也基本相同，普通消费者除颜色外根本无法区分，如果从细分市场考虑，根本没有必要。但几大品牌竞争激烈，使其他公司望而生畏，其新品牌“伊卡璐”，以草本为招牌，其广告并未强调是宝洁的产品，并不利用宝洁品牌优势，因所针对的市场宝洁从未介入，风险较大，一有闪失即可丢弃，不会影响宝洁整体。

宝洁公司的产品延伸策略不仅使得该公司在社会上有着良好的形象、较高的声誉，而且还培育了一大批忠诚的顾客，获得了较高的顾客满意度，为该公司的可持续发展赢得了竞争优势。

［资料来源：郭鹏辉. 宝洁公司的品牌战略［J］. 现代商业，2008（35）：95－96. 本案件根据该文整理。］

第三节　产品生命周期理论

任何人和其他生物的生命都会经历从诞生、成长到成熟，最终走向衰亡的过程。产品亦是如此，各种产品在市场上的销售情况及获利能力是随着时间的推移而发生变化的，并且在每一个阶段有不同的特点。企业在进行营销活动时应根据各个阶段的不同特点制定相应的营销策略。

一、产品生命周期的概念及其阶段划分

市场营销学把产品试制成功、投入到市场开始，直至最终退出市场为止所经历的全部时间称为产品的生命周期。产品的生命周期是客观存在的，它主要取决于产品进入市场后的需求变化和新产品的更新换代速度。

产品的生命周期与产品的使用寿命是两个完全不同的概念。产品的使用寿命是指产品的耐用程度，是产品从开始使用到其使用价值完全丧失的时间间隔。使用寿命的长短取决于消费过程的方式（如使用频率、使用强度、维修保养状况等）和时间以及自然力的作用等因素。而产品的生命周期与市场上的消费者、新产品的推出速度紧密相关，它是指一种产品从上市到退市的时间间隔。产品生命周期的长短取决于产品的性质和用途、消费习惯和民族特点、科技进步速度、市场竞争情况、国民收入水平等。有的产品生命周期比较短，但使用寿命比较长（如时装）。有的产品生命周期比较长，但使用寿命比较短（如电池）。随着科学技术的加快发展和应用，产品的生命周期日益缩短。产品市场生命周期既可指某一种类的产品生命周期，也可指某一品种或某一品牌的产品生命周期。产品种类的生命周期最长，由于受人口、经济因素的影响，其周期变化较难预测，有些产品种类几乎可以无限期地延续下去，研究其生命周期意义不大。而产品品牌的生命周期往往与企业的决策因素及品牌知名度有关，通常不太规则。只有产品的具体品种的生命周期比较典型，发展变化也有一定规律。因此，市场营销主要研究产品品种的生命周期。

产品的生命周期一般划分为 4 个阶段，即投入期、成长期、成熟期、衰退期（见图 7－2）。

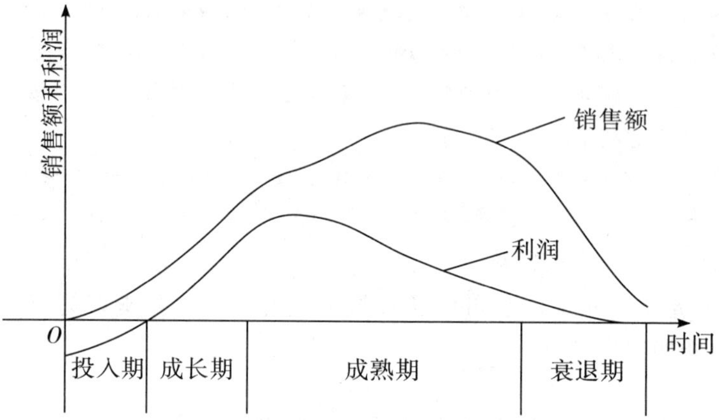

图7－2　产品生命周期曲线图

【案例7－3】

尼龙的市场生命周期延长

美国杜邦公司经营尼龙是延长产品生命周期的好例子。尼龙是20世纪40年代发明使用的，当时是在第二次世界大战期间，主要用户是军队，即用尼龙制作降落伞和尼龙绳。战后，军用减少，销量下降。杜邦公司立即把尼龙转入民用市场，用尼龙制造女性丝袜，同时宣传强调女性社交必须穿袜子。这样，尼龙销售量又上升了。不久丝袜市场饱和了，于是杜邦公司又生产不同颜色花样的丝袜，适应消费者的各种爱好和需求，使尼龙产品的销量再次提高。后来又创造新顾客，不仅女性穿丝袜，男性也穿了，销量又大增。随着科技的发展，尼龙已进入服装、日用品市场和工业市场，它不仅可以制作尼龙衣服、尼龙毯子，还可以制作包装材料、轮胎、轴承材料。随着尼龙产品不断开发出新的用途，全世界尼龙产品的需求量不但没减少，反而一直在增加，使尼龙产品的市场生命周期得以延长。

［资料来源：汪涛．如何延长产品的生命周期［J］．经济管理，1996（3）：41．本案例根据该文整理。］

二、产品生命周期各阶段的特征及营销策略

（一）投入期的市场特征与营销策略

1．投入期的市场特征

（1）消费者对新产品缺乏了解，分销渠道少，销售量增长缓慢。

（2）需做大量广告宣传，推销费用大。

（3）产品尚未定型，性能和质量不够稳定。

（4）企业生产批量小，试制费用大，产品成本高。

（5）产品获利较少或无利可图，甚至亏损。

（6）只有少数企业生产，市场上竞争者较少。

2. 投入期的营销策略

新产品投入到市场并不一定一帆风顺走完所有的生命周期，还存在着夭折的风险。根据以上所述特征，企业在这个时期的营销重点主要是突出一个“快”字，就是要使产品尽快被消费者接受，缩短产品的市场投放时间，迅速占领市场，促使其顺利过渡到成长期。这时候的营销手段主要是广告和促销。具体可以参考以下策略：

（1）高价高促销策略，即以高价推出新产品，并以大规模的促销活动进行配合。实行高价是为了在单位产品销售中获取最大利润以便尽快收回投资。高价高促销策略是为了引起目标市场注意，加快市场渗透。采用这一策略的市场条件是：①市场容量大；②顾客由于求新心理，愿意付高价购买此产品；③企业面临潜在竞争者的威胁，希望尽快提高产品知名度。

（2）高价低促销策略，即以高价推出新产品，但以低水平的促销活动进行配合。实施这个策略的目的是以较少的支出获取较多的利润。这种策略适用的市场条件是：①市场容量小；②大多数消费者已对该产品有所了解，对价格的反应不太敏感，愿意出高价购买此产品；③产品工艺和技术复杂，潜在竞争对手较少。

（3）低价高促销策略，即以低价推出新产品，并以大规模的促销活动进行配合。实施这一策略的主要目的是先发制人，以最快的速度将产品打入市场，获取较高的市场份额。采取这一策略的市场条件是：①市场容量大；②消费者对该产品不甚了解，对价格反应比较敏感；③潜在竞争对手多且竞争激烈。

（4）低价低促销策略，即以低价推出新产品，但以低水平的促销活动进行配合。采用这一策略的主要目的是以低价促使市场迅速接受新产品，以低促销费用降低经营成本，增加利润。采取这个策略的市场条件是：①市场容量大；②消费者对这种产品了解；③消费者对价格反应比较敏感；④存在某些竞争者，但威胁不大。

（二）成长期的市场特征与营销策略

1. 成长期的市场特征

（1）消费者对产品已经熟悉并开始接受该产品，销售量迅速上升。

（2）产品已基本定型，技术工艺比较成熟，生产规模扩大，产品成本下降，企业利润不断增加。

（3）同行业竞争者纷纷介入，竞争趋向激烈。

2. 成长期的营销策略

新产品经过投入期进入成长期，说明是个成功的新产品，但并不代表企业就能利用这个新产品长期获利。因此，针对以上特征，企业在这个时期的营销重点主要是突出“好”，也就是说，要强化产品的市场地位，重点放在创立名牌、提高质量上，并尽可能提高销售增长率和市场占有率。具体可采取以下策略：

（1）改进产品质量。提高产品质量，增加款式花样，改进包装、性能、质量等，树立企业独有形象，以巩固自己的竞争地位；进入新的细分市场，发展销售网点，扩大销售。

（2）拓展新市场。企业在分析销售业绩的基础上，仔细寻找出产品未达到的领域，做重点努力。

（3）调整产品价格。保持适当价格，有时也可以适当降价或推出折扣价格，这样既可以吸引更多顾客购买，也可以阻止竞争对手进入。

（4）加强企业与产品地位。要突出产品的宣传重点，从建立产品知名度转移到建立产品信赖度，增加宣传产品的特色，使它在顾客心目中产生与众不同的感受。

（三）成熟期的市场特征与营销策略

1. 成熟期的市场特征

（1）产品的工艺、性能较为完善，质量相对稳定，被大多数消费者所接受。

（2）市场需求趋于饱和，销售量增幅缓慢，后期呈下降趋势。

（3）企业利润达到最高点，随着销售量的下降，利润也开始逐渐减少。

（4）市场上同类产品和替代品不断出现，竞争加剧。

2. 成熟期的营销策略

针对以上特征，这个时期企业的营销重点主要在于突出“改”。也就是说，企业应采取各种各样的措施，千方百计地延长产品的生命周期，提高竞争力；通过获得竞争优势维持大量销售，从该产品中获取尽可能多的利益。具体可采用以下策略：

（1）改进产品。对产品的性能、品质、花色、造型等方面进行改革，满足顾客的不同需要，并能吸引新顾客，从而扩大销售量，延长成熟期，甚至打开销售停滞的局面，使销售量重新上升，出现再循环的局面。例如，手机不断增加新功能，电视从黑白到彩色、平面直角、数字遥控等。

（2）改进市场，重新定位。开发产品的新用途，创造新的消费方式，增加使用频率。例如，农用拖拉机改为筑路机械，缝纫机从城市走向农村，降低价格薄利多销。

（3）改进营销组合。企业的营销组合不是一成不变的，而是要随着企业内、外部环境的变化做出相应的调整，以适应激烈的市场竞争形势。所以这个时期要对产品因素和非产品因素（价格、渠道、促销）加以整合。例如，降低价格、有奖销售等以吸引更多顾客。

（四）衰退期的市场特征与营销策略

衰退期是指产品需求量迅速下降，利润趋于零，产品逐渐老化，转入产品更新换代的阶段。

1. 衰退期的市场特征

（1）除少数品牌的产品外，大多数产品的销售额由缓慢下降变为急剧下降。

（2）消费者对该产品的兴趣已经转移到新产品或替代品上。

（3）市场竞争突出地表现为价格竞争，产品价格降到最低点甚至无利可图，产品甚至经营该产品的企业退出市场。

2. 衰退期的营销策略

这个时期企业的营销重点主要突出“转”。企业应该积极开发新产品取代旧产品，同时根据市场需求保留适当的生产量以维持一定的市场占有率，并掌握时机做好撤退的准备。具体可采取以下策略：

（1）维持策略。沿用目前的策略直到产品完全退出市场。采用这一策略的企业，其产品在这个时期仍然有盈利，在市场上的竞争力较强，并且企业仍有其他的产品处于成熟期。

（2）集中策略。把企业资源集中到最有利的细分市场、最有效的销售渠道和最容易销售的产品上，以便在最有利的市场上获取尽可能多的利润。

（3）榨取策略。大幅度减少销售支出以增加盈利，这样虽然会导致产品在市场上的衰退速度加快，但可以从中得到相应的利润。

（4）放弃策略。当机立断放弃该产品的经营，把企业资源逐渐转移到其他产品上。

第四节　产品更新换代

随着科学技术和社会经济的迅速发展，产品的生命周期越来越短，产品更新换代越来越快，市场竞争也越来越激烈。企业要立足于市场，就必须根据市场的需求不断开发适销对路的新产品以适应消费者的需求。企业持续开发新产品，把更新换代产品源源不断地推向市场，就会使企业充满活力，在激烈的竞争市场中长盛不衰。

一、更新换代产品的分类

从市场营销的角度来理解，更新换代的产品不一定就是新发明的产品，只要整体产品的某一部分内容的创新或改革都可视为更新换代产品。根据更新换代产品含创新成分的多少，可以将更新换代产品分为以下 4 类。

（1）全新产品，这和科学技术开发意义上的新产品完全一样，是指采用新原理、新材料、新技术制作而成的具有全新功能的产品。这类产品中许多具有时代意义，质量和功能有较大的进步，一旦成功将具有很强的竞争力，能给企业带来较长期的利润；但开发时间长、耗资大。

（2）换代产品，是指在原有产品的基础上采用新材料、新工艺制造出的适应新用途、满足新需求的产品。例如普通车床、一般设备改制为电脑控制车床、设备等。企业开发换代产品比开发全新产品要容易得多，开发成本也比较低。

（3）改进产品，是指在产品的材料、结构、性能、造型，甚至颜色、包装上做出局部改进的产品。一般对产品的基本功能并无本质上的改进，目的是提高质量或实现多样化，满足不同消费者的需求。例如，手表从方形改为圆形，自行车由单速变多速，盐加碘等。这是企业较为容易开发的新产品，竞争也相对激烈。

（4）仿制产品，是指对市场上已经存在而企业没有生产过的产品，或其他地区已经存在而本地区是第一次生产的产品。由于是对已有产品进行模仿或稍作改变，所以也叫模仿新产品。模仿生产某些有竞争力的新产品，能缩短开发时间，节省研制费用，提高产品质量。但应注意，不能完全照搬照抄，要尽可能有所改进，突出自己的特点，以提高产品的竞争力。还要妥善处理好产品的专利权和技术转让问题。

二、新产品开发的程序

新产品开发直接关系到企业的生存和发展，是一项非常重要、需要谨慎对待的系统工程。它不仅需要投入大量的资金，而且其最终是否能被消费者所接受，还存在很大的不确定性。因此，为了减少风险，新产品开发应按一定的科学程序来进行。一般需要经过以下几个步骤。

（一）构思

新产品的构思，是指为满足一种需求而提出的设想方案。一个新产品的出现，首先来源于一个有创意的构思。企业应该集思广益，从多方面寻找和收集好的产品构思。新产品构思的来源有：消费者和用户、营销人员、经营者、科研机构、竞争对手、商业部门、专利代理人、发明家、大专院校、营销咨询公司、工业顾问、专利机构、国内外情报资料等。其中，调查和收集消费者和用户对新产品的要求，是新产品构思的主要来源。实践证明，在此基础上发展起来的新产品成功率最高。

（二）评价和筛选

企业研发部门在收集许多构思之后，还要对构思进行评价与筛选，以决定采用哪个构思作为发展方案。在评价和筛选过程中，企业一般都要考虑两个因素：一是构思方案是否符合企业目标，包括利润目标、销售目标、销售增长目标以及企业形象目标等；二是构思方案是否适应企业的能力，包括开发新产品所需的资金、技术和设备等。在筛选过程中，还要特别注意避免“误舍”和“误取”。误舍是指企业筛选掉了良好的产品构思，使企业失去了良好的市场良机；误取是指企业采纳了一个没有前途的产品构思方案，导致新产品失败，使企业蒙受巨大损失。因此，企业要立足市场，应围绕市场对构思进行客观的筛选。

（三）概念形成

筛选后的新产品构思，还需进一步形成比较具体、明确的产品概念。产品概念是指已经成型的产品构思。要通过产品设计与鉴定两个步骤来实现。在将产品构思以文字、图案或模型描绘出明确的几种设计方案之后，再经由设计鉴定工作对各方面条件做综合分析，并听取有代表性的消费者群体的意见，最后选定一种最佳的设计方案，使企业获得一个较为清晰的产品概念，并且得到进一步完善产品概念的思路。

（四）初拟营销规划

企业在选定新产品开发方案后，就要拟定该产品进入市场的基本营销计划。它一般有 3 个部分组成：第一部分要描述目标市场的规模、结构形式、消费者购买行为、新产品的市场定位、新产品前几年的销售量、市场占有率和目标利润等；第二部分要提出新产品的预期价格、分销策略和第一年的市场营销预算；第三部分是新产品中、长期的销售额和目标利润，以及产品不同生命周期的市场营销组合策略。

（五）商业分析

商业分析实际上是企业开发新产品具体方案的经济效益分析，即对新产品构思的开发方案进行盈利能力的分析评价。主要包括以下内容：首先，预测新产品的市场销售额和可能的生命周期；其次，预测新产品可能的市场价格和开发新产品总的投资费用及其风险程度；最后，对新产品预期的经济效益做出综合性的分析和评价。

（六）试制

新产品设计试制，是指把选定的产品构思付诸实施，使之转变为物质性产品的过程。经过筛选和可行性分析，具有开发价值的新产品构思方案则进入产品形体的设计试制阶段，包括产品设计、样品试制、产品鉴定等步骤。

产品设计，是在对新产品的原理、结构进行分析研究的基础上，具体规定产品的基本特征、主要用途、使用范围、技术规格、结构形式、主要参数、费用预算、目标成本以及产品、品牌名称和包装，确定制造产品的材料、工艺等，并制定各种相应的技术文件。新产品的设计，应符合国情民意，贯彻国家有关的政策法令，适应消费要求，做到技术先进、结构合理、使用方便、经济安全。

样品试制，是由研制部门按设计方案制作出新产品的实体样品，并对其功能、结构、型号、尺度、颜色、包装、价格等内涵和外观进行多种组合，制成不同的样品模型，再提供给科研部门或消费者做实地试验和使用，全面考核了解产品的质量、性能、结构、工艺和消费者的偏好，广泛征询意见，及时发现问题，以便优化设计方案，提高工艺水平。新产品试制是一个多次反复的过程，要根据多种渠道所反馈的信息，使之不断完善、合理，然后，挑选技术上、经济上都切实可行的样品作为定型产品。

产品鉴定，主要是检验新产品是否达到设计要求，各项技术经济指标是否符合规定标准，通常由专业机构或企业自身对产品做出总体评价，以确定是否正式投产。对于医疗卫生、食品饮料和电工电气等类产品，还必须经有关部门检验，批准许可后才能生产销售。

（七）试销

新产品试销，即是小批量生产通过测试的产品样品，有计划、有目的地投放到有代表性的小范围的市场上进行销售，了解新产品的市场反应以决定是否大批量生产和进入商业化阶段。通过试销，一方面可以进一步改进产品的品质；另一方面能帮助企业制订出有效的营销组合方案。当然，并非所有的新产品都要经过试销，成功把握较大的新产品就不必试销，以免失去市场机会。还有价格昂贵的特殊品、高档消费品和少量销售的工业品，通常也不经过试销而直接推向市场。进行新产品试销要注意以下一些问题：

（1）试销的市场范围和试销时间。试销的市场范围应该是具有代表性的小范围市场，也就是企业目标市场的缩影。时间的长短主要由平均再购时间的长短和测验费用的高低来决定。再购率高的新产品，试销时间可以长一点。测验费用高的新产品，试销时间可以相应短一点。

（2）做好试销信息的回收。回收用户信息，及时改进产品和企业策略。回收的信息包括3方面内容：一是试销产品本身的信息；二是消费者对经营策略的意见；三是消费者对新产品重复购买量的估计资料。

（八）正式上市

新产品正式上市是指经过试销获得成功的新产品，正式批量生产，全面上市销售。这是新产品开发的最后一个程序。至此，新产品也就进入了商业化阶段。为了使新产品顺利上市，企业应注意以下 3 点：

（1）入市时机。选择对企业新产品和原有产品线最有利的时机，即如果新产品是替代本企业老产品的，应在原有产品库存较少时上市，以避免对原有产品销路产生影响；选择竞争对手没有思想准备的时机；选择消费者最好接受的时机，如果是季节性较强的新产品，应该在旺季上市（如空调、羽绒服等）。

（2）入市地点。应该对不同投入地区的市场潜力、企业信誉、营销费用、市场竞争等因素做全面评价，然后适当分配企业资源，“由点到面、由小到大”逐步扩大市场份额，取得消费者的信任，再向更广阔的市场扩展。但实力雄厚并拥有庞大销售网络的大企业，也可将新产品直接推向国内外市场。

（3）分销渠道。新产品投入市场初期，分销渠道的优劣势对新产品全面投放市场的影响很大。自身拥有高效、完善的分销网络的大企业或有条件迅速建立并控制有效分销渠道的企业，可以一开始便在全国或国际市场投放；反之，要先在某些地区占有相当市场份额后，再延伸到其他地区或市场。

三、新产品开发策略

激烈的市场竞争使得新产品开发成为必要，科学技术的发展使得新产品的研究和开发成为可能。企业的新产品开发要以满足市场需求为前提，根据市场需要，开发适销对路的产品。根据企业的资源、技术等能力确定开发方向，量力而行，选择切实可行的开发方式。企业常用的新产品开发策略有以下 3 种。

（一）领先策略

领先策略是指企业在其他企业的同类新产品还没开发成功或没投入市场之前，率先推出新产品，利用新产品的独特优点，使企业的某种产品在市场上处于领先地位。采取这一策略，就能够在市场上利用先入为主的优势，最先建立品牌偏好，从而取得丰厚的利润。而且，如果企业能抢先一步，竞争对手就只能跟在后面追。如果企业不满足占领已有的市场，连续不断地更新换代，开发以前没有的新产品、新市场，竞争对手就会疲于奔命，这样就容易取得并保持竞争优势。但是，由于此策略具有较大的风险性，采用此策略的企业必须具备以下相应条件：企业实力雄厚，且科研实力、经济实力兼备，并具备对市场需求及其变动趋势的超前预测能力和强有力的市场运作能力。中小型企业一般不适合采用此策略。

（二）跟随超越策略

跟随超越策略就是等别的企业推出新产品后，立即加以仿制和改进，然后推出自己的产品。这种策略是不把投资用在抢先研究新产品上，而是绕过新产品开发这个环节，专门模仿市场上刚刚推出并畅销的新产品，进行追随性竞争，以此分享市场收益，所以，又称为竞争性模仿，即有竞争，又有模仿。竞争性模仿不是刻意追求市场上的领先，但它绝不是纯粹的模仿，而是在模仿中创新。企业采取竞争性模仿策略，既可以避免市场风险，又可以节约研究开发费用，还可以借助竞争者领先开发新产品的声誉，顺利进入市场。更重要的是，它通过对市场领先者的创新产品做出许多有建设性的改进，有可能后来居上。采用这一策略的企业要具备以下条件：一是要对市场信息捕捉快、接收快；二是要具备一定的应变能力和研究开发能力。这样才能及时把仿制的新产品开发出来，投入市场。

例如20世纪60年代，每当通用汽车公司的新型汽车上市，福特汽车公司便立即采购，并在10天内把新车解体，对其零件逐个清洗称重，按功能分别排列在固定的展览板上，然后与自己的产品对照，分别进行工艺成分分析，找出应变的对策。

（三）系列延伸策略

系列延伸策略即是围绕新产品开发出与其密切相关的一系列配套产品。例如，电冰箱的使用就延伸出针对电冰箱的断电保护器、除臭剂、保鲜膜、冰糕盒的需求等。采用该策略开发新产品，企业可以尽量利用已有的资源，设计开发更多的相关配套产品，可以加深企业产品组合的深度，为企业新产品的开发提供更广阔的天地。

【案例7－4】

索尼公司的随身听（Walkman）

随身听（Walkman）是日本索尼（Sony）公司生产的一种个人随身音乐播放器的通称。在20世纪八九十年代，Walkman在世界各国普及，成为一种风靡全球的文化现象。

Walkman的出现始于偶然。1978年，索尼公司的工程师设计了一款便携式立体声录音机，样品的录音效果却不甚理想。索尼公司的名誉主席井深大建议当时另一个部门把正在开发的耳机与录音机结合起来，虽然录音效果不好，复制声音的质量却很好。井深大又要求删去播放以外的其他任何功能。这是一个不合常理的点子，因为当时不能录音的磁带播放机很难在市场上销售。

这款新产品推向市场时的广告预算仅为10万美元。尽管如此，这个点子和产品却深受大家喜爱，Walkman成了历史上最为成功的营销范例之一。它使索尼一跃成为业界领袖，并且为索尼的其他产品项目带来了雄厚的资金。

倘若索尼将思维局限于Hi-Fi（高保真），它所能想到的也许只是又一款家用录音机而已。要有“随身听”的灵感，公司必须将可移动性概念与声音设备相结合，必须是方便携带的产品。索尼的随身听开创了一个“单放机”的类别，并为索尼带来巨额的利润。

［资料来源：罗广．索尼Walkman的设计策略及其兴衰分析［J］．装饰，2014（4）：93－94．本案例根据该文整理。］

第五节　产品品牌策略和包装策略

品牌和包装都是整体产品的重要组成部分，是消费者选择产品的重要依据，也是企业在竞争中取得胜利的重要手段。

一、品牌及相关概念

（一）品牌

品牌，也常被称为厂牌、牌子，是用以识别某个销售者或某群销售者的产品或劳务，并使之与竞争对手的产品或劳务区别开来的商业名称及其标志。它通常由文字、标记、符号、图案和颜色等要素或这些要素的组合构成。一般包括品牌名称、品牌标志和商标。

品牌名称是指品牌中可以用语言称呼的部分，也称为商号或字号。例如，麦当劳（McDonald's）、丰田（Toyota）、奔驰（Benz）等都是著名的品牌名称。

品牌标志是指品牌中可以被识别、易于记忆但不能用语言直接称呼的部分，也称为品标。通常由图案、符号、颜色等构成。例如奥迪的四环、海尔兄弟图案等。

（二）名牌

名牌是指消费者心目中知名的、著名的品牌，也就是消费者认可和信赖的品牌。比如全聚德、海尔、松下、宝马等。名牌标志着悠久的历史和雄厚的实力，体现上乘品质和良好的信誉，表现出精湛的工艺和典雅的风格，具有广泛的知名度和认可度，有强烈的示范效应和较高的市场占有率。因此，名牌可以说是集质量、个性、服务、信誉、历史和相应的文化内涵于一体，并赢得了消费者的普遍信赖和认可的品牌。

（三）商标

商标是指按法定程序向商标注册机构提出申请，经商标注册机构审查，予以批准，并授予商标专用权的品牌或品牌的一部分。如果品牌主将其全部品牌进行商标登记注册并获得许可，则品牌（全部）就是商标；如果品牌主将其品牌中的某一部分用于商标登记注册，则商标只是品牌的一部分。例如，“海尔”品牌中，“Haier 海尔”旁边有一个“®”标记，表示这部分是取得了商标权的。因此对于“海尔”品牌来说，它的商标和品牌名称是同一个标志物，而品牌标记（海尔兄弟）就不是商标。由此可见，商标和品牌的重要区别是：所有商标都是品牌，但品牌不一定都是商标；品牌中没有注册的部分不受法律保护，没有专用权。

二、品牌的作用

品牌的作用可以从多方面来了解，在此，我们就品牌对企业和消费者的作用做简要分析。

（一）品牌对营销者的作用

（1）有利于促进销售，树立企业形象。品牌是消费者记忆和区别产品的来源、质量、信誉等特征的标志，因而便于企业进行推销和广告宣传，建立品牌信誉，吸引顾客重复购买，提高市场占有率。一个品牌如果得到公众或消费者信任，企业的社会形象、市场信誉就得以确立并随忠诚度的提高而提高。

（2）有利于保护所有者的合法权益。品牌注册后受法律保护，对于任何侵权行为，企业都可以诉诸法律，维护自身合法利益。

（3）有利于约束企业的不良行为。品牌一方面可以促进销售，注册品牌有利于保护自己的利益。但品牌同时也能监督企业着眼于企业长远利益、着眼于消费者利益、着眼于社会利益，规范自己的营销行为。

（4）有助于扩大产品组合。企业为适应市场竞争的需要，经常同时生产多种产品。有了品牌，消费者对某一产品产生了偏好，对该品牌标志下的产品组合的改变就容易被消费者所接受。

（5）品牌具有超值的创利能力。品牌具有良好的形象和声誉，从而会大大提高产品的附加值，使产品在满足物质需要的同时，增加消费者精神方面的满足感，能够减少价格上升对需求的抑制作用，使企业获得超值利益，例如，意大利的“老人头”牌真皮皮鞋，其零售价就是我国国产皮鞋的数倍，“金利来”领带的售价也是国内一般领带的几倍。

（二）品牌给消费者带来的好处

（1）有助于消费者识别、选购商品。由于科学技术、信息技术的发展，同类商品间的差别越来越难以辨认。而品牌代表着不同的商品品质、企业信誉等，所以有了品牌就有助于消费者进行辨别和选购。

（2）有利于维护消费者权益。企业以品牌作为促销基础，消费者认准品牌购物。企业为了维护自己的品牌形象和信誉，就必须严格遵守给予消费者的利益，并注重同一品牌的产品质量水平同一化。

（3）有利于促进产品改良，让消费者受益。由于品牌代表着销售者对交付给购买者的产品特征和利益等的承诺，所以，企业为了适应消费者的需求变化，适应市场竞争的客观要求，必然会不断更新或创新产品。

三、品牌策略

企业把品牌做活、做大、做强不可能仅仅是一项活动，而是一系列品牌策略组成的品牌运营。品牌策略是增强企业产品市场竞争力的重要策略之一，选择正确的品牌策略是做好市场营销、提高企业经济效益的一项重要决定。

（一）品牌有无策略

品牌运营首先要想到的问题是企业生产经营的产品是否要拥有品牌。因为拥有品牌就必须要付出相应的运营费用（包装费、法律保护费等），同时也要承担一定的市场风险（如果品牌不受欢迎，损失自负）。但一般情况下，有品牌的商品更容易得到消费者的信任。因此，现代企业为了保证其竞争地位，一些经营原来不适用品牌的商品（如水果、蔬菜、食糖等）也逐渐使用了品牌。有的时候，企业考虑到成本的节省，特别是广告、促销费用的节省，也可以不适用品牌。例如，一些固定规格标准的矿石等原材料、煤等燃料，或一次性销售品。

（二）品牌归属策略

企业如果决定给自己的产品加上品牌，一般有 3 种策略可供选择：

（1）制造商品牌，即企业决定使用自己的品牌。制造商的实力、品牌知名度和信誉都高于销售商的时候，一般要坚持使用自己的品牌。

（2）中间商品牌，即企业将自己的产品大批量地卖给中间商，中间商再利用自己的品牌把物品转卖给消费者。实力、品牌知名度和信誉不高的企业可以选用销售商品牌。

（3）企业还可以决定有些产品用自己的品牌，有些用中间商的品牌。信誉和实力跟销售商相当时，常常采用折中的办法，同时使用制造商与中间商品牌。

（三）品牌统分策略

企业决定使用自己的品牌后，还要面临进一步的品牌策略选择。是分别使用不同品牌还是使用一个或几个品牌？有以下几种策略可供选择：

（1）统一品牌策略。是指企业所有的产品或同一条产品线的产品都选用同一品牌。例如，日本东芝家用电器公司，其全部产品均采用“Toshiba”这一品牌。我国海尔集团的系列产品如空调、彩电、冰箱等也全部采用“海尔”这一品牌。采用这一策略的优点是：可以显示实力，提高企业威望，树立企业形象；可以带动新产品上市；可以节省广告宣传费用。不足之处是：一旦某一产品出现问题就会波及其他产品；一般只适合价格、品质和目标大致相似的商品。

（2）个别品牌策略。是指对企业的各种不同产品分别使用不同的品牌，例如，宝洁的洗发液分别用海飞丝、飘柔、潘婷、沙宣，而洗衣粉用汰渍、奥妙、宝莹等。这种策略的优点是将个别产品的成败与其他产品和整个企业的声誉区分开来，还可以区分不同种类、不同档次的产品。而且不断开发的新产品采用不同的品牌，可以给人蒸蒸日上、进步发展的好印象。这样做的缺点是广告宣传费用大、成本高、力量分散，不利于创建名牌。

（3）分类品牌策略。是指按产品类别或产品线分别使用不同的品牌。这种策略介于统一品牌和个别品牌之间，能将不同类别的产品明显地区分开来，主要适用于经营产品类别多、性能和质量有较大差异的企业。例如，企业可以将自己生产经营的产品分为器具类产品、妇女服装类产品、主要家庭设备类产品，并分别使用不同的品牌名称。

（4）统一品牌加个别品牌策略。是指企业决定对不同产品使用不同品牌的同时，在每个品牌上均冠以企业统一的品牌名称。例如，美国通用汽车公司生产的凯迪拉克、别克、雪佛莱等汽车前都加上有“GM”字样的主品牌。采用这种策略既可以区分各具特色的产品，又有利于建立和分享企业的声誉。

（5）品牌延伸策略。是指企业利用其他本企业成功的品牌名称来推出改良产品或新产品，包括推出新包装规格、香味、式样等。企业采取这种策略可以节省宣传介绍新产品的费用，使新产品能够迅速、顺利地打入市场。

(6) 品牌重新定位策略。任何品牌在市场上的定位都不是一成不变的，随着市场环境的变化，企业就不得不要重新考虑定位问题。导致这种状况的主要原因是：仿造者的出现使本企业的市场占有率下降；消费需求的变化等原因。例如，美国七喜公司，面对可口可乐等大公司的实力时，大力宣传自己的是“非可乐饮料”，从而获得了“七喜”在非可乐饮料市场的领导地位。这个重新定位给七喜公司带来巨大的经济收益。

企业在选择重新定位时要注意两个方面的问题：一是将原有品牌转向另一个细分市场的费用；二是要弄清楚重新定位的品牌能够获得多少收益。

【案例7-5】

保时捷的品牌标志

保时捷（Porsche），又叫波尔舍，是欧美汽车的主要代表，也是闻名世界的汽车公司。1931年成立于斯图加特，以生产高级跑车闻名于世界车坛。创始人费迪南德·保时捷（Ferdinand Porsche）是一位享誉世界车坛的著名设计师。

保时捷的英文车标引采用德国保时捷公司创始人费迪南德·保时捷的姓氏。如图7-3(3)所示，图形车标采用公司所在地斯图加特市的盾形市徽。“PORSCHE”字样在商标的最上方，表明该商标为保时捷设计公司所拥有，商标中的“STUTTGART”字样在马的上方，说明公司总部在斯图加特市；商标中间是一匹骏马，表示斯图加特这个地方盛产一种名贵种马；商标的左上方和右下方是鹿角的图案，表示斯图加特曾经是狩猎的好地方；商标右上方和左下方的黄色条纹代表成熟了的麦子颜色，喻指五谷丰登，商标中的黑色代表肥沃土地，商标中的红色象征人们的智慧与对大自然的钟爱，由此组成一幅精湛意深、秀气美丽的田园风景画，展现了保时捷公司辉煌的过去，并预示了保时捷公司美好的未来，保时捷跑车的出类拔萃。保时捷品牌标志的演变如图7-3所示。

(1)　　(2)　　(3)

图7-3　保时捷品牌标志的演变

（资料来源：根据百度百科“保时捷”词条内容整理。）

四、包装的概念与作用

（一）包装的概念

包装有两层含义：一是指用不同的容器或物件对产品进行捆扎；二是指包装用的容器和一切物件。它是产品整体概念中的重要组成部分，也是产品生产的延续，产品只有经过包装才能进入流通领域实现交易。产品包装一般包括内包装、中包装、外包装 3 个层次。

内包装是指产品的直接容器或包装物，它随同商品一起销售给顾客，例如啤酒瓶、香水瓶、香烟小纸盒等。中包装是指用来保护内包装和促进销售的容器和包装物，例如香水瓶、牙膏外面的纸盒。外包装也称为储运包装或运输包装，是为了便于储存、搬运、装卸和辨认产品的包装，例如运酒的纸板箱。

此外，附在产品包装上的标签也是包装的组成部分。标签一般印有包装内容和产品所包含的主要成分、品牌标志、产品质量等级、生产日期、保质有效期、使用方法等，有些标签上还印有彩色图案或实物照片，以促进销售。

（二）包装的作用

包装是整体产品的重要组成部分。特别是随着市场经济的发展和科学技术的进步，使得包装越来越成为企业竞争的重要工具。包装的作用主要表现在以下几个方面：

（1）保护产品，便于储运。这是包装最基本的作用。包装的主要目的就是要使产品从生产者到消费者的转移过程中，防止因碰撞、挤压、震动和硬物擦划以及各种自然因素的影响，而遭到残缺、散失、滴漏、挥发、变质、污染及虫蛀等，以保证产品的安全、完整和清洁卫生；同时也为产品的储存、运输、陈列、销售、携带和使用带来方便。特别是一些易爆、易燃、有毒的物品更需要包装。因此，除了砂石、煤炭、原木等部分产品受外界影响小而不用包装外，其他绝大多数产品都需要包装来加以保护。

（2）促进商品的销售。这个作用主要表现在两个方面：一是精美的包装有助于提高顾客的购买兴趣。在销售过程中，首先进入消费者视觉的往往不是产品本身，而是产品的包装。新颖美观的包装更能引起消费者的注意，因而有人认为“包装是五秒钟的广告”，是“无声的推销员”。一个优质产品如果没有一个精美的包装相配，就会降低“身价”，削弱竞争能力，企业也就难以提高经济效益。二是良好的包装有助于消费者迅速辨别出是哪家公司或那一品牌，有助于树立企业和产品形象，起到促销作用。

（3）方便使用，指导消费。根据不同消费者的习惯和要求，对不同的产品进行合理包装，能方便消费者使用。同时，对有关产品的构成成分、性能特点、用途功效、用法用量、注意事项、体积重量、质量等级、保存方法、生产日期和厂名地址等，在包装上用文字、图形做介绍说明，能指导消费者正确地操作和使用。

五、包装的设计要求

要使包装发挥出应有的作用，怎样设计就成为关键。一般来说，产品包装的设计在科学、经济、适销和牢固的基础上要符合以下要求：

（1）保护商品，造型美观。设计产品包装，首先要能保护商品。因此设计要科学，要能便于运输、储存，携带，保证商品在运输和储存中不受损。同时，包装的造型也要美观大方、生动形象，图案设计要新颖，能引起顾客注意，唤起他们的购买欲望。

（2）要与产品的价值和消费水平相适应。包装水平要考虑到消费者的承受能力，如贵重的高档产品或礼品包装就要华丽高雅，增加产品的价值感。因此，不同产品要配以不同包装，要考虑到消费者的购买目的和消费层次，以满足不同消费者的需求。

（3）节省费用，减少资源。在能发挥包装作用的前提下，设计要尽量合理，减少材料的使用，并尽量使用物美价廉、方便适用的包装材料；并且为了负起社会责任，维持生态平衡，还应尽量选用易分解、污染小、易回收再利用的包装材料。

（4）要显示出产品特色。包装要能够从图案、形状、色彩等方面显示出产品的特点和独特的风格。例如，贵重物品的包装要材质华贵、造型独特、装潢典雅；儿童用品的包装要五彩缤纷、活泼可爱；节日商品的包装要喜庆吉祥，以吸引顾客购买。

（5）要符合民族习惯、宗教信仰。不同的国家、民族在风俗习惯、宗教信仰方面会有很大差异，因此，对于同样的包装会有不同的理解，有不同的忌讳和爱好。这就要求企业在设计包装时要特别注意。例如，法国人视孔雀为祸鸟，英国人认为孔雀是自我炫耀；日本人认为荷花意味着祭奠，中国人认为荷花是高洁的象征；北非人认为狗的图案是不洁之物等。

六、包装策略

好的产品需要好的包装，而好的包装，不仅有赖于独特创新的设计，还要使用正确的策略方法，才能有效地促进销售。因此，企业要认真研究包装策略，以便在不同产品、不同条件下，采用有利的包装策略。常用的包装策略主要有以下几种：

（1）类似包装策略。类似包装，亦称统一包装。是指企业的所有产品在包装上采用相同的图案、造型和色彩或其他共有特征。这种策略能使顾客一看到包装便知道是哪个企业的产品，可以壮大企业的声势，扩大影响，促进销售，同时，可以节省包装设计、制作成本。但是，这种策略一般只适用于质量水平大致相当的产品，如果质量水平相差较大，将对质量较好的产品产生不利影响。

（2）组合包装策略。组合包装，亦称多种包装。是指按人们消费的习惯，将多种有关联的产品组合放进同一包装物中进行包装。消费者购买一次就可以满足多种需求，为消费者提供了方便，也有利于企业扩大销售。例如“六一”礼包、针线袋、家用药箱等。但不能把毫不相干的产品搭配在一起，更不能乘机搭售积压或变质产品，坑害消费者。

（3）再使用包装策略。再使用包装，亦称多用途包装。是指原包装内的商品用完后，包装物可再利用。这种策略可以使消费者产生一物多用、节省的感觉，有的顾客甚至只因为喜欢包装物而产生购买行为。同时，通过再使用，还可起到广告宣传的作用。但这种包装费用相对较高，所以采用这一策略时企业应该考虑这一点。

（4）附赠品包装策略。附赠品包装，是指在包装物内附赠礼品，目的是吸引顾客购买和重复购买，以扩大销售。特别是在儿童市场上效果更明显。例如，在玩具、糖果等商品包装中附赠连环画、小玩具来吸引顾客购买或重复购买。

（5）改变包装策略。改变包装，就是放弃以前的旧包装，采用新式包装。包装与产品本身一样，为了适应市场的发展，也需不断更新。当一种包装形式使用时间过久，消费者对其已经乏味时，可以考虑改变包装。或当在同类产品中内在质量相近而销路不好时，也应该考虑改变包装。但如果轻易改变顾客习惯识别的优质名牌产品的包装，只会对企业带来不利影响，所以企业要慎重选择。

【案例讨论】

宝洁公司润妍洗发水退市

润妍是宝洁公司 2000 年在中国推出的第一个，也是唯一的一个原创品牌。无论美国宝洁公司总部还是宝洁（中国）有限公司的高层都对润妍寄予了厚望，满心希望这个倡导“黑发美”的洗发水品牌，能够不负众望在中国市场“一炮而红”，继而成为宝洁公司向亚洲甚至全世界推广的新锐品牌。

宝洁公司为这个新品牌的推广倾注了极大的心力和大量的推广经费。为了扩展润妍的产品线，增加不同消费者选购的空间，润妍先后衍生出 6 个品种，以更大程度覆盖市场，可是市场的反响却大大出乎宝洁公司的意料。一份调查表明，看过夏士莲黑亮去屑洗发水广告的消费者中有接近 24% 的人愿意去买或者尝试；而看过润妍广告的消费者中，愿意尝试或购买的还不到 2%。2002 年 4 月，在中国市场经过了两年“耕耘”后，润妍全面停产，逐渐退出市场。

润妍的失利真的意味着宝洁公司引以为豪的品牌管理能力开始不适应新经济时代的需要了吗？我们可以回过头去看当时的市场背景。1997 年，重庆奥妮洗发水公司根据中国人对中药的传统信赖，率先在全国大张旗鼓地推出了植物洗发全新概念，并且在市场上表现极为优秀，迅速取得了极为显著的市场份额。随后，夏士莲品牌着力打造黑芝麻黑发洗发露，利用强势广告迅速对宝洁公司的品牌形成新一轮的冲击。

在“植物”“黑发”等概念的进攻下，宝洁公司旗下产品被竞争对手贴上了“化学制品”“非黑头发专用产品”的标签。为了改变这种被动的局面，宝洁公司从 1997 年开始调整其产品战略，决定为其旗下产品引入黑发和植物概念品牌，提出了研制中草药洗发水的要求，并且邀请了许多知名的中医，向来自研发总部的技术专家们介绍了传统的中医理论。

在新策略的指引下，宝洁公司按照其一贯流程开始研发新产品。先做产品概念测试，找准目标消费者的真正需求，研究全球的流行趋势。为此，宝洁公司先后请了 300 名消费者进行产品概念测试。在调查中，宝洁公司了解到，东方人向来以皮肤白皙为美，而头发越黑，越可以反衬皮肤的白皙美。经过 3 次反复的概念测试，宝洁公司基本上把握了消费者心目中对理想护发产品的需求——滋润而又具有生命力的黑发最美。

经过了长达 3 年的市场调查和概念测试，宝洁公司终于在中国酝酿出一个新的产品：一种全新的展示现代东方女性黑发美的润发产品，取名为“润妍”，意指“滋润”与“美丽”。在产品定位上，宝洁公司舍弃了已经存在的消费群体市场而独辟蹊径，将目标人群定位为 18 ~ 35 岁的城市高阶女性。宝洁公司认为，这类女性不盲目跟风，她们知道自己的美在哪里。融传统与现代为一体、最具表现力的黑发美，也许就是她们的选择。

但是，重庆奥妮洗发水公司经由调研得出的消费者购买“黑发”洗发水的原因却是明星影响和植物概念，而夏士莲黑亮去屑洗发水的概念则是建立在“健康、美丽夏士莲”和“黑芝麻”之上，似乎都没有着力强调“黑发”。

并且，润妍采用的是和主流产品不同的剂型，采取洗发和润发两个步骤，将洗头时间延长了一倍。然而，绝大多数中国人已习惯使用将洗发和润发合二为一的洗发水，专门的护发产品能被广泛接受吗？宝洁公司认为，专门用润发露护发的方法已经是全球的趋势，发达国家约有80%的消费者长期使用润发露。在日本这一数字则达85%，而在中国专门使用润发露的消费者还不到6%。因此，宝洁公司认为润发露在中国具有巨大的潜在市场。针对细分市场的需求，宝洁公司的日本技术中心又研制开发出了冲洗型和免洗型两款润妍润发产品。其中，免洗型润发露是专门为忙碌的职业女性创新研制的。

产品研制出来后，宝洁公司并没有马上将之投放市场，而是继续请消费者做使用测试，并根据消费者的要求，再进行产品改进。最终推向市场的润妍倍黑中草药润发露强调专门为东方人设计，在润发露中加入了独创的水润中草药精华（含何首乌），融合了国际先进技术和中国传统中草药成分，能从不同层面滋润秀发，特别适合东方人的发质和发色。

宝洁公司还通过设立模拟货架让消费者检验其包装的美观程度，即将自己的产品与不同品牌特别是竞争品牌的洗发水和润发露放在一起，反复请消费者观看，然后调查消费者究竟记住什么、忘记什么，并据此进行进一步的调整与改进。

宝洁公司的产品研究体现了它一贯的谨慎。但在3年漫长的准备时间里，宝洁似乎在为对手创造蓄势待发的机会。联合利华集团便不失时机地将夏士莲黑芝麻草本洗发露系列推向市场，针对大众人群，以低价格快速占领了市场。对于黑发概念，夏士莲通过强调自己的黑芝麻成分，让消费者由产品原料对产品功能产生天然联想，从而事半功倍，大大降低了概念传播难度，而宝洁公司在信息传播中似乎没有大力强调它的何首乌成分。

（资料来源：根据《中国工商报》2004年9月1日《宝洁“润妍”退市的启示》一文整理。）

讨论：

（1）宝洁公司作为一个大公司，其新产品的开发过程体现了严格的规范性和程序性，这样做有什么利弊？请结合案例分析。

（2）润妍产品研究过程中有什么值得称道的地方？润妍的退市说明了新产品要成功还应考虑哪些因素？

第八章 价格策略

【学习目标】

1. 了解价格形成基础、价格构成要素、价格体系，掌握影响企业定价的因素
2. 了解企业定价的步骤，掌握企业定价的方法
3. 掌握企业定价策略
4. 掌握价格变动与企业对策

【引导案例】

自2009年以来，每年“双11[①]购物狂欢节”都成为各界关注的焦点，每年的交易额都会刷新纪录。在这场以降价、折扣为核心的促销大战中，商家继续打出“不止5折”“限时秒杀”“下单立减100”“全年最低”“一降到底”等口号。但据媒体的调查，“双11”价格战略显疲软，陷阱依然存在。

对比2014年和2015年的两份“双11”网购大数据报告显示，2014年“双11”天猫商城有70.4%的商品为其历史最低价，当当网、苏宁易购和京东商城分别为52.4%、52%和46.4%，而2015年“双11”天猫商城历史最低价商品占比下降至66%，当当网、苏宁易购和京东商城的数据分别为35%、46%和48%。可见历经多年的“双11”促销大战疲态已现，2015年除京东商城外，其他大部分电商平台最低价商品所占比例均有所下降，这表明电商促销降价已触及底部无法再持续进行。

除了促销力度不如以往之外，之前广泛存在的先涨再降的促销“陷阱”依然存在。不少商家在“双11”之前先行涨价，“双11”来临之际再降价，这样其用于宣传吸引消费者的折扣率和价差会大大提高，消费者也会感到心动，以为确实占了“大便宜”。某电商平台上一台iPhone 6s在2015年“双11”前几天售价为5 788元，在“双11”前的11月9日突然涨至6 088元，到“双11”那天又降至5 788元。这种情况在日用品方面更为普遍，例如1瓶750 mL的沙宣洗发水从8月到10月一直卖63.9元，在“双11”促销开始前却涨至92.9元，“双11”期间再折扣至79.9元，比该款洗发水历史最低售价59元还要高出20多元。

（资料来源：根据中国软件资讯网2015年11月16日《双11巨额成交量背后的价格真相912亿到底谁得了便宜?》一文整理。）

思考：

你认为“双11购物狂欢节”取得巨大交易额的主要原因是什么？

---

① 双11，即每年的11月11日。

价格是目标消费者购买产品所付出的经济成本，是企业与消费者实现交易的重要条件。一般来说，如果企业提供给消费者的产品能够很好地满足目标消费者的需要，并且定价十分科学合理，消费者就会乐意购买；反之，如果企业提供给消费者的产品虽然质量很高或样式十分优美，但定价不合理，消费者也会拒绝购买。因此，企业要制定出科学的市场营销组合策略，必须保证定价策略科学合理。

第一节 影响企业定价的因素

一、价格基本理论

（一）价格形成的基础

价格形成是价格基本理论中极其重要的问题。19 世纪末，法国经济学家里昂·瓦尔拉斯（Léon Walras）首创了一般均衡论，后来又由阿弗里德·马歇尔（Alfred Marshall）发展为均衡价格论。按照这一理论，在自由市场上，价格完全由市场自发调节，达到均衡状态而决定价格。

（二）价格构成要素

从市场营销的角度来看，价格构成的 4 个要素为：生产成本、流通费用、税金和利润。

1. 生产成本

生产成本是价值构成中的物化劳动价值和劳动者创造的、用以补偿劳动力价值的转化形态，是指在生产领域生产一定数量的产品所消耗的物质资料和劳动报酬的货币形态；它是产品价值的重要组成部分，也是制定产品价格的重要依据。

2. 流通费用

流通费用是指产品从生产领域通过流通领域进入消费领域所消耗的物化劳动和活劳动的货币表现。具体地讲，一部分是生产领域的生产企业为推销商品而发生的销售费用，它和生产成本共同构成生产企业的全部成本；另一部分是在流通领域发生的商业流通费用。根据商业流转环节的不同，流通费用还要划分为采购商业费用、批发商业费用和零售商业费用，作为批发价格和零售价格的组成部分。流通费用发生在流通领域各个环节之中，并和产品运动的时间、空间相依存，所以它是正确制定各种商品差价的基础。

3. 税金

税率是生产者为社会创造的价值表现形态。国家是通过法令形式强制规定各个种类产品的税率并进行征收的。税率的高低直接影响产品的价格，因而税率是国家宏观调控产品生产经营活动的重要经济手段。

4. 利润

利润是生产者为社会创造和占有的价值的表现形态，是企业扩大再生产的重要资金来源，体现了企业经营的效益高低。

（三）价格体系

价格体系是指在一个国家的整个社会经济中，各种产品价格之间相互关系的总和。在产品生产和产品交换中，存在着数以万计的产品，产品的价格纷繁复杂，它们之间是相互联系、相互制约的，形成了有机的、统一的价格体系。

从内容上划分，价格体系包括比价体系、差价体系和不同管理形式形成的价格体系。与市场营销相关的主要是差价体系。正确认识和掌握产品的差价体系，对于促进生产发展、扩大产品流通、减少流通环节、降低流通费用、提高经济效益有着积极的作用。根据产品差价形成的原因，可分为以下 5 种差价。

1. 购销差价

购销差价是指同一种产品在同一时间、同一产地市场内购进价格与销售价格之间的差额。从广义上讲，任何经营单位的商品购进价格与销售价格之间的差额都称为购销差价。就工业产品来说，是指同一产品的出厂价格与产品批发价格的差额；就农产品来说，是指同一产品在同一市场上的产品收购价格与销售价格的差额。购销差价的大小直接影响到零售价格的高低。因此，购销差价必须适当和合理。一般来说，一些高档消费品的购销差价可大一些，而一般消费品的购销差价则应小一些。

2. 批零差价

批零差价是指同一种产品在同一时间、同一市场上的批发价格与零售价格的差额，零售商就是通过这一差价来补偿流通费用，并得以向国家缴纳税金和获得合理的商业利润。零售价格是顾客真正支付的价格，因此，零售价格的高低影响着产品市场的供求关系。企业应合理确定批零差价，正确处理好生产企业、批发企业和零售商三者之间的利益关系。

3. 地区差价

地区差价是指同一种产品在同一时间、不同地区的收购价格与销售价格之间的差额。地区差价形成的原因：一是由于经营企业将产品从产地运往销地，需要支出一定的流通费用，并取得合理的利润；二是因为不同地区的自然条件和经济条件不同，生产该种产品的地区成本不同。合理的地区差价，有利于促进产品的正常流通，促进生产力的合理布局，扩大地区间的物资交流，改善城乡人民的生活。

4. 季节差价

季节差价是指同一种产品、同一个市场、不同季节的销售价格之间的差额。产生季节差价的原因：一是存在季节性生产、常年消费的产品，如农产品等，这些产品往往旺季收购，供应淡季销售，因而需要储存，这不仅要花费仓储费用，而且产品还会在保存期间腐烂变质，这些费用都要加到以后出售商品的价格上，所以就形成季节差价；二是存在常年生产、季节消费的产品，如工业品中的毛线、电风扇、皮革产品等，为了减少仓储费用，加速资金周转，对这类产品，以季节差价的方式鼓励消费者在淡季购买。另外，季节差价的幅度既不能太大也不能太小，差价太小容易失去吸引力，差价太大又会影响企业的收入。季节差价的幅度应根据产品的市场特征、仓储费用的大小、易腐烂程度等来确定。合理的季节差价有利于促进均衡生产，鼓励存储，调剂供求，繁荣市场，有利于消费。

5. 质量差价

质量差价是指同一种产品在同一时间、同一市场，因质量不同形成的价格差额。一般来说，质量同成本成正比关系，高质量的产品，投入研究及开发的成本就高，这就要求收取一个高的价格来弥补高的产品质量所花费的高成本，也就是通常讲的优质优价。实行质量差价，有利于鼓励企业创造优质、名牌产品，提高企业产品在市场上的知名度，这对发展经济和提高人民生活水平以及扩大对外影响力等都是大有好处的。质量差价包括品质差价、品种差价、等级差价、包装差价、式样差价、规格差价等。

【案例 8－1】

索尼彩电的定价策略

1990 年，当索尼在日本市场首先引入高清晰度彩电（HDTV）时，这个高科技产品价值 43 000 美元，这种电视机定位于那些可以为高科技负担高价格的顾客。其后的 3 年，索尼不断降低价格以吸引更多的顾客，到 1993 年，日本顾客只要花费 6 000 美元就可以购得一台 28 英寸的高清晰度彩电。2001 年，日本顾客仅需花费 2 000 美元就可以买到 40 英寸的高清晰度彩电，而这个价格是大多数人都可以接受的。索尼以此种方式从不同的顾客群中获得了最大限度的利润。

（资料来源：根据《电子产品世界》1993 年第 10 期《日本家用高清晰度电视概况》一文整理。）

二、影响企业定价的因素

产品定价之所以困难，是因为对其产生影响的因素很多，而且这些因素大多是企业不可控制的，有些因素更是常常处在变动状态。企业要使定价策略有效，必须对其主要因素进行深入分析。

（一）市场需求因素

在激烈竞争的市场条件下，市场需求状况是企业定价决策最重要的影响因素，对其分析主要从以下 3 个方面进行。

1. 市场供求关系

从理论上讲，大多数产品的价格与需求有这样的规律：如果其他因素不变，产品价格越高，市场需求量越少；反之亦然。这个需求规律可用图 8－1 中向下倾斜的曲线 D（需求曲线）表示。产品的市场供应情况则相反：如果其他因素不变，产品价格越高，该产品在市场上的供应量就越多；反之亦然。这可用图 8－1 中向上倾斜的曲线 S（供给曲线）表示。

如果产品的市场价格过高，就会产生供大于求，在市场产品过剩的压力下，价格就会下调。如果市场价格过低，就会生产供不应求，在市场需求的刺激下，价格就会上扬。

因此，在市场的需求和供应这两股力量的作用下，产品市场价格会在一定时期内逐渐均衡于某一点，如图 8－1 中的 E 点，此时产品的均衡价格为 P_0，市场需求量与供应量会相等，均为 Q_0。这就是供求规律。企业产品所面对的竞争程度越高，其价格受市场供求关系的影响就越大；市场的垄断性越强，其价格受供求关系的影响就越小。

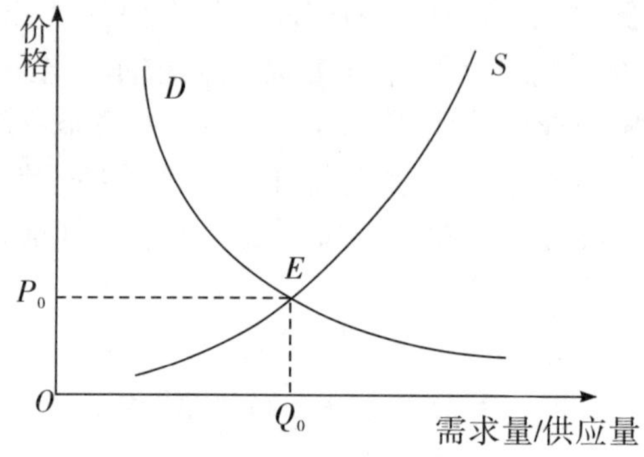

图 8－1　市场供求关系

2．产品的需求价格弹性

价格的变动会引起市场需求量的变动，但需求量变动的程度会因产品的不同、时期的不同而有很大区别。例如，基本食品价格的变动，对其需求量变动的影响就较轻微；而高档家用电器价格的变动，对其需求量变动的影响就较大，如图 8－2 所示。

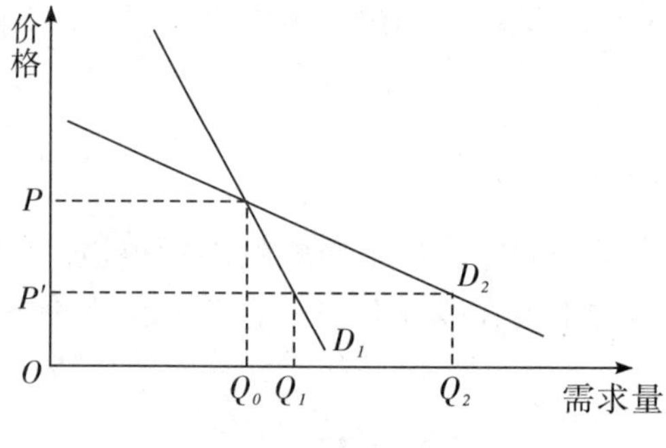

图 8－2　需求价格弹性

若 A 产品的需求曲线为 D_1，B 产品的需求曲线为 D_2。假设当价格为 P 时，它们对应的市场需求量都为 Q_0，当价格从 P 降为 P'时，A 产品的需求量增加到 Q_1，B 产品的需求量增加到 Q_2，后者变动程度远大于前者。这种变动的不同状况，可以用需求价格弹性来反映。需求价格弹性可定义为：在其他因素不变时，产品价格每变动 1%，而引起产品需求量变动的百分数。可用以下公式表示：

$$\text{需求价格弹性（}EP\text{）}=\frac{\text{需求量的变化（\%）}}{\text{价格的变化（\%）}}=\frac{(Q_2-Q_1)/[(Q_2+Q_1)/2]}{(P_2-P_1)/[(P_2+P_1)/2]}$$

式中：Q_1、Q_2分别为价格变动前、后的产品需求量，P_1、P_2分别为产品的原价格与新价格。

由于一般情况下，产品价格变动与需求量变动的方向是相反的，所以需求价格弹性数值通常为负值。不同产品具有不同的需求弹性，需求弹性影响着定价策略。具体如下：

（1）如果需求价格弹性的绝对值大于1，那么该产品是富有弹性的。当价格发生一定变动时，引起产品需求量的变动幅度会超过价格变动幅度。此时企业若将产品降价，会使企业的销售收入增加；若将产品提价，则会使企业的销售收入减少。

（2）如果需求价格弹性的绝对值小于1，那么该产品是缺乏弹性的。当价格发生一定变动时，引起产品需求量的变动幅度会小于价格变动幅度。此时企业若将产品提价，会使企业的销售收入减少；若将产品降价，企业的销售收入则会增加。

因此，通过对产品需求弹性的测定，企业可以估计产品价格的变动和调整对市场需求量及企业销售收入水平的影响，从而有助于价格策略的选择。

当然，某产品需求价格弹性的确定，需要建立在长期销售资料的搜集分析的基础之上。一般来说，我们也可以总结出以下4条规律。

（1）生活必需品、生产资料产品的弹性较低，而生活非必需品的弹性较高。

（2）企业在市场的垄断性较强时，企业产品的弹性较低；而市场如果存有较多竞争产品、替代产品时，企业产品的弹性较高。

（3）价格低廉的产品弹性低，价格水平高的产品弹性高。

（4）短期考察产品时，弹性较低；而从长期来看，产品的弹性较高。

3. *消费者对产品价格和价值的理解*

最终评判产品价格是否合理的是消费者，因此，企业在定价时必须考虑消费者对价格的理解以及这种理解对购买决策的影响。换言之，定价决策也必须像其他营销组合决策一样，以消费者为中心。消费者在选购产品时，总是要将价格同产品价值相比较，因此，了解消费者对产品价值的理解是很重要的。价值可分为产品的实际价值和消费者个人所理解的价值。例如，消费者在饭店用餐，对饭菜价值的估计比较容易，但对其他方面如服务、环境等价值的估计就不那么容易了，不同的人会有不同的认知和理解。如果消费者认为产品价格高于其实际价值，就不会购买这种产品。产品价格应当“物有所值”。

对此，企业需要了解消费者购买一种产品的理由，按照消费者对该产品价值的认知来定价。由于消费者对产品附加价值的认识有差异，企业应采取不同的定价策略，即为不同特色的产品定不同的价格，以适应不同消费者的需要。例如，汽车制造商为一些消费者提供小型、节油、廉价的汽车，而为另一些消费者提供大型、高档、豪华、高价的汽车。

（二）企业的营销目标

企业定价要遵循市场规律，讲究定价策略，而定价策略又是以企业的营销目标为依据的，不同的营销目标决定了不同的定价策略，及至不同的定价方法和技巧。与定价直接有关的营销目标主要有如下5种。

（1）维持企业的生存。有些企业由于经营管理不善或其他原因，造成产品大量积压，资金周转不灵，濒临破产，只以维持生存避免破产为目标。在这种情况下，定价应尽量压低，以能够迅速出清存货、收回资金、克服财务困难为准则。有时，为了及时处理积压产品，避免更大损失，或为了不致错过有利的市场机会，定价可低于成本。但是，维持生存只能作为短期目标，从长远来看，企业还是要寻求发展，否则仍难免倒闭。

（2）争取当期利润最大化。企业定价的目标有时是要取得当期的最大利润，而不是着眼于未来的长期利润。在这种情况下，企业需要估计和比较不同价格时的市场需求量，并结合产品成本一并考虑，然后选择可以得到当期最大利润、最大现金流量和最大投资收益的价格。

（3）争取最大限度的市场占有率。有些企业的目标是争取最大限度的市场占有率，因为他们相信，只要占有最大限度的市场份额，就能达到最低成本和取得长期最大利润的目标。为了达到这一目标，他们将价格尽可能定低。这种策略也就是以牺牲短期利润的办法，获取长期的利益。

（4）产品质量领先。有些企业的目标是以高质量的产品占领市场，这就应采取高价策略，因为只有高价才能补偿高质量所耗费的研究与开发费用和生产成本。例如，美国苹果公司每次推出的新款手机在中国大陆市场的定价都高达6 000元以上，但仍然很受中国消费者欢迎。

（5）其他目标。企业还可以利用低价来达到其他目标。例如，以低价阻止竞争者进入市场；随行就市定价，以稳定市场，缓和竞争；通过适当的价格保住既有的顾客或避免政府干预；用临时性的降价来激发顾客的购买欲望；用某一种产品的低价来促进产品线中其他产品的销售；等等。

（三）产品成本因素

企业的经营是需要盈利的，因此要求产品的售价必须能够弥补其成本，产品的成本情况就成为企业制定价格的基本因素之一。因此，建立完备、准确的成本资料是科学定价的基础。但仅有齐全的资料是不够的，因为产品实际的耗费情况是十分复杂的，如果使用成本资料不当，反而会对企业定价决策产生误导作用，这就需要我们对成本的各种类型做深入的了解和分析。

1. 固定成本与变动成本

固定成本是指在一定的产量范围内，不随着产量的变动而变动的成本，如折旧费、房地租、办公费用、管理人员报酬等相对固定的开支。这些费用项目的总体支出水平在短期内是相对固定的，即使企业没有生产产品，也需要支出，而产量增加时，这部分支出并无显著增加。因此，如果产品产量很少，每个产品就必须承担相当多的固定成本，以致产品的单位成本很高。如果产量增加，就会因承担固定成本的减少，而使产品单位成本迅速降低。

变动成本是指企业在生产经营中随着产品产量的变动而变动的费用开支，例如产品实体的原材料、加工产品的能耗和工资等，这些费用可以直接计入产品成本。一般来说，在一段时期内变动成本总量增长的速度与产量增长的速度是基本同比例的。

上述二者之和就是产品的总成本。企业在做出定价决策时，更关心单位产品的成本情况。单位成本的变动趋势同时受单位固定成本和单位变动成本的影响。当产量水平较低时，单位固定成本很高，随着产量（销售量）的增加，会迅速降低；但产量（销售量）达到一定程度后，单位固定成本降低的幅度就不那么明显了。单位变动成本在一段时期内变动不大，但产量增加到一定程度后，上升幅度较大。于是单位产品成本的变化随着产量的增加，会呈现“U”形状态，企业在进行定价决策时应考虑这种趋势。

2. 边际成本

产品的边际成本是指当该产品增加或减少单位产量时，所引起相应成本的变动量。例如，某企业生产某产品 100 件时，其总成本为 10 000 元（单位成本为 100 元），当产量为 101 件时，其总成本变为 10 020 元，此时这种产品的边际成本为 20 元。对于企业来说，企业关心的是增加产量能否增加利润，如果产品的市场价格高于边际成本，增加产量就会带来利润的增加。假设上述的产品市场价格为 60 元（比单位成本要低），但只要企业生产能力尚有富余，增加生产一件产品，企业可多获利 40 元，增加产量是有利的。同理，如果产品市场价格低于产品的边际成本，则减少产量应是有利的。因此，边际成本对企业的价格决策有着重要影响，企业需要经常结合价格，观察边际成本的变化。

3. 机会成本

企业拥有的资源，如资金、设备、人力、原材料等，可以分别用于不同产品的生产经营，相应地也会产生不同收益。由于企业资源是有限的，如果多生产某一种产品，必然要减少另一种产品的生产量。所谓机会成本，就是指当企业选择生产经营某种产品时，因需要放弃生产经营另一种产品的机会，而失去的相应收益。例如，某企业可以生产甲、乙两种产品，因为资源有限，如果多生产 1 件甲产品，就可能要少生产 3 件乙产品，假设每销售 1 件乙产品可带来 2 元的利润，那么此时 1 件甲产品的机会成本为 6 元。如果甲产品的单位成本为 10 元，那么只有当甲产品的售价大于或等于 16 元时，企业才应决定多生产经营甲产品，否则应决定多生产经营乙产品。由此可知，产品价格不仅应能弥补生产经营成本，而且还要能弥补它的机会成本。企业研究分析产品的机会成本，对于定价策略和资源的合理配置都有着实际意义。

（四）市场竞争因素

产品价格不可能定得过高，否则会失去大多数顾客，价格也不可能定得过低，以至于无法抵销成本，但可以在一定的幅度内浮动。企业应在分析市场竞争程度的基础上，在定价的可能幅度范围内确定具体的价格水平。

1. 竞争者的价格与其所提供的产品

现实的和潜在的竞争者对企业定价影响很大，特别是那些容易经营、利润可观的产品，潜在竞争者的威胁更大。通常竞争来自 3 个方面，即类似的产品、代用品以及对顾客来说效用相同的其他产品。企业应采取适当方式，了解竞争者提供给市场的产品质量和价格，并将本企业的产品与主要竞争对手的同种产品进行分析比较。如果本企业的产品质量与竞争者产品大体一样，那么这二者的价格水平也大致相同；如果本企业的产品质量比竞争者的低，那么产品的价格就要比竞争者价格低一些；相反，则高一些。

2. 市场结构

由于行业的特点和市场环境的差异，不同企业会面对着具有不同竞争程度的市场，这对企业的定价行为有着相当大的影响。因此，企业制定定价策略时，需要认真分析其市场的竞争结构。根据市场的竞争程度，市场结构可分为 4 种不同的市场类型：完全竞争市场、完全垄断市场、垄断竞争市场和寡头市场。不同类型的市场有不同的运行机制和特点，对企业具有不同的约束力，因而在定价方面表现出显著的差异性。

（1）完全竞争市场。这种市场不受任何阻碍和干预，价格是在竞争中由整个行业的供求关系自发决定的。无论是买主还是卖主，都只是价格的接受者，而不是价格的制定者。从严格意义上来讲，完全竞争市场几乎并不存在，但有一些如小五金、小食品、农产品等市场则类似于这种类型。处于类似完全竞争市场结构中的企业，其经营的关键在于努力降低产品的单位成本。

（2）完全垄断市场。这种市场完全为一家企业所独占，可以是政府的垄断或政府允许的私人垄断。垄断者可根据自己的经营目标在法律允许的范围内自由定价。现实生活是存在类似完全垄断的市场的，例如拥有某产品专利权的企业、完全控制了某种生产原料或某市场的销售渠道的企业等。另外，城市中的公用事业或某些特殊行为的企业，一般是独家经营，如电力公司、邮政集团公司等。

（3）垄断竞争市场。它是介于完全竞争和完全垄断之间的一种市场状态。在这种市场上，各企业对自己的产品有垄断权，但由于产品类似，因此企业之间又存在竞争。在这种条件下，企业可能利用产品的独特性制定和控制价格。可以说大多数中、小企业都处于垄断竞争的市场结构之中，它们的营销活动的主要任务之一，就是努力使本企业推向市场的产品与其他企业同类产品相比，更具有特色，更有所创新，这样可以减少企业的竞争压力，增强企业的定价自主权。

（4）寡头垄断市场。在这种市场上，同行业的企业不多，但每个企业生产和销售的产品都在行业中占有较大的比重。它们相互依存、相互制约，产品的价格不是通过市场供求决定，而是通过各企业之间的妥协来决定。一般来说，寡头垄断企业一般不轻易调整其产品价格，以避免产生恶性竞争。石油化工、汽车制造、冶金、电子等行业的大、中型企业大多处于这种市场结构中。

（五）政府政策因素

价格水平的高低，往往对国民经济、社会稳定以及人民生活有着重要的影响，尤其是对于重要生产资料和生活必需品的价格调整，很容易引起社会各界的关注。因此，各国政府或多或少都会对市场有关产品的价格有所控制，根据不同情况进行干预。在国际贸易中，不少国家政府为了维护本国企业的利益，实行市场保护，也会对进口产品的价格实行限制。企业制定价格必须遵守其目标市场所在地政府的有关规定，特别是在国际市场营销时，必须熟悉进口国政府有关价格方面的法律和政策。政府对产品价格的限制和干预主要有以下 5 种情况。

（1）对关系国计民生的重要产品的限价。关系国计民生的重要产品主要是原料、能源、粮食、医药品等，也包括某些支农产品，如农机、化肥等，这些产品的需求价格弹性较低。若价格水平高，影响面很大，政府就会对这些产品规定较低的市场价格水平，相应地也会对有关生产经营的企业给予一定的补助。

（2）抑制通货膨胀。政府在通货膨胀率较高的时期，会实行物价冻结的政策，此时，企业的定价就会被限制在很狭小的范围内。

（3）对垄断的限制。实力强大的企业可以通过低价将竞争对手挤出市场，从而达到垄断的目的。少数大企业也可以协商定价，企图共同垄断市场。由于垄断形成后会损害消费者利益，所以政府往往会通过一些法律来防止因不正当竞争而引起的垄断。对于某些政策允许的垄断行业，如铁路公司、电力公司、邮政集团公司等，政府会实行限价政策。

（4）对出口产品价格的协调。政府为了防止各出口企业因争夺客户而竞相削价，以致损害国家整体利益，就必须由有关部门通过签发出口许可证等方式，协调价格，统一对外。

（5）反倾销政策。《关税与贸易总协定》对倾销的定义是："凡是一个国家将其产品以低于正常价格的办法挤入另一国家市场时，如因此对某一缔约国领土内已建立的某项工业造成重大损失或产生重大威胁，或对某一国内新建工业产生严重阻碍时，即构成倾销。"进口国政府会对已认定为倾销的进口产品增收高额"反倾销税"，以抵消其危害。因此，出口产品不宜一味地压低价格，否则被指控为倾销会给产品在该国市场上的销售造成极大困难，甚至会被迫退出该市场。

【案例 8-2】

统一定价的布袜子

20 世纪初，日本人盛行穿布袜子。石桥是一家专门经销布袜子的商场老板。当时由于大小、布料和颜色的不同，袜子的品种多达 100 多种，价格也是一式一价，买卖很不方便。有一次，石桥乘电车时，发现无论远近，车费一律都是 0.05 日元。由此他产生灵感，如果袜子都以同样的价格出售，必定能大开销路。然而当他试行这种方法时，同行全都嘲笑他，认为如果价格一样，大家便会买大号袜子，小号的则会滞销，那么石桥必赔本无疑。但石桥胸有成竹，力排众议，仍然坚持统一定价。由于统一定价方便了买卖双方，深受顾客欢迎，布袜子的销量达到空前的数额。

（资料来源：根据《价格月刊》1995 年第 5 期《企业统一定价促销术》一文整理。）

第二节 企业的定价步骤和方法

把握企业定价的各种因素，是企业进行价格决策的必要条件。但企业的定价不是一种瞬间的决策，也不是在办公室里灵机一动的产物。科学的定价是一个复杂的过程，要综合考虑多种因素，结合企业内外环境加以灵活应用方能成功。

一、企业定价的步骤

企业的定价程序大体上可分为以下 7 个步骤。

（一）确定定价目标

首先，应根据企业的营销目标确定相应的定价目标。从总体上来说，企业的定价目标取决于营销目标，定价目标是营销目标的更为具体的表现。但是，在价格组合中，定价目标是根据具体产品、具体品种型号而定的因素，在企业营销目标既定的情况下，具体产品的定价目标可能与营销目标产生一定程度的偏差。所以，确定定价目标时，应以营销目标为根据，结合不同产品特殊的营销环境和企业的营销能力，做出相应的选择。例如，由于不同消费者对产品价格的可接受程度不同，有些产品的单价宜以薄利目标为主，另一些产品的单价则以厚利目标为主。

（二）估计市场的销售潜量

市场销售潜量的估计关系到新产品开发市场和老产品拓展市场的能力，应考虑以下问题：

（1）决定市场预期价格。预期价格是指企业产品投入市场后预计既能为顾客接受，又能给企业带来满意利润的价格。确定预期价格应认真征求顾客的意见，调查企业产品在顾客心目中的地位，特别要重视经验丰富的中间商的反映；同时，企业应改进产品的花色品种，积极促销，改变预期价格，保证企业盈利。

（2）估计不同价格下的销售量，计算各种售价时的均衡点，以及预计何种价格最为有利。

（三）分析竞争对手的反应

无论是现实的竞争对手，还是潜在的竞争对手，都会对企业产品定价产生极大影响。企业应时刻关注竞争对手的动态，及时捕捉和分析类似产品、替代产品以及其他同类产品的价格情报信息，适时改变产品和价格，消除现实的和潜在的竞争威胁。企业在定价时应参照竞争者的产品和价格，如果企业自己的产品与主要竞争对手的产品相类似，则必须使产品价格也近似；否则，产品价格相差悬殊必定会丧失市场。如果企业产品比竞争者的产品质量低，那就应定较低的价格；如果质量高于竞争者的产品，则可定较高价格。企业可用价格为自己的产品定位，同时，还必须估计到竞争者很可能调整其价格，以及时做出反应。

（四）预测市场占有率

企业在预测其市场占有率时，应考虑以下 3 个因素：

（1）企业的生产能力。企业若采取低价倾销的方式扩大产品市场占有率，就必须具备足够的生产能力，否则，若因生产能力不足而无法满足市场需求，就不能为企业带来利益。

（2）发展生产的成本。产品开拓市场，要有坚实的生产能力，而生产能力的提高，要靠挖潜改造、扩大生产规模来解决，这就意味着需要投资。若投资太高，必然加大发展生产的成本。所以，企业在生产能力不足而决定扩大生产规模时，必须充分考虑发展生产的成本。

（3）企业的承受能力。企业在扩充市场的过程中，必然要付出一定的代价。比如，与竞争者竞相倾销商品，在一定时期内，以低于成本的价格销售商品，会使企业暂时出现亏损，若企业承受不了亏损的压力，就会在市场竞争中被淘汰。因此，企业在预计市场占有率时，应根据自己的承受能力，决定采取何种市场扩充行动。不同的行动方案将导致市场占有率的不同变化。

（五）选择市场定价策略

根据上述综合分析，再结合企业的营销目标来选择市场定价策略。企业应根据市场营销组合需要，选择一定的定价方法，从原则上确定产品的价格，再根据营销的需要，采用不同的定价策略来灵活地确定价格。

（六）考虑企业经营活动的有关计划

（1）产品计划。不同的产品、新产品与老产品、包装方法、品牌商标等都会对企业定价产生较大的影响，因此，企业要系统地进行分析决定。

（2）选择分销渠道。不同的分销渠道所表现出的价格均有差异。例如，企业直接销售时，价格最低，而给批发商的销售价格又低于给零售商的销售价格。

（3）推销计划。定价也应考虑推销方法，由零售商推销，定价应低；中间商不需要另做广告宣传，定价可适当提高。

（七）选择定价方法

通过以上的严密分析过程，最后选择具体的定价方法确定价格。关于具体的定价方法，我们将在下面做具体分析。

二、企业定价的方法

定价方法是指企业为实现其定价目标所采用的具体手段。尽管影响产品价格高低的因素很多，但现实生活中企业在为其产品定价时往往侧重于其中的某一个因素。正由于如此，根据企业定价时的侧重点不同，可以将企业的产品基本定价方法分为成本导向定价法、需求导向定价法和竞争导向定价法 3 种。

（一）成本导向定价法

成本导向定价法就是以成本为中心的定价方法，即企业在为产品定价时首先考虑要收回成本，然后才考虑赚取利润。成本导向定价法是一种传统的定价方法，但在现代社会仍被普遍采用，尤其是以实现当期最高利润、获取一定的投资收益率、维持营业或生存、履行社会责任等作为定价目标的企业所普遍采用的一种定价方法。其具体方法有以下 4 种。

1. *成本加成定价法*

成本加成定价法就是以单位产品成本为基础，再加上若干百分比的加成率，从而定出产品销售价格。这个加成率就是预期利润占产品成本的百分比。成本加成定价法的计算公式如下：

单位产品售价＝单位产品成本×（1＋成本加成率）

例如，假设某产品的变动成本为10元，固定成本为300 000元，预计产量50 000件，生产商想获得占成本25%的利润，则其销售价格确定如下：

单位产品成本＝变动成本＋固定成本/产量
＝10＋300 000/50 000
＝16（元）

单位产品售价＝单位产品成本×（1＋成本加成率）
＝16×（1＋25%）
＝20（元）

成本加成定价法的关键是合理确定加成率。一般来说，确定加成率应综合考虑产品特点、市场需求、竞争状况等3个因素。具体加成原则是：

（1）同质性产品的加成率低，异质性产品的加成率高。

（2）富有弹性的商品加成率低，缺乏弹性的商品加成率高。

（3）竞争激烈市场上的商品加成率低，竞争较弱市场上的商品加成率高。

成本加成定价法较多地运用于零售商业企业和一些公用事业单位。其优点是：①简便易行，由于企业的产品成本比较容易计算，因而采用成本加成定价法就可以大大简化企业的定价程序；②相对稳定，由于成本的不确定性较小，因而采用成本加成定价法就可以保持价格的相对稳定性；③企业能够获得预期的利润，在正常情况下，企业的产品只要能够卖出去，采用成本加成定价法就能够获得预期的利润；④有助于避免价格竞争，如果同行业中的绝大多数企业都采用成本加成定价法，各企业定出的价格就会比较接近，从而有助于避免价格竞争。

当然，成本加成定价法的缺点也是十分明显的，主要表现为：①缺乏灵活性，成本加成定价法忽视了产品生命周期、顾客需求弹性、消费需求的季节性等因素，从而显得机械和呆板；②缺乏适应性，成本加成定价法仅仅考虑企业利益而不考虑市场需求和竞争状况，从而就难以适应不同目标顾客的需要和应付竞争。

2. 销售利润率定价法

对于批发企业、零售企业等中间商，同类产品会因为进货的时间、渠道、数量等因素的不同，使其进货成本有较大的差异，所以这些商业企业的利润率不采用成本利润率，大多采用销售利润率形式。销售利润率用以下公式表示：

销售利润率＝（产品价格－单位进货成本）/产品价格

如果企业已确定其计划销售利润率，那么产品定价可用以下公式计算：

产品价格＝单位进货成本/（1－销售利润率）

这种定价方法简单易行，其优缺点与成本加成定价法类似。

3. 目标利润定价法

这种定价方法是根据盈亏平衡分析的原理而产生的。产品成本可分为固定成本和变动成本，前者在短期内不会随着产量（或销量）变动而变动，后者会随着产量（或销量）的增减而增减。企业的销售收入是销售量与价格的乘积，利润是销售收入与成本之差。如果产品的价格已确定，那么成本、收入、利润及产量（或销量）的相互关系如图8－3所示。

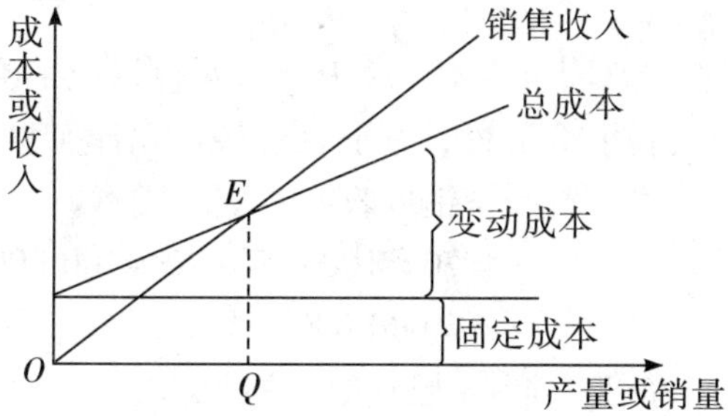

图8－3 企业盈亏平衡分析

图8－3中，E点为盈亏平衡点，对应的产量（或销量）Q为平衡点产量（或销量）。如果企业的销售量大于Q，那么会产生盈利，否则企业亏损。平衡点产量（或销量）可用以下公式计算：

平衡点产量（或销量）＝固定成本/（价格－单位变动成本）

如果企业的计划销售量已确定，由上述公式可得出保证盈亏平衡时的定价公式为：

产品价格＝固定成本/计划销售量＋单位变动成本

如果企业已确定目标利润，为保证目标利润实现的定价公式为：

产品价格＝（固定成本＋目标利润）/计划销售量＋单位变动成本

例如，假定某产品的固定成本为15万元，单位变动成本为2元，预计销售量为5万件，则收支平衡点的单位产品售价计算如下：

单位产品售价＝（固定成本/收支平衡点销售量）＋单位变动成本
＝150 000/50 000＋2
＝3＋2
＝5（元/件）

目标利润定价法也是仅从企业主观愿望出发，有其片面性，计算出的价格水平虽然一般不会作为产品的实际定价，但可以作为参考价格，因为该方法对测定定价的经济效果有较高参考价值。

4．边际贡献定价法

边际贡献是指产品销售收入与产品变动成本之间的差额，用公式表示为：

边际贡献＝销售收入－变动成本

边际贡献定价法又叫变动成本定价法、目标贡献定价法等，它是指以能够弥补变动成本和获取一定的边际贡献为原则的定价方法。边际贡献定价法的具体计算公式为：

单位产品价格＝单位变动成本＋边际贡献/产量

显然，如果边际贡献大于固定成本，企业就有盈利；如果边际贡献等于固定成本，企业不盈利也不亏损；如果边际贡献小于固定成本，企业就要亏损。但在特殊条件下，只要边际贡献大于零，即单位产品价格大于单位变动成本，企业就可以考虑进行生产，因为这样至少能够在一定程度上弥补企业的固定成本。当然，如果边际贡献小于零，企业就应当放弃该产品的生产，因为此时企业不仅不能够弥补固定成本，而且连变动成本也不能够弥补了。

例如，某企业生产衬衣需要固定成本500万元，每件衬衣的变动成本为40元，假设某客商愿以70元/件的价格订购10万件，下面计算该公司能否接受这批订单：

$$\begin{aligned}\text{边际贡献} &= \text{销售收入} - \text{变动成本}\\ &= 70\times 100\ 000 - 40\times 100\ 000\\ &= 3\ 000\ 000\ (\text{元})\\ \text{企业利润} &= \text{边际贡献} - \text{固定成本}\\ &= 3\ 000\ 000 - 5\ 000\ 000\\ &= -2\ 000\ 000\ (\text{元})\end{aligned}$$

根据计算，企业如果接受这批订单，将亏损200万元，但毕竟能够弥补300万元的固定成本，因此，企业在没有其他生产任务的情况下，接受这批订单要比停产划算。

边际贡献定价法是企业在产品供过于求、生产任务不足、承接临时生产任务或产品生命周期处于衰退期时所采用的一种暂时定价方法，其目的是保证开工、维持生存和保住既有的市场，因此，它是一种短期和临时的定价方法。

（二）需求导向定价法

需求导向定价法就是以需求为中心的定价方法，即企业在为产品定价时首先考虑顾客需求的强弱和对价格的接受能力，然后才考虑能否弥补成本。需求导向定价法是现代营销理念所要求的一种定价方法，在现代社会备受推崇，尤其是以实现当期最高利润、维护企业形象、履行社会责任、保持价格稳定等作为定价目标的企业经常采用的一种定价方法。其具体定价方法有以下两种。

1．理解价值定价法

理解价值定价法又叫觉察价值定价法、认知价值定价法等。这种定价方法是根据消费者对某种商品价值的认识和理解来为商品进行定价的。需要说明的是，这里的“理解价值”是指顾客在观念上所形成的价值而并非产品的实际价值。理解价值定价认为，顾客在购买商品时总是选择那些在质量、性能、服务等方面能够满足其需要，同时在价格上又符合其所理解的价值的商品。但是，不同的消费者对商品价值的理解是不同的，企业应当研究该商品在不同消费者心目中的理解价值，运用产品质量、服务、广告、宣传、包装等来加深消费者对产品的印象，建立新的价值观念并提高产品的理解价值。对于理解价值定价法，具体来说包括以下两个步骤。

（1）采取措施提高顾客对商品价值的理解程度。一般来说，为了提高顾客对商品价值的理解程度，企业可采取以下措施：①实行差异化战略，以制造出与众不同的产品；②做好广告定位，以突出产品的特色和个性；③加大宣传力度，以使目标顾客更多地了解产品的使用价值或效用；④塑造良好的企业形象，以提升品牌价值。

（2）正确分析和判断顾客对商品价值的理解程度。一般来说，企业可采取以下方法分析和判断顾客对商品价值的理解程度：①直接评议法，即邀请有关人员如顾客、中间商和有关专家等，根据他们对商品价值认识和理解直接评议出商品价值，即按照大多数人所认定的价值制定产品价格；②评分法，即根据理想产品各种属性对顾客重要程度的不同分别定出不同的权数，然后用实际产品属性与理想产品属性相对照，从而计算出实际产品价值（如表 8 –1 所示）。

表 8 –1　顾客理解商品价值的方法

属性 \ 产品	理想产品		实际产品	
	重要性权重	认知价值	重要性权重	认知价值
耐用性	30	300	35	350
可靠性	30	300	32	320
方便性	25	250	30	300
美观性	15	150	20	200
合计	100	1 000	117	1 170

例如，美国卡特彼勒公司曾经成功地运用理解价值定价方法，以每台高于竞争者同种型号 4 000 美元的价格推销了其拖拉机产品。该公司在宣传推销中强调：①本企业产品与竞争者产品质量相同，应定价 20 000 美元；②耐用性高于竞争者产品，应加价 3 000 美元；③可靠性高于竞争者产品，应加价 2 000 美元；④维修服务措施周到，应加价 2 000美元；⑤零部件供应期较长，应加价 1 000 美元；⑥为顾客提供价格折扣，企业减利 4 000 美元；⑦拖拉机实际售价为 24 000 美元。以上宣传推销及定价计算，加深了客户对该公司产品性能价格比的理解，使得众多客户宁愿多花费 4 000 美元也不愿意购买替代品，从而使卡特彼勒公司的拖拉机在市场上十分畅销。理解价值定价法体现了以顾客需求为中心的思想，因此，制定出的价格保证顾客能够接受；但其操作较为复杂，因为顾客对商品价值的理解不易把握。

2. *逆向定价法*

这种方法是通过市场调查和分析，测定消费者对该产品所能接受的市场零售价，然后根据零售商和批发商对利润率的要求，依次计算出该产品的批发价和出厂价。这种方法是以市场需求作为定价的出发点，反推各环节应支付的费用和应得的利润，最终得出生产企业的定价。如果中间环节多，可列表计算，如表 8 –2 所示。

表 8－2　需求导向定价计算表

	项目（已知资料）	价格/美元	
需求导向定价	目标市场零售价（零售销售利润率 20%）	50.00	成本加成定价
	目标市场批发价（批发销售利润率为 15%）	40.00	
	进口商售价（进口商销售利润率为 10%）	34.00	
	进口商进货成本（进口关税为 CIF 价 8%）	30.60	
	CIF 价（产品平均运费、保险费为 2 美元）	28.33	
	FOB 价（出口商销售利润率为 10%）	26.33	
	出口商进货成本（产品平均国内运费、手续费 3 美元）	23.70	
	产品出厂价	20.70	

逆向定价法有利于企业加强同中间商的关系，调动中间商的积极性，从而扩大商品销售。现实生活中依靠中间商推销的制造商或大多数批发商采取这种定价方法。

（三）竞争导向定价法

竞争导向定价法就是以竞争为中心的定价方法，即企业以市场上相互竞争的同类产品价格作为本企业产品定价的基本依据，并随着竞争对手价格的变化而调整自己的价格水平，然后才考虑企业产品成本和市场需求。竞争导向定价法是市场商品供应充足和竞争激烈化的产物，为现代企业所普遍采用，尤其是以增加销量或提高市场占有率、应付竞争、避免竞争或保持价格稳定、保持营业或生存等作为定价目标的企业所经常采用的一种定价方法。其具体定价方法有以下 4 种。

1. 随行就市定价法

随行就市定价法是指按照本行业的平均价格水平为本企业产品定价的方法。这种方法是在完全竞争或寡头垄断市场条件下企业经常采用的一种定价方法。

在完全竞争的市场上，销售同类产品的各个企业在定价时实际上没有多少选择余地，只能按照行业的现行价格来定价。某企业如果把价格定得高于时价，产品就卖不出去；反之，如果把价格定得低于时价，也会遭到削价竞销。

在寡头竞争的条件下，企业也倾向于和竞争对手要价相同。这是因为，在这种条件下，市场上只有少数几家大公司，彼此十分了解，购买者对市场行情也很熟悉，因此，如果各大公司的价格稍有差异，顾客就会转向价格较低的企业。所以，按照现行价格水平，在寡头竞争的需求曲线上有一个黑白转折点。如果某公司将价格定得高于这个转折点，需求就会相应减少，因为其他公司不会随之提价；相反，如果某公司将其价格定得低于这个转折点，需求则不会相应增加，因为其他公司可能也削价。总之，当需求有弹性时，一个寡头企业不能通过提价而获利；当需求缺乏弹性时，一个寡头企业也不能通过降价而获利。

采用随行就市定价法，要求企业必须密切监视本行业的价格动向，如果竞争对手的价格未进行调整，即使本企业的产品成本或市场需求发生了变化，产品价格也应维持不变；反之，如果竞争对手调整了产品价格，即使本企业的产品或市场需求没有发生变化，企业也必须相应地调整自己的产品价格。总之，按照随行就市定价法定价，企业产品价格不应该是固定不变的，而应该是经常变化的。

2. 追随市场领导者定价法

追随市场领导者定价法是指按照本行业中处于领先地位的企业的价格水平为企业产品定价。这种定价方法通常是垄断竞争市场条件下的企业所采用的一种定价方法。采用这种定价方法一是有助于避免招致竞争对手的报复，从而与竞争对手和平共处；二是有助于提升企业或品牌形象，从而赢得更多的顾客。但需要说明的是，采用这种定价方法必须以产品质量不低于竞争对手或者高于竞争对手为前提，否则，就难以赢得顾客。

3. 主动竞争定价法

企业如果销售的产品有自己的显著特征，如有独特的性能、驰名的商标、良好的服务等，虽然市场有众多销售同类产品的竞争者，但由于产品的差异性，顾客能有所区别而加以选择。此时企业对自己的产品就有一定的控制权，在一定程度上可以根据自己的策略进行定价。一般来说，企业主动定价时有 3 种选择。

（1）将产品价格定得高于竞争者的价格。这主要是企图通过价格这个信号告诉顾客：本企业产品在市场上是优质品牌，甚于竞争者的产品。如果企业产品或销售方法有明显优势，这种策略易于成功。

（2）将产品价格定得低于竞争者的价格。这时企业是准备以价格竞争为主要手段，与竞争者争夺市场份额。但低价会影响产品、商标在市场上的形象，需要采用促销等手段作为补充策略。

（3）将产品价格定得等于竞争者的价格。这时主要是企业对自己产品的各方面都有较强的信心，不准备与竞争者打价格战，但也不愿竞争者低价夺取本企业市场，企业相信可以通过非价格方面竞争取胜。

产品差异化是企业主动定价能够成功的关键，企业应深入研究竞争者的产品，加强自己的产品在市场上的已有优势，以保证定价的主动权。

4. 密封投标定价法

密封投标定价法是指当买主通过招标方式购买时，参加投标的企业为了能够中标而根据对竞争者报价的估计来确定本企业产品价格的定价方法。当前，政府采购、大型成套设备采购和工程承包等，多采用公开招标方式，即采购单位在报刊或其他公开媒体上刊登招标公告，说明拟采购商品的品种、规格、数量等具体要求，邀请供应商在规定期内投标，然后再在规定日期开标，选择报价最低和最有利的供应商成交，签订采购合同。供货企业要想做成这笔生意，就必须参加投标，即在规定期限内填写标书，注明可提供商品的名称、品种、规格、价格、交货日期等，然后密封送交给招标人。由于供货企业参加投标的目的在于中标，因此，它的报价不是根据成本费用或市场需求来制定的，而是根据对竞争者的报价的估计来确定的，即一般要低于竞争对手的价格。

采用密封投标定价方法，报价高低是影响中标的因素，但也影响着企业的利润水平。

一般来说，报价高，利润大，但中标机会较小，甚至如果不能中标，利润就减为零；报价低，中标机会大，但利润较少，甚至会出现亏损。因此，企业在报价时，既要考虑中标概率，又要考虑有利因素，一般来说，最佳报价应是预期利润最大化时的报价。所谓预期利润是指企业中标所能够获得的利润与中标概率的乘积，也就是说，目标利润与中标概率的最佳组合就是企业的最佳报价。因此，企业在报价时必须在目标利润和中标概率的各种组合之间进行选择。

密封投标定价方法的最大困难在于正确估计中标概率，这涉及对竞争者投标情报的掌握，为此，企业可通过市场调查和对过去投标资料的分析进行估计。

【案例8－3】

麦当劳提价

2013年1月1日，麦当劳部分套餐和单品在全国范围内提价，提价幅度为0.5～1.5元。麦当劳公司称，提价是因运营及人力成本的增长，但原6元起超值早餐、15元起超值午餐与超值晚餐以及7元起的麦乐茶点优选仍将继续销售。

不过，有消费者反映，北京的一些麦当劳门店已不再销售6元超值早餐，最低套餐改为10元。某消费者说，在麦当劳早餐价格板上，最低的6元火腿扒套餐已经消失，询问店员得知最低套餐已经改为10元，在原火腿扒套餐中增加了一块薯饼。此前，价值4元的薯饼一直是店员推荐项目。“虽然总价和以前一样，但可选项目变成必选了。”该消费者表示。

对于消费者所反映的麦当劳6元超值早餐的“变相涨价”，北京麦当劳相关负责人表示，6元超值早餐一直在正常销售，在原火腿扒套餐中增加了一块薯饼后售价10元，只是提供给消费者的自由搭配，并非强制捆绑销售。

几年来麦当劳已经多次提价。2012年1月12日，麦当劳调整全国部分食品价格，价格上调的幅度在0.5元到2元之间；2012年4月29日起，麦当劳对4款超值早餐/午餐进行结构性价格调整，上调幅度均为1元。从各门店销售情况来看，提价并未影响麦当劳的客流量，消费者对这种小幅提价普遍是可以承受和接受的。

（资料来源：根据《新京报》2013年1月8日《麦当劳本月起全国提价》一文整理。）

第三节　企业的定价策略

定价策略是制定或调整价格的对策或技巧。定价策略与定价方法密切相关，定价方法用来确定产品的基本价格，定价策略是根据营销的需要对基本价格进行动态的调整，在基本价格的原则上运用价格手段来更有效地实现定价目标和营销目标。定价策略是灵活多变的，但目的是更具有针对性和适用性。根据产品的需求弹性、产品生命周期所处的阶段、消费者购买的心理、消费者购买数量和时机等，可采用不同的定价策略。在这里，我们主要介绍折扣定价策略、地区定价策略、心理定价策略、差别定价策略、新产品定价策略和产品组合定价策略。

一、新产品定价策略

新产品上市时，缺乏价格的参照系，通常难以把握定价的准确性，这时市场的竞争者少，产品富有特色，企业定价的自主权较大，新产品正式投放市场前，企业应通过一定方式预测其价格的大体水平，可以选择几个具有典型意义的市场进行测试，也可以邀请一些顾客、推销员或中间商参与考评。通过这种方式所得的价格称为新产品的预期价格。预期价格是新产品定价的参考，企业根据具体营销目标有两种新产品定价的策略：撇脂定价与渗透定价。

（一）撇脂定价策略

这种策略是对新产品制定较高的价格，意图在新产品投入市场的早期就能获得最大的利润。相当于新鲜牛奶中，首先撇取处于最上层的精华部分——奶油，所以称之为撇脂定价。

撇脂定价的主要优点是：①新产品定高价有其可能性，竞争者较少，特别是新产品有明显的相对优势特征时，能降低顾客对价格的敏感程度；②高价能抬高产品的形象，有利于吸引中、高阶层的顾客，而这部分顾客往往是新产品的早期购买者；③新产品的高价位，可以保证有较大的降价空间，若发现定价过高，企业可适当调低价格，顾客易为接受，如果定价过低，企业若想调高，则不易被顾客接受；④高价能够使企业早期回收新产品开发的投资，特别是产品生命周期很短的产品，需要制定高价；⑤新产品高价能相对使市场需求适应产品生产能力，因为投入期时新产品的生产能力尚未完全形成，市场规模有时不易扩张过快。

撇脂定价的主要缺点是：①高价产生高利润率，极易使激烈竞争过早产生，因为这等于向其他企业发出“该新产品有利可图”的信号，犹如邀请他人加入竞争，所以高价一般难以长期维持；②高价人为地抑制产品的扩散速度，使销售增长率受阻；③高价如果与产品质量不能一致，会引起消费者反感，对企业形象有损，而新产品投入初期，质量可能不够稳定；④高价不能适应中、低阶层顾客的需求，而这部分顾客构成市场的大部分。

（二）渗透定价策略

这种策略是对新产品制定较低的价格，从而使新产品能迅速地扩散，很快地渗透到各个市场中去。

渗透定价的主要优点是：①低价能迅速打开市场，特别是顾客对价格相当敏感的产品，销售量的扩大可使生产批量扩大，使规模效益得以发挥，可导致产品成本下降；②低价可以阻止竞争者进入该市场，由于低价会使早期经营者亏损，它等于向其他企业发出“该产品无利可图，不必染指该市场”的信号；③低价能适应中、低阶层顾客的需求，使新产品有较宽的目标市场。

渗透定价的主要缺点是：①低价可能使新产品在市场上形成大众化、低档化的形象，以后若要再提升产品的形象就比较困难；②低价使企业的新产品开发投资回收放慢，甚至要忍受一段时间的亏损，使企业资金利用效率降低；③如果新产品生产能力的提高来不及满足因低价而导致销售量的增长速度，那么企业的销售收入、利润等就会受到不应有的损失。

撇脂定价与渗透定价这两种策略截然相反，也各有利弊，企业应根据具体情况加以选择（如表 8－3 所示）。

表 8－3　新产品定价策略选择因素表

渗透定价	影响因素	撇脂定价
大	潜在市场容量	小
相似性大	与竞争产品的相似性	差异性大
容易	仿制的难易	困难
高	需求价格弹性	低
弱	目标市场顾客的购买力	强
较大影响	销售量增长对产品单位成本降低的影响	影响不大
逐渐回收	投资回收期的要求	迅速回收

二、折扣定价策略

折扣定价策略是企业根据不同情况，按一定的标准给予顾客在价格上某种程度的减让或优惠，以达到不同的营销目的。折扣策略的实质是一种降价行为，但如果企业直接对产品降价，可能会产生较严重的负面影响。例如影响产品和商标的声誉、引起同行业的不满、打击销售者士气等。因此采用各种折扣策略成为营销中常用的间接降价手段。

（一）价格折扣的主要类型

1. 现金折扣

现金折扣是指对购买者在约定的期限内付款或提前付款给予一定的价格折扣，目的是鼓励购买者尽快支付货款，以利于企业及时回收资金、加速资金周转。折扣的大小一般根据付款期间的利率（或资金成本）和风险成本等因素来确定。最典型的例子是“2/10，净 30”，意思是：买方应在 30 日内付清货款，但如果在成交后 10 天内付款，照价给予 2% 的现金折扣。

2. 数量折扣

数量折扣是指企业对购买产品的数量达到某种标准的顾客给予一定的折扣。这种折扣可以仅给超过标准部分的产品，也可以对全部定购产品都给予折扣。具体做法有累积数量折扣和非累积数量折扣两种策略。

（1）累积数量折扣。这是当顾客在一段时期内购买某种商品的数量累积达到一定标准时的折扣，与顾客的购买次数无关。例如，企业规定：在一年内顾客历次购买某产品数量累积达到200件时，超过部分产品给予3%的价格折扣。这种策略的主要目的是鼓励顾客重复购买，培养企业的长期顾客。

（2）非累积数量折扣。这是当顾客在一次购买过程中，如果购买数量达到某一标准时，企业给予一定的价格折扣。例如，企业规定：顾客每次购买数量如为100件以上，企业可给予2%的价格折扣。这种策略的主要目的是鼓励顾客增加购买数量，达到降低销售成本的目的。

累积数量折扣和非累积数量折扣策略在使用上并不矛盾，可以联合采用。数量折扣的形式除了可以减少顾客现金的支付以外，还可以采用给予顾客等值的产品或购买券，或给予顾客某些特殊的待遇等。

3. 功能折扣

功能折扣也称贸易折扣（trade discount），是指制造商给中间商的折扣。因不同的分销渠道所提供的服务不同，给予不同折扣；因批发商和零售商的功能不同，折扣也不同。例如，制造商报价“100元，折扣40%及10%”，表示给零售商折扣40%，即卖给零售商的价格是60元；给批发商则再折扣10%，即54元。这种策略的主要目的是调动中间商经销本企业产品的积极性。

4. 季节性折扣

季节性折扣是生产季节性产品的企业对一定季节内的购买者给予折扣优惠，鼓励中间商提早储存商品的一种策略。例如，电风扇、冬季服装等均为常年性生产、季节性消费的产品。生产企业为了鼓励经营者和消费者提早订货储备商品与购买而给予一定的折扣，目的是保证生产企业不受季节性影响并充分发挥生产能力。

5. 运输折扣

运输折扣是企业为了弥补远方顾客的部分运费，给其一定的价格折扣。具体折扣率可以按照路途远近、运费高低等情况确定。这种策略的主要目的是吸引远地客户，扩大产品销售的地理范围。

6. 折让

折让也是减价的一种形式。例如，“以旧换新折让”，多见于汽车或其他耐用品的销售；“促销折让”是生产者对中间商提供促销的一种报酬。

价格折扣形式还有很多，如节日折扣、特殊顾客（如老人、军人）折扣等，企业应根据具体情况，多种方式配合使用才能取得良好的效果。

（二）影响折扣策略的主要因素

折扣被用在战术上和策略发展上会表现出不同的特点，其原因主要有以下3个。

（1）竞争对手以及联合竞争的实力。市场中同行业竞争对手的实力强弱会威胁到折扣的成效，一旦竞相折价，要么两败俱伤，要么被迫退出竞争市场。

（2）折扣的成本均衡性。销售中的折价并不是简单地遵循单位价格随订购数量的上升而下降这一规律。对生产厂家来说，有两种情况是例外的：一种是订单量大，很难看出连续订购的必然性，企业扩大再生产后，一旦下一季度或来年订单陡减，投资难以收回；另一种是订单达不到企业的开机指标，开工运转与分批送货的总成本有可能无法用增加的订单补偿。

（3）市场总体价格水平下降。由于折扣策略有较稳定的长期性，当消费者利用折扣超需购买后，再转手将超需的那部分商品以低于折扣的价格卖给第三者，这样会扰乱市场，导致市场总体价格水平下降，给采用折价策略的企业带来损失。

企业实行折扣策略时，除考虑以上因素外，还应该考虑企业流动资金的成本、金融市场的汇率变化、消费者对折扣的疑虑等因素。目前在我国商界，总代理、总经销方式越来越普遍，折扣在经销方式中的运用也非常普遍。应注意的是，厂家和大的经销商应尽量在地区影响范围内消除折扣的差异性，因为市场内同一厂家的同种商品折扣标准混乱，会使消费者或用户难以确定应该选择哪一种价格，结果折扣差异性在自己的市场内形成了冲抵，以致影响经销总体目标的实现。

【案例 8-4】

美佳西服店的折扣定价策略

日本东京银座美佳西服店为了销售商品采用了一种折扣销售方法，颇获成功。具体方法是这样：先发一个公告，介绍某商品品质性能等一般情况，再宣布打折扣的销售天数及具体日期，最后说明打折方法：第一天打九折，第二天打八折，第三、四天打七折，第五、六天打六折，以此类推，到第十五、十六天打一折。这个销售方法的实践结果是，第一、二天顾客不多，来者多半是来探听虚实和看热闹的。第三、四天人渐渐多起来，第五、六天打六折时，顾客像洪水般拥向柜台争购。以后连日爆满，没到一折售货日期，商品早已售罄。这是一则成功的折扣定价策略，妙在准确地抓住顾客购买心理，有效地运用折扣售货方法销售。人们当然希望购买质量好又便宜的货品，最好能买到二折、一折价格出售的货，但是有谁能保证到你想买时还有货呢？于是出现了头几天顾客犹豫，中间几天抢购，最后几天买不着惋惜的情景。

[资料来源：陈筱彦，伍丹．“每天降价 10%”策略的实质与运用 [J]．中国市场，2006（49）：59-60．本案例根据该文整理。]

三、地区定价策略

企业在定价过程中还必须考虑对不同地区的顾客定不同的价格。以下是 5 种地区性定价方法。

（1）FOB 原产地定价。FOB 即 free on board 的简称，意为在某一运输工具上交货的贸易条件。FOB 原产地定价即指卖方负责将产品装运到原产地的某种运输工具上交货，并承担此前的一切风险和费用。交货后的一切风险和费用包括运费则由买方承担。这样，每个顾客各自担负从原产地到目的地的运费，看上去是很合理的。但这种定价法有失去远方顾客的危险，因为远途顾客必须承担较高的运输费用。

（2）统一交货定价。与FOB原产地定价相反，这种定价法是没有地区差价的。企业对不同地区的顾客实行统一价格加运费的定价策略，运费按平均运费计算。这种定价法简便易行，并可争取远方顾客，但对近处顾客不利。

（3）区域定价，即把产品的销售市场划分为两个或两个以上的区域，在每个区域内定同一个价格。一般来说，较远的区域定价高些。

（4）基点定价，是指企业指定一些城市为基点，按基点到顾客所在地的距离收取运费，而不管货物实际上是从哪里起运的。如果所有的卖主都以同一个城市为基点，那么所有顾客都支付同样的装运价格，这样可以消除价格竞争，但其他形式的竞争依旧存在。

（5）免收运费定价。有些急于同某顾客或某地区做成生意的企业，由自己负担部分或全部实际运费，以促成交易，这样做是为了增加销售额，使平均成本降低而足以补偿这部分运费开支，以达到渗透市场、在竞争中站住脚的目的。

四、心理定价策略

消费者的购买心理会影响到购买行为，不同消费者的购买心理是有所不同的。但在许多情况下，存在消费心理相似的消费群体，利用定价来满足不同购买心理的消费群体的策略称为心理定价策略。

（1）尾数定价策略，也称非整数定价策略、零头定价策略或奇数定价策略。这种定价策略，有意使产品价格不是整数而留有尾数，如2.97元、9.80元、24.50元，常用的尾数多为5、7、9，特别是9用得最多。调查发现，有尾数的价格使消费者感到便宜和真实，由此产生信任并刺激购买。对于普通日用消费品，尾数定价效果更为明显。

（2）整数定价策略。这种策略用整数来定价。例如，92元的价格变成100元的价格，1 120元的价格变成1 200元的价格，去掉尾数提高价格，相应地提高了商品身价，满足消费者的炫耀需求。这种策略适用于价值昂贵的商品，特别是高档商品和消费者不太了解的商品，消费者往往以价格作为辨别质量的“指示器”，认为“一分钱一分货”。

（3）声望定价策略。这种策略对有声誉的名牌产品制定高价以满足消费者求名的心理。用整数定价策略的产品是价值较大的产品，而用声望定价策略定价的产品只是有声望的名牌产品而不一定是价值较大的产品。例如，名牌衣服、名牌领带、名牌皮鞋，在质量相当的情况下，名牌产品价格要高出非名牌产品价格，并具有更大的盈利率，但它的价格不一定是整数，也可以留有尾数。消费者具有崇尚名牌的心理，往往以价格来判断质量，低价反而被认为有质量问题。除名牌产品外，一些艺术品、文物古玩也常常使用声望定价策略。

（4）习惯定价策略。这种策略是按照习惯的价格心理制定价格。消费者经常购买的日常消费品，如自来水、方便面、洗涤剂等，其价格在消费者心目中已形成一种习惯性的标准。高于这个习惯价格会被认为是不合理的涨价，低于这个习惯价格则会被认为是质量可能下降。这类商品宜按照习惯定价，不能轻易和频繁地调价。如果企业的产品要提价，可以通过减少数量或适度降低质量的办法来解决，这样消费者较易接受；或者通过改变品牌、变换包装来实现提价。

（5）招徕定价策略。采用这种策略，有意将少数几种商品的价格降低到市价以下，甚至低于成本，以招徕顾客，增加其他商品的连带性购买来扩大销售额。采用这种策略时，选择降低价格的商品应是消费者购买频率高的日用消费品，才能达到招徕目的。另外，企业经营的产品品种必须要多，以便顾客和消费者选择和连带购买。例如，有的企业举办“大展销”“酬宾减价”等活动，把一些低值畅销商品用处理品价格或大减价来招徕顾客，以带动其他商品的销售。

五、差别定价策略

差别定价是指企业销售某种产品时，根据不同细分市场的需求差异情况，制定不同水平的价格。这种策略具有很强的市场针对性，应用得当能使企业取得很好的经济效益。差别定价具体方式主要有：

（1）对不同的顾客群制定不同的价格。顾客之间有很大差异，例如，不同阶层的顾客其收入不一样，不同文化层次的顾客其消费习惯也不一样。只要顾客有差异，其需求性质就有区别，从理论上来讲，即使完全相同的产品也可以制定有差异的价格。例如，许多公园、影院和展览馆等对学生或老年人给予优惠。

（2）对不同改良程度的同类产品制定不同的价格。在同类产品中，不同品种之间的特性有区别，如果各自成本水平差距较大，其价格的制定自然也要有差距。但即使不同品种的成本相近，也可以制定差别性价格，这样可以通过价格的明显差异，将产品的特性充分突出，满足部分顾客的需求，也能使企业利润率提高。

（3）对不同地理区域制定不同的价格。当不同地理区域的经营成本、竞争程度、潜在销售量等市场条件相差较大时，可以使用差别定价。例如，日本的家用电器、照相器材等产品在北美地区销售时定价较低，在本国市场销售时定价较高。

（4）对不同时间定不同价格。有些产品价格特别是饮食服务业的价格，可因季节、日期甚至同一天里的不同时间定不同的价格。例如，长途电话在不同时间收费不同，旅游服务企业在淡季和旺季收费不同，餐馆在同一天的午餐和晚餐也可定不同的价格，等等。

差别定价策略的应用必须具备以下条件，否则难于实行：①不同细分市场的需求价格弹性有显著差别，企业才能在弹性较低的市场定高价，在弹性较高的市场定低价；②不同细分市场之间不能相互渗透，处于低价市场的产品不会流入高价市场，例如国内市场与国际市场之间因海关隔离，则可以进行差别定价；③在计划实行高价的细分市场内，预期不会出现同类产品的低价竞争者，否则差别定价可能反而引起竞争的不利。

【案例 8－5】

肯德基“同城不同价”

2011 年 10 月，肯德基实施第二阶段的价格调整，所针对产品主要为鸡肉配餐类产品和饮料。早餐的“火腿蛋堡＋咖啡”从 7 元涨到 8 元，“法风烧饼＋醇豆浆”由 10 元涨到12元；黑椒嫩牛饭从19元涨到21元，鸡翅、原味吮指鸡价格都有所上涨。与此同时，多款饮料价格也上涨0.5元。

据了解，就在1个月前的9月底，肯德基对外带全家桶、饮料、早餐套餐等部分品类的销售价格也进行了上调，单品涨幅为0.5元至1元。

“今年肯德基遭受着严峻的成本持续上涨考验”，对于提价的原因，肯德基方面称，今年2月以来鸡肉原料成本上涨近15%，因此肯德基经过审慎评估和综合考量后，决定酌情调整产品价格。

肯德基同时表示，此次调价动作分为两个阶段，首次已在9月底进行，主要针对汉堡类产品；10月底是第二阶段，主要集中在鸡肉配餐类产品和饮料。

除成本的因素外，对于价格变动的原因，肯德基表示，这与肯德基的定价策略发生根本性变化也有关。肯德基2011年在中国市场启用细分差别定价策略，在不同城市、不同商圈，综合考量每家餐厅的租金、营业状况等因素，依据各餐厅实际情况差别定价，取消了多年来一直奉行的全国统一定价模式，“同城不同价”将成为常态。在一些特殊商圈的肯德基餐厅，产品价格会略高；但在一些社区等地段的肯德基餐厅，就会提供更加亲民的产品价格。消费者可根据自身情况和需求，选择不同餐厅用餐。

（资料来源：根据《深圳商报》2011年10月30日《肯德基上调部分产品价格　将出现同城不同价》一文整理。）

六、产品组合定价策略

当产品只是某一产品组合的一部分时，企业必须对定价方法进行调整，以实现整个产品组合取得整体的最大利润。产品组合定价主要有以下几种情况。

（一）产品线定价

产品线定价就是针对整个产品线制定价格，而不是对单个产品定价。通常企业开发出来的是产品线，而不是单一产品。当企业生产的系列产品存在需求和成本的内在关联性时，为了充分发挥这种内在关联性的积极效应，需要采用产品线定价策略。在定价时，首先，确定某种产品的最低价格，它在产品线中充当领袖价格，以吸引消费者购买产品线中的其他产品；其次，确定产品线中某种商品的最高价格，它在产品线中充当品牌质量和收回投资的角色；最后，产品线中的其他产品也分别依据其在产品线中的角色不同而制定不同的价格。

例如，日本松下电器公司曾经生产5种不同型号（体积、重量和功能不同）的摄像机，公司在做定价决策时，要考虑它们的不同成本、顾客对各种产品特色的反应和偏好以及竞争产品的价格。如果两种类似产品的差价较小，顾客就会买那种售价略高但技术更先进的产品。在这种情况下，如果产品成本的差距比价格的差距更小，则对企业有利。但是，如果两种类似产品的差价较大，则顾客可能购买不太先进但价廉的那种产品。

在许多行业中，企业还利用顾客对产品线系列产品的价格所形成的理解来制定价格。例如，美国有些服装商店，将男人的套服定3种价格：每套180美元、每套250美元和每套340美元。顾客自然会按这3种价格把服装的质量也分为低、中、高3个档次。即使3种价格都分别提高一些，顾客仍会按他们对价格的理解去购买某一档次的产品。这里，企业的任务是使顾客心理上产生这样的认知：价格高是质量高的必然结果，即所谓“一分钱，一分货”。

（二）选择品定价

许多企业在提供主要产品的同时，还会附带一些可供选择的产品。例如，汽车用户可以订购电子开窗控制器、扫雾器和减光器等，但是对选择品定价却是一件棘手的事，汽车公司必须确定价格中应包括哪些产品，又有哪些产品可作为选择对象。又如，汽车制造商只希望对简便型汽车做广告，以吸引人们到汽车展示厅参观，而将展示厅的大部分空间用于展示昂贵的特征齐全的汽车。饭店也面临同样的定价问题，其顾客除了订购饭菜外也买酒类，许多饭店的酒价很高，而食品的价格相对较低，食品收入可以弥补食品的成本和饭店其他的成本，而酒类则可以带来利润，这就是为什么服务人员极力要求顾客购买酒水饮料的原因；也有的饭店会将酒价制定得较低，而对食品制定高价，以此来吸引爱饮酒的消费者。

（三）补充产品定价

有些产品需要附属或补充产品，例如剃须刀片和胶卷。制造商经常为主要产品（剃须刀和照相机）制定较低的价格，而为附属产品制定较高的价格。但如果补充产品的定价过高，就会出现危机。例如，卡特彼勒公司对其部件和服务制定了高价格，以便在售后市场中获取高额利润，该公司设备的加成率为30%，而部件的加成率有时候达到300%，这就给“非法仿制者”带来了机会，他们仿制这些部件，然后将它们销售给那些不老实的负责安装的技术师，这些技术师仍以原价计算，而不把节省的成本转让给顾客，这样，卡特彼勒公司的销售额下降了很多。卡特彼勒公司为了控制这种情况，劝说设备所有者只从被许可的经销商处购买部件，以保证设备的性能。很显然，该问题是由于制造商对售后市场的产品定价过高所造成的。

（四）副产品定价

在生产加工肉类、石油产品和其他化工产品的过程中，经常有副产品产生。如果副产品价值很低，处理费用昂贵，就会影响到主产品的定价。制造商确定的价格必须能够弥补副产品的处理费用。如果副产品对某一顾客群有价值，就应该按其价值定价。副产品如果能带来收入，将有助于公司在迫于竞争压力时制定较低的价格。

（五）分部定价

服务性企业经常收取一笔固定费用，再加上可变的使用费。例如，电话用户每月都要支付一笔固定的使用费，如果使用次数超过规定，还要再交费。游乐园一般先收门票费，如果游玩的地方超过规定，就再交费。在新加坡，新车的价格包括两个部分：第一部分是包括进口税在内的汽车成本，第二部分是获取驾驶执照的价格——拥有新车的权利。后者在拍卖行可以购得，那里每月都提供一定数量的用于不同车辆的驾驶执照。成功的驾车执照投标人要为享有买车的权利支付费用。服务性公司也面临着与补充产品定价同样的问题，即应收多少基本服务费和可变使用费。固定成本应较低，以推动人们购买服务，利润可以从使用费中获取。

（六）产品系列定价

企业经常以某一价格出售一组产品，例如化妆品、计算机以及假期旅游公司为顾客提供的一系列活动方案。这一组产品的价格低于单独购买其中每一个产品的费用总和。因为顾客可能并不打算购买其中所有的产品，所以这一组合的价格必须有较大的降幅，以此来推动消费者购买。有些顾客不需要整个产品系列。例如，一家医疗设备公司免费提供送货上门和培训服务，而某一顾客可能要求免去送货和培训服务，以获取较低的价格；有时，顾客要求将产品系列拆开。在这种情况下，如果企业节约的成本大于向顾客提供其所需商品的价格损失，则公司的利润会上升。例如，供应商不提供送货上门可节省 100 美元，这时向顾客提供的价格的减少额为 80 美元，则它的利润无形中就增加了 20 美元。

第四节 价格变动与企业对策

一、价格变更及其带来的反应

产品价格一直是处于变动的状态，因为价格作为极为灵活的竞争手段，企业会根据内、外环境变化而调整。研究价格变动对企业、顾客及竞争者的影响，是制定价格策略的重要内容。

（一）价格变动的原因

企业调整价格，可采用降价及提价策略。企业产品价格调整的动力既可能来自内部，也可能来自外部。倘若企业利用自身的产品或成本优势主动地对价格予以调整，将价格作为竞争的利器，这称为主动调整价格。有时，价格的调整出于应付竞争的需要，即竞争对手主动调整价格，而企业也相应地被动调整价格。无论是主动调整，还是被动调整，其形式不外乎是降价和提价两种。

企业降价的原因主要有：①生产能力过剩，需要扩大市场份额；②处理库存积压、回笼沉淀资金；③市场战略撤退，迅速转移资源投入新方向；④开展价格竞争，或者是通过低价渗透进入竞争者的市场范围，或者是通过低价反击竞争者的侵入。

企业提价的主要原因有：①需要提高利润率，满足财务上的要求；②产品成本上升，迫使价格上调；③社会通货膨胀压力，价格随之上扬；④产品供不应求，企业生产能力不能满足，通过调价适当降低需求；⑤提高产品、品牌的声誉，以价格上升反映产品品质、性能等方面的提高。

（二）消费者对价格变动的反应

企业无论是提价还是降价，这种行动必然影响到购买者、竞争者、经销商和供应商，而且政府对企业变动价格也不能不关心。在这里，首先分析购买者对企业变动价格的反应。

不同市场的消费者对价格变动的反应是不同的，即使处在同一市场的消费者对价格变动的反应也可能不同。从理论上讲，可以通过需求的价格弹性来分析消费者对价格变动的反应，弹性大表明反应强烈，弹性小表明反应微弱。但在实践中，价格弹性的统计和测定非常困难，其状况和准确度常常取决于消费者预期价格、价格原有水平、价格变化趋势、需求期限、竞争格局以及产品生命周期等多种复杂因素，并且会随着时间和地点的改变而处于不断变化之中，企业难以分析、计算和把握。消费者对调价的反应主要体现在以下 3 个方面。

（1）在一定范围内的价格变动是可以被消费者接受的；提价幅度超过可接受的价格上限，则会引起消费者的不满，产生抵触情绪，而不愿购买企业产品；降价幅度低于下限，会导致消费者的种种疑虑，也会对实际购买行为产生抑制作用。

（2）在产品知名度因广告而提高、收入增加、通货膨胀等条件下，消费者可接受的价格上限会提高；在消费者对产品质量有明确认识、收入减少、价格连续下跌等条件下，下限会降低。

（3）消费者对某种产品削价的可能反应是：产品将马上因式样陈旧、质量低劣而被淘汰；企业遇到财务上困难，很快将会停产或转产；价格进一步下降；产品成本降低了。而对于某种产品的提价则可能这样理解：很多人购买这种产品，我也应赶快购买，以免价格继续上涨；提价意味着产品质量的改进；企业将高价作为一种策略，以树立名牌形象；卖主想尽量取得更多利润；各种商品价格都在上涨，提价很正常。

（三）竞争者对价格变动的反应

企业要透彻地了解竞争者对价格变动的反应几乎不可能，但为了保证调价策略的成功，主动调价企业又必须考虑竞争者的价格反应。如果所有的竞争者行为相似，只要对一个典型竞争者做出分析就可以了。如果竞争者在规模、市场份额或政策及经营风险方面有关键性的差异，则各个竞争者将会做出不同的反应，这时，就应该对各个竞争者分别予以分析。分析的方法是尽可能地获得竞争者的决策程序及反应形式等重要情报，模仿竞争者的立场、观点、方法思考问题。最关键的问题是要弄清楚竞争者的营销目标：如果竞争者的目标是实现企业的长期最大利润，那么，当本企业降价，它不一定会在价格上做出相应的反应，而是在其他方面做出努力，如加强广告宣传、提高产品质量和服务水平等；如果竞争者的目标是提高市场占有率，它就可能跟随本企业的价格变动，而相应调整价格。

在实践中，为了减少因无法确定竞争者对价格变化的反应而带来的风险，企业主动调价之前必须明确回答以下问题：

（1）本行业产品有何特点？本企业在行业中处于何种地位？

（2）主要竞争者是谁？竞争对手会怎样理解我方的价格调整？

（3）针对本企业的价格调整，竞争者会采取什么对策？这些对策是价格性的还是非价格性的？它们是否会联合做出反应？

（4）针对竞争者可能的反应，企业的对策又是什么？有无几种可行的应对方案？

在细致分析的基础上，企业方可确定价格调整的幅度和时机。

【案例8-6】

史密诺夫酒的定价策略

休布雷公司在美国伏特加酒的市场中，属于营销出色的企业，他们生产的史密诺夫酒在伏特加酒的市场占有率中达23%。20世纪60年代，另一家公司推出了一种新型伏特加酒，其质量不比史密诺夫酒低，而每瓶酒的价格却比史密诺夫酒低1美元。按照惯例，休布雷公司面前有三条对策可用：

第一，降低1美元，以保住市场占有率。

第二，维持原价，通过增加广告费用和推销支出与竞争对手竞争。

第三，维持原价，听任市场占有率低。

由此看来，不论休布雷公司采取以上哪种策略，都很被动，似乎将是输定了。但是，该公司的市场营销人员经过深思熟虑后，却采取了令人们大吃一惊、意想不到的第四种策略。那就是：将史密诺夫酒的价格再提高1美元，同时推出一种与竞争对手的新伏特加价格一样的莱斯卡酒和另一种价格更低的波波夫酒。

于是，竞争对手的新型伏特加酒受到休布雷公司史密诺夫、莱斯卡、波波夫三种品牌酒的上下夹击，销售惨淡。对于休布雷公司而言，史密诺夫酒的利润不但没有下降，反而提高了。三种酒的口感大同小异，制造工艺类似，制造成本也不相上下，休布雷公司只不过是聪明地利用了消费者的不同需求层次和不同心理，成功地使用了差别定价策略罢了。

（资料来源：根据《销售与市场》1995年第1期《休布雷巧定酒价》一文整理。）

二、企业对策

竞争对手在实施价格调整策略之前，一般都要经过长时间的深思熟虑，仔细权衡调价的利害关系，但是，一旦调价成为现实，则这个过程相当迅速，并且在调价之前大多要采取保密措施，以保证发动价格竞争的突然性。企业在这种情况下，贸然跟进或无动于衷都是不对的，正确的做法是尽快迅速地对以下问题进行调查研究：

（1）竞争者调价的目的是什么？

（2）竞争者调价是长期的还是短期的？

（3）竞争者调价将对本企业的市场占有率、销售量、利润、声誉等方面有何影响？

（4）同行业的其他企业对竞争者调价行动有何反应？

（5）企业有几种反应方案？竞争者对企业每一个可能的反应又会有何反应？

在回答以上问题的基础上，企业还必须结合所经营的产品特性确定对策。一般来说，在同质产品市场上，如果竞争者降价，企业必须随之降价，否则大部分顾客将转向价格较低的竞争者；但是，面对竞争者的提价，本企业既可以跟进，也可以暂且观望。如果大多数企业者维持原价，最终将迫使竞争者把价格降低，使竞争者涨价失败。在异质产品市场上，由于每个企业的产品在质量、品牌、顾客、包装、消费者偏好等方面有着明显的不同，所以面对竞争者的调价策略，企业有着较大的选择余地：

第一，价格不变，顺其自然，任顾客随价格变化而变化，靠顾客对产品的偏爱和忠诚度来抵御竞争者的价格进攻，待市场环境发生变化或出现某种有利时机，企业再行动。

第二，价格不变，加强非价格竞争。比如，企业加强广告攻势，增加销售网点，强化售后服务，提高产品质量，或者在包装、功能、用途等方面对产品进行改进。

第三，部分或完全跟随竞争者的价格变动，采取较稳妥的策略，维持原来的市场格局，巩固取得的市场地位，在价格上与竞争对手较高低。

第四，以优越于竞争者的价格跟进，并结合非价格手段进行反击。以比竞争者更大的幅度降价，以比竞争者更小的幅度提价，强化非价格竞争，形成产品差异，利用较强的经济实力或优越的市场地位，居高临下，给竞争者以毁灭性的打击。

【案例讨论】

沃尔玛从“天天平价”到“优质低价”

2008 年，沃尔玛摒弃在中国市场上坚持了多年的“天天平价”策略，以特惠商品的形式攻势凌厉地发起了“低价冲击波”，在全国 80 多家沃尔玛购物广场和社区店共同推出 1 000 多种特惠商品。有关负责人表示：“这是沃尔玛首次推出的大规模价格优惠政策。”同时，对现有沃尔玛门店进行了大规模的“美容包装”，一改过去单调乏味的卖场气氛。大力推动店内广告和促销规划，颠覆过去循规蹈矩的呆板形象，鼓励全店创收。

沃尔玛自从进入中国市场以后，一直处于布局和观察的阶段。在门店拓展方面远远落后于老对手——家乐福，更多的是着眼于培养管理人员，培养供应商，以及为美国及遍布世界的 7 000 多家沃尔玛商场采购廉价的中国商品。所以体现在管理上，沃尔玛一直患有“恐龙症”，即所有关键决策均需传到沃尔玛全球总部高层决策，甚至有沃尔玛员工抱怨“连商场里的冻库温度过高，美国总部都能检测到并打电话过来处理”。而美国沃尔玛高层又对万里之外的中国市场知之甚少，这样难免使得中国沃尔玛错失很多发展机会。在蛰伏中国 10 多年后，2007 年沃尔玛收购了好又多公司 35% 的股权，实际上已经变身为中国最大的外资超市集团。中国经济的强劲增长和中国沃尔玛的不俗盈利表现最终打动了美国沃尔玛高层，给予了中国沃尔玛相当大的自由发展空间。

1. 全面提升卖场及商品形象

沃尔玛摒弃传统低价折扣店形象。同为沃尔玛旗下的山姆会员店已经从主要批发低价折扣商品的折扣会员店，逐渐向为中高端客户提供高品质商品和服务的价值会员店转变。沃尔玛将更加注重中国主流消费群体的需求，更加强调市场营销和客户关系管理。“天天平价”是美国沃尔玛发家的法宝，按照沃尔玛的解释：沃尔玛的“天天平价”并不是一种短期的促销行为，而是持续地通过改善营运降低成本为顾客省钱。在美国，沃尔玛一直是很“土气”的形象，是典型的农村包围城市的成功案例，因为沃尔玛是以做折扣店起家的，一直都有折扣店情结。然而沃尔玛对中国的农村市场并不感兴趣，沃尔玛超市所在的位置一般都是当地最繁华热闹的商圈，不是新兴商业街就是曾经的百货大楼所在区域。这些地方都是当地有一定经济实力的消费者的主要购物选择区域。如果再以折扣店的形象出现，展眼就是白白的墙、空空的过道、木卡板直接堆放的堆头，消费者可能选择到在同一区域的吉之岛（现已更名为“永旺”）或者家乐福购买。

家乐福在店铺营销方面是可圈可点的，整个卖场设计规划围绕“开心购物家乐福”的主题，尽量体现时尚购物、年轻、开心等概念。家乐福的门店有一个原则就是不能看到任何空白的地方，不管是墙面，还是一些边角地带，要么用商品来覆盖这些区域，装饰卖场增加商品丰富的感觉；要么使用大型广告画来覆盖这些可能影响美观的区域。沃尔玛在这方面过去做得很不好，白森森的墙壁，空旷的通道。多数消费者感觉家乐福更有卖场气氛，显得更加时尚、高档。随着沃尔玛的策略从“天天平价”转换到“优质低价”，沃尔玛已经开始对部分门店进行改造，对服装、化妆品、个人护理等区域进行一些改造和装修，提升卖场形象。

2. 大力增加营业外收入

在“天天平价”政策指导下的沃尔玛反对一切与“天天平价”相违背的行动。沃尔玛的价格政策有严格的适用商品范围和毛利标准，商品变价和负毛利申请需要非常严格的审批，对快速变化的市场价格竞争反应迟缓。另外，沃尔玛长期坚持不收取供应商进场费，沃尔玛的海报也很少，只有开业和重大节日才制作一期海报，竞争对手如家乐福海报的频率大约是两周一期正常海报，重大节日每周一期，每个店还可以自己印刷海报派发。沃尔玛长期不允许供应商做店内广告，大量资源闲置，如墙面、户外、灯箱、柱子、电梯、店中店出租、百货组合等。而这些资源所产生的其他收入对以家乐福为代表的很多超市的利润贡献非常巨大。沃尔玛全面利用这些资源后，将有数亿的利润增长，竞争对手的处境将更加困难。

3. 加快开店步伐，收购兼并更加频繁

经过十几年的发展，沃尔玛已经完成了在中国的布局：依托位于深圳的沃尔玛亚洲总部，和深圳与天津的南方、北方配送中心，辐射东北、华北、华东、华中、华南、西南等几大区域。多年的人才储备及培养计划已经为沃尔玛储备了大量零售人才，这些专业人才要么在现有沃尔玛门店等待新店升迁机会，要么广泛分布于其他零售企业，一旦有新的平台机会，很多人会回到沃尔玛发展。很多曾经离开沃尔玛的员工又回到了沃尔玛，这主要是由于沃尔玛强大的企业文化和软实力对员工具有一定的吸引力，在沃尔玛工作时间一长，必然被“沃尔玛化”，离开公司后会感觉到自己在沃尔玛的所学无法发挥。另外，作为外资企业的透明和规范管理也是很多员工依恋沃尔玛的原因。在收购好又多公司35%的股权之后，羽翼渐趋丰满的沃尔玛一改观望低调的风格，以资本市场的强大实力大肆开展兼并与收购，在问鼎中国零售市场的同时也把竞争对手远远地甩在身后。

（资料来源：根据中国营销传播网2008年8月19日《从“天天平价”到“优质低价”——沃尔玛在华大变身》一文整理。）

讨论：

（1）沃尔玛“天天平价”策略与“优质低价”策略有什么区别？

（2）沃尔玛的价格策略为什么要改“天天平价”为“优质低价”？

第九章　分销渠道策略

【学习目标】

1. 掌握分销渠道的含义，了解分销渠道的职能、类型和结构，熟悉中间商的作用和类型
2. 掌握影响企业分销渠道选择的因素
3. 掌握分销渠道设计的内容，熟悉分销渠道设计的步骤
4. 熟悉分销渠道管理渠道，掌握渠道冲突的管理
5. 熟悉实体分配的目标，掌握实体分配的战略方案，了解实体分配的自动化

【引导案例】

小米手机从线上转向线下

一直以来小米手机都是以自己的线上渠道知名而引以为豪，但是，随着小米手机的吸引力不再、手机销量的持续低迷，小米科技有限责任公司（简称小米科技）也开始布局并不擅长的线下渠道。

2016 年 7 月在小米科技举办的专家研讨会上，小米科技董事长雷军在讲话中表示，小米手机未来的销售渠道重心将从线上营销转向实体门店，“小米之家”将大力扩张。雷军透露，最近小米手机的销售处在低谷期，2016 年有 3 个月供应链极度缺货，但他接管手机供应链之后，预计很快就会反弹。

根据权威机构统计的数据，2016 年第一季度，中国智能手机出货量冠军已经不再是小米手机。小米手机已被华为手机、OPPO 手机、vivo 手机、苹果手机超越，仅排在第五。

雷军表示，未来小米将销售渠道的重心从线上营销转向实体门店。“小米之家”的目标是每家店 250 平方米，月销售额 5 000 万元，小米手机销量将好转，商业模式也将完善，并努力成为科技业的“无印良品”。未来小米手机的商业模式也将更加完善，像无印良品一样，店里只有 50 件到 100 件商品，靠 50 件到 100 件商品征服消费者。

（资料来源：根据澎湃新闻网 2016 年 7 月 9 日《雷军承认小米现在处于低谷，下一步销售渠道重心转向实体门店》一文整理。）

思考：

小米公司的渠道重心为什么要从线上转向线下？

渠道是产品从生产领域流向消费领域所经过的通道，是沟通生产者与消费者之间的生命之河。渠道畅通，产品从生产领域就能够顺利地转入消费领域，从而使企业获得丰厚利润；渠道阻塞，产品就会产生大量库存积压，从而使企业破产倒闭。因此，一个企业要实现盈利目标，不仅要生产出符合目标市场消费需要的产品，制定出目标消费者乐意接受的价格，而且还要让目标消费者在最方便购买的地点能够买到其产品，即要制定出科学的分销渠道策略。

第一节　分销渠道的模式

一、分销渠道的含义与职能

（一）分销渠道的含义与特点

在市场营销理论中，有两个与渠道有关的概念经常不加以区别、混为一谈地交替使用，就是市场营销渠道和分销渠道。菲利普·科特勒在其《市场营销管理》一书中曾就这两个概念的关系和区别进行了论述。

所谓市场营销渠道（marketing channel），是指配合生产、分销和消费某一些生产者的商品和服务的所有企业和个人。也就是说，市场营销渠道包括某种产品的供产销过程中的所有有关企业和个人，如供应商、生产者、中间商、代理中间商、辅助商以及最终消费者或用户等。而分销渠道（distribution channel）是指某种商品和服务从生产者向消费者转移的过程中，取得这种商品和服务的所有权或帮助所有权转移的所有企业和个人。因此，分销渠道包括中间商和代理中间商，此外，它还包括处于渠道起点和终点的生产者和最终消费者或用户；但是，它不包括供应商和辅助商。

一般来说，分销渠道有以下 3 个基本特点：

（1）分销渠道是由参加商品转移的各种类型的机构如生产商、批发商、零售商、仓储公司、运输公司、广告公司、银行等组成的。这些组织共同为解决产品实现销售的问题而执行各自不同的职能，从而因共同的经济和社会利益而结成共生伙伴关系；同时他们也有各自独立的经济利益，甚至有时会发生各种矛盾和冲突，从而需要管理和协调。

（2）分销渠道的起点是生产者，终点是消费者或最终用户。分销渠道的结构无论多么复杂，但起点都是生产者，也就是说，生产者是产品和服务的提供者，是渠道运作的发力者；消费者或最终用户是产品或服务的接受者，也即渠道运作的终点。由此可见，分销渠道的基本功能就是帮助生产者把产品卖出去，让消费者或用户想买就能够买得到。

（3）在分销渠道中，产品运动是以其所有权转移为前提的。产品从生产领域流向消费领域时，至少要转移一次商品所有权，即生产者把产品直接卖给消费者或最终用户。但在大多数情况下，生产者需要经过一系列中介机构转卖或代理其产品，即产品在从生产领域向消费领域转移时要多次转移其所有权。

（二）分销渠道的功能

分销渠道把产品从生产者转移到消费手中，解决了产品或劳务与使用者之间存在的数量、品种、时间、地点等方面的矛盾。分销渠道有以下 8 种功能：

（1）信息（information）。搜集与传递有关营销环境中各种力量和因素的信息，以供规划和促成交易。

（2）促销（promotion）。发展和传播产品的说服性信息。

（3）接触（contact）。寻找潜在购买者并与之进行沟通。

（4）配合（matching）。使所提供的产品能符合购买者需要，包括制造、分级、装配、包装等活动。

（5）谈判（negotiation）。为了转移所供产品或劳务的所有权，而就其价格及有关条件达成最后协议。

（6）物流（physical distribution）。从事商品的运输和储存。

（7）融资（financing）。资金取得周转，以满足销售工作的各项成本。

（8）承担风险（risk taking）。承担完成销售工作所带来的风险。

上述的前 5 项功能主要在于协助促进交易，后 3 项功能主要在于帮助履行交易，可见，分销渠道功能是非常必要的，但关键的问题在于由谁来执行这些功能。当由制造商来执行这些功能时，制造商的成本增加，其产品的价格也必然上升。如果将若干功能转移到中间商手中，生产者的费用和价格下降了，但是中间商必须增加一些收费，以补偿他们的工作。因此，由谁来执行各种功能，是一个有关效率和效益的问题。

二、分销渠道的类型

（一）传统分销渠道的类型

在产品从生产者转移到消费者的流通过程中，要经过若干个流通环节或层次，任何一个取得产品所有权或帮助转移所有权的中间机构就叫作一个渠道层次。在流通领域中使用的销售渠道类型极多，为了研究问题的方便，根据 3 个不同的标准，我们可以从以下 3 个方面对销售渠道加以分类。

1. 直接渠道与间接渠道

直接渠道与间接渠道的划分是按照商品在流转过程中是否经过中间商来进行的。

直接渠道是指产品从生产者转移给最终顾客时，不通过任何中间商，产销直接见面。例如，企业派自己的推销员直接走访用户，企业自设零售门市部，举办展销订货会等。直接渠道可以使企业直接与顾客联系，易于掌握市场动态，能有效控制目标市场销售状况，有利于提高产品各项服务工作水平。但是，直接渠道需要企业增加投资，会分散企业从事生产组织的精力，市场销售覆盖面较窄，企业承担的风险加大，企业的管理组织机构也较为复杂。在现实中，大型生产企业的产品、生产资料产品的销售较多采用直接渠道方式。

间接渠道是指产品从生产者转移给最终顾客时，通过各种类型的中间商进行，生产企业不直接与最终顾客交易。产品的销售主要以间接渠道方式进行，这是社会分工发展的反映，可以简化生产企业的销售工作，提高其生产经营效率，能扩大企业的销售区域。

但间接销售方式将生产企业与最终顾客隔离，使企业对市场的变化反应不敏捷，产品服务工作不易直接提供给顾客，对市场的控制力降低。一般来说，消费品、中小企业的销售工作大多数需要采用间接渠道方式。

2. 长渠道与短渠道

长渠道与短渠道的划分是根据流通过程中所经过的渠道环节或层次的多少而进行的。

长渠道是指商品从生产领域向消费领域转移的过程中利用两个以上的中间商完成商品流转的分销渠道。企业采用长渠道的销售方式能够使产品销售的市场覆盖面扩大，减轻其营销的责任，市场风险也可以较早地得到转移。但长渠道的流通环节较多，流通费用就会增加，产品最终售价可能会较高，也会增加产品的损耗，生产企业对市场的控制力很小。

短渠道是指商品从生产领域向消费领域转移的过程中利用较少的中间商完成商品流转的分销渠道。采用短渠道的模式可以加快商品流转速度，从而使产品迅速进入市场；可以减少中间商分割利润，从而维持相对较低的销售价格；有助于生产者和中间商建立直接、密切的合作关系。但短渠道模式不利于产品在大范围内大批量销售，从而会影响其销售量。

3. 窄渠道和宽渠道

根据分销渠道中每一个层次中间商数目的多少，分销渠道可分为窄渠道和宽渠道。

窄渠道是指商品从生产领域向消费领域转移的过程中使用较少数目同种类型中间商的分销渠道。企业采用窄渠道的模式将有助于密切厂、商之间的关系，同时，也将有助于生产企业控制分销渠道。但其市场分销面较小，从而会影响商品销售量。宽渠道是指商品从生产领域向消费领域转移的过程中同时使用较多数目同种类型中间商的分销渠道。企业采用宽渠道的模式能方便消费者购买，从而扩大商品的销售量；促进中间商竞争，从而提高销售效率。但是采用宽渠道不利于密切厂、商之间的关系，并且生产企业几乎要承担全部推广费用。

（二）现代分销渠道的类型

传统分销渠道是由制造商、批发商和零售商组成的松散网络，渠道上各个成员各自为政，各行其是，它们为了获取利润而在市场上讨价还价，激烈竞争。这虽然保持了各个企业的独立性，但由于缺乏共同目标，内部矛盾较多，基础很脆弱，并影响了整体效益。第二次世界大战结束后，特别是 20 世纪 70 年代以来，分销渠道出现了联合化的趋向：一方面，一些大企业为了控制和占领市场，采取工商前向一体化或商工后向一体化的经营方式，从而出现了垂直渠道系统；另一方面，一些中小企业纷纷组织起来，搞联合经营，从而出现了水平渠道系统。

1. 垂直渠道系统

垂直渠道系统是由制造商、批发商和零售商组成的统一联合体，在一个系统内渠道成员之间采取不同程度的一体化经营或联合经营。垂直渠道系统的组建往往始于某一企业对相邻流通环节上的企业的接管或控股，这种渠道系统既可以由生产者支配，也可以由批发商或零售商支配。这种支配力的存在，可以使整个渠道系统形成专业管理的集中计划网络，具有一致的目标性、规模性和更高的效益，避免独立成员追求各自目标而引起的冲突。当前，垂直渠道系统在一些发达国家已成为消费品分销的主要形式。

按照主导企业对于渠道成员控制程度和管理方式的不同，垂直渠道系统具体可分为以下 3 种类型。

（1）公司渠道系统。公司渠道系统是指由同一所有权下的生产和分销部门组成的渠道系统，它通常由一家公司拥有和统一管理若干工厂、批发机构和零售机构，控制渠道的若干层次甚至整个分销渠道。

公司渠道系统有两种具体形式：一是由大工业公司拥有和统一管理的、以工业为龙头的工商一体化经营方式；二是由大型零售商或批发商拥有和统一管理的、以工商为龙头的商工一体化经营方式。公司渠道系统所有权单一，控制程度高，所以，一旦成形，其成员便可以从中享受很多好处。例如，从生产到销售的各个环节都在总公司的严密控制之下，统一指挥；公司的经营战略能够很好地被执行；减少了网络变动的成本和风险；品牌统一化和服务同质化，有利于树立统一的公司形象；最大限度地接近消费者，从而方便消费购买。

（2）管理渠道系统。管理渠道系统是指依靠某一渠道成员的规模和权力来协调生产和销售两个连续阶段的渠道形式，它通常是素享盛誉的大制造商为了实现其战略计划而在推广、存货、定价、商品陈列、购销业务等方面与零售商建立协作关系。例如，美国通用电器公司、通用食品公司等都广泛与零售商的建立合作关系。

管理渠道系统不以单一所有权为基础，大企业仅仅在管理意义上处于支配地位而不改变其他渠道成员的所有权性质，即由于制造商规模大、声誉高、实力强，零售商在商品定价、展销、宣传等方面愿意听从生产企业的安排。大企业一方面提供资金融通、技术咨询、管理协助等优惠条件，以稳定改善渠道关系；另一方面也以此为手段逐步控制整个渠道系统。

管理渠道系统的优点是：合作关系较为牢固，成员愿意为渠道的持续发展注入激情、信任与忠诚，利益关系具有协调性，渠道成员能够实现资源共享。

（3）合同渠道系统。合同渠道系统是指不同层次的独立制造商和中间商为了实现其单独经营所不能达到的经济效果而以契约形式为基础形成的联合体。这一系统被人们称为“增值伙伴关系”，近年来发展很快。

2. 水平渠道系统

水平渠道系统是指两家或两家以上的独立公司通过某种形式的合作，共同开发新的市场机会而形成的渠道系统，目的是通过联合发挥资源协同作用和回避风险。在现实生活中，一些公司因资本、技术、营销资源不足而无力单独开拓市场机会，或不愿意冒风险，或者看到与其他公司合作可以带来更大的效益，从而愿意组成水平渠道系统。他们可以暂时或永久合作，也可以联合建立新的经营单位。水平渠道系统可以发挥协同效应，实现优势互补；能够节省成本，避免重复建设；可以共享市场，实现互惠互利。

总之，组建渠道系统的目的是力求利用协同效应，使资金周转加快，议价能力增强，物流综合治理和取得显著的规模效益。但同时企业的独立性和特色必然受到不同程度的损害。当前，分销渠道再造在我国尚处于探索之中，怎样处理渠道一体化的规模优势与中小企业灵活经营之间的相互平衡是当前应当研究的重要课题之一。

三、分销渠道的结构

产品可分为消费品与生产资料产品两大类，产品销售渠道也同样有这两类结构组合模式。

（一）消费品市场的分销渠道

消费品的销售市场分布广泛，顾客的需求情况差异很大，每次购买的数量较少，但是购买次数频繁。因此，消费品销售渠道的最主要特点是零售商占有重要地位。具体有以下 5 种主要的方式（如图 9－1 所示）。

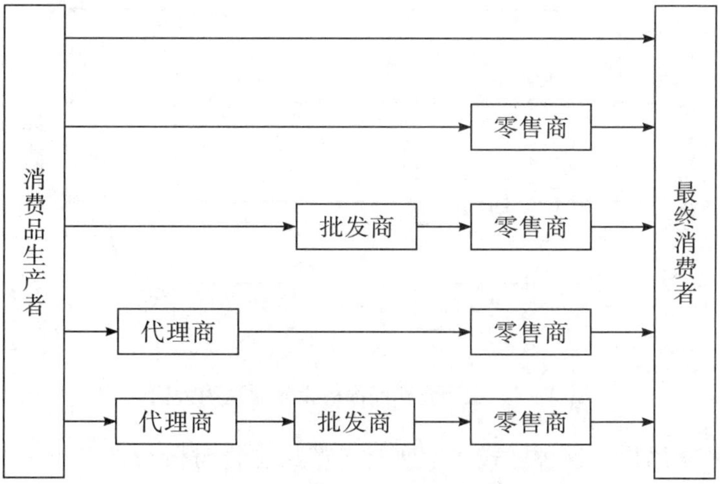

图 9－1　消费品市场的销售渠道组合模式

（1）生产者—消费者。这种产品转移方式不通过任何中间商，企业直接面向消费者，如推销员上门直销、邮售、企业展销等。这种方式具有短渠道的优点，但由于销售面较窄，而消费者市场分散，所以仅少数企业采用。

（2）生产者—零售商—消费者。这种方式中间环节少，产品转移不经过批发环节，由零售企业直接从生产企业进货，可大幅度降低流通成本。这类零售企业一般规模较大，有能力大批量进货。由于消费品市场竞争很激烈，零售企业降低营运成本的压力很大，逐步趋于大型化、连锁化，这种产品转移方式有逐渐增多的趋势。

（3）生产者—批发商—零售商—消费者。这是消费品转移中最常用的方式，它能适应消费品市场广阔而分散的特点，对中、小企业尤为适用。这里的批发环节可能不止一级，但如果批发环节过多，会增加流通成本，降低产品竞争能力。

（4）生产者—代理商—零售商—消费者。企业以代理商替代批发商作为销售渠道的开端，是希望能更多、更有效地与零售商接触，同时是为了增强对产品销售市场的控制权。因为代理商会联系更多的客户，而且会促使生产者与零售商直接接触。

（5）生产者—代理商—批发商—零售商—消费者。这种方式的中间环节较多，在国内市场营销时较少采用，多用于国际市场的营销活动中。生产企业的产品转移之所以需要在批发商之前先通过代理商，主要原因是对目标市场比较陌生，无法直接寻找、选择合适的客户，需要借助对当地市场情况熟悉的代理商。

（二）生产资料产品的销售渠道

在生产资料产品的销售渠道中，零售商的作用很小，因为这类产品的市场比较集中，用户的需求比较类似，购买批量较大。因此，除了标准件、小型工具等低值易耗品以外，其他生产资料产品的转移极少有通过零售环节。具体有以下4种主要方式（如图9－2所示）。

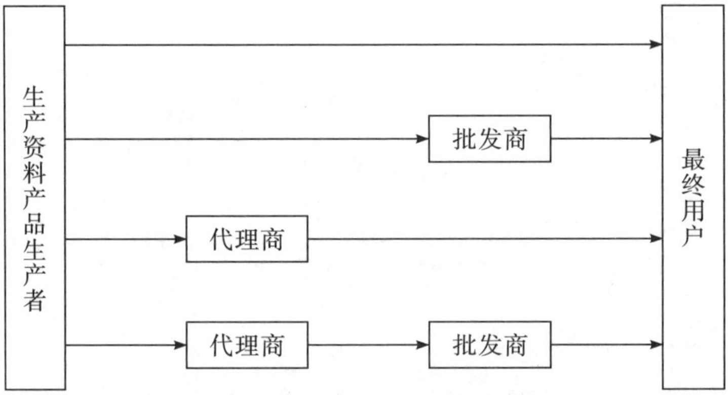

图9－2　生产资料产品的销售渠道组合模式

（1）生产者—用户。这种方式在生产资料产品销售时极为常见，例如生产企业派员上门联系业务、召开业务订货会等。这种方式特别适用于经销关系固定、产品技术服务要求高、用户相对集中等情况。

（2）生产者—批发商—用户。这种方式主要运用于产品通用化强、用户相对分散时的销售。

（3）生产者—代理商—用户。这种方式主要运用于生产企业想要更有效地控制产品的目标市场，但对该市场又不熟悉时的销售。

（4）生产者—代理商—批发商—用户。当生产企业对目标市场陌生、用户也比较分散、企业直接开拓有较大风险时，可采用这种方式，一般常用于国际市场的销售。

四、中间商及其作用

中间商是指产品从生产领域向消费领域转移的过程中直接或间接转移商品所有权的营销机构或个人，它在生产者和消费者之间起着桥梁或中介作用。中间商是分销渠道的主体，生产企业的绝大部分产品是通过中间商转卖给消费者或最终用户的，因此，它的出现和存在对于生产企业的分销活动发挥着十分重要的作用。具体来说，中间商的作用表现在以下4个方面。

（1）能减少市场的交易次数。中间商参与产品的转移过程，可以减少市场交易的总次数，简化流通程序。以图9－3为例说明，假设市场上存在3个生产者与3个消费者，若没有中间商参与流通领域，那么交易次数为9次；若中间商参与流通领域，那么交易次数减少为6次。从整个社会角度来看，中间商的存在会大幅度地降低产品总的流通费用。

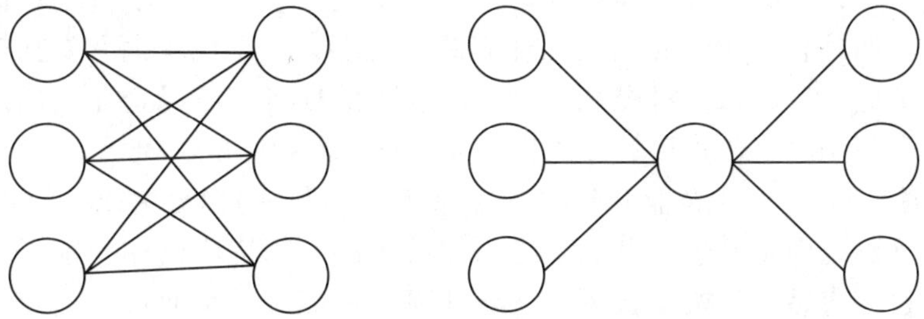

图9－3　中间商减少社会交易次数

（2）提高社会生产力的效率。由于流通领域工作日趋复杂化、专业化，生产企业不能完全兼顾生产与销售的全部工作。中间商拥有流通领域活动的专业知识，从事各种商业活动的效率比生产企业高。如果中间商承担了生产企业大部分产品的流通工作，生产企业就可以集中精力从事生产制造活动，从而使整个社会生产力的效率得到提高。

（3）为生产企业提供广泛的市场信息。中间商的各个企业广泛地分布于不同地区、国家的市场之中，长期与顾客接触，对当地市场情况、顾客需求等情况有深入的了解，所以成为生产企业极其重要的市场信息反馈渠道。

（4）使产品得到合理的分布。中间商能根据市场的供求情况，对产品进行集中、平衡和分散等工作，起着连接生产者与顾客之间的桥梁作用，使产品有合理的市场流向，无形中也提高了产品的价值。

五、中间商的主要类型

（一）代理商

1．代理商的定义

代理商是直接接受委托人的授权，以委托人的名义向第三者办理与交易有关事项的商业机构或商人，代理商与委托人之间是委托代理关系，不是买卖关系。在商品交易过程中，商品所有权的转移不经过代理商，代理商一般也不承担经营风险，不垫支流动资金。在实际交易活动中，一种做法是代理商仅介绍买卖交易，交易合同由实际的买卖双方签订，代理商仅收取佣金；另一种做法是代理商与卖方或买方签订合同，在合同或订单上注明买方或卖方的名称，这时代理商要对合同负责，同时也收取佣金。

2. 代理商的种类

（1）根据代理商取得的委托权限的大小，代理商可分为以下 3 类。

①独家代理，即代理商依照代理协议，在一定的期限和约定区域内享有指定产品的专营权，其职权范围一般仅限于商业性活动。在独家代理情况下，委托人产品在该区域内的销售无论是否通过该代理商进行，其销售业绩都会计入代理商的名下。

②一般代理，即代理商不享有产品的专营权，委托人可以在同一地区与两个以上的代理商建立业务关系。委托人也可以越过代理商直接与顾客成交。

③总代理，即代理商依照代理协议，不仅有权代表委托人从事推销产品、签订合同等商业性活动，而且有权代表委托人处理非商业性事务。总代理拥有委托授予的广泛权限，其行为若引起不良后果，对委托人会产生较大的损害。所以企业在确定其总代理时要十分慎重，一般是由企业直接的外派机构或关系很密切的单位担任。

（2）根据代理商与生产企业业务联系的特点，代理商可以分为以下的 4 类。

①企业代理商，即接受生产者的委托，按照签订的销货协议在一定区域内代销商品的中间商。销售结束后，可按销售额的一定比例获取佣金。企业代理商与生产者是委托代销的关系，它只推销商品，履行销售业务手续，且不设立仓库，由顾客直接向生产者提货。因此，企业代理商实际上类似于生产者的推销员，生产者可同时委托若干个企业代理商，分别在不同区域推销商品，也可同时参与某一地区的直接销售活动。

②销售代理商，是一种独立的中间商，受生产者委托负责代销生产者的全部商品，不受区域限制，并拥有一定的售价决定权。一个生产者在同一时期只能委托一家销售代理商，且本身也不能再进行直接的销售活动。销售代理商则不能同时代销其他企业的类似商品，要负责为生产者提供市场信息，开展促销活动。因此，销售代理商实际上是生产企业的全权独家代理商，其佣金比例一般低于企业代理商。

③寄售商，是接受生产者委托进行现货代销业务的中间商。通常的情况是生产者将商品交付寄售商，双方议定价格，销售后所得货款扣除佣金及有关费用后再交付生产者。寄售商一般有自设仓库或铺面，由于顾客可及时购到现货，易于成交。因此，寄售商在发掘潜在购买力、开辟新市场、处理滞销商品等方面都能发挥较积极的推广作用。

④经纪商，也称“经纪人”，既无商品，又无店铺，只是为买卖双方提供有关商品和价格及商品市场的一般情况，为交易双方“穿针引线”，成交之后，获取一定的佣金。在一般情况下，经纪商和买卖双方均无固定联系，成交后提取佣金而已。

3. 代理商的特点

尽管代理商的形式很多，但代理商一般都具有以下特点。

（1）代理商具有法人地位，是独立经营的商业组织，并与制造商有长期固定关系。代理商与制造商是平等互惠的贸易伙伴关系，不是母公司与子公司、总公司与分公司之间的关系，它们之间的联结纽带是具有法律效力的经济合同。

（2）代理商在指定的销售区域内只能销售其代理的商品，不能再销售其他有竞争性的商品，但可以自由经营或代理与其代理的制造商没有竞争关系的其他商品。

（3）代理商要严格执行制造商的商品定价，不得随行就市或任意改动价格。

（4）代理商按销售额或采购额的固定比例提取佣金。一般情况下代理商不用承担市场风险，但其在销售过程中发生的费用要自理。

（5）代理商对其所代理销售的商品一般不具有法律上的所有权。代理商只是作为制造商的代理人执行业务，不能对所代理销售的商品进行业务之外的活动，如加工、包装、储存和拆散等。

（二）批发商与零售商

批发商和零售商是分销渠道中两个最重要的中间机构。生产者研究批发商和零售商，可以为生产者的渠道决策提供依据，提高生产者的分销管理水平。批发，是指经营单位或个人把自己的商品或替委托人把商品卖给最终消费者以外的任何购买者。因此，批发商的经济活动是以进一步转卖或加工生产为目的的。零售，是指经营单位或个人把商品卖给最终消费者，因此，零售商的经济活动是以直接为最终消费者提供服务为目的的。

1. 批发商和零售商的区别

批发商和零售商互相依存、互相促进，但又有所区别，具体表现在以下 3 个方面。

（1）从交易用途看，批发商出售的商品是供零售商转卖或供给企业作为生产加工用，而零售商出售的商品一般是供个人直接消费。

（2）从交易对象看，批发商的买卖活动一般是在企业之间进行；而零售商则是从批发商那里购进货物，再把商品出售给个人消费者。批发交易结束后，商品仍处在流通领域；而零售交易结束后，商品即脱离流通过程，进入消费领域，零售是流通过程的终点。

（3）从交易数量和购买频率看，批发商的交易数量一般比较大，销售频率低；零售商每次销售产品的数量比较少，但销售频率高。因而批发商设点少，而零售网点则较多。

2. 批发商的种类

（1）批发商按活动区域可分为全国批发商、区域批发商和当地批发商。全国批发商担负着全国性的商品批发业务；区域批发商承担一个省或经济区范围内的批发业务，以及供应相邻省、区的某些商品的批发业务；当地批发商只承担某一市、县或某一贸易区的批发业务。

（2）批发商按批发经营商品的品种可分为一般批发商和专业批发商。一般批发商经营商品品种多，如百货批发站等；专业批发商则是经营某一类或某几类商品，如五金家电批发公司等。

（3）批发商按商品所有权可分为经销批发商和代理批发商。经销批发商对商品有所有权，代理批发商不拥有商品的所有权。

（4）批发商按批发商服务内容可分为综合服务批发商和专业服务批发商。综合服务批发商对生产者、零售商或用户提供市场经营的各种服务；专业服务批发商除购买和销售业务外，只承担其他某种或几种服务。

3. 零售商的种类

（1）零售商按经营商品类别不同可分为专业商店、百货公司、超级市场、方便商店和服务行业。

专业商店专门经营某一类或某几类商品，但经营的品种规格比较齐全。

百货公司经营广泛范围的商品，种类繁多，规格齐全。

超级市场是一种采取自动销售、薄利多销、一次结算的大型零售商店。

方便商店是一种小型商店，多设在居民区附近，出售家庭常用的商品，营业时间长。

服务行业不出售商品，只是提供劳务，服务范围很广，如旅行社、航空公司、电影院、茶馆、饭店、理发店、美容店、干洗店等。

（2）不设铺面的零售商可分为邮购和电话订购、网络零售、自动机售货、购物服务和流动售货。

邮购和电话订购包括邮购目录、直接邮购、电话电视购货等形式。

由于电子通信技术的高度发达，近年来网络零售发展迅速。根据国家统计局的统计数据，2017 年上半年全国网络零售交易额达到 3.1 万亿元，比 2016 年同期增长 33.4%，增速比 2016 年同期加快 5.2 个百分点。其中，网上实物商品零售额 2.4 万亿元，占社会消费品零售总额的比重达到 13.8%，比 2016 年同期提高 2.2 个百分点。

自动机售货的商品范围已经由香烟、软饮料、糖果、报纸等扩大到化妆品、服装等日常生活领域。自动机售货的优点是灵活方便，缺点是商品有限，价格稍贵。

购物服务是一种专门接受某些顾客委托而进行的零售业务。一些单位可参加一个购物服务组织，这个组织与许多零售商订有契约，凡该组织成员购货，均可享受优惠价格。

流动售货包括推销员登门拜访推销商品，使用大型汽车流动售货等。

（3）零售商按管理系统不同可分为连锁商店、零售合作组织、特许专营组织、消费合作社和商店集团。

连锁商店是指在同一资本系统和统一管理之下，分设两个或两个以上统一店名的商店，实行统一化和标准化的管理制度。同一组织的各家商店在定价、宣传推广以及售货方法等方面都有统一规定，具有成本较低的优势。连锁商店的缺陷是缺乏灵活性。

零售合作组织是由若干家零售商自愿组织起来，成立一个做批发业务的仓储公司，为成员商店的批量进货和仓储进货提供仓储服务，组织内的成员们保持自己的经营管理制度。

特许专营组织是由一个特许人（一家制造商、批发商或服务组织）为一方，若干家特许专营（若干批发商和零售商）为另一方，以契约形式固定下来，独立经营，自负盈亏。

消费合作社是由广大消费者投股创办的自助组织，其目的是不受商人剥削，保护消费者利益。

商店集团是一种商业垄断组织，通常是多角化经营，在一个控股公司下面有各行业的若干商店。

六、中间商的选择

一般来说，生产企业在选择中间商时，应综合考虑以下 5 个因素。

（1）信誉高低，包括在当地和业界的声望及口碑、经营者品质、信用状况等。信誉高低在很大程度上影响着顾客的购买、厂商的合作以及货款的回收等，是生产者选择中间商应考虑的首要因素，尤其是在当前企业信誉普遍不高的情况下更是如此。

（2）分销能力强弱，包括管理水平、人员素质、历史和经验、地理位置等。分销能力强弱在很大程度上影响着产品的销售量，从而影响着生产企业在某一地区的市场占有率。

（3）合作愿望，包括销售积极性、价值观、协作能力等。中间商与生产者的合作愿望决定着合作态度，从而决定了分销渠道的稳定性。

（4）承担义务多少，包括合作广告、信息沟通、商品陈列、商品展销等。中间商承担义务多少在很大程度上影响着生产企业的分销费用和产品销售量，也反映着中间商对所销售产品的信心，从而是生产企业应考虑的重要因素之一。

（5）经营规模和实力，包括资金能力、商品的吞吐量、库存及运输能力、对本地区的控制力等。经营规模和实力在很大程度上影响着企业开拓市场的能力、资金回收快慢、承担风险的能力等，对此，生产企业在选择中间商时应加以考虑。

【案例9－1】

家乐福的盈利方式

法国家乐福（Carrefour）集团成立于1959年，是大卖场业态的首创者，是欧洲第一大零售商，世界第二大国际化零售连锁集团，现拥有11 000多家营运零售单位，业务范围遍及世界30个国家和地区。

作为一个超级大型的零售企业，家乐福的盈利方式并不像老百姓认为的只赚取商品销售差额的利益。家乐福的盈利由以下5个部分构成：

（1）进店费：任何一个品牌的产品若想进入家乐福，必须按照其品牌知名度和引入产品的数量，给家乐福缴纳一定的进店费用。

（2）堆头费：所谓的堆头就是一个产品做促销的时候，放在过道里的一堆一堆的货物，可以很好地吸引眼球。供货商想利用这样的机会销售商品，就要交缴一定的堆头费。

（3）促销费：一个超市人气旺不旺除了有良好的地理位置以及辐射更大的居民区作为保障，价格绝对是最重要的。消费者在商品一样的情况下，都喜欢购买便宜的商品。所以，家乐福要求每一个进入的品牌都定期做商品促销，甚至有些例如一元钱每斤的大米和两元钱每斤的鸡蛋这样的商品，都是在牺牲供货商利益的前提下让利给消费者的。

（4）节日费：每到逢年过节，超市总会针对节日举办一些活动，发一些宣传单，这些节日活动的成本都要分摊到供货商头上。

（5）差价：这才是普通含义的利润，不同商品的利润不同，比如生鲜商品，一般是加进货的10%的利润，销售给消费者。

（资料来源：根据百度百科“家乐福”词条内容整理。）

第二节 影响分销渠道选择的因素

生产者为了有效地进行市场营销活动，确定其产品到达目标市场的最佳途径，首先要确定产品的销售是否需要通过中间商进行，即直接销售还是间接销售的决策。如果要采用间接销售，就要进一步确定合适的渠道长度，即产品要经过多少中间商环节转移到最终顾客手中。影响企业这方面决策的主要因素有以下 4 点。

一、产品条件

不同种类的产品有着各自的销售规律，所以企业在确定销售渠道的类型时，要分析本企业产品的特性，依据产品的特点，选择最有效、最适宜的分销渠道推销其产品。

（1）技术性强、产品结构复杂、使用方法难度大的产品，例如机械设备、电子计算机等。这些产品的售前、售中、售后的服务对于产品的销售和使用十分重要，直接销售或短渠道方式可以满足这方面的要求。长渠道的中间环节多，生产者与最终顾客距离大，服务不易达到一定的水准。技术性简单的产品对服务要求不高，可采用长渠道销售。

（2）新鲜易腐产品，如牛奶、面包、鲜肉、活鱼等产品，应尽可能选择短而宽的渠道，尽可能不经过批发环节，由生产者直销或通过零售商销售。这样产品能迅速到达消费者手中，保持产品新鲜，减少腐坏损失。

（3）价值较高、需求价格弹性较大的产品，例如珠宝、轿车等贵重品和特殊品。由于这类产品本身价值较高，如果中间销售环节多，每个环节都按一定比例加成定价转售，会使产品最终售价过高。而对于价值低廉的便利品，即使经过多番加成，最终市场价格仍处于低水平，所以可以用长渠道销售。

（4）考虑产品的体积、质量大小。单位体积大或者质量大的产品，如果多次搬运，装卸搬运费用就高，因此应选择短而窄的渠道，生产者可以直接销售给消费者，或通过代理商推销，直接销售给零售商，即使通过代理商、零售商销售，也最好从工厂直接运到消费者住宅。

（5）考虑产品式样、花色是否经常变化。凡是式样、花色变化慢的商品，生产者可以选择长而宽的渠道销售商品；凡是式样、花色变化快的商品，生产者就要选择短而窄的渠道，使商品很快上市，以减少风险。

（6）考虑产品生命周期的不同阶段。处于不同生命周期的产品，也要选择不同的分销渠道。处于介绍期的新产品，其分销渠道是短而窄的，因为新产品初入市场，许多中间商往往不愿意经销，生产者不得不直接销售；或者交给任何愿意经销、代销的中间商销售，有些新产品，要为消费者提供一些必要的服务，而中间商不能提供这种服务，生产者也必须直接销售。处于成熟期的产品，消费者需求迅速增加，生产者要提高市场占有率，就要选择长而宽的渠道，以扩大产品市场覆盖面。

二、市场条件

目标市场状况也是影响分销渠道选择的重要因素，这一因素主要包括以下 4 个方面。

（1）消费者的数目。根据消费者的地区分布情况和消费者的购买模式及习惯不同，要选择不同的分销渠道。

消费者的数目决定市场的大小。如果消费者数目少，市场就小，生产者就可能直接销售，使用短而窄的渠道；如果消费者数目多，市场就大，生产者就要选择长而宽的渠道，通过批发商到零售商的买卖活动，最终把产品卖给消费者。

消费者的地区分布情况也会影响分销渠道的选择，如果某种产品的消费者分散在广大地区，生产者就要采用长而宽的渠道，通过一系列中间商把产品销售到众多消费者手中，这样可以节省销售费用。如果消费者集中在一定地区或少数几个地区，生产者就可采用短而窄的渠道，由生产者直接销售或通过少数几个零售商销售。

消费者对不同的消费品有不同的购买习惯，这也会影响分销渠道的选择。例如，消费品中的便利品（如香烟、肥皂等）的消费者很多，分布范围很广，因而其市场就很大，而且，消费者对这种消费品的购买次数很频繁，希望随时随地都可以买到这种消费品，购买方便。所以，生产者只能通过批发商和为数众多的中小零售商转卖给广大消费者，因此，便利品的分销渠道是较长而宽的。消费品中的特殊品，因为消费者在习惯上愿意多花时间和精力去挑选，所以特殊品的生产者一般只通过少数几个精心挑选的零售商推销其产品，甚至在一个地区只通过一个零售商经销其产品，因此，特殊品的分销渠道是较短而窄的。

（2）某一市场上的零售商规模大小和购买数量大小。如果某一市场上的零售商都是进货量小的零售商，而且这种小零售商数目很多，在这种情况下，生产者就要通过批发商转卖给众多的小零售商，这样分销渠道就要长而宽。如果某一市场上大零售商多，这些大零售商进货批量大，生产者就可以直接销售给零售商，不需经过批发商转手，这时分销渠道就比较短。

（3）市场上竞争者使用分销渠道的种类。一般来说，生产者应尽量避免与竞争者使用相同的分销渠道。如果竞争者使用并控制传统的渠道，生产者就应开辟其他不同的渠道推销其产品。然而，由于受消费者购买习惯的影响，有些产品的生产者不得不使用竞争者所使用的渠道。例如，消费者购买洗发用品、牙膏等商品，往往要在不同品牌、不同价格之间进行挑选，这些商品的生产者就不得不使用竞争者所使用的分销渠道。

（4）经济形势变化引起市场需求的变化，也影响分销渠道的选择。在经济繁荣、需求上升时，生产者会考虑采用长而宽的渠道扩大产品的销售；在经济萧条或衰退、需求下降时，生产者就要尽量采用较短的分销渠道，减少流通环节，以降低成本和价格。

三、企业自身条件

销售渠道类型的确定还要充分考虑企业自身情况，这方面因素主要包括以下 4 个方面。

（1）企业的财务状况。企业要建立自己的销售网络，需要有较大的投资，而且也带来相应的风险。如果企业资金较为紧缺，产品销售工作可依靠中间商进行。即使企业财务状况较好，也要比较投资的利益。如果企业投资于生产方面所产生的效益，高于投资建立企业直接销售部门所产生的收益，那么还是适宜将资金用于扩大生产能力，销售工作交给中间商完成。如果情况相反，那么企业可投资建立自己的销售网络。

（2）企业实际的营销能力。不同类型的销售渠道对企业的要求不同，直接销售对企业的营销能力要求较高，企业对市场信息的反应要迅速，能对顾客做深入的研究，有相应的营销人才，具备运输、服务的能力，在社会上有较广泛的联系等。如果企业的条件不具备，不应勉强采用直销类型。一般来说，中、小企业应以中间商为主要的销售渠道，大型企业从长远战略考虑一定要发展自己的直销网络。

（3）企业对市场控制程度的要求。如果企业希望对其目标市场进行有效的控制，那么应该采用直接销售或短渠道类型，这有利于企业在目标市场内实行自己的营销组合策略，实行企业的营销方针。如果企业认为对市场控制的意义不大，则可以采取长渠道类型。

（4）企业能够提供服务的多少以及信誉高低。一般来说，中间商都乐于经销信誉高、提供服务周到企业的产品。因此，信誉高、服务好的企业，可以实行间接分销；而那些信誉较差和提供服务较少的企业，则只能自己组织销售，即实行直接分销。

四、政府的有关法律、法规

一个国家的法律、法规在很大程度上影响着分销渠道的选择。例如，在实行烟草、医药、酒类等专营专卖的国家，这些产品的生产企业在选择分销渠道时，就必须遵循法律、法规的要求。

【案例 9 -2】

安利的直销模式

美国安利公司（简称安利公司）是全球最大的著名直销企业，总公司位于美国密歇根州，于 1959 年由杰·温安洛（Jay van Andel）和理查·狄维士（Rich Devos）在家中的地下室创立，主要经营日用消费品，涵盖了营养保健食品、美容化妆品、个人护理用品、家居护理用品和家居耐用品等系列，安利公司同时兼任生产商及销售商的角色。

安利公司在全球 70 多个国家和地区，通过人员直销的方式，销售其以先进科技生产的优质产品，不仅为那些渴望有一技之长、改善生活素质的人们提供了发挥潜能、实现理想的事业机会，而且为消费者提供了品质优良的日常生活用品及安坐家中购物的便利。

1992 年 9 月，美国安利亚太区有限公司下属的安利太平洋有限公司与隶属广州经济技术开发区管理委员会的宜发公司正式签署合作企业合同，共同投资兴办安利（中国）日用品有限公司［简称安利（中国）］。安利（中国）于同年 11 月获国家工商局颁发的营业执照，准予以直销形式销售日用品。1996 年 4 月，安利（中国）顺利通过国家工商局对直销企业进行的重新审查，再次成为国家认可从事直销的企业。

安利公司采用人员直销的方式经营，由公司发展一个层次的直销员，并通过直销员直接将产品售予消费者，缩短了传统销售过程，对补充传统商品流通渠道、活跃市场具有良好的作用。安利公司的直销员主动了解顾客的需要，为他们介绍合适的产品，示范产品的特点和使用方法，并将产品送到顾客家中，提供亲切、方便的服务。

在传统的销售过程中，一件产品卖到消费者手中，要经过批发、零售等几次倒手，而每一次倒手都会增加很多费用。通过直销来销售产品，降低了产品在流通领域的耗费，厂家可把节省下来的资金用于研究新科技，提高产品质量；通过直销员主动接触顾客，较一般企业推销减少了商业气，多了人情味，更有利于产品的销售。同时厂家可以及时收到消费者对商品的反馈意见，从而对产品做出改良。

安利公司的所有直销员均直接向公司申请加入，公司直接面对所有直销员，进行有效的监督和管理，确保直销员队伍的健康发展，保障每一位合法经营的直销员的权益。每一位直销员的认可资格均由公司直接核准，其行为亦受安利各项商德守则的约束，应缴的税项由公司代扣代缴，且都是依据公司统一指定的零售价格售于顾客。安利公司的直销计划以诚取信。

安利公司的直销制度充分体现了公平、自由、合理的原则，它具有透明性和合理性。每到月底，直销员对自己的零售利润十分清楚，体现了报酬的透明性。世界上有 300 多万人几十年来一直从事安利直销事业。

（资料来源：根据《医药经济报》2006 年 3 月 29 日 005 版《直销模式中安利的渠道和服务策略》一文整理。）

第三节 分销渠道流程设计

一、分销渠道设计的内容

分销渠道的设计决策，就是选择最佳的销售渠道。所谓最佳的销售渠道，即销售费用少、效率高，使企业的产品能尽快地销售出去，并取得良好的经济效益的渠道。商品的销售渠道错综复杂，它不仅由长期历史因素所形成，而且又经常随着市场环境的变化而变化。一般来说，分销渠道的设计主要包括确定渠道模式、确定中间商的数目等内容。

（一）确定渠道模式

企业分销渠道设计首先是要决定采取什么类型的分销渠道，是派推销人员上门推销或以其他形式自销，还是通过中间环节分销。如果决定利用中间商分销，还要进一步决定选用什么类型和规模的中间商。例如，某公司欲销售其车用收录机，可选择下列 4 种分销渠道模式。

（1）与汽车制造商签订合同，直接向它供应本公司的产品。

（2）寻求一些愿意经营本公司产品的汽车中间商经销或代销。

（3）借助通常使用的渠道，通过批发商或代理商将产品转售给零售商。

（4）在大中城市设立汽车收录机装配点，直接售给汽车用户；并与当地加油站协商，请其协助推销产品，付给一定佣金。

由于各地区的情况不同，企业在不同地区、不同市场的分销渠道需选择不同的类型。比如，在城市与乡村不同，在大城市、大市场与小城市、小市场也不同。

（二）确定中间商的数目

确定中间商的数目，亦即决定渠道的宽度，这取决于产品本身的特点、市场容量的大小和需求面的宽窄，通常有3种可供选择的形式。

1. 广泛分配策略

这种策略是指企业在某个市场内尽可能广泛地与各中间商合作交易，对任何要求经营本企业产品的客户都加以欢迎。广泛分配策略能增加产品与消费者接触的机会，能为消费者购买提供方便。但采用这种策略时，生产企业不容易控制中间商，中间商经营的积极性也不易调动，中间商一般也不愿在产品的宣传、广告上给予协助，因为他们知道有很多中间商同时都在经销该企业的产品，生产企业必须独自承担产品促销工作的责任和费用。广泛分配策略通常与长渠道方式相结合，使产品的覆盖面尽可能地扩展。

适用广泛分配策略的产品主要有：消费品中购买频率高的便利品，生产资料中的低值易耗品、标准件产品，刚上市、不为消费者所认识的新产品，品牌因素在购买中影响不大的产品，企业或商标的声誉为一般的商品。

2. 选择分配策略

这种策略是企业在某市场内，从众多要求经销本企业产品的中间商中选择部分中间商进行合作交易。企业使用过多的中间商，会增加企业的营销费用，挫伤部分经营效率高的中间商的积极性。如果适当地选择，淘汰部分效率不高、资信较差的中间商，能使企业产品的销售路线更加清晰，易于了解产品在市场上的销售情况，也能提高与企业合作的中间商的积极性，降低企业营销费用。这种策略使用得当，虽然经营本企业产品的中间商数量比广泛分配策略要小，但产品的销售额、利润率等会提高。

选择分配策略适用于大多数产品，尤其适用于消费品中的选购品，生产资料产品中的附属设备、配件，产品品牌有一定声誉的产品。因此，企业在与批发商交易时较多地采用这种方式。通常企业在刚进入新的目标市场时，首先是采用广泛分配策略，经过一段时间后，对当地市场已经熟悉，对中间商也有所了解，然后逐步向选择分配策略转移。选择分配策略使用的基本条件是产品能适销对路，这样，企业才有选择中间商的主动权。

3. 独立分配策略

这种策略是企业在特定的市场内，仅选用一个中间商从事经营本企业的产品，具有“三定一专”的特点，即定产品（或品牌）、定市场区域、定期限和享有专营权。专营权通常是指专卖权和专买权。前者是生产企业在规定的地区和期限内，给予某一中间商独家经销某产品的权利，生产企业承担不向该地区其他客户直接销售的义务；后者是中间商承担仅向某一生产企业购买同类产品，不向其他生产者购买的义务。实行独立分配时，生产企业与独立中间商之间可以将专卖权与专买权作为对流互惠的条件加以确定，也可仅规定专卖权或专买权。

独立分配策略主要有包销和独家代理两种形式。前者交易双方是买卖关系，后者双方是委托代理关系。需要指出的是，独家代理的专营权与包销的专营权有所不同，独家代理时可允许委托人自行直接与代理地区其他客户交易，但成交额通常要计入独家代理商的成交额内，要向其支付相应的佣金。

为了明确交易双方的权利和义务，实行独立分配策略时，生产企业与独立中间商要签订包销协议或独家代理协议。协议主要内容包括专营产品范围、专营地区和期限、专营权的确定、销售或成交定额、产品作价方法、提供市场信息和促销协助、商标保护等。

独立分配策略对于生产企业的主要优点有：①能得到中间商的积极协助，由于中间商知道它所有的营销努力结果不会被其他中间商分享，所以会在产品促销、服务等方面采取积极的行为；②能有效地控制目标市场，生产企业可以通过协议，要求中间商在一定程度上按照自己的规划开展营销活动，也比较容易监督中间商的市场行为，市场信息的反馈较快；③能简化销售的业务，企业与独立中间商形成相对固定的合作关系后，有关中间商的各种管理工作也相对程序化，企业供货可以均衡进行，产品的销售、运输、保管等费用可以降低；④新产品上市较快，新产品成功的关键问题之一，是有合适的中间商同意积极地给予经销，采用独立分配策略时，独立中间商一般有责任协助新产品的推广。

独立分配策略对于生产企业的主要缺点有：①可能会失去市场机会，因为生产企业在该市场上不能越过独立中间商与其他客户交易，企业对独立中间商有较强的依赖性，当独立中间商能力有限时，会产生包而不销或代而不理的现象；②合适的独立中间商难寻，独立分配策略成功的关键是能有企业满意的中间商作为包销商或独家代理商，但要找到双方信任、资信良好、经营能力强的中间商是比较困难的，如果退而求其次，该策略的有效性会有所降低；③独立中间商可能控制市场，因为它拥有市场垄断地位，可能会出现操作产品价格、抢先注册商标等行为，达到控制市场的目的。

独立分配策略对于中间商的主要优点有：①可以获取在该市场上的垄断利益，降低竞争程度；②可以获取生产企业给予的特殊支持，如销售培训、促销、服务等；③可以提高中间商在该市场的商业地位，特别是如果取得名牌产品的专营权，对中间商的形象有很好的影响。

独立分配策略对于中间商的主要缺点有：①对生产企业也有较强的依赖性，如果产品不能适销对路，独立中间商利益将受损，如果生产企业中断双方的合作关系，独立中间商的经营会受到严重阻碍；②独立中间商如果要增加投资，要达到生产者的一定要求，如购置设备、培训人员等，这会加大独立中间商的资金压力；③在争取专营权时需要做出较大的努力，有关的成本费用会增加。

独立分配策略比较适用于消费品中的特殊品、名牌产品、机械设备、售后服务重要性强的产品等，在国际市场营销时较为常用。总体来看，独立分配策略对中间商更为有利，所以中间商要求较为强烈。对于生产企业而言，采用这种策略时应特别注意以下 4 点：①慎重选择独立中间商，一般应先采用广泛分配，再过渡到选择分配，经过一段时间的考察、了解才能确定独立中间商，不宜与初次交易的客户签订独占协议；②独立中间商一般应选择批发商或代理商，少用零售商行使产品专营权，避免市场的销售网点太少，也防止引起其他零售商对该产品的抵制；③防止独立中间商打乱企业的营销策略，企业专营产品的价格、促销方式等应有所规定，特别对独立中间商的专营区域要有明确的界定，阻止独立中间商越界经销，避免扰乱企业正常的销售网络；④不要过于依赖独立中间商，专营协议的期限不宜过长，一般一两年就应重新审定，独立中间商拥有专营权的区域也不能太大，以其实际能力为限，产品商标应由企业自行或委托他人代理在当地注册，并要保留在特殊情况下的销售权，以维护企业自己的正当权益。

二、分销渠道设计的步骤

分销渠道的设计问题可从决策理论的角度加以探讨。一般来说，要想设计一个有效的渠道系统，必须经过确定渠道目标与限制、明确各主要渠道交替方案、评估各种可能的渠道交替方案等步骤。

（一）确定渠道目标与限制

有效的渠道设计，应以确定企业所要达到的市场为起点。从原则上讲，目标市场的选择并不是渠道设计的问题。然而，事实上，市场选择与渠道选择是相互依存的。有利的市场加上有利的渠道，才可能使企业获得利润。如前所述，渠道设计问题的中心环节是确定到达目标市场的最佳途径。每一个生产者都必须在消费者、产品、中间商、竞争者、企业政策和环境等所形成的限制条件下，确定其渠道目标。所谓渠道目标，是指企业预期达到的消费者服务水平以及中间商应执行的职能等。

（二）明确各主要渠道交替方案

在确定渠道的目标与限制之后，渠道设计的下一步工作就是明确各主要渠道的交替方案。渠道的交替方案主要涉及以下 4 个基本因素：①中间商的基本类型；②每一个分销层次所使用的中间商数目；③各中间商的特定市场营销任务；④生产者与中间商的交易条件以及相互责任。

（三）评估各种可能的渠道交替方案

每一个渠道交替方案都是企业产品送达最后消费者的可能路线。生产者所要解决的问题，就是从那些看起来似乎很合理但又相互排斥的交替方案中选择最能满足企业长期目标的一种。因此，企业必须对各种可能的渠道交替方案进行评估。评估的原则有以下 3 个。

（1）经济性原则。经济性原则是指企业选择分销渠道应能够最大限度地节约成本，减少开支，以获取更多的收益。这就要求企业在选择分销渠道时，必须将分销渠道决策所可能引起的销售收入增长同实施这一渠道方案所需要花费的成本进行比较，如果生产企业自身销售渠道的投资报酬率低于利用中间商的投资报酬率，就应选择中间商来开展销售；反之，则可以实行直销。

（2）控制性原则。控制性原则是指企业选择分销渠道应考虑能够对分销渠道进行有效控制，以便建立一套长久和稳定的分销系统，从而保证市场份额和销售的稳定性。一般来说，生产企业自销系统是最容易控制的，但是成本较高，市场覆盖面较窄；“长而宽”的分销渠道对于企业则比较难以控制。相比之下，建立了特约经销或代理关系的中间商一般比较容易控制，并且市场覆盖面也较宽，因此是一种较理想的形式。但需要说明的是，企业对分销渠道的控制也要适度，要将控制的必要性与控制成本进行比较，以达到良好的控制效果。

（3）适应性原则。适应性原则是指企业选择分销渠道应充分考虑分销渠道的适用性。这就要求企业在选择分销渠道时，在销售区域上要考虑不同地区的消费水平、市场特点、人口分布等；在时间上要考虑产品特性、消费季节性等因素，以适应市场的客观要求；在中间商的选择上，要合理确定利用中间商的类型、数量及其对分销产品的态度，以避免中间商的渠道冲突，同时又调动其积极性。总之，企业进行分销渠道决策要保持灵活的适应性，做到多而不乱，以便最有效地实现企业的营销目标。

【案例 9－3】

格力公司的厂商股份合作制

珠海格力电器股份有限公司（简称格力公司）的“厂商股份合作制”是指，格力公司负责实施全国范围内的广告和促销活动，而各地的广告和促销活动以及店面装修等工作则由当地的合资销售公司负责完成。格力公司只是对品牌建设提出建议。有关的费用可以折算成价格在货款中扣除，有时也可以上报格力公司总部核定后再予以报销。产品分销工作全部由合资公司负责，他们制定批发价格和零售价格，并要求下级经销商严格遵守。物流和往来结算不需要格力公司过问。售后服务也是由合资公司承担并管理的，他们和各服务公司签订合约，监督其执行。当安装或维修工作完成后，费用单据上报给合资公司结算。格力公司总部只是对其中一部分进行抽查和回访。

这种以股份制组成的销售公司模式特点可以概括为：统一渠道、统一网络、统一市场、统一服务，统一价格对外批货、共同开拓市场，共谋发展。股份制区域性销售模式的实质就是在每个省选定几家大的经销商，共同出资参股组建销售公司，组成“利益共同体”，把区域内大的经销商捆绑到格力公司的“战船”上，共同操控和占有区域市场，达到共赢的目的。其中，格力公司只输出品牌和管理，在销售分公司中占有少许股份。此种模式被格力公司迅速推向全国，先后在重庆、安徽、湖南、河北等全国 32 个省市成立了区域性销售公司，成为格力空调参与激烈市场竞争的“杀手锏”。

格力公司厂商股份合作制的优势主要体现在以下两个方面。

1. 降低交易成本

在信息收集方面，格力公司通过专卖店反馈回来的信息就可以进行信息的收集；在谈判成本方面，格力公司面对的只是各个专卖店，只需要与专卖店进行谈判，而不像其他同行企业还要与经销商、分销商进行谈判，大大节省了谈判的成本；另外，相对于其他同行企业而言，格力公司对各专卖店进行监督的成本也比较低，有利于维护市场秩序。

2. 降低管理成本

与自建渠道网络模式相比，格力公司节省了大量资金。以湖北分公司为例，如果单纯由格力公司投资，需要840万元，而成立股份公司，吸纳了经销商640万元的资金，就可以节约成本76%。不仅如此，厂商股份合作制还消除了多个批发商之间进行价格战的可能性，解决了经销商在品牌经营上的短期行为，消除了市场上乱加和串货行为。这样就可以大大节约格力公司的管理成本，提高了竞争力。

（资料来源：根据《中国企业报》2009年2月13日002版《格力：渠道先行》一文整理。）

第四节　分销渠道管理决策

生产者在对分销渠道进行设计、评估后，最后就要具体确定采用哪种分销渠道、利用哪些中间商推销产品，而且还要通过各种方式激励中间商，促进其不断提高销售业绩，还要定期对中间商的销售业绩进行评估。

一、选择渠道成员

生产者在招募中间商时，常处于两种极端情况之间。一是生产者毫不费力就能找到特定的商店并使之加入渠道系统。生产者之所以能吸引经销商前来加入渠道系统，可能是因为它很有声望，也可能是因为它的产品能赚钱。在某些情况下，独家分销或选择性分销的特权也会吸引大量中间商加入其渠道。对于那些毫不费力就能得到所需数目中间商的生产者来讲，它所做的工作只是选择适当的中间商而已。二是生产者必须费尽心思才能找到期望数量的中间商。例如，某一清凉饮料的生产者很难在食品商店找到合适的陈列位置。生产者必须研究中间商如何进行购买决策，尤其是在它们制定决策时，对毛利、广告与销售促进、退货保证等重视的程度。此外，生产者还必须开发一些能使中间商获得较多利润的产品。

无论生产者遇到上述哪一种情况，它都必须明确中间商的优劣特性。由于中间商的经营绩效对产品的销售量影响很大，所以生产者在具体挑选中间商时，必须全面了解中间商的以下情况。

（1）中间商的规模、财力。要挑选在规模和财力上能承担生产者所要求的销售工作量的中间商。

（2）中间商的稳定性。要调查一下中间商的历史情况，例如，成立时间、以往工作业绩、现在的财务状况、清偿债务能力、有无经营不稳定的因素等。

（3）中间商的商誉与生产者的产品品牌是否适宜。生产者的产品如果是名牌产品，就必须寻找能保证企业品牌形象的商誉非常好的中间商。

（4）中间商有无经营生产者的产品的经验。例如，某个中间商过去长期经营食品类产品，现在想做保健治疗仪的经销商，生产者就要考虑这个中间商是否具有丰富的相关产品知识。

（5）中间商的经营管理水平、员工的素质、整体服务水平以及合作态度等。如果中间商的经营管理水平比较低，员工的素质差，整体服务水平低，生产者就不能考虑选择其作为中间商。

二、确定与渠道成员的关系

生产者与中间商的关系主要有3种不同的形式，即合同、合伙和分销规划。

（1）合同关系是指生产者与中间商建立的合同关系。生产者可以利用给予特别优惠、价格折扣、信用条件等办法激励中间商努力推销、开拓市场，还可以利用降低中间商的利润率、推迟发货甚至终止合同关系等办法来惩治工作消极的中间商。在这种合同关系中，生产者与中间商的关系比较疏远。

（2）合伙关系是指有些生产者通过签订协议与中间商建立合伙关系。在协议中确定双方的责任和权利，例如，规定中间商要达到的市场覆盖面，吸引潜在顾客量，以及提供销售服务、市场信息等。生产者根据协议执行情况对中间商支付酬金。在这种合伙关系中，生产者与中间商的关系比较密切。

（3）分销规划是指生产者与中间商建立的最密切的关系。生产者与中间商建立一个有计划的、实行专业化管理的垂直市场营销系统，统一规划营销工作，例如拟定销售目标、存货水平、商品陈列计划、广告和营业推广计划等，把生产者的需要和中间商的需要结合起来，在提高营销工作绩效中共同发展。

总之，产、销双方是既互相依存又互相对立的关系，生产者对中间商就贯彻“风险分担，利益均沾”的原则，尽力使之与自己站在同一卖方立场，作为营销渠道的一员来考虑问题，而不要使它们站在对立的买方立场。这样，就可减少与缓和产、销之间的矛盾，双方密切协作，共同搞好营销工作。

三、激励渠道成员

生产者不仅要选择中间商，而且要经常激励中间商使之尽职。

1. 生产者对中间商的批评

激励渠道成员使其具有良好表现，必须从了解各个中间商的心理状态与行为特征入手。许多中间商常受到如下批评：①不能重视某些特定品牌的销售；②缺乏产品知识；③不认真使用供应商的广告资料；④忽略了某些顾客；⑤不能准确地保存销售记录，甚至有时遗漏品牌名称。

2. 从中间商的角度看生产者的批评

生产者所批评的上述缺点，如果从中间商的角度看，可能很容易理解：①中间商是一个独立的市场营机构，它逐渐形成了以实现自己目标为最高职能的一套行之有效的方法，并且能自由制定政策而不受他人干涉；②中间商首先主要执行顾客购买代理商的职能，其次才是执行供应商销售代理商的职能，它卖得起劲的产品都是顾客愿意购买的产品，不一定是生产者叫它卖的产品；③中间商总是努力将它供应的所有产品进行货色搭配，然后卖给顾客，其销售目标是取得一整套货色搭配的订单，而不是单一货色的订单；④生产者若不给中间商特别奖励，中间商绝不会保存所销售的各种品牌的记录。而那些有关产品开发、定价、包装和激励规划的有用信息，常常是保留在中间商很不系统、很不标准、很不准确的记录中，有时甚至故意对供应商隐瞒不报。因此，激励中间商的首要步骤，就是站在别人的立场上了解现状，设身处地为别人着想，而不应仅从自己的观点出发看问题。

3．*激励过分与激励不足*

生产者必须尽量避免激励过分与激励不足这两种情况。当生产者给予中间商的优惠条件超过它取得合作所需提供的条件时，就会出现激励过分的情况，其结果是销售量提高，而利润量下降。当生产者给予中间商的条件过于苛刻，以致不能激励中间商努力时，则会出现激励不足的情况，其结果是销售降低，利润减少。所以，生产者必须确定应花费多少力量以及花费何种力量来鼓励中间商。

一般来说，对中间商的基本激励水平应以交易关系组合为基础。如果对中间商仍激励不足，则生产者可采取以下两条措施。

（1）提高中间商可得的毛利率，放宽信用条件，或改变交易关系组合使之更有利于中间商。

（2）采取人为的方法来刺激中间商，使之付出更大的努力。例如，可以挑剔它们，迫使它们创造有效的销售业绩，举办中间商销售竞赛，加强对最后顾客与中间商的广告活动等。

不论上述方法是否与真正交易关系组合有直接或间接关系，生产者都必须小心观察中间商如何从自身利益来看待、理解这些措施，因为在渠道关系中存在着许多潜伏的矛盾点，拥有控制权的生产者很容易无意识地伤害到中间商的利益。

四、评估渠道成员

生产者除了选择和激励渠道成员外，还必须定期地评估它们的绩效。如果某一渠道成员的绩效过分低于既定标准，则必须找出主要原因，同时还应考虑可能的补救方法。当放弃或更换中间商将会导致更坏的结果时，生产者则只好容忍这种令人不满的局面。当不致出现更坏的结果时，生产者应要求工作成绩欠佳的中间商在一定时期内有所改进，否则，就要取消它的经销资格。

如果一开始生产者与中间商就签订了有关绩效标准与奖惩条件的契约，就可以避免各种不愉快。在契约中应明确经销商的责任，例如销售强度、绩效与覆盖率、平均存货水平、送货时间、次品与遗失品的处理方法、对企业促销与训练方案的合作程度、中间商对顾客必须提供的服务等。除了针对中间商绩效责任签订契约外，生产者还必须定期发布销售配额，以确定目前的预期绩效。生产者可以在一定时期内列出各中间商的销售额，并依销售额大小排出先后名次，这样，可促使后进的中间商为了自己的荣誉而奋力上进，也可促进先进的中间商努力保持已有的荣誉。

需要注意的是，在排列名次时，不仅要看各中间商销售水平的绝对值，还必须考虑到它们各自面临的各种不同可控制程度的变化环境，考虑到生产者的产品大类在各中间商的全部产品组合中的相对重要程度。

测量中间商的绩效，主要有两种办法可供使用。

（1）将每一中间商的销售绩效与上期的销售绩效进行比较，并以整个群体的升降百分比作为评价标准。对低于该群体平均水平的中间商，必须加强评估与激励措施。例如，对后进中间商的环境因素加以调查，可能会发现一些可原谅的因素，如当地经济衰退、不可避免地失去某些顾客、主力推销员的丧失或退休等。其中某些因素可以在下一期补救过来。这样，生产者就不应该因这些因素而对经销商采取任何惩罚性措施。

（2）将各中间商的绩效与该地区的销售潜量分析所设立的配额相比较，即在销售期过后，根据中间商的实际销售额与其潜在销售额的比率，将各中间商按先后名次进行排列。这样，企业的调查与激励措施可以集中于那些未达既定比率的中间商。

五、渠道冲突的管理

冲突是渠道运作的常态，无论设计得如何精良和管理得如何优秀的渠道，渠道成员之间冲突都是不可避免的，因此，企业必须采取措施减弱渠道冲突的危害性和努力化解恶性渠道冲突。

（一）渠道冲突的基本类型

渠道冲突的基本类型有以下 3 种。

（1）垂直渠道冲突。垂直渠道冲突又叫纵向渠道冲突，它是指同一条渠道中不同层次之间的冲突，例如制造商与经销商之间的冲突、批发商与零售商之间的冲突等。垂直渠道冲突通常是由购销服务、价格高低、促销策略等原因引起的。

（2）水平渠道冲突。水平渠道冲突又叫横向渠道冲突，它是指渠道内同一层次成员之间的冲突，例如特许经销商之间的区域市场冲突、零售商之间对同一品牌的价格冲突等。

（3）多渠道冲突。多渠道冲突是指同一制造商建立的两条或更多渠道之间的冲突，例如莱维牛仔服在同一地区通过百货商店销售，就引起了当地专业商店的严重不满；联想集团在各地建立自己的专卖店，也引起了联想电脑经销商的不满等。

（二）渠道冲突的解决办法

一般来说，避免和解决渠道冲突的基本方法有以下 6 种。

（1）管理者应该确立和强化共同目标，如提高市场份额、树立品牌形象、提高消费者满意度等，以引导它们紧密合作，特别是在受到外部竞争威胁时，渠道成员会更深刻地体会到实现这些共同目标的重要性。

（2）在渠道成员之间互派人员，促进彼此之间更多了解和从对方角度考虑问题。

（3）邀请渠道成员参加咨询会、董事会等，以使其感到它们的建议受到重视。

（4）加强渠道成员之间的业务沟通，如通过商会、工商联合会等，对商贸工作中的一些热点问题广泛交换意见，促进各方做好工作。

（5）强化人际关系和进行充分的信息交流。

（6）制定明确的渠道政策和签订明晰的合同条款。

（三）渠道的调整

生产者在设计一个有效的分销渠道之后，不能放任其自由运行而不采取任何纠正措施。事实上，为了适应市场需要的变化，企业应该考虑自身的要求以及中间商的表现，对销售渠道进行必要的调整。渠道的调整方法通常有以下 3 种。

（1）增减某个中间商。对生产企业来说，通常需要做具体的经济分析。涉及的主要问题有：增减某个中间商会使企业的利润有何影响，这种调整是否会引起渠道中其他成员的反应。例如一家电器制造商在某地区另设特许代理商，不仅要考虑该代理商的能力，还要考虑对其他代理商可能造成的销售损失或利润。一旦决定增减某个中间商，必须要有相应的措施与之配套，以防止一些不必要的矛盾。

（2）增减某个销售渠道。生产者也会常常考虑这样一个问题，即它们所使用的所有市场的营销渠道是否仍能有效地将产品送达某一地区或某类顾客手中。这是因为，企业市场营销渠道静止不变时，某一地区的购买类型、市场形势往往正处于迅速变化之中，企业可针对这种情况，借助损益平衡分析与投资收益率分析，确定增加或减少某些市场营销渠道。

（3）改进整个营销系统。对生产者来说，最困难的渠道调整决策是改进和修正整个市场营销系统。例如，汽车制造商计划用企业经营代理商取代独立代理商。再如，软性饮料制造商想用直接装瓶和直接销售取代各地的特许装瓶商。这些决定通常是由企业最高管理层制定。这些决策不仅会改变渠道系统，而且还将迫使生产者改变其市场营销组合和市场营销政策。这类决策比较复杂，任何与其有关的数量模型只能帮助管理人员求出最佳估计值而已。

【案例 9 -4】

洽洽食品的渠道精耕细作

洽洽食品股份有限公司（简称洽洽公司）成立于2001 年 8 月 9 日，位于安徽省合肥市，主要生产坚果炒货类、焙烤类和薯片类等休闲食品。

洽洽公司对渠道的“精耕细作”，确定的首要重点不是终端突破，而是放在了经销商身上，只有让经销商主动要求卖货，产品才能在终端有突出的表现。洽洽公司的原则是：一定要让经销商赚钱。它用一种“小游戏”把这个意思传达给经销商，即在箱子的封口处，印上“慰劳金”几个字，每个箱里放 2 元现金，表达的意思是：“进我们的产品就有钱赚。”这个方法引起了经销商的好奇，纷纷购进“洽洽”并把“洽洽”瓜子摆上货架，让消费者能以最快的速度接近它。

在搞定传统渠道之后，洽洽公司又将攻势转向 KA[①] 卖场。一开始，沃尔玛、家乐福

---

① KA 即 Key Account，意为“重要客户”。

和麦德龙等要求严格的大型超市，对这个没有什么知名度的产品很不看好，拒绝其进场。洽洽公司采取“农村包围城市”的策略，在超市周围布点设柜，吸引进出超市的消费者成为“洽洽”的消费者。待“洽洽”赢得口碑后，超市主动上门进货。

（资料来源：根据《证券导刊》2011年第6期85页《洽洽食品 洽洽食品渠道精耕充分发挥渠道分销优势》一文整理。）

第五节 实体分配

市场营销不仅意味着发掘并刺激消费者或用户的需求和欲望，而且还意味着适时、适地、适量地提供给消费者或用户，从而满足其需求和欲望，为此，要进行商品的仓储和运输，即进行物流管理（也称为实体分配）。企业制定正确的物流策略，对于降低成本费用、增强竞争实力、提供优质服务、促进和便利顾客购买、提高企业效益具有重要的意义。

一、实体分配的目标

实体分配是指使原料和最终产品向使用点转移，以满足顾客需要，并从中获利的实物流通的计划、实施和控制。实体分配也称为物流，即产品通过从生产者手中运到消费者手中的空间移动，在适当的地点和时间里到达消费者手中。从产地到顾客所在地之间的实体分配主要包括订单处理、仓储、存货、运输、接收、装运、包装等过程。

（一）订单处理

实体分配是从顾客订货开始的。企业接受订货的部门在接到顾客订单时，开出一式几份的单据，并立即分送到各有关部门，对需要装运的货物还必须开出装运单和账单分送到各部门。处理订货的每一个步骤都要迅速而准确地完成。

（二）仓储地点

在货物待售期间必须经过仓库储存，因为生产和消费周期一般很少吻合，仓储的作用就在于消除生产和消费之间在时间上和数量上的矛盾。企业必须决定仓库所在位置和仓库的数量、规模，要考虑顾客的位置，运输是否方便以及顾客对货物的需求量，同时也要考虑成本。有的仓库靠近工厂，有的则分散在全国各地；企业可用自己的仓库，也可租用别人的仓库。这些都依具体情况而定。

（三）存货水平

实体分配的另一项重要决策是存货水平。存货水平的高低与顾客的需求量密切相关。存货水平太低不能满足顾客的需求和保证源源不断地供应；存货水平太高又会增加成本，减少经济效益。为了保持适当的水平，要做好两项决策：一是何时进货（进货点）；二是进多少货（进货量）。

（1）进货点，是指存货水平随着不断的销售而下降，当降到一定的数量时，就需要再进货。进货点的确定要考虑运输进货手续的繁简，运输时间的长短，是否容易发生意外情况以及该货物的销售频率、对服务标准要求的高低等因素。总的原则是，既要避免断档脱销带来声誉损失（丧失顾客信任），又要防止货物积压而造成的经济损失。

（2）进货量，是指每次进货的数量。进货量同进货频率是相联系的，二者成反比例。进货量的确定要考虑办理进货的成本和保持存货的成本之间的关系。在一般情况下，进货频率越高，即进货次数越高，则进货成本越高；存货水平越高，则存货成本也越高，存货成本包括仓储费、占用资金费、保险费、损耗费和税金等。因此，单位货物的总成本等于单位进货成本与单位存货成本之和。

（四）运输方式

运输方式影响着运输时间、运输费用、产品价格和货运条件，也影响着顾客的选择。运输方式有 5 种：铁路、水路、公路、管道和航空。企业可根据不同的情况采用相应的运输方式。

铁路和水路运输的特点是：成本低，适合运送体积大或重量大的货物，如煤炭、矿产品、砂石、木材、农产品和石油等，但速度较慢。

公路运输比较灵活，可随意选择时间和路线，而且可直接运到指定地点，不用转运，对短途运输价值较高的货物比较有利。

管道的特殊用途是把石油、化学产品等液体货物从产地直接运到目的地，可减少中间环节，比较经济迅速。

航空运输费用昂贵，所以使用航空运输的货物比较少。航空运输适合于运输距离远、价值高、体积小、重量轻、鲜活易腐和需要快速运到目的地的货物。

运输管理人员应根据产品和市场的需要做出选择，可选择一种或两种以上的运输工具。现代运输中的集装箱大大方便了货物运输，也减少了货物破损率，在可能的情况下，企业应尽量采用集装箱运输。

在进行运输决策时，必须综合考虑仓储、存货等因素，使运输与其他各方面协调一致，这样才能实现分配的目标。

二、实体分配的战略方案

在设计实体分配系统时，常常要在几种不同的战略中进行选择，一般来说，可供选择的战略主要有以下 3 种。

（1）单一工厂，单一市场。这些单一工厂通常设在服务市场的中央，这样以节省运费，但是，设在离市场较远的地方也可能获得低廉的工地、劳动力、能源和原料成本。

（2）单一工厂，多个市场。

①直接运送产品给顾客。必须考虑该产品的特性（如易腐性和季节性），所需运费与成本，顾客订货多少与重量，地理位置与方向。

②大批整车运送到靠近市场的仓库。与直接运送相比，将成品大批运送到靠近市场的仓库，再从那里根据每一订单运送给顾客的方式，要比直接运送费用少。一般来说，增加新地区仓储所节约的运费与所能增加的惠顾利益如大于建立仓储所增加的成本，那么就应

在这一地区增设仓储。如果考虑用仓库，应选择租赁还是自建。租赁的弹性较大，风险较小，在多数情况下比较有利；只有在市场规模很大而且需求稳定时，自建仓库才有意义。

③将零件运到靠近市场的装配厂。建立装配分厂的最大好处是运费较低，有利于增加销售额；不利之处是要增加资金和固定的维持费用。建厂必须考虑该地区未来的销售量是否稳定，以及销售量是否会多到足以保证扣除这些固定成本后仍有利可图。

④建立地区性制造厂。这是企业开拓距离较远的市场，并取得较大竞争利益的途径。然而，建立一个新厂，需要考虑很多因素，其中最重要的是该行业具有大规模生产的经济性。

（3）多个工厂，多个市场。企业有两种选择：一是短期最佳化，即在既定的工厂和仓库位置上制订一系列由工厂到仓库的运输方案，运输成本最低；二是长期最佳化，即决定设备的数量与区位，使总分配成本最低。短期最佳化的有效工具是线性规划技术，而长期最佳化的有效工具是系统模拟技术。

三、实体分配的自动化

1. 条形码

条形码技术是一项自动识别技术，是商品国际货物标志，也是实现实体分配自动化与商品管理自动化的基础。商品条形码可分为原印码和店内码两种。

（1）原印码，又称为国际商品条码。它是指产品在出厂前就已经印制在产品上的国际通用的条形码，用于标示商品的唯一性。有了这种区分商品的共同语言，商品就可以不受国界限制而自由流通。目前，我国商品使用的前缀码号为690、691，是由国际物品编码协会（EAN International，EAN）分配的。在发达国家，98%以上的商品都带有原印码，我国大型商场中商品的原印码率只有10%左右，弥补这一不足的办法是印制店内码。

（2）店内码。它是由商店自己编制并印制的条码标签，限于店内使用，是一个封闭的条形码系统。用条码扫描输入收款机比手工操作快捷、准确，而且，条码作为商品的唯一记号，大大减少了商品间的串号，便于实体分配管理纳入规范化、有序化和标准化之中。

2. 电子货币

电子货币，包括信用卡、储蓄存款卡、扣账卡、现金卡、JCB卡等多种金融交易卡，它不仅可以减少流动资金及大量资金的清点搬动，增加资金周转率，促进销售，而且通过计算机和信息通信网络可以建立“家庭银行”，实现“家庭购物”。

3. 电子收款机

电子收款机（Electronic Cash Register，ECR）和销售点管理系统（Point Of Sales，POS）有两种，一种是商业用POS，一种是银行用POS。由于银行设置商业网点或特约顾客的信用卡授权终端机，故POS是银行计算联机通过公用数据交换网构成的电子转账服务系统。运用POS可明显提高实体分配管理水平，在收款作业上，它减少了登入错误，缩短了结账时间，规范了现金管理等；在信息采集上，它具有实时性，数据化大为提高，信息汇总比手工简便，情报及时准确等；在经营管理上，账目具有相对的公开性，价格及其变动迅速、准确，企业对现金持有量可随时掌握，统计分析科学化，商品畅滞一目了然，易于开展有奖及打折销售，易于备货、采购，便于掌握消费趋势，提高商品、资金的流转速度。

4. 管理信息系统

管理信息系统（Management Information System，MIS）犹如人之大脑，是整个实体分配自动化工程的中枢。MIS是利用现代电子技术、计算机技术、通信技术实现信息管理自动化，从而以现代化手段管理商场的一种先进的科学方法。它的使用可以使商场的实体流、资金流、信息流的管理从传统的人工操作转入到计算机信息的自动传送、记录、统计的现代模式。开发MIS，首先必须制定一个总体规划，确定MIS的任务，制定MIS的目标，采集、分析企业的需求状况，研究软件、硬件平台状况，评价项目和项目开发计划。具体实施时，可以根据各自的规模及发展趋势等选择不同的模式。

5. 战略信息系统

战略信息系统（Strategic Information System，SIS）与MIS不同的是，它是运用信息支持决策，创造价值；MIS是运用信息进行实体分配管理控制，提高效率。节约资源与无库存流通是企业在竞争中取胜所追求的最佳境界。SIS通过从销售端点的信息掌握倒推到制造系统的安排的办法，可以更有效地“以销定产”，并以较低的成本配送。

6. 电子数据交换

电子数据交换（Electronic Data Interchange，EDI），按国际标准组织的定义，是“将商业或行政处理按照一个公认的标准，形成结构化的事务处理或文档数据格式，从计算机到计算机的电子传输方法”。简言之，就是按照商定的协议，将商业文件标准化和格式化，并通过计算机网络，在贸易伙伴的计算机的网络系统之间进行数据交换和自动处理。因而，它被称为“无纸贸易”或“电子契约社会”。在EDI发展中，标准化是至关重要的前提条件。EDI给企业带来多方面的效益，主要体现为：

（1）大大节省了纸张处理费用和人力资源。

（2）缩短信息传递时间，使交易活动能在最短的时间内完成。

（3）减少人为错误以及延误时间造成的经济损失。

（4）提高企业的作业及生产效率，密切企业与上下相关企业的产、供、销关系，有效地降低库存量，使库存保持在合理的最佳状态。

7. 电子订货系统

电子订货系统（Electronic Ordering System，EOS），是零售商、批发商、制造商运用电脑订购商品、进行全面管理的技术。它可以迅速准确地传递订货信息，掌握商品情报，构筑出一个不缺货、不出错、不延迟的进货、检货、补货系统。

【案例讨论】

戴尔模式

戴尔电脑公司（Dell Conputer Coporation），是一家总部位于美国得克萨斯州朗德罗克的世界五百强企业，以生产、设计、销售家用以及办公室电脑而闻名。过去30多年来，戴尔电脑公司所采用的商业模式被认为是世界上最好的商业模式之一。迈克尔·戴尔（Michael Dell）作为当代典型的企业家而备受商业媒体的关注，这个年轻的电脑奇才从大学辍学，通过创立自己的技术公司赚了大钱。

不过，迈克尔·戴尔真正有影响的见解并不在技术方面，而是在商业方面。早在20世纪80年代初他就开始关注个人电脑生产企业的工作模式，并且发现了一条更好的路子。这种方法可以免除许多不必要的成本，让人们以更低的价格买到自己想要的电脑。这条更好的路子就是向客户直销，绕过了分销商这个中间环节。戴尔电脑公司从消费者那里直接拿到订单，然后自己购买配件组装电脑。这就意味着戴尔电脑公司不需要车间和设备生产配件，也不需要在研发上投入资金。消费者得到了自己想要的电脑配置，戴尔电脑公司也避免了中间商的涨价。

这真是一个奇妙的商业创意！戴尔本人通过为消费者消除中间环节获得了大量财富。他以很低的代价获得了技术，比其他个人电脑制造商获得了更为丰厚的利润。戴尔电脑公司的直销商业模式就是利用现有的价值链，并且除去了一个不必要的、成本昂贵的环节（在经济学术语中，称为“非居间化”或“脱媒”）。从消费者的角度看，这种新价值链更有意义。

戴尔电脑公司的副总裁凯文·罗林斯曾经感叹说：“我们现在就像卖菜的农夫，搞不好东西就会烂在手里。”他的意思就是说，电脑技术的发展非常之快，如果公司不能迅速将电脑卖掉，产品就很容易变成一堆过时的机器，而过时的电脑就像已经开始腐烂变质的蔬菜、水果那样。这种关于库存和速度的认识，促使戴尔电脑公司在过去30多年里表现不俗。直销模式让戴尔电脑公司保持了一种令竞争对手疲于应付的速度，也让它与客户建立了直接联系。这种联系又让戴尔电脑公司的管理者及时掌握客户想要什么样的产品，何时需要这样的产品。

商业模式建立在关于价值的远见之上，只有拥有优秀的商业模式，为客户提供物美价廉的服务才有可能实现。戴尔电脑公司自身的成本结构大大降低了各种支出，因此它可以为客户提供更多价格低廉的电脑。戴尔电脑公司将来又会怎样做？随着个人电脑市场的发展开始减缓，戴尔电脑公司迅速将自己的直销模式拓展到新领域，比如转向服务器等产品。事实上，这是一种非常明晰的模式，戴尔电脑公司所有的管理者都深刻领悟了这种模式，从而也大大帮助他们很快适应变化。但是，毫无疑问，戴尔电脑公司仍将坚持自己的商业模式。

这就是戴尔模式，一个成功的商业模式。

（资料来源：根据《证券时报》2004年4月25日《迈克尔·戴尔：创造不可复制的直销模式》一文整理。）

讨论：

（1）什么是戴尔模式？

（2）戴尔模式对于戴尔电脑公司的发展起到了什么作用？

第十章　促销组合

【学习目标】

1. 掌握促销和促销组合的含义，了解促销的基本策略
2. 掌握广告的定义，了解广告的特点、定位、种类，熟悉广告费用预算和广告效果评估
3. 掌握人员推销的定义，了解人员推销的形式、任务和步骤，掌握推销队伍的建设
4. 掌握营业推广的定义，了解营业推广的特点，掌握营业推广实施过程
5. 掌握公共关系的定义、工作程序和内容

【引导案例】

中央电视台2016年黄金资源广告招标大会

2015年11月18日，中央电视台（英文简称CCTV，中文简称央视）在北京举行2016年黄金资源广告招标大会，现场招标金额达到45.914 4亿元。

据了解，在多年以来的央视广告招标中，央视的新闻联播时段一直是央视最“吸金”的标的物，如在2015年，央视的《新闻联播》其中后10秒标版广告组合总计达到35.066 1亿元，堪称中国最值钱的节目。相比2015年6个单元60个位置的标的物，央视《新闻联播》在2016年只有6个单元42个标的物，经过暗标竞拍后，6个单元42个位置共拍出25.613 9亿元。

央视披露的信息显示，互联网企业已成为央视广告的重要支柱之一。无论是2015年11月18日招标当天，还是招标前央视大量优势资源的签约预售和单项目小规模招标，以阿里巴巴、腾讯、京东为首的互联网企业表现都极其踊跃。互联网金融尤为抢眼，翼龙贷登上一套晚间黄金资源，融业财富结盟央视二台财经频道，乐视、爱钱进、紫马财行等则抢先与《春节联欢晚会》《了不起的挑战》等节目合作。

据招标现场统计，P2P企业同城翼龙网络科技有限公司在此次央视招标中，共拍下央视“新闻联播标版组合”6个单元6个位置的标的物，标的额为3.695 1亿元，超过长安福特汽车有限公司以亿元拿下的《挑战不可能》第二季独家冠名，成为今年央视现场招标的“标王”。

（资料来源：根据《法制晚报》2015年11月19日A27版《央视抢金　“互联网+”奥运约吧》一文整理。）

思考：

为什么这么多企业热衷于投入巨额资金竞拍央视广告时段？

一种优良的产品能否有好的销路，关键是顾客对该种产品所持的态度及其消费观念，现代市场营销不仅要求企业发展适销对路的产品，制定吸引人的价格，使目标顾客易于获得他们所需要的产品，而且要求企业控制其在市场上的形象，设计并传播有关的外观、特色、购买条件以及产品给目标顾客带来的利益等方面的信息。因此，企业必须高度重视与中间商、客户等公众进行沟通，通过多种媒介进行有效的信息传递，创造消费和使用该种产品的社会氛围和市场条件，进而促进销售的提升。

第一节 促销和促销组合

一、促销和促销组合的含义

促销是指企业通过人员推销或非人员推销的方式，向目标顾客传递商品或劳务的存在及其性能、特征等信息，帮助消费者认识商品或劳务所带给购买者的利益，从而引起消费者的兴趣，激发消费者的购买欲望及购买行为的活动。促销的本质就是传递和沟通信息。

威廉·斯坦顿（William Stanton）通过研究认为，在不完全竞争的条件下，一个公司利用促销来帮助区别其产品、说服其购买者，并把更多的信息引入购买决策过程。用经济学术语来说，促销的基本目的是改变一个公司的产品需求（收入）曲线的形状。通过运用促销，一个公司有希望在任何一定价格的条件下，增加某种产品的销售量。它还希望促销会影响产品的需求弹性。其目的在于：当价格提高时使需求无弹性，当价格降低时使需求有弹性。换言之，企业管理当局希望：当价格上升时，需求数量下降很少，而当价格下降时，销售却大大增加。

促销组合是指履行营销沟通过程的各个要素的选择、搭配及其运用。促销组合的主要要素包括广告促销、人员推销、营业推广以及公共关系。这些要素是否能有效地运用，对于不同的消费者和行业市场来说是各不相同的。消费品企业通常都在广告上投入大笔的资金，其次是促销活动、人员推销以及公共宣传。工业生产用品企业在人员推销上投入大部分的资金，其次是促销活动、广告以及公共宣传。

二、促销的基本策略

不同的促销组合形成不同的促销策略，诸如以人员推销为主的促销策略、以广告为主的促销策略。从促销活动运作的方向来分，有推式策略和拉式策略两种。

（1）推式策略（即从上而下式策略）是以人员推销为主，辅之以中间商销售促进，兼顾消费者的销售促进，把商品推向市场的促销策略，其目的是说服中间商与消费者购买企业产品，并层层渗透，最后到达消费者手中。

（2）拉式策略（即从下而上式策略）是以广告促销为拳头，通过创意新、高投入、大规模的广告轰炸，直接诱发消费者的购买欲望，由消费者向零售商、零售商向批发商、批发商向制造商求购，由下而上，层层拉动购买。

【案例 10 -1】

宝马汽车的促销策略

宝马（BMW）公司创建于1916年，总部设在德国慕尼黑。宝马公司的促销策略并不急功近利地以销售量的提高为目的，而是考虑到促销活动一定要达到如下目标：成功地把宝马的品位融入潜在顾客中；加强顾客与宝马之间的感情连接；在宝马整体形象的基础上，完善宝马产品与服务的组合；向顾客提供详尽的产品信息。最终，通过各种促销方式使宝马能够有和顾客直接接触的机会，相互沟通信息，树立起良好的品牌形象。宝马公司考虑到当今的消费者面对着无数的广告和商业信息，为了有效地使信息传递给目标顾客，宝马公司采用了多种促销方式。

1. 广告

宝马公司认为：当今社会越来越多的媒体具备超越国际的影响力，因而要使广告所传达的信息能够一致是绝对必要的。宝马为亚洲地区制订了一套广告计划，保证在亚洲各国通过广告宣传的宝马品牌形象是统一的。同时这套广告计划要通过集团总部的审查，以保证与公司在欧美地区的广告宣传没有冲突。宝马公司借助香港、新加坡等国家和地区的电视、报纸、杂志等多种广告媒体开展广告宣传活动。这些活动主要分为两个阶段：第一阶段主要是告知消费者宝马是第一高级豪华车品牌，同时介绍宝马公司的成就和成功经验；第二阶段宝马公司用第七系列作为主要的宣传产品，强调宝马的设计、安全、舒适和全方位的售后服务。

2. 公关活动

广告的一大缺陷是不能与目标顾客进行直接接触，而公关活动能够达到这一目的。2008年6月5日，宝马汽车中国有限公司和华晨宝马汽车有限公司出资1 000万元人民币作为启动资金，携手中华慈善总会设立中华慈善总会宝马爱心基金。自成立以来，宝马爱心基金总是在第一时间出发，为需要帮助的人群送去切实的援助与关怀。2009—2010年，宝马爱心基金“点亮希望教师”奖助项目共投入360余万元人民币，为1 300余名陕甘川地震灾区以及云南边远地区的教师提供了资金资助及教育培训；2008—2011年，宝马爱心基金“点亮希望学生”资助项目连续4年拨款人民币共计385万元，惠及陕甘川藏等地区的学生突破2 500人次；2008—2011年，宝马爱心基金还根据四川省各地震灾区及玉树、盈江地震灾区的实际需要，提供了生活、学习教育用品等大量实物捐助，共计350万元人民币；2009年5月，宝马爱心基金启动“点亮希望”心灵陪伴行动，招募近500位志愿者与四川灾区及河北山区的学生结成“大小伙伴”，在志愿者长期、持续性的关怀下，结对“大小伙伴”的精神面貌发生了显著改善；2011年，宝马爱心基金携手全国经销商共同开展的长期公益项目“BMW童悦之家”儿童关爱计划在全国启动，共捐助460万元人民币，在河南、安徽、广东、山东等省份共捐建19家“BMW童悦之家”。

（资料来源：根据《华夏时报》2012年2月6日030版《宝马：中国策略纵深切入》一文整理。）

第二节 广 告

美国历史学家大卫·波特（David Porter）曾指出：现在广告的社会影响力可以与具有悠久传统的教会及学校相匹敌，广告主宰着宣传工具，它在公众标准形成中起着巨大作用。这句话道出了广告在现代社会生活中的重要性。作为促销组合之一的广告，对企业的市场营销活动也有着巨大的影响，甚至某种程度上决定着一个企业的兴衰成败。

一、广告的定义和特点

（一）广告的定义

广告从字面上来看，是“广而告之”的意思。广告一词在英文中为Advertising，它源于拉丁语Advertere。广告有广义和狭义之分。广义的广告，是指将某件事情广泛地告诉公众，使人们能够知晓所进行的信息传播活动。它的范围十分广泛，如政府发布的公文、布告，单位或个人发布的通知、启事等，均属于广义广告的范畴。狭义的广告，又称为商业广告或经济广告，是指广告主以付费的方式利用媒体传递商品或服务信息，从而影响公众行为的信息传播活动。

1948年，美国市场营销协会定义委员会为广告做了定义，在1963年等年份又做了几次修改，形成了迄今为止影响较大的广告定义，即“广告是由可确认广告主，对其观念、商品或服务所做之任何方式付款的非人员性的陈述与推广”。根据2015年4月修订的《中华人民共和国广告法》，广告是指商品经营者或者服务提供者通过一定媒介和形式直接或者间接地介绍自己所推销的商品或者服务的商业广告活动。

（二）广告的特点

（1）广告必须有明确的广告主，它是广告行为的主体。这是广告与新闻等其他传播活动的不同之处，新闻等产生错误，一般由新闻的发布者和提供者负责，而不由被宣传的主体负责。

（2）广告是一种带有说服性质的信息传播活动。广告将某种信息通过一定的媒介，主要是大众传播媒介，传递给一定范围的公众，不仅要引起公众的注意，使其知晓和了解某种事物，而且还要让公众能够接受广告者的产品和观念，从而使公众购买本企业的产品，达到扩大销售的目的。

（3）所传播的不仅仅是关于商品的信息，还包括关于观念和服务的信息，甚至是企业形象和企业文化的信息。“没有广告就没有市场，没有广告就没有名牌”已成为企业家的共识。

（4）商业广告是有偿的。这是广告与新闻、公告的又一重要区别。广告主只有事先支付一定的费用才能够在大众媒介上传递自己商品和服务的信息，从而影响消费者和公众。

（5）广告是非人员销售推广活动。广告与人员推销不同，它是借助传播媒介与消费者沟通，从而达到增加销售的目的。

二、广告定位

广告定位是美国广告专家杰克·特劳特（Jack Trout）倡导的。他认为，广告活动的核心不在于怎样规划广告，而在于把所广告的产品放在什么位置。广告定位就是指从众多的商品中寻找宣传商品的有竞争力和具有独特个性的特点。广告宣传能攻其一点，在消费者心中树立该商品的一定地位。广告定位包括以下4个方面内容。

（1）确立广告目标。广告目标是指在一个特定时期对特定观众所要完成的特定的传播任务。一般来说，广告目标可分为3种类型：通知型、说服型、提醒型。

①通知型广告主要用于一种新产品的入市阶段，目的在于树立品牌，推出新产品。例如，野狼摩托车曾经在中国台湾打的广告内容是："今天不要买摩托车，请您稍候6天。买摩托车您必须慎重地考虑。有一部意想不到的好车，就要来了。"次日继续刊出这则广告，内容只换了一个字："请您稍候5天。"第3天。"请您稍候4天。"……第7天，刊出全页面积的大广告，造成了大轰动，广告主发送各地的第一批货立即全部卖完。这一悬念式的广告策划非常成功，就是属于通知型的。

②说服型广告的目的是培养消费者对某种品牌的需求，从而在同类商品中选择它。例如，"达克宁"药膏通过"不但治标，还能治本"来暗示其同类产品只能治标、不能治本，从而劝说消费者进行选择。

③提醒型广告产品进入旺销后十分重要，目的是保护消费者对该种产品的记忆和连续购买，例如"娃哈哈"饮料的广告词就是"你今天喝了没有?"

（2）确定广告区域。区域不同，广告传播所影响范围也就不同。例如，有全球性广告、全国性广告、区域性广告、地方性广告等。然后选择不同的广告覆盖方法，例如全面广告覆盖、渐进覆盖或轮番覆盖。

（3）确定广告概念。这里所指的广告概念，特指广告所强调的商品特点、信息传递方法、技巧和具体步骤等。

（4）确定广告媒体。要根据商品和媒体的特性，选择不同的广告媒体，不一定收费越高越好。

三、广告媒体的种类

（一）印刷品广告

印刷品广告包括报纸广告、杂志广告、电话簿广告、画册广告、火车时刻表广告等，下面仅介绍报纸广告和杂志广告两种。

1. 报纸广告

报纸广告的优势有：覆盖面宽，读者稳定，传递灵活迅速，新闻性、可读性、知识性、指导性和纪录性均比较显著，白纸黑字便于保存，可以多次传播信息，制作成本低廉等。报纸广告的局限是它以新闻为主，广告版面不可能居突出地位，广告有效时间短，日报只有一天甚至半天的生命力，多半过期作废。广告的设计、制作较为简单粗糙，广告照片、图画运用极少，大多只用不同的字体编排，然后四周加上花线。版面也大同小异，或者四分之一通栏（8 cm×23 cm），或者半通栏，比较单调。

2. 杂志广告

杂志广告是指利用杂志的封面、封底、内页、插页为媒体刊登广告。杂志广告的优势有：阅读有效时间长，便于长期保存，内容专业性较强，有独特的、固定的读者群，例如妇女杂志、体育杂志、医药保健杂志、电子杂志、汽车摩托车杂志、家用电器杂志等，有利于有的放矢地刊登相对应的商品广告。同时杂志广告也有局限性：周期较长，不利于快速传播，由于截稿日期比报纸早，杂志广告的时间性、季节性不够鲜明。

（二）电子媒体广告

电子媒体广告又称电波广告、电气广告。它包括电视广告、电影广告、电台广播广告、电子显示大屏幕广告以及幻灯片广告等。其中影响最大的是电视广告。

电视广告是指利用电视为媒体传播放映的广告。电视广告可以说是所有广告媒体中的“大哥大”，它起源较晚，但发展迅速。电视的优势很明显，它收视率高，广告插播于精彩节目的中间，观众为了收看电视节目愿意接受广告，虽然带有强制性，但观众一般可以接受。电视广告形声兼备，视觉刺激强，给人强烈的感观刺激。而且看电视是我国家庭夜生活的一项主要内容，寓教于乐，寓广告于娱乐，收视效果佳，其广告效果是其他广告媒体无法相比的。著名广告人大卫·奥格威（David Ogilvy）不无自豪地说：“如果给我 1 小时的时间做电视广告，我可以卖掉世界上所有的商品。”中央电视台广告部市场调查显示：全国共有电视机 2.8 亿台，估计一次开机 2 亿台，每台收看人数 4 人，抽样调查显示，《新闻联播》的收视率为 50.6%，之后观众还会收看《天气预报》。因此，在《新闻联播》后至《天气预报》前的 1 分钟时段内打广告，其受众人数为 2 亿×4×50.6%≈4 亿，5 秒钟广告告知了 4 亿人，所以才使得第一条广告——“标王”的投标金额非常高昂。电视广告的局限性也很明显，主要是电视广告制作成本高、电视播放收费高，而且瞬间消失，这使得企业通过电视做广告的费用很高，小型企业甚至无力问津。

广播广告是指利用无线电或有线广播为媒体播送传导的广告。由于广播传收同步，听众容易收听到最快最新的商品信息，而且它每天重播频率高，收播对象层次广泛，速度快、空间大，广告制作费也低。广播广告的局限性是只有信息的听觉刺激，而没有视觉刺激，而据估计，人的信息 60% 以上来自于眼睛视觉，而且广播广告的频段频道相对不太固定，需要经常调频，这也妨碍了商品信息的传播。

（三）户外广告

户外广告主要包括路牌广告（或称广告牌，它是户外广告的主要形式，除在铁皮、木板、铁板等耐用材料上绘制、张贴外，还包括广告柱、广告商亭、公路上的拱形广告牌等）、霓虹灯广告和灯箱广告、交通车厢广告、招贴广告（或称海报）、旗帜广告、气球广告等。

（四）邮寄广告

邮寄广告是广告主采用邮寄售货的方式，供应给消费者或用户广告中所推销的商品。它包括商品目录、商品说明书、宣传小册子、明信片、挂历广告以及样本、通知函、征订单、订货卡、定期或不定期的业务通讯等。邮寄广告是广告媒体中最灵活的一种，也是最不稳定的一种。

（五）POP 广告

POP 是英文 Point of Purchasing 的大写字母缩写，POP 广告译为售点广告，即售货点和购物场所的广告。世界各国广告业都把 POP 广告视为一切购物场所（如商场、百货公司、超级市场、零售店、专卖店、专业商店等）场内场外所做广告的总和。

POP 广告的种类就外在形式的不同分为立式、悬挂式、墙壁式和柜台式 4 种；就内在性质的不同分为室内 POP 广告和室外 POP 广告两种。室内 POP 广告是指商店内部的各种广告，如柜台广告、货架陈列广告、模特儿广告、圆柱广告、空中悬转的广告、室内电子广告和灯箱广告等。室外 POP 广告是指售货场所门前和周围的 POP 广告，包括门面装饰、商店招牌、橱窗布置、商品陈列、传单广告、招贴画广告以及广告牌、霓虹灯广告、灯箱广告和电子显示广告等。

四、广告费用预算

广告费用预算是企业从事广告活动而投入的预算。由于广告预算收益只能在市场占有率的增长或者利润的提高上最终反映出来，因此一般意义上的广告预算，是企业从事广告活动而支出的费用。

1. 影响广告预算的因素

（1）目标市场大小及其潜力。

（2）潜在市场规模与地域分散程度。

（3）目标市场的市场占有率、商品理解度和品牌忠诚度。

（4）竞争者的动向及其广告策略、广告费用支出额。

（5）企业财务承受能力。

（6）产品寿命周期。

（7）预期的销售额与利润额。

2. 广告费用预算的方法

（1）销售百分比法。根据过去的经验，可以按计划销售额的一定百分比确定广告费用。这样做的好处是简便易行；缺点是实际操作中过于呆板，不能适应市场变化。

（2）目标任务法。明确广告目标后，选定广告媒体，再计算出为实现这一广告目标应支出的广告费用。这种方法在实际操作中难度较大，因为广告目标很难用数字来精确计算。

（3）竞争对抗法。它是根据竞争对手的广告宣传情况来决定自己的广告费用支出的一种方法。

（4）倾力投掷法。企业在不能测定广告目标和广告效果的情况下，往往采用有多少费用就做多少广告的办法，它的风险比较大。

五、广告效果评估

广告效果的评估是指运用科学的方法来鉴定所做广告的效益。广告效益包括3个方面：一是广告的经济效益，指广告促进商品或服务销售程度和企业的产值、利税等经济指标增长的程度；二是广告的心理效益，指消费者对所做广告的心理认同程度和购买意向、购买频率；三是广告的社会效益，指广告是否符合社会公德，是否寓教于销。其中广告的经济效益是广告效益最基本、最重要的体现。

根据评估的时间不同，广告效果评估可分为广告前测、广告中测及广告后测。

（一）广告前测

广告前测就是在制订了广告草案后，在广告战役实际展开之前对其进行评估。这种测验主要是在实验室中进行，但也可以在实际情境中进行。主要目的有两个：一是诊断广告方案中的问题，避免推出无效、甚至有害而无益的广告；二是比较、评估候选方案，以便找出最有效的广告方案。

广告前测的主要优点表现在两个方面：第一，能以相对低的费用（与事后测验相比）获得反馈，此时，广告主还未花大量的钱刊播广告，事前测验可以帮助广告主及时诊断并消除广告中的沟通障碍，有助于提高广告的有效性；第二，预测广告目标的实现程度，例如，如果广告战役的主要目标是提高品牌的知名度，就可在事前测验中加以测定。

广告前测的缺点在于，广告前测大都是在受测者看了一次广告后进行的，无法测出他们接触多次广告后或在其他营销活动配合情况下的广告反应。因此，所测的只是个别广告的效果，而不是广告战役的效果。此外，事前测验延误时间。许多广告主认为，第一个占领市场会给其带来压倒竞争者的独特优势，因此，他们常常为了节省时间，确保这种地位而放弃测验。还有，事前测验效果与实际效果往往不一致。例如，否定诉求广告在事前测验中往往分数不佳，而其实际效果颇为成功。另外，幽默、轻松、娱乐性广告前测的具体方法有以下4种。

（1）模拟销售检验。就是用人为的办法“选”一个销售环境，以此检验广告的促销功能。譬如“盲目销售检验”，即把包装好的产品上的商标拿掉，摆在货柜上，每种商品后面有个说明卡片，上面分别有一则不同的广告，最后看哪种商品销量大，就说明那种卡片上的广告促销功能大。

（2）消费者试用。就是把一组同类产品放在消费者面前，这里的消费者可以是企业内部的职工，也可以是部分有兴趣的市民，各自产品均配以不同广告，然后检验消费者对广告的反应程度、对相应产品的购买意向和购买结果。这类办法的优点是速度快，检验的是真正的消费者，价格费用不高，能利用完整的广告；局限性在于不是顾客主动地选购，而是被动地回答，购买行为不自然，而且由于消费者表达能力的不同，对其意见想法的回答难以准确。

(3) 邮寄检验。邮寄检验可以通过各种各样的印刷品形式进行，如小册子、信件、说明书和明信片等。把不同的广告缩小地印在明信片上，每张明信片都有一些免费小赠品，所有明信片的赠品都一样，然后把这些明信片寄给大量、有一定代表性的消费者，根据有复信并已接受赠品者的比例大小，就可以检查出广告的有效程度。

(4) 仪器检验。把消费者置于各种仪器前，检测其对广告的反映程度。比如视力相机，其功能是在消费者阅读广告时记录其视力运动情况。眼睛并不是顺着字里行间稳定地移动的，不同的人其阅读习惯也不同。通过视力相机获得的资料可以用来确定广告标题的位置，确定某一广告长度的合适与否以及其他广告文案设计问题。再如，印象测量器也是一种国外使用的广告效果检测仪，这种机械装置把被检的广告在被检测人员眼前暴露 3 ~5 秒钟，然后检验人员可以衡量出对每个被检的广告，被检人能够回忆起多少广告内容。

(二) 广告中测

广告中测就是在广告战役进行的同时，对广告效果进行评估。主要目的是评估广告前测中未能发现或确定的问题，以便尽早发现问题，及时加以解决。这种评估大多是在实际情境中进行的。

当今媒体费用昂贵，营销状况不断变化，市场竞争日益激烈，在广告战役的进行中，常常会发生一些意想不到的情况，影响原定的广告方案。因此，越来越多的广告主十分重视在广告战役进行中对其广告的效果进行测量、评估，以便及时调整广告策略，对市场变化尽早做出反应。

广告中测的主要优点是，同广告前测相比，它能及时收集反馈信息，依据这些信息能发现广告沟通中的各种问题，并能迅速有效地加以纠正；同广告前测相比，广告前测是在人为的情境中、在较小范围内进行的，而广告中测是在实际市场中进行的，因而所得结果更真实、更有参考价值。

(三) 广告后测

广告后测就是在整个广告战役结束后对广告效果加以评估。它是根据既定的广告目标评估广告结果。因此，评估内容视广告目标而定，包括品牌知名度、品牌认知、品牌态度及其改变、品牌偏好及购买行为等。

在美国，广告后测几乎成为广告主和广告公司的惯例。如同广告中测，广告后测也是在实际情境中进行的。其作用主要是：第一，评价广告战役是否达到了预定的目标；第二，为今后的广告战役提供借鉴；第三，如果采用了几种广告方案，可对不同广告方案的效果进行比较。

从广告效果评估的目的看，广告前测、广告中测与广告后测的最大差别在于，广告前测、广告中测的作用在于诊断，以找出并及时消除广告中的沟通障碍；而广告后测的作用则是评价广告刊播后的效果，目的是了解广告实际产生的结果，以便为今后的广告活动提供一定的借鉴。广告后测的具体方法有以下 4 种。

（1）售后检验法。这是最直接、也是用处最多的一种方法，它把广告发布后企业产品的新的销售量和广告发布前的销售量相比较，从中得出广告的促销功能。售后检验法的优点是简便易行，立竿见影，直接和企业销售量挂钩；不足之处是无法把广告促销的效果和同时作用的其他促销办法（如人员促销、公共关系）的效果区分开来。

（2）认识测定法。认识测定法主要是用来测定广告效果的知名度，即消费者对广告主及其商品、商标、厂牌等的认知程度。其中最有名的方法是美国史塔区阅读率调查，其方法是将被调查者分为 3 类：①注目率，看过该广告；②阅读率，充分看过该广告；③精读率，浏览过该广告 50% 以上的内容。最后统计分析出这三类读者每类所占的人数，即可得出该广告的认知效果。

（3）调查检验法。该方法主要是调查消费者，询问顾客，做一些广告并向读者提供一些好处，鼓励他们对广告做出评论。可以把同一则广告发布在不同的媒体上（电视、报纸、广播等），询问哪一种效果好；也可以同时发布在报纸上，准备两则广告，今天刊登一则广告，明天刊登另一则广告，然后询问哪一种广告效果较好，再决定取舍。

（4）回忆检验法。该方法一般来说，是指不给对方任何提醒或暗示，只是在受试者记忆的汪洋大海中检查所做广告深入人心的程度。其优点在于：它能提供有关广告深入人心的程度方面的材料，而且还可以检测消费者是否领会了广告制作人员企图表达的广告主题、广告设计意图和受众的接受认同程度是否一致。缺点是费用大，受试者记忆兴趣和记忆程度有差别。

【案例 10 -2】

备受争议的恒源祥十二生肖广告

2008 年春节期间，一则恒源祥的电视广告在全国各大电视台的黄金时段播出，长长一分钟时间里，广告背景音从“恒源祥，北京奥运会赞助商，鼠鼠鼠”一直叫到“恒源祥，北京奥运会赞助商，猪猪猪”。这则广告经过高密度播出后，遭到许多观众“炮轰”。这则名为“十二生肖”的广告可以说是“羊羊羊”的延伸，广告播出后，许多观众都不堪忍受。有人说开始“还以为电视卡住了”，有人骂它是“比脑白金更恶俗质劣的‘脑残’广告”，有人说看得“要崩溃”。大部分人反映，现在看到这则广告就会赶紧换台；当然也有人说，频频“轰炸”观众的耳朵，恒源祥的目的也达到了：让人记住了恒源祥是 2008 年北京奥运会的赞助商。这则“十二生肖”广告，在较短的时间内让消费者记住了这个品牌，但通过对消费者的负面情绪刺激来达到目的，这实在不是一个聪明的举动。在新浪网所做的相关调查中，就有 87.65% 的被调查者对恒源祥广告内容表示了“反感”，并有 77.21% 的被调查者认为这种广告损害了企业的品牌形象。但是恒源祥广告部有关人士曾在接受记者采访时说，恒源祥此举就是在尽力压缩成本，为了创造“令人记住”的传播效果，宁愿被骂也不能被忘记。这种一开始就确定的营销方针，至今仍为恒源祥营销部门的案头格言。

（资料来源：根据《中国青年报》2008 年 2 月 25 日《恒源祥身陷“广告门”》一文管理。）

第三节 人员推销

如果把市场经济运营中的企业比作一列火车，那么，推销员就是企业的火车头，这列火车行驶速度快慢取决于推销员这个火车头。广告、公共关系为销售创造了有利的环境，营业推广提供了吸引顾客的有力武器。而与顾客面对面地沟通，实现销售，则要靠推销员的努力。推销员是沟通企业与顾客关系的纽带。对顾客而言，推销员是企业形象的象征；反过来，推销员又从顾客那里给企业带来许多有用的信息。

一、人员推销的定义和形式

根据美国市场营销协会定义委员会的解释，所谓人员推销，是指企业通过派出推销人员与一个或一个以上可能成为购买者的人交谈，做口头陈述，以推销商品，促进和扩大销售。人员推销的设计可以采取 3 种形式。

（1）自建销售队伍。企业可以建立自己的销售队伍，使用本企业的推销人员来推销产品。在西方，企业自己的推销队伍的成员叫作推销员、销售代表、业务经理、销售工程师。这种推销人员又分为两类，一类是内部推销人员，他们一般在办公室内用电话等来联系、洽谈业务，并接待可能成为购买者的人来访；另一类是外勤推销人员，他们做旅行推销，上门访问客户。

（2）使用合同推销员。企业可以使用合同推销人员，例如制造商的代理商、销售代理商、经纪人等，按照其代销额付给佣金，西方国家的大公司甚至雇佣国内外退休的高级官员当推销员。

（3）雇用兼职推销员。企业可以雇用兼职的售点推销员，在各种零售营业场合，用各种方式促销，按销售额比例提取佣金，促销方式有产品操作演示、现场模特、咨询介绍等。一般称这种促销员为售点促销小姐或促销先生。

二、人员推销的任务和工作步骤

（一）推销人员的任务

各行业的人员推销都有不同的任务，但归纳起来，大致有以下 6 个方面。

（1）探寻市场。推销人员应该寻求机会，发现潜在顾客，创造需求，开拓新的市场。

（2）传递信息。推销人员要及时向消费者传递产品和劳务信息，为消费者提供购买决策的参考资料。

（3）推销产品。该任务包括接近顾客，介绍产品，回答顾客问题以及达成交易。

（4）收集情报。推销人员在推销过程中还要进行市场调研，收集情报，反馈信息。

（5）提供服务。为消费者提供售前、售中、售后服务。

（6）分配产品。当企业的某些产品短缺不能满足全部顾客的需要时，分析和评估各类顾客，然后向企业提出如何分配短缺产品、安排发货顺序的建议。

（二）推销人员的工作步骤

一般来说，推销人员在推销过程中包括这样几个步骤：寻找顾客、事前准备、约见、接近、介绍、应付异议、成交、事后追踪。

1. 寻找顾客

推销工作的第一步就是找出潜在顾客，即“准顾客”。准顾客是指一个可以获益于某种推销的商品，又有能力购买这种商品的组织和个人。寻找顾客的方法有很多，如地毯式访问法、连锁介绍法、中心开花法、个人观察法、广告开拓法、市场咨询法、资料查询法等。例如，保险公司的推销人员可利用报纸或网络上登载的新婚、毕业、出生等消息，或者查阅工商名录、电话号码簿等寻找潜在顾客。

2. 事前准备

在出去推销之前，推销人员必须具备 3 个方面的基本知识。

（1）产品知识。包括本企业基本情况、企业产品特点及用途等。

（2）顾客知识。包括潜在顾客的个人情况、所在企业的情况等。

（3）竞争者知识。包括竞争对手的产品特点、竞争能力和竞争地位等。

3. 约见

约见是指推销人员事先征得顾客同意接见的行动过程。一般来说，一般顾客都不大欢迎推销人员来访。在美国的一些机构门口，甚至挂着这样的牌子：“推销员、狗、小偷、闲人请勿入内。”有人说推销始于“拒绝”，作为推销员来说一定要跨越这个障碍。

4. 接近

接近是指与潜在顾客开始面对面交谈。此时推销人员的头脑里要有 3 个主要目标：

（1）给对方一个好印象。

（2）验证在准备阶段所得到的全部情况。

（3）为后面谈话做好准备；同时，要选择最佳的接近方式和访问时间。

接近的方法很多，它包括产品接近法、利益接近法、问题接近法、馈赠接近法等。推销员接近顾客时，一定要信心十足，面带微笑。国外推销人员平时非常注意微笑训练，甚至有人发明了所谓的“G 字微笑练习法”，即每天早晨起床后对着镜子念英文字母 G，以训练笑脸，把微笑变成一件十分自然的事情。日本的著名保险推销员原一平认为婴儿的微笑因为其纯真无邪而给人留下的印象最好。原一平通过苦练，终于练就成了著名的“价值百万美金的微笑”。

5. 介绍

介绍是整个推销过程的关键性环节。任何产品都可用某种方法介绍，甚至那些无形产品，也可用一些图表、坐标图、小册子等形式加以说明。可通过顾客的多种感官进行介绍，其中视觉是最重要的一种，因为在顾客所接收的全部信息中，通过视觉得到的比重最大。在介绍产品时要着重说明该产品能给顾客带来什么利益，切忌夸大其词，脱离实际。

6. 应付异议

在推销中有一条黄金法则：不与顾客争吵。在面谈中顾客往往会提出各种各样的购买异议，异议是顾客走向成交的第一讯号。若顾客对你的提议提出异议，实际上是给你一些宝贵的提示。它表明：顾客对你的提议有了反应，有些问题需要重新解释清楚。一个有经验的推销员应当具有与持不同意见的买方洽谈的技巧，要善于倾听反对意见，同时应注意语言技巧。例如，汽车加油站的工作人员，与其说："您需要多少油?"不如说："我为您把油加满吧!"饭店服务员把"您喝点什么?"改为选择问句"您喝咖啡还是喝橙汁?"这样的问话使顾客感到难以拒绝。

7. 成交

成交是指推销人员接受买方订货购买的阶段。有人说成交是推销过程中最困难的阶段。成交的关键是6个字：主动、自信、坚持。

（1）推销员应假设生意已有希望，主动请求顾客成交。许多推销员失败的原因仅仅是因为他没有开口请求顾客订货。据调查，有71%的推销员未能适时地提出成交要求，不向顾客提出成交要求，就好像瞄准了目标却没有扣动扳机一样。

（2）要充满自信地向顾客提出成交要求。自信具有传染性，推销员有信心，会使客户自己也觉得有信心。客户有了信心，自然能迅速做出买的决策。如果推销员没有信心，会使客户产生许多疑虑，客户会怀疑自己做出的购买决策是否正确。

（3）要坚持多次地向顾客提出成交要求，一些推销员在向顾客提出成交要求遭到顾客拒绝后，就认为成交失败，便放弃了努力。这种期望向顾客提出一次成交要求便能达到目的的想法是错误的。事实上，一次成交即能成功的可能性很低，一次成交失败并不意味着整个成交工作的失败。推销员可以通过反复的成交努力来促成最后的交易。一位优秀推销员指出，一次成交成功率为10%左右，他总是期待着两次、三次、四次等多次的成交努力来达成交易。推销员要认识到，顾客的"不"字并没有结束推销活动，顾客的"不"字是一个挑战书，而不是阻止推销员前进的红灯。

8. 事后追踪

如果推销人员希望确保顾客满意并重复购买，那么"追踪"就必不可少。推销人员应认真对待订单中所保证的条件，诸如交货期和安装、维修等。跟踪访问的直接目的在于了解买主是否对自己的选择感到满意，发现可能产生的各种问题，表示推销员的诚意和关心，以促使顾客产生对企业有利的购后行为，培养顾客对企业和产品的忠诚度。

对一些重要的客户，推销人员要特别注意与之建立长期合作关系，帮助顾客解决问题，提供各种必要的售前、售后服务，发展个人之间的友谊，实行"关系营销"。尤其是企业与企业之间的交易，关系营销的重要性正在与日俱增。

三、推销队伍的建设

（一）推销队伍的组织结构

推销人员如何组织起来才能最有效率，这是人员推销决策的一个重要问题。企业在设计推销队伍的组织结构时，可在下述3种类型中选择。

（1）地区型结构。这是一种最简单的组织结构，即每一个推销员分管一个地区，分管在该地区推销企业所有商品。该结构适用于产品和市场较单纯的企业，其优点如下：①推销员的责任明确，可对所管地区销售额的增减负责；②可鼓励推销员与当地的企业和个人建立固定联系，从而有利于提高推销效率；③差旅费用较少。

（2）产品型结构，即每个推销员负责一类或几类产品在各地的推销。当产品种类繁多，而且产品的技术性较强时，可采用该结构。因为推销员只有熟悉他所推销的产品，才能提高推销效率。

（3）顾客型结构。按顾客类别组织推销队伍，如按不同行业的顾客、新老客户、大小客户，分别安排不同的推销员。该结构的优点是，推销员可以更加熟悉和了解自己的顾客，更能掌握其特点及决策过程。

（二）推销人员的选择和培训

推销人员素质优劣，对实现推销目标、扩大销售、开拓市场具有举足轻重的作用。有些营销学家认为，优秀推销人员应具备两个方面的素质：一是善于从顾客的角度考虑问题；二是勇于进取，不屈不挠。还有人认为，不同的推销目标和任务要求不同个性的推销人员。此外，推销人员还要具备多方面的知识和技能，对本企业和产品的情况要了如指掌，成竹在胸。因此，一些大公司招聘推销人员的条件非常苛刻，在仪表、年龄、智商、文化、口才等方面都有严格的要求，并且不惜重资给予专门培训。培训计划有如下5项目标。

（1）要了解企业并明白企业各方面的情况。大多数企业把训练计划的第一部分安排为介绍企业历史和经营目标、组织机构设置和权限情况、主要的负责人员、企业财务状况以及主要的产品与销售量情况。

（2）要通晓本企业的产品情况。训练人员应向被训练人员介绍产品制造过程以及各种用途。

（3）要了解本企业中各类顾客和竞争对手的特点。销售代表要了解各种类型的顾客和他们的购买动机、购买习惯，还要了解本企业和竞争对手的战略和政策。

（4）要知道如何做有效的推销展示。销售代表要掌握推销术的基本原理。此外，企业还专为每种产品概括出推销要点，提供推销说明。

（5）要懂得怎样在现有客户和潜在客户间分配时间，合理支配，如何撰写报告，拟定有效推销路线。

（三）对推销人员的管理

为了提高推销人员的素质和推销业绩，企业还要加强对推销人员的管理。对推销人员的管理包括以下内容：

（1）明确推销人员的任务。

（2）加强推销人员的培训。

（3）确定推销人员的规模。常用的方法有两种，一种是工作量法，另一种是增量法。工作量法就是根据销售工作的数量来决定推销人员的数量；增量法是指随着销售地区和销售数量的增加而逐步增加销售人员的方法。

（4）对推销人员进行考核、激励、监督和奖惩。对推销人员进行考核的主要内容是销售定额的完成情况，以及实现毛利、推销访问次数、访问成功率、平均订单数、销售费用及费用率。考核方法主要有横向比较法、纵向分析法、尺度考评法。对推销人员进行考核是人员推销管理的一项重要内容，通过考核做出正确的激励措施。激励是指通过推销系列指标和竞赛等手段，来加强推销人员的荣誉感和责任心。而对推销人员的管理主要是通过建立推销人员的定期报告制度和检查制度来进行的。通过监督，可以及时发现问题并解决问题。

（四）推销模式

所谓推销模式，就是根据推销活动的特点，及对顾客购买活动各阶段的心理演变应采取的策略，归纳出一套程序化的推销形式。下面列举 4 种基本模式。

1. AIDA 模式

AIDA 是英语 Attention（注意）、Interest/Identify（兴趣/认同）、Desire（欲望）、Action（行动）4 个单词的缩写，代表了推销的 4 个阶段：①集中顾客的注意力；②引起顾客的兴趣和认同；③激发顾客的购买欲望；④促使顾客采取购买行动。这是西方企业推销的经典方法。面对顾客开始推销时，推销员首先要引起顾客的注意，即要将顾客的注意力“集中到你所说的每一句话和你所做的每一个动作上”。假如顾客能满怀“兴趣”地听你的说明，无疑顾客一定“认同”你所推销的商品或服务。而你的推销努力也向成功的目标迈进了一步。当顾客觉得购买产品所获得的利益大于所付出的费用时，顾客就会产生“购买的欲望”。一位推销员唯有具备丰富的产品知识和了解顾客的行业规矩及作业方式，才能在推销中成功地激发顾客的“购买欲望”。推销的最终目的是要顾客“购买”商品。要有不成交就不放松的坚定信念，诱导顾客下决心成交。

2. 吉姆模式（GEM）

这是一种以培养推销员的自信心，提高其说服力为核心的推销模式，其关键是“相信”，也就是说，推销员一定要相信自己所推销的产品（Goods，G），相信自己所代表的公司（Enterprise，E），相信自己（Man，M）。推销任务的完成是产品、公司和推销员 3 个要素综合作用的结果。

3. 迪伯达模式（DIPPSA）

这是由国际推销权威海因兹·M. 戈德曼（Heinz M. Goldmann）从推销实践中总结出的一种行之有效的推销模式。其基本思路是：找出顾客需求，促使顾客想到需求，推销员说明自己的产品可以满足其需求，并由此促使顾客购买。这种模式把推销全过程概括为 6 个环节：第一，确认，准确地发现潜在顾客；第二，结合，把推销的商品和顾客的需要结合起来；第三，证实，证实推销员的商品符合顾客的需要和愿望；第四，接受，通过谈判促使顾客接受其所推销的商品，推销员接受顾客的价格等交换条件；第五，刺激顾客的购买欲望；第六，促使顾客采取购买行动。

4. 费比模式（FABE）

费比模式是中国台湾学者郭昆谟博士总结并推荐的模式。这种模式特别适合于商业零售业的推销活动。费比（FABE）是 Feature（特征）、Advantage（优点）、Benefit（利益）、Evidence（证据）4 个英语单词的缩写，具体含义如下：①把产品特征详细地介绍给顾客；②充分分析产品的优点；③尽述产品给顾客带来的利益；④以“证据”说服顾客。应用费比模式推销要将上述 4 点内容写在纸上，这样既可以使顾客全面了解，节省提出疑问和答疑时间，又可以使推销员记熟，达到脱口而出的程度。使用费比模式推销要注意 7 点要求：第一，引起顾客注意；第二，引起顾客兴趣；第三，用生动的语言使顾客产生联想；第四，诱发顾客购买欲望；第五，给顾客进行比较的机会；第六，让顾客信服；第七，促使顾客下决心购买。

【案例 10－3】

原一平的推销诀窍

日本有个推销大王，叫原一平，长相不佳，满脸疙瘩，身高只有 1.45 米。但这个人为人乐观，很自信。在推销工作的起步阶段，他也很苦闷，因为业绩一般。他总在思考，推销应与做人的道理一样，做人的道理他比较在行，尽管长相和身材都不好，但他一样讨人喜欢，同样，推销也应有诀窍。

经过一番苦心钻研，他摸索出两个武器：一个是婴儿的微笑，婴儿那天真无邪的微笑，人见人爱；一个是情人的眼神，情人含情脉脉的眼神，让人如痴如醉。

经过一段时间的模仿练习，他终于练就了几十种婴儿的微笑和一百多种情人的眼神。接下来，原一平就开始运用这两个秘密武器，上门推销。

他敲门，开门的是一位日本妇女。怎么没人？日本妇女很纳闷。因为原一平个子太矮，人家看不见。他带着婴儿的微笑，进门。现代人安全观念很强，门难进，能够进门，就成功了一半。进门后日本妇女发现上当了，完全是一个小老头。这时他又运用情人的眼神，于是推销成功。

（资料来源：根据百度百科“原一平”词条内容整理。）

第四节 营业推广

一、营业推广的定义和特点

（一）营业推广的定义

营业推广又称销售促进，是指那些不同于人员推销、广告和公共关系的销售活动，它旨在激发消费者购买和促进经销商的效率，诸如陈列、展出与展览表演和许多非常规的、非经常性的销售尝试。营业推广包括多种属于短期性的刺激工具，用以刺激客户较迅速和大量地购买某一特定的产品或服务。营业推广主要是吸引那些品牌忠诚度不高的客户，因为他们寻找的是低价或奖赠。也就是说，营业推广是指能够迅速刺激需求、鼓励购买的各种促销形式。

（二）营业推广的特点

（1）直观的表现形式。许多营业推广工具具有吸引注意力的性质，可以打破顾客购买某一特殊产品的惰性。它们告诉顾客说这是永不再来的一次机会，这种吸引力，尤其是对于那些精打细算的人是一种很强的吸引力，但这类人对于任何一种品牌的产品都不会永远购买，是品牌转换者，而不是品牌忠实者。

（2）灵活多样，适应性强。可根据顾客心理和市场营销环境等因素，采取针对性很强的营业推广方法，向消费者提供多种多样的购买机会，具有强烈的吸引力和诱惑力，能够唤起顾客的高度注意，立即促成购买行为，在较大范围内收到立竿见影的效果。

（3）有一定的局限性。有些营业推广的方式显现出销售者急于出售的意图，容易造成顾客逆反心理。如果使用太多，或使用不当，顾客会怀疑产品的品质及产品的品牌，或其产品价格是否合理，对建立顾客品牌忠诚度有一定的副作用。

二、营业推广实施过程

企业在运用营业推广时，必须确定目标、选择工具、制订方案、实施和控制方案，并对结果进行评估。

（一）确定目标

就消费者而言，目标包括：鼓励消费者更多地使用商品和促进大批量购买；争取未使用者试用，吸引竞争品牌的使用者。就零售商而言，目标包括：吸引零售商们经营新的商品品种和维持较高水平的存货，鼓励他们购买滞销商品，储存相关品目，抵消各种竞争性的促销影响，建立零售商的品牌忠诚和获得进入新的零售网点的机会。就销售队伍而言，目标包括：鼓励他们支持一种新产品或新型号，激励他们寻找更多的潜在顾客和刺激他们推销滞销商品。

（二）选择促销工具

1．面向消费者的促销工具

（1）折价。指厂商通过降低产品的售价，以优待消费者。这种促销方式可以提高消费者对零售点产品的关注，在促进零售点的销售方面极为有效，它对短期销量的提升具有立竿见影的效果。折价可以说是对消费者最有效的促销“武器”，因为他们都希望以尽可能低的价格买到尽可能好的产品。

为了完成营销目标，公司也常常会借助折价做最后的冲刺，特别是在处理其产品、减少库存、加速资金周转时，但这样做只能在短期内增加产品销量，对建立消费者的品牌忠诚度效果不大，并且折价会有损于公司利润。

（2）优惠券。优惠券是一种证明，证明持有者在购买某种特定的产品时可凭此优惠券按规定少付一些钱。一般来讲，这种方式会吸引对品牌有一定好感或已试用过产品且感到满意的消费者，公司可以利用此方法推介新产品或拓展新市场。如果公司较长期采用优惠券促销，可培养消费者的品牌忠诚度，特别是产品的差异化不明显时，要培养消费者购买该产品的习惯。赠券发放通过邮寄、夹在其他商品中或夹在广告中的方式进行。

这对于刺激成熟品牌商品的销售以及推广新产品早期试用都非常有效。专家们认为有效的折价幅度应该是15% ~20%。

（3）赠品。赠品是向消费者免费赠送产品供其使用的一种促销方法。由于这种方法不需消费者付出任何代价，因此是诱使消费者尝试的有效途径。通过试用，消费者对该产品产生直接的感性认识，并对产品或公司产生好感和信任，使其转化为该产品的潜在客户。赠品的赠送方式包括主动上门、邮寄、借助商品销售、其他商品附带以及通过广告进行。赠品赠送是引入一种新产品的最有效却也是最昂贵的方式。

（4）现金退款。现金退款是指厂商在消费者购买产品以后会给予一定金额的退款，该退款可以是售价的百分之几，也可以是全额退还甚至超额退还。它被认为是厂商对消费者的一种回赠。这种促销方式对品牌形象影响较小，投资费用并不算高。厂商还可以从消费者寄回的申请卡上收集到有关客户的资料。现金退款对吸引消费者试用效果较好，并且可以刺激消费者多次重复购买。

（5）赠送奖品。奖品是指消费者在购买某种产品后，获得竞赛、抽奖的机会以及获送现金、物品等。竞赛要求消费者送上一个参赛项目，然后由一个评判小组确定哪些人被选为最佳参赛者；抽奖则要求参加者填写真实姓名、身份证号码或其他一些个人资料即可；有的则在消费者每次购买产品时送给他们某样东西。

（6）联合促销。两个或两个以上的品牌或公司在优惠券、现金退款和竞赛中进行合作，以扩大它们的影响力。各公司统筹资金，以期扩大其知名度，同时也促使一些中间商参与这些促销活动，通过增加陈列和广告面积使它们更好地展示出来。联合促销中涉及的各种费用按比例分摊，从而大大降低了各公司的促销投资。

（7）产品保证。由厂家保证在规定期限内产品无明显或隐含的质量问题，如果在规定期内出现质量问题，厂家将会免费维修或退款给客户。

（8）售点陈列示范。售点陈列示范表演常常在购买现场或者销售现场进行。这种方式可直接激发消费者的购买欲望和购买行为。

（9）会员。“会员营销”又称“俱乐部营销”，是指公司以某项利益或服务为主题将人们组成一个俱乐部形式的团体，开展宣传、促销等营销活动。例如，加入俱乐部的条件是缴纳一笔会费，或购买一定量的产品等，成为会员后便可在一定时期内享受到会员专属的权利。这种方式的最大益处在于能通过俱乐部这种团体形式将消费者结合在公司周围，与他们直接沟通，使之成为忠实的客户。

2. 面向中间商的促销工具

（1）价格折扣。在指定的时间内，每次购货都给予一定比例的直接折扣。这一优待鼓励了经销商去购买一般情况下不愿购买的产品数量或新产品。中间商可将购货折扣用做直接利润、广告费用或零售价减价。

（2）折让。厂商提供折让，以此作为零售商同意以某种方式突出宣传厂商商品的报偿，如广告折让和陈列折让。

（3）免费品。厂商还可以提供免费产品给购买某种新产品或购买达到一定数量的中间商。这些免费产品包括现金或者礼品，也可以是附有公司名字的特别广告赠品，例如年历、备忘录等。

3. 面向销售人员的促销工具

目的是鼓励他们热情推销产品或处理某些老产品，或促使他们积极开拓新市场。其方式可采用销售竞赛（如有奖销售、比例分成）和免费提供人员培训、技术指导等。

（三）制订营业推广方案

（1）必须确定所提供刺激的大小。若要使促销成功，最低限度的刺激物是必不可少的。

（2）要指定参与的条件。刺激物品可向每个人或者经挑选的团体提供，赠品可提供给那些能证明购买的消费者等。

（3）要确定促销所持续的时间。时间过短，许多客户可能来不及再次购买，感觉不到促销带来的好处；时间过长，会失去其应有的效力。调查显示：最佳的频率是每季有三周的促销活动，最佳持续时间是产品平均购买周期的长度。

（4）要选择好分发的方式和途径，营销人员必须确定怎样去促销和分发促销方案。

（5）要准确把握促销时机。

（6）要拟定促销预算，根据所选用的各种促销工具来估算他们的总费用。

（四）实施和控制营业推广方案

所有的准备工作必须到位，包括最初的计划工作、设计工作以及包装材料的分发，配合广告的准备工作和销售点材料，通知现场销售人员，为个别的区域指定配额，购买或印制特别赠品，预期存货的生产，存放到分销中心准备在特定的日期发放，最后，还包括给零售商的分销工作。

（五）评估营业推广结果

促销结果的评估是极端重要的。公司可以通过促销前后销售数据的对比或者通过消费者来衡量促销的效果。一般而言，当销售活动能将竞争对手的客户拉过来试一下较优的产品并使这些客户永久地转换过来，那么这项促销是十分有效的。如果本公司的产品并不比竞争者好多少，那么产品的市场份额可能回到促销前的水平。如果需要更多的信息，可采用消费者调查的方式去了解多少人记得这次促销、他们的看法如何、多少人从中得到好处以及这次促销对于他们随后选择品牌行为的影响程度。例如，一种产品在营业推广之前市场份额为6%，营业推广期间为10%，营业推广一结束马上下降为5%，过了一段时间又回升到7%。这些数据证明，企业的营销推广方案在实施期间吸引了一批新的顾客，并促使原有的顾客增加了购买量。营业推广结束后马上下降为5%，说明顾客尚未用完前一段时间多购的产品。过后市场份额又回升到7%，说明营业推广方案终于使一批新顾客成为老顾客。如果过一段时间市场份额不是7%而仍旧是6%，那就说明这项营业推广方案只是改变了需求的时间，并未增加该产品的销售量。

【案例 10－4】

两家烧饼摊

有两个卖烧饼的摊点，一个卖的是山西手抓饼，另一个卖的是安徽皖南的鸡蛋灌饼。就口味来说，两家不相上下，都很不错，每天早上都有大量的顾客来买。两家是在差不多的时间在那条街道开起流动地摊的，开始的时候两家生意都很红火，尤其是早上，可谓门庭若市。但是时间一长，两家摊点开始有了变化，卖山西手抓饼的摊点前只有一两个人，而卖皖南灌饼的摊点前总是排着一个长长的队伍。

为什么会有这样的变化？原来是两家的烧饼制作流程产生了变化。由于早上出来买早点的大多数是上班族，匆匆忙忙，没有多少时间等候，因此山西手抓饼的老板为了减少顾客等候时间，事先备货，把饼做好了，顾客走到就取，为顾客考虑得可谓细心、周到。而皖南灌饼的老板却没有这么做，依然坚持先有订单再现场制作的工艺流程。于是差别就出来了，皖南灌饼摊点前排队的顾客总是比山西手抓饼摊点前的顾客多。

对于有些人来说，早上最怕排队，两边口味相当的情况下肯定不会选择去排队的。但是再过一段时间却发现皖南灌饼摊点前的队伍越来越长，山西手抓饼的摊点前顾客越来越少。再后来，皖南灌饼的老板从摊点发展门店，营业时间从早上的几个小时延长到全天，生意异常红火，而山西手抓饼的摊点却不见踪影。

这个案例说明，企业一味地去满足顾客的需求、投顾客的所好未必就是做生意的正道，准确地把握顾客心理才能真正抓住顾客。

（资料来源：根据 A5 创业网 2009 年 8 月 6 日《两个真实卖烧饼老板的故事引起的思考》一文整理。）

第五节 公共关系

公共关系一词，是由英文“Public Relations”翻译而来的，简称“公关”或“PR”。公共关系又可称为“公众关系”。19 世纪 80 年代，市场营销的第二次革命即由战术营销转入战略营销过程中，公共关系和权力、调研、细分、优先、定位并列，成为企业战略营销的组成部分。这表现出公共关系在企业的市场营销活动中处于越来越重要的地位。

一、什么是公共关系

《不列颠百科全书》给公共关系所下的定义是：公共关系是指传递关于个人、公司、政府机构或其他组织的信息，以改善公众对他们的态度的政策和活动。从市场营销的角度来讨论公共关系，主要是指企业为了使社会公众对企业及其产品由了解和认知发展到认同、树立企业及其产品在社会公众心目中的良好形象、促进产品销售所进行的信息沟通活动。

二、公共关系的工作程序

企业公共关系的目标，就是要在公众中树立良好的企业形象。为此，企业的公共关系必须有周密的计划，必须制定、遵循一定的程序。公共关系的程序大体上可分为调查研究、制订计划、策动传播和评估效果 4 个阶段。

（1）调查研究。调查研究是企业开展公共关系活动之先导，是整个公共关系活动之“轴心”。作为企业营销人员，要充分认识到开展企业公共关系调查研究的重要性。

（2）制订计划。经过调查研究，弄清了问题是什么，就有了明确的工作目标。根据目标，就可以制订公共关系活动计划。这是难度最大，也是最为关键的一步。

公共关系工作是一项与企业共存的事业。良好的企业形象的建立和保持是企业公共关系活动和公关人员持续不断努力的结果。在制订公共关系活动计划时，必须与企业整体计划保持一致。公共关系专业人员在制订计划时，应使公共关系活动不但有助于实现企业的经营销售计划，而且有助于树立企业的形象，同时，也符合公众的利益和行动准则。

（3）策动传播。公共关系的目标和计划一经确定，一系列的传播活动就开始了。要及时、准确、充分地把信息传递给公众，包括所有可能受到影响和能够提供重要支持的解释和宣传所选定的方针、计划。这是整个公共关系工作程序中最为关键的环节。因为这一环节是把企业与公众之间的意见、看法、态度甚至情感进行沟通和交流，以期达到相互理解、支持舆论的配合过程。

（4）评估效果，即对公共关系活动的效果进行评估与估价。这是整个企业公共关系活动流程的最后一个阶段。这个阶段与调查研究阶段首尾相连，使企业公共关系活动呈现出一个有始有终的完整过程。

三、与顾客的关系

在现代市场经济的条件下，企业树立良好的形象与它的经营成功有着更大的联系。企业与市场的关系，最主要、最根本地表现在企业与顾客的关系如何。因为对于“顾客就是上帝”的市场法则来说，企业失去顾客的信任，它的生命也就停止了。既然企业与顾客的关系好坏关系到企业经营目标的问题，那么就要注重改善两者之间的关系，采取一系列切实可行的措施。

（1）要制定切实可行的规章制度。企业事前要制定出接待顾客的具体方式、方法。企业职工与顾客交往过程中，职工的态度代表企业的形象，要有礼貌、热情、耐心，使顾客满意；当企业与顾客交往后，要反馈顾客对企业的态度和顾客对企业产品、服务的意见；同时做好售后服务，通过良好的售后服务争取顾客的信任感。

（2）收集顾客的信息。顾客只是一个总体的概念，它是由各个不同的顾客群综合而成的：不同的年龄、不同的性别、不同的职业、不同的民族习俗等。不同的顾客对产品的看法有一定的差别。他们对产品的性能、质量、颜色、样式、包装、价格的评价以及要求不同。这些信息由企业公共关系人员及时地从顾客中获得，加以分类、归纳，成为企业生产、经营决策的原始材料和依据。

（3）强化顾客对企业的了解。顾客对企业生产、经营往往是不够了解的，这就要企业通过各种有效的传播手段和服务项目向顾客报道，阐述企业基本情况。这些信息应迅速、准确地输送到顾客那里，争取顾客的支持和信任。

（4）尊重顾客的权利和利益。企业要同消费者建立并维持一个良好的相互关系，就必须主动地、尽可能全面地尊重消费者的权利、维护消费者的利益。只有在消费者感到自己的权利和利益得到企业的尊重的情况下，才会对该企业表示信任和好感。

【案例 10－5】

胡雪岩与胡庆余堂

胡光墉（1823—1885），字雪岩，出生于安徽徽州绩溪，中国近代著名的红顶商人，富可敌国的晚清著名商人。1874 年（清同治十三年），胡雪岩在杭州创立了胡庆余堂中药店，制出“避瘟丹”“行军散”“八宝丹”供军民之需，药店传承至今，赢得“江南药王”之美誉。

胡庆余堂的开创与胡雪岩深受杭州悠久的中医文化熏陶，身处乱世而兴济世救人之念有着密切的关系。当时正值清朝末年，由于战乱、疫病等原因，死亡率剧增，人口负增长之时，胡雪岩便打定救死扶伤的主意。他邀请江浙一带的名医研制出诸葛行军散、八宝红灵丹等药品，赠给曾国藩、左宗棠等的部队及受灾区民众。在胡雪岩的主持下，胡庆余堂推出了十四大类成药，并免费赠送辟瘟丹、痧药等民家必备的太平药，在《申报》上大做广告，使胡庆余堂在尚未开始营业前就已名声远播，这正是胡雪岩放长线钓大鱼的经营策略。胡庆余堂开业仅三四年之后，以上的耗费便换来成倍的利润。

时至今日，一百四十多年过去了，在悠久的历史中，胡庆余堂沉淀的丰富独特的文化，可以说是中国传统商业文化之精华，也是胡庆余堂百年老店经久不衰的法宝之一，而其中要数戒欺文化最为深入人心。

1. 是乃仁术

胡庆余堂门楼上现今还保留着胡雪岩所立“是乃仁术”四个大字，它表达了胡庆余堂创办药业是为了济世、广济于人。这四个字出自《孟子·梁惠王上》：“医者，是乃仁术也。”这反映了当时胡庆余堂就有难能可贵的诚实守信和治病救人的仁义。数百年来胡庆余堂一直铭记这一祖训。

2. 真不二价

胡庆余堂制药遵守祖训——“采办务真，修制务精”，所生产药品质量上乘，所以在竞争上提倡货真价实，“真不二价”。“真不二价”的横匾至今还悬挂在国药号大厅。

3. 戒欺

胡庆余堂崇尚戒欺经营，著名的“戒欺”匾额系胡雪岩于清光绪四年四月亲笔所写店训，它告诫属下：“凡百贸易均着不得欺字，药业关系性命，尤为万不可欺。”戒欺的理念，涵盖方方面面，反映在经营上，首推的是“真不二价”，即做生意讲诚信，老少无欺，贫富无欺，不能有丝毫掺假，“采办务真，修制务精”。戒欺是胡庆余堂以“江南药王”饮誉120年的立业之本。

（资料来源：根据百度百科“胡雪岩”“胡庆余堂”词条内容整理。）

四、与上下游企业的关系

企业与供应商和经销商的关系，是最好的商业伙伴关系。现代市场经济高度发达，生产社会化成为必然趋势。企业与供应者和经销者也就是一种分工、合作，以谋求共同利益的关系。虽然供应者和经销者不一定投资于企业，但它们之间的物质利益联系极为密切，这一切构成了它们之间密切合作、建立良好关系的前提。由于它们之间业务往来十分密切，便于企业公共关系的开展。

（一）企业与供应商的关系

供应商为企业的生产和经营供应各种生产要素。供应商所提供的要素的质量、数量、价格，直接影响企业的成本高低、产品质量的优劣。因此，企业与供应商的关系应着眼于以下4个方面。

（1）让供应商了解企业生产程序和生产能力，使供应商能够清楚地知道企业需要产品和原料的期限、质量和数据。

（2）向供应商提供自己的经营计划和经营策略的必要措施，使供应商明确企业对自身的期望，以便自己也能随时反映对企业要求所能达到的程度。

（3）企业与供应商要明确双方的责任，并各自向对方负责，使双方明确共同的利益所在，并为此而共同努力、团结一致。

（4）企业与供应商要签订不同期限的合同或协议。在合同中要拟定好具体的合作方式、定价方法、检查、验收方式、结算方式、解决发生争端的方法。

市场竞争日趋激烈，“顾客是上帝”已成为不少商家的信条，但并不是谁都明白，商家要求得生存和发展，在拉着顾客的同时，还要拉紧供货商，倘若忽视一方，另一方就会对你说“再见”。趁还有许多供货商源源不断地主动来敲你的门的时候，真诚地打开门，送上一杯热茶。善待供货商，才能有更多的商品让顾客满意。

（二）企业与经销商的关系

企业产品生产出来之后，除少数企业有直接的流通渠道外，多数企业的产品往往不是由自己直接投入市场销售，而是批发给经销商去出售。由于经销商直接肩负着企业产品顺利地通过流通领域，实现其价值的重任，企业与经销商建立广泛而密切的关系就是十分重要的。

企业与经销商公共关系的准则主要在于以下6个方面：

（1）企业首先必须提供给经销商货真价实、质量好的产品。

（2）让经销商了解企业革新创新能力，培养经销商对企业的新产品为公众接受的信心。

（3）让经销商了解企业的市场营销战略、产品或商标的形式，同时让经销商了解企业的资源、组织、设备、财务等情况，树立经销商与企业长期合作的信心。

（4）企业与经销商要建立密切合作、互利互惠的关系，企业要使经销商在经营企业的产品时，所获得的利润并不低于经营其他厂家同类产品的利润。

（5）企业与经销商要共同具备对消费者负责的责任心，认真对待消费者的投诉，替消费者排忧解难。

（6）企业应通过多种渠道，了解经销所获得的市场信息和顾客的需求变化状况，并及时了解企业在公众中的形象、信誉、产品质量、服务状况等信息。

总之，企业要加强和发展这种联系和友好合作，促进批发商和零售商销售，通过多种渠道和途径打开产品的销路。利用宣传媒介促进销售，只能引起人们对产品的注目。要使产品真正到达顾客手中，并不断创立良好的产品和商标声誉，还需要经销商的努力和合作。

（三）企业对供应商和经销商开展公共关系的具体方法

企业对供应商和经销商开展公共关系的具体方法主要有以下6种。

（1）年度报告，如年度总结和企业经营的报告会，请供销双方都参加，以增强企业的透明度。

（2）大型集会，如举办招待会、联欢会等，与供应商、经销商交流和培养感情，开展友好往来。

（3）产品展销会，使供应商、经销商了解企业的产品类型和质量等情况。

（4）日常业务的交谈、洽谈、接待来访和互访。

（5）为供应商和经销商提供业务咨询、广告服务，提高它们的知名度。

（6）安排供应商、经销商参观企业，以便让它们亲眼看到企业的工作情况。

五、与新闻界的关系

新闻媒体是企业与一般公众进行沟通的最经济和最有效的沟通渠道。对企业而言，新闻媒体具有双重身份：一方面，新闻媒体是最有效的传播工具，通过它可以与各种各样的公众进行沟通，树立企业良好形象，实现企业的目标；另一方面，新闻媒体又是企业非常重要的一类沟通对象，因为媒介对社会舆论有着很大的影响力。企业与新闻界的公共关系要注意以下5点。

（1）企业要与新闻界保持密切、长期的联系，并及时地向新闻界提供新闻，主动争取公众的注意。

（2）由于新闻界包括的范围较多，企业的公共关系部门应采取一视同仁的态度，而不可因为新闻单位的名气大小、级别高低而采取截然不同的态度。

（3）坚持尊重事实的原则。企业既要尊重新闻界的新闻道德，同时也要坚持自己的原则，不能为了讨好而一味地迎合新闻界的口味。

（4）企业公共关系人员应培养对新闻媒体的兴趣，积极响应由新闻界发起的有益于社会的活动和必要的赞助。

（5）企业公共关系人员应同新闻界的记者、编辑之间建立起个人友谊，这样做能使新闻媒体及时了解企业策划和行动的意义，对扩大企业影响、争取公众支持都是十分有益的。

六、危机公关

危机公关是公共关系中一个重要的组成部分，是现代市场经济中企业竞争取胜、巧渡难关的一件十分重要的“法宝”。对于企业来讲，危机公关实际就是研究一个企业或一种产品因某些事故、意外或灾难，而使“形象”受到损害的时候，企业调动公共关系范围内的一切手段，采取转危为安的各种有效步骤，恢复和巩固公众信任的公关方法。危机公共关系是公共关系的一种特殊表现形态，是企业公共关系水平的综合显示。

美国公关大师海伍德（Haywood）说：公共关系是为企业创造最有利运作环境的一门科学，除了评估相关人士的态度之外，它还必须通过良好政策与有效沟通赢得大众的了解和支持。简而言之，公关就是经营企业形象的一门学问。

在消费活动中，消费者会根据自己头脑中对企业的形象评价，来决定是否购买该企业产品，以及决定是否忠诚于其品牌。这就使得企业必须十分重视通过恰当的行为和政策与新闻媒体、社会大众和广大消费者进行有效的沟通，从而建立起良好的公共关系，促进企业稳定和持续地发展。国内厂商和企业领导人一定要懂得，一切可能影响到新闻媒体、社会团体、社会大众、消费群体等改变对企业形象评价的事情，都必须首先站在公共关系的高度加以考虑和谋划，用符合公关原则的方法和技巧来妥善解决，唯有如此才能化危机为商机。

【案例讨论】

万宝路香烟

万宝路香烟最早推向市场时，将目标消费者选择为女性，使用了“像五月天气一样温和”的广告口号。但事与愿违，尽管当时美国的吸烟人数年年上升，但万宝路却一直销路平平。妇女用户抱怨万宝路的白色烟嘴常会染上鲜红唇膏，红点斑斑，很不雅观；后来虽把烟嘴换成红色，销路依然不佳。

1954 年，世界著名的李奥贝纳广告公司经过周密的市场调查和创造性的构想后，大胆提出建议：让人们忘掉这个带脂粉香艳的女子香烟，而用相同的万宝路牌子创出具有男子汉气概的香烟来。于是科学严密地改造万宝路香烟形象的策划案产生了：产品品质保持不变，包装采用当时首创的平开式盒盖新技术，并用象征力量的红色作为外盒主要色彩。

万宝路香烟的广告不再以妇女为主要对象，而是用硬铮铮的男子汉，在广告中强调香烟的男子汉气概。广告的主角人物形象开始选用马车夫、潜水员、农夫等，但最后选定的理想男子汉集中到美国牛仔这个形象上：一个目光深沉，皮肤粗糙，浑身散发着粗犷、豪迈气概的男子汉，他的袖管高高卷起，露出多毛的手臂，手指中夹着一支冉冉冒烟的万宝路香烟。

于是万宝路香烟的广告中出现了这样的画面：一个或几个美国西部牛仔骑着骏马，潇洒地奔驰于绿地河流山野之间。整个广告给消费者的印象是奔放、粗犷、刚强、奋斗的牛仔形象。这种牛仔是自我奋斗开拓事业的刚强男子汉的化身，是美国精神的代表。

万宝路香烟的新广告1954年推出后，引起消费者极大的兴趣，其销售量也奇迹般地在一年后提高了整整三倍，并一跃成为世界名牌香烟。在至今60多年的发展过程中，万宝路投入了千百亿美元的广告费，并保持了广告宣传中的统一形象、风格和文化内涵，终于在消费者心目中树立起“哪里有男性，哪里就有万宝路”的品牌形象（如图10-1所示）。

图10-1 万宝路香烟的经典广告

（资料来源：根据《湖南经济报》2001年5月16日B03版《万宝路的成名之路》一文整理。）

讨论：

（1）万宝路香烟新广告的诉求点是什么？

（2）万宝路香烟新广告为什么能打动男性消费者？

第十一章　市场营销计划、组织与控制

【学习目标】

1. 熟悉市场营销管理过程，掌握市场营销计划
2. 熟悉市场营销部门的组织形式，掌握影响企业市场营销组织机构设置的因素，了解营销部门与其他业务部门之间的关系
3. 熟悉市场营销计划实施中的问题及其原因，掌握市场营销的实施过程及影响因素
4. 熟悉市场营销活动的控制

【引导案例】

纳爱斯集团的营销控制

纳爱斯集团是专业从事洗涤和口腔护理用品的生产企业，集团总部位于浙江丽水，是目前全世界较大的洗涤用品生产基地，在中国洗涤行业中率先通过 ISO 9000 质量保证体系认证。纳爱斯旗下的雕牌为中国驰名商标，雕牌洗衣粉、雕牌液体洗涤剂同为中国名牌产品和国家免检产品。

任何产品价值的最终实现都要依赖销售终端。纳爱斯集团强大的经销体系和渠道优势使雕牌系列产品的销售能在短短时间内实现超速度的上升。纳爱斯集团在与经销商签订合同时，都会向经销商许诺年底给予一定的返利，保证其一年的努力得到相应的回报。对经销雕牌系列产品的绝对信心，使得经销商签合同时，心甘情愿地把预付金打进纳爱斯集团的账户。这个措施一举三得：

(1) 大大牢固了生产商与经销商合作的基础。

(2) 预付金的方式为的流动资金提供坚实的保证，使生产和广告均正常运作。

(3) 在一定程度上，纳爱斯集团抽空了经销商的流动资金，以至于经销商想代理其他品牌，也苦于资金匮乏，心有余而力不足，确保了经销商对系列产品的忠诚度。

让纳爱斯集团最得意的，莫过于不仅自己的生产能力得到了全面的利用，还在全国各地进行外加工。包括德国汉高公司在我国的 4 个洗涤剂生产厂和宝洁公司的 2 个工厂在内的遍布全国 19 个省的 30 家企业，它们的生产线每天都在生产着纳爱斯集团的产品，而后者的香皂、洗衣粉、牙膏等产品又在与它们自己的产品争夺市场份额。有报道说，因为这种委托加工，徐州汉高洗涤剂有限公司脱离了亏损 4 000 万元的窘境而扭亏为盈，兰州蓝星日化有限责任公司从扭亏到盈利再到创下该厂 20 年来洗衣粉生产的历史纪录。

更重要的是，这些委托加工企业，已成为纳爱斯集团在全国迅速布下的星星之火，

不仅有效地实现了产地直销，很大程度上减少了运输成本。纳爱斯集团自己算了这样一笔账：第二、三期洗衣粉技改项目的年产能为50万吨，原材料和成品运输的成本，与交通便利的地区相比，每吨要多付出600元，一年下来，就白白丢掉3亿的利润。与此相比，委托加工只需向代工企业支付每吨200元的加工费，成本大大降低。

（资料来源：潘雅芳．纳爱斯集团营销战略研究初探［D］．上海：复旦大学，2008．本案例根据该文整理。）

思考：

纳爱斯集团在营销控制措施具有哪些成效？

前面几章我们是从市场营销战略和策略的角度来分析企业的营销活动，下面我们对企业内部的营销管理方面进行分析。在市场营销的各项战略确定之后，为了实现营销战略，还必须实施有效的管理，这就是本章所要讨论的问题，即市场营销的计划、组织、实施与控制，它是市场营销管理过程的最后一个步骤。

第一节 市场营销计划

一、市场营销管理过程

企业的营销管理过程，也就是市场营销的计划、执行和控制过程，是企业结合自身资源特点，根据外部环境变化，不断地制定、调整和修正营销战略，以实现营销目标的管理活动。

市场营销管理包括以下4个步骤。

1．分析市场机会

市场机会是指市场所存在的尚未满足的或未完全满足的市场需求。谁满足了这一需求，谁就可以获得利益。寻找和分析、评价市场机会，是市场营销管理人员的主要任务，也是市场营销管理过程的首要步骤。市场上尚未满足的需求有很多，但并不是任何机会都会成为企业的市场营销机会，只有那些有利于发挥企业优势、符合企业战略目标并有利可图的机会才是企业的市场机会。一般来说，机会和威胁同时存在，如果不能及时发现就会给企业造成损失。所以企业要重视市场调研工作，建立市场营销信息系统，及时掌握必要的可靠信息，使管理层的每一项决策都具有科学的依据，从而减少决策失误。

2．选择目标市场

市场营销管理人员对市场进行细分，并要客观、科学地评估各个细分市场；在评价各细分市场的基础上选择目标市场；在选定的目标市场上，为企业、产品或品牌树立一定的特色，即进行市场定位，以突出自己与竞争对手的差别。

3．制订市场营销战略计划

市场营销计划是在营销调研与分析的基础上进行的。市场营销计划是对企业市场营销活动方案的具体描述，规定了企业各项营销活动的目标、任务、策略以及实现目标所必需的营销费用，使企业的营销工作按照既定的计划有条不紊地进行，从而最大限度地避免了营销活动的混乱和盲目性。市场营销组合是实现营销目标的一套营销工具，是现代市场营销理论的一个重要概念。传统的市场营销组合是指产品、价格、地点（渠道）和促销4个策略的整合应用。由于这4个名词的第一个英文字母都是P，所以市场营销策略组合又称为4Ps组合。

4. 执行与控制市场营销活动

企业市场营销管理过程的第四个主要步骤是执行和控制市场营销计划。这是整个市场营销管理过程的一个极其重要的步骤。市场营销计划需要借助一定的组织系统来实施，需要执行部门将企业资源投入到市场营销活动中去，需要控制系统来考察计划执行情况，诊断产生问题的原因，进而采取改正措施，或改善执行过程，或调整计划本身使之更切合实际。因此，在现代市场经济条件下，企业必须高度重视市场营销的组织、执行与控制。

二、市场营销计划

计划就是对未来的打算。企业要在激烈的市场竞争中求得生存和发展，必须不断地为自己明确前进的目标以及为实现目标而采取的策略。营销计划是在对企业营销环境进行深入调查研究、对市场需求进行科学预测的基础上，结合自身实际制订的。它规定了一定时期内企业各项营销活动的任务、目标及实现目标的策略、方法和步骤，是对企业营销活动方案的具体描述。因此，正确制订和实施市场营销计划，是实现企业总任务和总目标的重要保证。

营销计划是营销管理的基础。制订营销计划，可以使企业明确发展的方向，使企业的各种营销活动都指向营销目标，从而最大限度地避免营销活动的盲目性，使每一次营销活动都能按计划有条不紊地进行；市场营销计划是在市场调研、分析和预测的基础上制订的，可使企业识别不利的环境因素和有利的营销机会，在利用环境提供机会的同时，最大限度地降低风险，做到有备无患；计划还明确了为达到营销目标而采取的营销策略和具体行动方案，这样，便于营销人员进行任务分工，明确各自的职责、工作步骤，从而积极主动地去完成具体任务。

（一）市场营销计划的类型

不同企业由于经营的产品不同，组织机构的形式不同，以及对营销工作的重视程度不同，因而营销计划的具体表现形式就多种多样。按照不同的标准，市场营销计划可进行不同的分类。

（1）按计划时期的长短，营销计划可分为长期计划、中期计划和短期计划。

①长期计划。这种计划一般是5年以上，有的长达10年甚至更长的时期。长期计划是企业从战略的角度对未来较长时期内的营销活动进行部署和安排，它是企业编制中、短期计划的依据。

②中期计划。它是指介于长期计划和短期计划之间，期限在 1 年以上 5 年以下的计划。

③短期计划。它以年度计划为主，期限通常为 1 年。短期计划是企业营销的具体行动计划，其主要内容是分析当前的营销形势、威胁和机会、年度的营销目标、营销策略、行动方案和预算等，即把中、长期计划规定的目标任务进行分解，逐项落实。

（2）按计划涉及的范围大小，分为总体营销计划和专项营销计划。

①总体营销计划，是企业营销活动的综合性计划，它反映企业的总体营销目标，以及实现总体目标所必须采取的策略和主要的行动方案，是制订各种专项营销计划的依据。

②专项营销计划，是为解决某一特殊问题而制订的计划，如市场调研计划、产品开发计划、促销计划等。专项计划涉及的面较窄，较容易制订，但在制订时，要特别注意与总体营销计划相衔接，否则，会出现各单项计划彼此之间发生冲撞并与总体计划相抵触的现象。

（3）按计划的性质，可将营销计划分为战略计划、策略计划和作业计划。

①战略计划，是对企业营销活动带有全局性和长远性的谋划，其期限一般较长、影响面较广，是企业制订其他各种营销计划的依据。

②策略计划，是就企业营销活动某一方面所做的谋划。

③作业计划，是企业各项营销活动的执行性计划，其特点是细致具体，如某一次具体的促销活动计划，对活动的内容、时间、地点、活动方式、参加人员等均做详细的规定和说明。

（4）按计划的作用，可分为进入计划、撤退计划和应急计划。

①进入计划，是指企业准备开拓一个新的营销项目的计划。

②撤退计划。由于市场营销内、外部环境发生变化，企业准备从原来营销项目中撤出而做出的计划。

③应急计划，是针对企业可能发生的意外事故而制订的计划。

另外，从特定的层面看，企业计划可分为产品计划、品牌计划、产品线计划、新产品计划、区域市场计划、细分市场计划和业务部计划等。

（二）制订营销计划必须遵循的原则

（1）协调性。企业内部生产、营销、财务、人事等各职能部门之间相互联系、相互制约。因此，企业在制订营销计划时必须全盘考虑，整体安排，使制订出的各类计划相互配套，形成一个相互支持的整体。

（2）可行性。营销计划不仅目标明确还应具有可行性，即是企业的主客观条件所能达到的。

（3）经济性。企业制订的营销计划必须遵循经济效益原则，以较少的费用支出，实现较大的营销效果。

（4）灵活性。营销计划是关于未来营销活动的行动方案，而未来充满着众多事先难以预料的不确定因素，因此，在制订营销计划时一定要留有余地，一旦环境因素发生变化，能对原定计划加以修改或调整。

以上几个方面不但是制订营销计划必须遵循的原则，同时也是营销计划的特点。

（三）市场营销计划的内容和步骤

市场营销计划的内容一般包括内容概要、营销现状分析、机会与威胁分析、市场预测、确定财务与营销目标、确定营销战略、筹划实施方案、营销费用预算、确定对营销计划实施的控制方法。

1. 内容概要

内容概要是营销计划文件的开头部分，是一个关于本计划简短概括的说明。这一部分的主要目的是让高层主管了解计划的核心内容，并据以检查研究和初步评定计划的优劣。内容目录应附在内容概要之后。

2. 营销现状分析

在内容概要之后，营销计划的第一个主要内容是提供产品当前营销状况的背景资料。

（1）市场情况：市场规模有多大，包括哪些子市场，各子市场近几年销售额，消费者需求状况及影响消费者购买行为的各种因素等。

（2）产品情况：产品组合中每个品种的价格、销售额、市场占有率、市场增长率和利润率，产品所处的生命周期阶段，产品需求弹性大小等。

（3）竞争情况：主要竞争对手有哪些，每个竞争对手产品的定位、销量和市场占有率，竞争对手产品的优势和不足，各个竞争者在产品、定价、分销等方面都采取了哪些策略，它们发展前景如何等。

（4）分销情况：各种产品的主要分销渠道及各分销渠道近期销售额和发展趋势，各分销渠道的相对重要性及其变化，中间商的经营能力以及为了激励他们所需的费用等。

（5）宏观环境：影响产品或品牌的宏观环境因素，包括人口、经济、科技、自然、政治法律和社会文化。

3. 机会与威胁分析

营销计划中第二个主要内容是在营销状况分析的基础上，进一步对企业所面临的主要机会和威胁进行分析。威胁是指营销环境中存在着的对企业营销活动的不利因素；机会是指营销环境中对企业营销活动有利的因素，即公司可取得竞争优势和差别利益的市场机会。对所有的机会与威胁要分出轻重缓急。营销管理人员利用上述分析结果，确定在计划中必须强调的主要问题。例如，是否增加广告和促销费用，是否执行现行的价格政策、分销政策，是否应该开发产品的新用途等。

4. 市场预测

为了确定企业的目标，营销人员还必须在分析企业营销现状和机会与威胁的基础上，对市场的规模和发展前景、供需变化规律和发展趋势进行科学的预测。市场预测的内容包括市场供给与需求预测、商品价格预测、竞争形势预测等。市场预测是制定企业目标的前提和依据。

5. 确定财务与营销目标

财务与营销目标是营销计划的核心内容，是在分析营销现状和科学预测未来的基础上制定的。财务与营销目标是企业在本计划期内要达到的目标。财务目标包括利润额、投资收益率和销售利润率等。营销目标包括销售额、销售量、销售增长率和市场占有率等。企业制订或调整营销计划时，应阐明企业的总目标和一些具体目标。计划目标从制订、实施开始到最后实现，必须要规定出具体的时间期限，以使目标更具有约束力，便于实施与管理。

6. 确定营销策略

营销策略是指企业为达到上述营销目标的途径或手段，包括目标市场的选择和市场定位策略、竞争策略以及营销组合策略。实现某种营销目标有时有多种途径，营销管理人员应权衡利弊，做出明智的选择。同时，还要以文字或列表的形式详细说明采取某种策略的原因。

7. 筹划实施方案

实施方案是营销战略的具体化，是营销管理层依据预期目标和营销策略制订的具体行动方案。实施方案说明每一个营销活动要做什么；什么时候开始，什么时候结束；由谁负责；完成这些任务需要多少成本。每项活动都要列出详细的程序表，以便于执行和检查。例如，为了提高市场占有率需加大促销力度，那么就要制订相应的促销活动计划，列出许多具体行动方案，包括广告公司的选择、广告题材的决定等。

8. 营销费用预算

营销费用的预算，就是确定达到预期目标所需的费用。营销预算表明营销计划在经济上是否可行。如果预算超出了企业财务承受能力，则应考虑加以修改和调整营销计划。这种预算实际上就是一份预计损益表。在收入一方要说明预计销售量及平均单价，在支出一方要说明生产成本、实体分配成本及营销费用，收支的差额为预计的利润（或亏损）。营销费用预算由高层管理者负责审批，预算一经批准，便成为采购原材料和安排生产、人员计划及营销活动的依据。编制营销预算通常采用两种方法：目标利润计划法和利润最大化计划法。其中目标利润计划法是最简便的一种方法，是指在确保目标利润的前提下，根据预计的毛利多少来决定各项营销支出费用数额的一种预算方法。

9. 确定对营销计划实施的控制方法

确定控制方法是营销计划的最后一部分，是对计划实施过程的控制。一般是将计划规定的目标和预算按月份或按季度分解，以便于企业营销管理部门进行有效的监督与检查，确保市场营销计划的顺利完成。另外，这一部分还应包括一些应急方案。应急方案要简要地列举计划执行过程中可能出现的各种危机和困难，每一种危机发生的概率、危害程度及应急措施。

市场营销计划由以上 9 个部分构成，企业制订了营销计划并经审核批准后，就成为市场营销组织在一定时期内的行动纲领，成为各项营销活动的主要依据。营销计划是关于未来营销活动的行动方案，而未来实施中存在许多难以预料的不确定因素，因此，企业在编制营销计划时一定要留有余地，一旦环境因素发生变化，能对原定计划加以修订或调整。例如，西方国家一些企业坚持每季或每半年对中、长期计划修订一次，有的甚至每月检查一次。另外，有的企业根据对未来的预测和判断，针对可能出现的几种主要情况制订几套计划和方案，以保持计划的灵活性。

【案例 11 -1】

校园计算机服务社

小李是某职业技术学院2016届市场营销专业毕业生。2016年3月，恰逢学院淘汰一部分旧电脑，小李联合两位朋友共同出资5万元购买了学院20台旧电脑，又新购电脑25台和打印机、复印机等设备，经学院批准，在校内组建了计算机服务社，为在校学生提供有偿服务。

由于新旧电脑配置不同，学生多喜欢使用新机器，为此，在上网费用方面，小李规定，旧机器0.6元/小时，新机器1.1元/小时，远低于校外网吧的上网费用。结果，一些学生在打印文件、练习计算机程序时就首先选择使用旧机器。

由于占有天时、地利、人和，小李的计算机服务社很快得到了同学们的青睐，顾客盈门。很快，小李开拓了一些新业务。小李和他的伙伴们积极与某通讯公司联系，而该通讯公司正要开发校园市场，双方不谋而合。小李很快开始代销电话卡、充值卡。由于省去了很多中间环节和费用，小李的电话卡、充值卡价格较低，电话卡、充值卡的销售非常火爆。

随后，看到来往的学生非常多，小李又在服务社内腾出空间增设了两个书架，开始出租书籍、杂志。他们出租的书籍、杂志一部分是从书店购进的，还有一大部分是收购的旧书、旧杂志。在租赁价格方面，他们规定租一本书0.5元/天，租书的收益是次要的，目的是维持计算机服务社的“人气”。

临近4月，由于天气逐渐变热，小李又瞄向了纯净水市场。小李和他的伙伴们联系了市内的一家饮水机服务公司，免费向学生宿舍提供饮水机，并负责送水上门，每桶水按市场价格收取费用，统一定价是8元/桶。经过不懈的努力，小李和他的合作伙伴初战告捷，既锻炼了个人的工作能力，又获得了丰厚的盈利收入。

（资料来源：根据广东职业技术学院团委提供的大学生创业材料整理。）

第二节　市场营销组织

市场营销组织是企业市场营销管理的重要职能。市场营销计划需要借助一定的组织系统来实施。企业营销组织是指企业内部涉及市场营销行动的各个职位及其结构，通常由一位营销副总经理负责。营销副总经理有两个职责：一是合理安排营销力量，协调企业营销人员的工作，提高营销工作效率；二是积极主动地与研发、采购、生产、财务和人事等部门协调配合，顺利地实现市场营销规划目标。营销部门在开展营销工作时的有效性，不仅依赖于营销组织结构设置的合理性，同时还取决于营销部门对营销人员的选择、培训、指挥、激励和评价等活动。只有配备合格的营销管理人员，充分调动他们的工作积极性和创造性，把计划任务落实到具体部门和具体人员，才能保证在规定的时间内完成计划任务。

可见，高效合理的营销组织和德才兼备的营销人员是执行计划的必备条件。

一、市场营销部门的组织形式

市场营销组织是实现企业目标、制订实施营销计划的职能部门。不同的企业有不同的组织形式，同一企业在不同的发展时期组织结构也不同。但对现代企业来说，不论采取哪种组织形式，都要体现以顾客为中心的营销指导思想，都必须与营销活动的4个基本方面即职能、地域、产品和市场相适应。

（一）职能型组织

这是最古老、最常见的市场营销机构的组织形式，是指营销部门内部根据销售、调研、新产品开发、广告等职能设置相应的机构和人员，他们分别对营销副总经理负责，由营销副总经理负责协调各项营销活动。职能型组织强调市场营销各职能的重要性，其结构形式如图11－1所示。

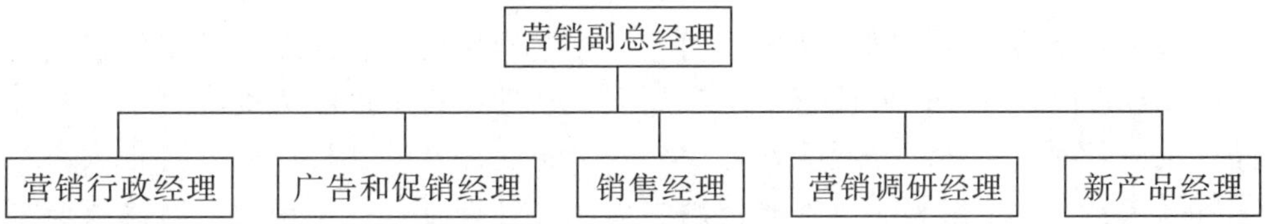

图11－1　职能型营销组织

职能型组织的主要优点是行政管理简单。当企业只有一种或少数几种产品，或企业所有产品的市场营销方式大体相同时，这种组织结构比较有效。但是，随着产品品种的增多和市场扩大，这种组织形式会暴露出很多的缺点。由于没有一个人对某种产品或某个市场负完全责任，因而制订的计划往往与具体的产品及市场不相适应，有些产品或市场就很容易被忽略。另外，各个职能部门为了获取更多的预算和较其他部门更高的地位而竞争，使营销副总经理经常面临协调上的难题。

（二）地区型组织

如果企业业务涉及全国或者更大范围，往往按地理区域来安排管理推销人员。例如，某企业设置一个全国的销售经理，下设4个大区（华东、华南、华北、西南）销售经理，他们又分别负责24个区域经理，每个区域经理又分别负责9个地区经理，每个地区经理又分别负责10个销售人员（共2 160个推销员）。从全国销售经理依次到地区销售经理，其所管辖的下属人员的数目即“管理幅度”逐级增大。地区型组织结构形式如图11－2所示。

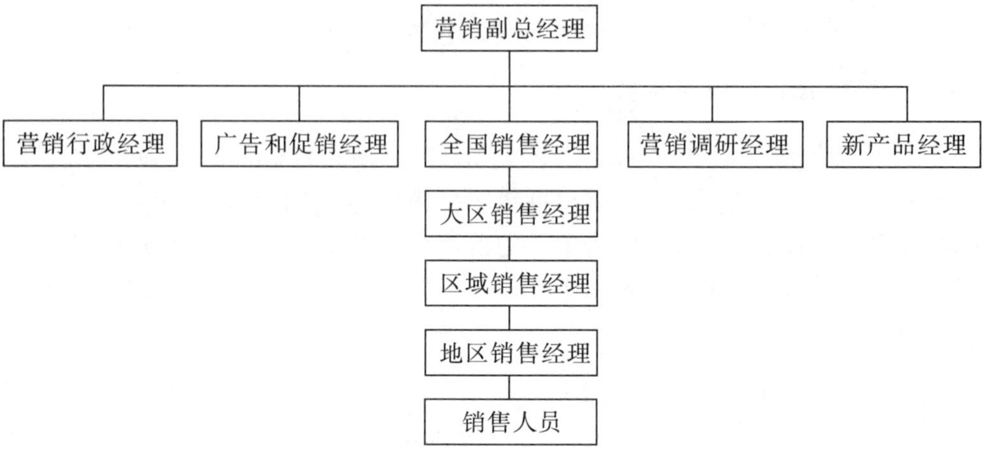

图 11－2　地区型营销组织

（三）产品和品牌管理型组织

生产多种产品或多种不同品牌的公司，往往按产品或品牌建立营销组织机构，即在一名总产品经理的领导下，分设若干个产品大类经理，每个产品大类经理下面再按每个具体品种设一名项目经理，分层管理。如果一个企业经营的各种产品差异很大，产品品种或品牌又很多，以致按职能设置的营销组织无法处理各种营销情况，就比较适宜建立产品和品牌管理型组织，其结构形式如图 11－3 所示。

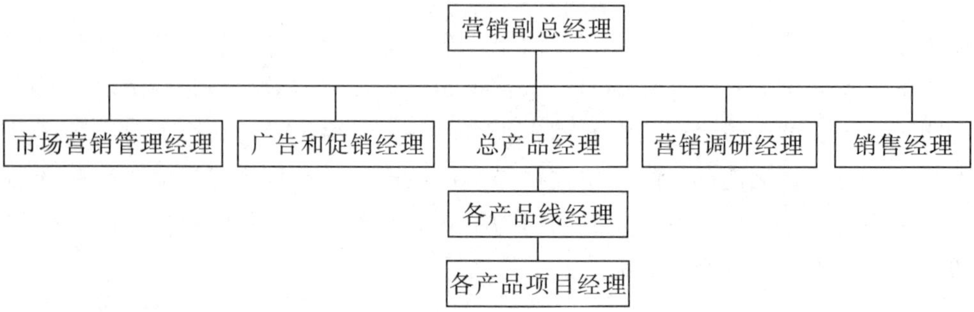

图 11－3　产品和品牌管理型营销组织

产品和品牌管理型组织的优点是：产品经理对于市场上出现的情况反应更快；由于每种产品都有相对应的产品经理负责，因而即使不太重要的产品也不会被忽略；产品管理型组织是培训年轻主管人员的最佳场所，因为产品管理涉及企业经营的方方面面。

产品和品牌管理型组织的缺点是：由于产品经理权力有限，他们需要与广告、推销、生产等部门进行合作，而这些部门通常不重视产品经理，因此会造成许多矛盾；产品经理较容易成为他所负责的产品方面的专家，但不容易熟悉其他产品或其他方面的业务（如广告促销等）；产品管理人员的增加会导致企业人工成本的增加，同时企业还要继续增加市场调研、产品促销等方面的专家，使企业间接管理费用增加；产品经理任期很短，导致该产品营销规划缺乏连续性，严重影响产品的长期竞争力。

（四）市场管理型组织

当顾客可以按照不同的偏好和购买习惯细分而区别对待时，可采用市场管理型组织。由一个总市场经理管辖若干个细分市场经理，各细分市场经理负责自己所管辖市场的年度发展计划和长期发展计划。这种组织结构的主要优点是，企业可以根据不同顾客的不同需要开展一体化的营销活动，而不是把重点放在彼此隔离的产品或地区上，有利于企业开拓市场。有些营销专家甚至认为以各主要目标市场为中心来建立相应的营销部门和分支机构，是确保公司实现“以顾客为中心”的现代营销观念的唯一办法。其缺点跟产品和品牌管理型组织一样，存在权责不清和多头领导的矛盾。市场管理型组织的结构形式如图 11－4 所示。

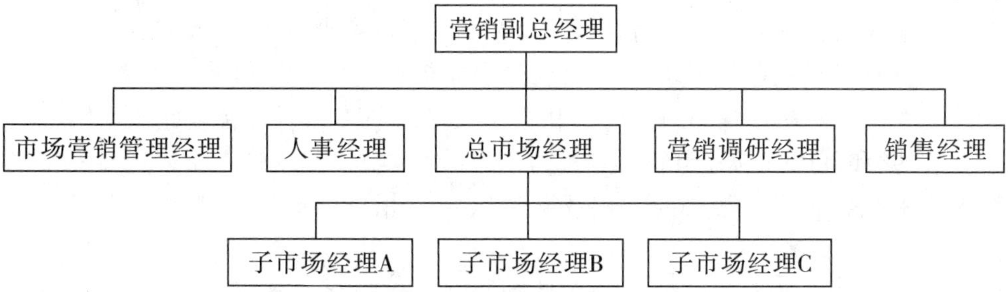

图 11－4　市场管理型营销组织

（五）产品—市场管理型组织

产品—市场管理型组织是产品和品牌管理型组织与市场管理型组织相结合的产物。生产多种产品并向多个市场销售的企业，在确定营销组织结构时既可以采用产品品牌管理型，也可以采用市场管理型，还可以建立一种既有产品经理，又有市场经理的两维矩阵组织。杜邦公司就是采用这种组织形式（如图 11－5 所示）。杜邦公司的纺织纤维分别设有主管人造丝、醋酸纤维、尼龙、奥纶、涤纶的产品经理，同时也设有主管男子服装、女子服装、家庭装饰、工业用品市场的市场经理。产品经理负责所管纤维的销售和利润计划，研究发现纤维的更多用途，而市场经理则主要关注怎样满足市场的需要。如果这两位经理合作默契，对于产品多样化和市场多样化的公司是最好的。但这样的组织结构管理费用太高，而且极易产生内部冲突。

市场经理

产品经理	男子服装	女子服装	家庭装饰	工业用品市场
人造丝				
醋酸纤维				
尼龙				
奥纶				
涤纶				

图 11－5　产品市场管理营销组织

（六）公司和事业部组织

随着经营多种产品和面向多个市场的公司规模的扩大，公司常将产品—市场管理集群转变为相对独立的事业部，然后再由各事业部分设自己的职能部门和服务部门。宝洁公司便采用这种组织形式，设有欧洲部、拉美部、美国部、加拿大部等，各事业部又分设职能副经理、产品副经理和地区副经理等。

二、影响企业市场营销组织机构设置的因素

企业无论怎样设计其营销组织形式，根本目标都是要保证企业各项营销计划的顺利实施，所以在设置市场营销组织时，必须要根据主观、客观条件，选择适当的组织形式。具体来说，企业在选择设计其营销组织形式时，应重点考虑以下 4 个因素。

（1）企业规模。企业规模的大小影响着企业市场营销组织机构的设置。一般来说，企业规模越大，需要的专职部门、层次和营销人员就越多，管理幅度越大，因而往往采用比较复杂的组织形式，如产品和品牌管理型、地区型、市场管理型、产品—市场管理型组织形式。若企业规模较小时，市场营销组织就相对简单，可考虑采用职能型组织形式。

（2）产品因素。如果企业经营的产品种类、数量很多，且产品之间的差异性较大，可以考虑采用以产品和品牌管理型组织形式为主的营销组织形式。

（3）市场因素。若企业实行市场多元化方针，营销市场的地理分布区域广泛，它们的营销环境彼此有较大差别，则可以考虑以地区型组织形式为主的营销组织形式。

（4）企业营销最高管理层的态度。如果企业营销最高管理者倾向于加强对营销活动的“集权”控制，则可能赞成产品和品牌管理型的营销组织形式。反之，若他赞成“分散”经营的做法，企业可能认为采用地区型的组织形式更加合适。

总之，没有一种理想的组织形式。在西方国家，越来越多的企业按市场管理型营销组织对营销部门进行重建。一些营销专家认为，以主要目标市场为中心建立相应的营销部门和分支机构，是确保企业实现市场导向的唯一方法。因此，对于企业来说，要根据特定的发展阶段，结合内部产品、技术、资源等条件，寻求一种有利于企业发展的组织形式。

三、营销部门与其他业务职能部门之间的关系

任何形式的企业内部组织结构的建立都是在一定的指导思想下进行的。企业组织机构一般包括研究与开发、采购、生产、财务、人事、营销及其他职能部门。不同的市场观念在企业内部组织机构设置以及各职能部门的相互关系上都体现出明显的不同。在传统的经营思想指导下，生产部门、财务部门会受到总经理的重视，营销部门则处于次要的位置。现代经营管理思想认为，企业各职能部门应当密切配合，共同协作，才能实现企业的总体目标，但在实际工作中，由于各部门承担的任务不同，考虑问题的角度也不同，因此部门之间的利益冲突也就无法避免。有效执行市场营销计划还必须在组织中配

备优秀的管理人员和营销人员。营销组织通常由一位营销副总经理负责，他能否合理安排营销力量以及协调企业营销人员的工作，能否与企业其他职能部门如生产、财务、研发、采购和人事等部门的管理人员配合，对于完成市场营销计划起着很重要的作用。

（一）研究与开发部

营销部门和研究与开发部门之间合作关系的好坏直接影响企业新产品的开发。研究与开发部由科学技术人员组成，他们擅长解决技术难题，而不关心眼前的销售利润。而营销部则由一批具有商业头脑的人员组成，他们侧重市场研究，为了迎合顾客需求，希望研究与开发人员按照顾客需求设计产品。新产品开发的成功最终需要研究与开发部和营销部的协调合作，技术与市场并重，共同为以市场为导向的创新而努力。也只有这样，研究与开发人员才能从事有实效的革新创造，即既要技术创新，又要确保其符合市场的需求；营销人员也不再只追求产品新的销售特性，而是协助研发人员寻找满足顾客需求的新途径。

（二）工程部

工程技术部门负责寻找切实可行的方法来设计新产品和生产程序。工程技术人员关心技术质量和制造工艺的简化。如果营销人员要求生产多样化的产品，尤其是要求用定制元件代替标准元件生产特色产品时，便会常常与工程人员发生冲突。工程人员认为他们不注重产品的内在质量。如果营销人员具有工程技术知识，并与技术人员进行有效沟通，或者直接由技术人员担任营销副总经理，问题就会迎刃而解。

（三）采购部

采购人员总是希望以最低成本购进质量合格和数量合适的原材料与零部件，他们常常批量采购。但营销部门希望在一条生产线上推出多种型号的产品，这就要求采购人员必须进行多品种、小批量的采购。采购部门认为营销部门对原材料及零部件要求过高，尤其是当营销部门对产品销售预测失误时矛盾更为突出，这会使采购部门很仓促地以高价购买所需原材料和零部件，成本较高，有时又会积压过多的库存，占用更多流动资金。

（四）生产制造部

生产制造部门的任务是生产产品，生产人员负责机器的正常运转，在合理的生产期内，以适当的成本生产数量相对稳定的产品。他们成天忙于处理机器故障、原料短缺、劳资纠纷及怠工等问题。营销人员如果不了解工厂的运作，就会一味地埋怨生产能力不足、质量控制不严、交货不及时、售后服务欠佳等。而有时，营销人员在销售中也会出现需求预测的失误，他们建议生产的产品难以制造，并且不了解生产情况，不关心生产成本，只考虑满足顾客需求，向顾客承诺过多的服务项目甚至超出了合理的范围。造成这一问题的根本原因在于部门间存在实际利益冲突且部门间沟通不畅。

（五）财务部

财务部门擅长于评估各业务部门的盈利能力，每当涉及营销开支就“没精神”。营销人员常常要求将大量的预算用于广告宣传、促销活动和推销人员的开支，却提供不了任何数据说明这些费用究竟能为公司带来多少利润。财务副总经理会怀疑营销人员预算的真实性，认为营销人员没有认真考虑营销支出与销售利润的关系，营销人员的降价，是为了营销部门的业绩即为了获得订单，而不是为了盈利。而营销人员认为，财务人员没有远见，过于保守，不愿冒风险，以致丧失很多机遇，并且将营销费用看作是普通的列支项目，而不是一种能为公司带来长期利益的投资。解决这一问题的办法是重视营销人员的财务训练和财务人员的营销训练。财务人员应当运用财务工具和资金，支持对公司全局具有重大意义的市场开发投资。

（六）会计部

会计人员认为营销人员不及时编制提交销售报表，从而影响会计部做财务报表的进度，尤其不喜欢销售人员与客户达成有特殊条款的交易，因为这需要办理特殊的会计手续。营销人员不喜欢会计人员把固定成本分摊到不同产品和品牌上去。品牌经理认为，他们主管的品牌获利丰厚，实际利润高于账面利润，但会计部门给他们分摊了较多的管理费用而使自己的部门利润率降低；他们还希望会计部能提供更多的报表，以反映不同渠道、不同区域、不同订货规模的利润和销售额等情况。

（七）风险控制部

风险控制部的信用评估人员要求评估客户的信用等级，拒绝或限制向信用不佳的客户提供信贷，公司的坏账率必须降低。他们认为，营销人员鼓励把产品出售给任何人，而看不到有些顾客存在信用风险。相反，营销人员感到风险控制部制定的信用标准太高，要求无坏账会使企业失去很多有潜力的客户。有时候，他们好不容易找到了客户，却收到这些客户的信用不好、不能与之成交的消息。

缓解企业内各职能部门间矛盾的关键是要改变企业传统的内部组织结构，确立市场营销导向，企业所有部门和工作都以满足消费者需求为目标，建立一个以市场营销部为核心部门的整体系统，市场营销部门担负各部门之间的协调工作，运用市场营销观点制订企业的经营计划。在这种结构中，一般从市场营销部门的人员中提拔一位市场营销副总经理并由市场营销副总经理负责统一协调各部门之间的行动，实施整体营销，并且市场营销副总经理在最高层决策中占有重要的位置，对企业决策有较大的发言权。

【案例 11-2】

双汇集团的管控模式

双汇集团是以肉类加工为主的大型食品集团，在全国18个省市建设了加工基地，是中国最大的肉类加工基地。双汇集团率先把冷鲜肉的“冷链生产、冷链配送、冷链销售、连锁经营”模式引入国内，大力推广冷鲜肉的品牌化经营，传统销售向连锁经营转变，改变传统的“沿街串巷、设摊卖肉”旧模式，结束了中国卖肉没有品牌的历史。

双汇集团实施集团化管控模式，按照产业布局和发展需要，建立鲜冻品事业部、肉制品事业部、化工包装事业部、养殖事业部等，推行目标管理、预算管理、标准化管理、供应链管理、质量管理和企业的信息化，实施标准化管理、产业化经营、信息化控制。

双汇商业连锁有限责任公司是双汇集团旗下以经营双汇冷鲜肉和肉制品为主的销售企业，采用“冷链生产、冷链运输、冷链销售、连锁经营”的肉类营销模式。在国内建有近400家双汇连锁店，实行“统一形象、统一标准、统一服务、统一配送、统一管理”的“五统一”发展模式，使双汇连锁店成为“放心店”“民心店”和“民生店”。

（资料来源：根据百度百科“双汇集团”词条内容整理。）

第三节　市场营销计划的执行

一个再优秀的市场营销计划如果不执行，那么价值也等于零，只有有效地实施才能体现出一个营销计划的价值。所以，企业制订了市场营销计划后，就要积极执行，合理控制，努力实现计划目标。市场营销的实施是指企业将营销计划转化为具体营销活动的过程，即把企业的经济资源有效地投入企业营销活动中，完成计划规定的任务、实现既定目标的过程。企业制订营销战略和计划是解决企业营销部门“应该做什么”和“为什么要这样做”的问题，而营销计划的实施则是要解决“由谁去做”“在何时做”和“怎样做”的问题；制订营销计划是做出决策，实施营销计划是执行决策。在企业的市场营销实践中，难免发生失误，失误的原因有很多，有时是决策本身有问题，有时是正确的决策没有得到正确地执行。因此，对营销实施过程中发现的问题，要加以科学的分析，针对产生问题的原因及时采取纠正措施。

一、市场营销计划实施中的问题及其原因

企业在实施营销战略和计划过程中，往往达不到计划制订的各项目标，主要有以下3个方面的原因。

1．计划脱离实际

企业的营销战略和营销计划通常是由上层的专业计划人员制订的，而实施则要依靠营销管理人员，由于他们之间缺乏必要的沟通，往往出现很多问题：企业专业计划人员只考虑总体战略而忽视实施中的细节，结果使计划过于笼统和流于形式；专业计划人员往往不了解营销实施过程中的具体问题，制订的计划脱离实际；专业计划人员和营销管理人员之间没有充分的交流与沟通，致使营销管理人员在实施过程中经常遇到困难，因为他们并不完全理解专业计划人员的意图。因此，不能只让专业计划人员制订营销计划，而应该让计划人员协助营销人员来制订计划。因为营销人员比计划人员更了解实际，让他们参与企业的计划管理过程更有利于营销计划的实施。

2．长期目标和短期目标相矛盾

营销战略通常着眼于企业的长期目标，涉及今后三五年甚至十年的经营活动。但企业通常是根据短期工作绩效评估和奖励具体实施战略计划的营销人员，因此，营销人员常采取短期行为。

3．缺乏具体明确的实施方案

实际工作中，由于计划的制订者没有制订一个能够使企业内部各部门协调运作的具

体实施方案而导致战略计划执行失败的例子有很多。因此，企业的高层决策者必须制订明确具体的行动方案，规划和协调各部门的活动，明确各部门经理拥有的职权和应担负的责任，才能使营销战略和计划目标顺利实现。

二、市场营销的实施过程

企业市场营销的实施过程，包括以下5个方面。

1. 制订行动方案

计划实施的具体安排，包括人员配备、目标分解、资源分配、时间要求等。有效地实施营销战略，必须拟定详尽的行动方案。这个方案应该明确营销战略实施的关键性决策和任务，并将执行这些决策和任务的责任落实到人；同时，还应确定行动的具体时间。

2. 建立组织结构

企业的正式组织在营销战略的实施过程中有决定性的作用，企业的规模、性质不同，需建立不同的组织结构。组织结构必须同企业战略相配合，必须同企业本身的特点和营销环境相适应。组织结构具有两大功能：一是提供明确的分工，将全部工作分解成便于管理的几个组成部分，再将它们分配给各有关部门和人员；二是发挥协调作用，通过正式的组织的联系和信息沟通网络，协调各部门和人员的安排。

3. 设计决策和报酬制度

为实施营销战略，还必须设计相应的决策和报酬制度。这些制度直接关系到战略实施的成败。例如，企业对管理人员工作的评估和报酬制度，如果以短期的经营利润为标准，管理人员的行为必定趋于短期化，对实现长期战略目标就不会有积极性。

4. 开发人力资源

营销战略最终是由企业内部员工来实施的，人力资源的开发至关重要。这涉及人员的考核、选拔、安置、培训和激励等问题。在考核选拔管理人员时，要考虑是从企业内部选拔还是从外部招聘更有利；在安置人员时要注意因岗设人，人尽其才；为了调动员工的积极性，必须建立完善的工资、福利和奖惩制度。此外，企业还必须确定行政管理人员、业务管理人员和一线工人之间的比例。现在，许多外国企业已经削减了公司一级的行政管理人员，目的是减少管理费用和提高工作效率。应当指出的是，不同的战略要求具有不同性格和能力的管理者。“拓展型”战略要求具有创业和冒险精神的、有魄力的人员完成，“维持型”战略要求管理人员具备较高的组织和管理方面的才能，而“紧缩型”战略则需要寻找精打细算的管理人员来执行。

5. 建设企业文化和管理风格

企业文化是指一个企业内部全体人员共同持有和遵循的价值标准、基本信念和行为准则。这些标准和信念通过模范人物的塑造来体现，通过正式和非正式组织予以树立、强化和传播。企业文化体现了集体责任感和集体荣誉感，它甚至关系到职工人生观和他们所追求的最高目标，企业文化是企业的精神支柱，具有增强员工向心力和凝聚力作用。企业文化一旦形成，具有相对稳定性和连续性，一般情况下不轻易改变它。

与企业文化相关联的，是企业的管理风格。有些管理者的管理风格属于“独裁型”，他们独揽大权，严格控制，坚持采用正式的沟通渠道，不容许非正式的组织和活动。有些管理者的管理风格属于“民主型”，他们主张授权给下属，协调各部门的工作，鼓励参与管理。不同的战略需要不同的管理风格与之相配合。一个企业具体需要什么样的管理风格，取决于企业的任务、组织结构、人员素质和营销环境。

三、影响有效实施营销计划方案的因素

托马斯·波诺马（Thomas Bonoma）认为，能够影响有效实施营销计划方案的因素有以下4类。

（1）诊断技能，是指发现和诊断一个问题的技能。当营销计划执行的结果未达到预期目标时，企业要有能力诊断问题出在哪里，是计划脱离实际还是由于执行计划不当。

（2）确定公司层次，是指对公司存在问题的层次做出评估的技能。营销执行出现问题可能发生在三个层次上：一是行使营销职能的层次，二是营销规划层次，三是营销策层次。

（3）执行技能，是指执行计划的技能。为了有效执行营销计划，任何一位营销人员必须在营销职能、营销规划和营销政策三个层次上，尽可能掌握分配、监控、组织和配合四种方法或技能。例如，一个营销管理者需要利用分配技能来预算资源（时间、费用与员工），应用监控技能来评估营销活动的效果，应用组织技能来建立一个有效率的营销组织机构，最后，为了成功实施计划，还需要应用配合技能来动员企业内部与外部力量，积极调动内部员工的积极性，善于利用中间商、调研公司、广告公司等外部力量。

（4）评价技能，是指评价执行结果的技能。例如营销策略是否正确、预算是否切实可行、监督检查机制是否健全等。

【案例11－3】

科诺公司的营销控制

武汉科诺生物科技股份有限公司（简称科诺公司）位于武汉东湖高新技术开发区，创建于1999年5月，是一家主要以研发、生产和销售生物农药、生物肥料、微生物饲料添加剂原药及其制剂的高科技公司。

科诺公司有员工1 033名，其中有601名销售人员，这些销售人员分布在全国各市场片区。这充分体现出营销工作在科诺公司的重要地位，同时也反映出营销工作的成败直接影响了科诺公司的生存和发展。由于公司正处于生命周期的导入期，开拓市场、销售额最大化是公司的首要目标。科诺公司的主要产品是生物农药，属于有形产品，销售业绩目标的可量化程度较高。销售区域分布广，销售过程透明度不高，科诺公司总部对各片区销售人员行为的可控性较低，因此销售人员有可能“粉饰”销售业绩，以牺牲公司长期发展利益获取个人短期利益。

生产农药产品直接面对的是农村市场，销售人员主要是与农民销售者打交道，大多数销售人员是在当地市场直接招募的，所以综合素质不高。因此，科诺公司在市场部设

置了督办部，设计了一种“双回路”的营销控制模式（如图 11－6 所示），并且这种营销控制模式对公司早期的快速成长以及规范销售人员的行为发挥了重要的作用。“双回路”营销控制模式主要是强调工作计划与督办落实两条腿走路，一方面要求销售人员做出详细的工作计划，包括具体的销售业绩目标；另一方面派出督办人员不定期到市场一线去检查工作计划的完成情况，并及时反馈检查的结果。督办人员的工作目的不是“挑刺”，找出销售人员中的不规范行为，而是帮助销售人员解决工作中的困难，及时“纠偏”，从而顺利完成销售目标。

科诺公司的这种营销控制模式实际上是将结果控制、过程控制以及他人控制等几种类型的营销控制结合起来，而且在每种类型的营销控制中设计和运用的具体方法和流程之间也是相互联系、相互支撑的。因此这种整合的营销控制模式较好地弥补了单个控制模式的不足之处，并使其发挥了“1＋1＞2”的效果。

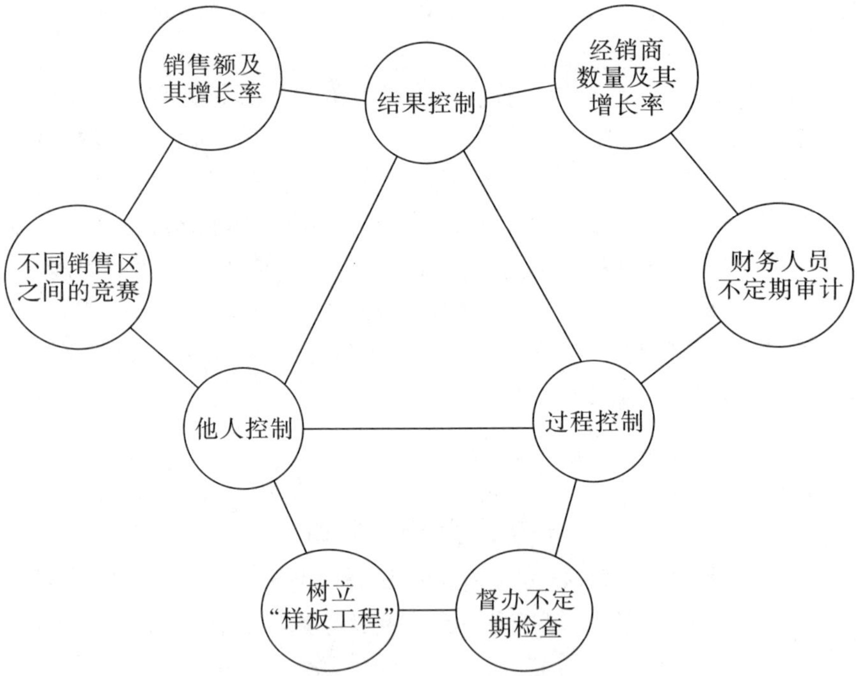

图 11－6　科诺公司的营销控制模式示意图

［资料来源：陈昀，贺远琼．我国企业营销控制模式研究［J］．商业研究，2006（8）：141－143．本案例根据该文整理。］

第四节　市场营销活动的控制

市场营销组织的任务是计划、组织实施、控制市场营销活动。但市场营销环境是复杂多变的，在执行市场营销计划的过程中可能会出现很多意外情况，所以，营销管理者在计划执行过程中要对市场营销活动加强监督，以控制其发展方向。市场营销控制就是依据营销计划来检查营销计划的执行情况，并根据偏差调整营销活动，以确保营销目标的实现。市场营销控制主要包括 4 种类型，即年度计划控制、盈利能力控制、效率控制和战略控制。

一、年度计划控制

年度计划控制是一种短期控制方法，是指在计划执行过程中，营销管理人员要检查市场营销活动的结果是否达到了年度计划的要求，即实际绩效与计划之间是否存在很大偏差，必要时采取调整和改进措施，确保企业年度计划中所制定的销售目标、利润目标和其他目标的实现。所以年度计划控制的核心是目标管理。

年度计划控制包括 4 个主要步骤：

（1）确定目标，指营销管理者在制订年度计划时要明确本年度各个月（或季度）的目标，如销售目标、利润目标等。

（2）监督检查，指营销管理者必须跟踪检查计划的实际执行情况，将实际成果与计划目标相比较，发现差距。

（3）因果分析，指营销管理者必须认真分析造成严重绩效偏差的原因。

（4）校正行动，指采取必要的补救或调整措施，缩小实际与计划之间的差距，使实际与计划目标相一致。

一般有下列 5 种指标可以用来检查年度计划的执行情况。

（一）销售情况分析

销售情况分析就是要衡量并评估企业的实际销售额与计划销售额之间的差异情况，有两种具体方法：

（1）销售差距因素分析，即测量不同因素对销售差距的影响程度大小。例如，某企业在年度计划中规定：产品第四季度销售 4 000 件，单价 1 元，总销售额 4 000 元。季末实际销售 3 000 件，单价 0.8 元，实际总销售额 2 400 元，销售绩效差为 1 600 元，比计划销售额减少 40%。那么，绩效的降低有多少是归因于价格下降，又有多少是归因于销售数量的减少？计算如下：

售价下降的差异：$(1-0.8)\times 3\,000=600$（元）

售价下降的影响：$600\div 1\,600=37.5\%$

销量下降的差异：$(4\,000-3\,000)\times 1=1\,000$（元）

销量下降的影响：$1\,000\div 1\,600=62.5\%$

（2）地区销售量分析，即用来衡量导致销售差距的具体产品和地区。

下面一例说明销售差距的地区因素：某企业年度计划中规定在甲、乙、丙 3 个地区的计划销售量分别是 2 000 件、1 500 件、1 000 件，总计 4 500 件，而 3 个地区的实际销售量分别是 1 200 件、1 400 件、1 200 件，总销量是 3 800 件，与计划的差距分别为 −40%、−6.7%、+20%。通过分析可知，甲地区是造成困境的主要原因，因而应进一步查明甲地区销量减少的原因。

（二）市场占有率分析

销售分析不能反映企业在市场上的竞争地位，只能说明企业本身的销售目标的完成情况。只有市场占有率才能反映出企业与竞争者相对竞争地位的变化。例如，某公司销售额的增长，可能是多种原因引起的，或由于企业营销管理水平较高，或由于整个宏观经济环境的改善使市场上所有的企业都受益，而企业和竞争对手之间的实力对比关系并无变化，甚至还可能出现销售额虽增长而市场占有率却下降的情况。市场占有率分析反映了企业在市场竞争中的地位。营销管理者要密切注视公司市场占有率的变化情况。如果公司的市场占有率上升，表示公司的营销绩效提高，在市场竞争中处于优势；反之，则表明公司在市场竞争中失利。

衡量市场占有率通常有 4 种不同的度量方法：

（1）整体市场占有率，指企业销售额（或销售量）占整个行业的百分比，它反映企业在本行业中的地位。

（2）目标市场占有率，即企业的销售额在其目标市场上所占的比重，它大于整体市场占有率，是企业首先要达到的目标，在此基础上再增加新的产品品种，扩大市场范围。

（3）相对市场占有率（相对其他 3 个最大竞争者），用企业销售额占 3 个最强大的竞争者综合销售额的百分比来表示，可反映企业与主要竞争者之间的力量对比关系。例如，某童装企业有 20% 的市场占有率，其三个最大竞争对手的市场占有率分别为 25%、10%、10%，则该企业的相对市场占有率为 $20 \div 45 \times 100\% = 44\%$。一般情况下，相对市场占有率高于 33%，即被认为是实力较强的企业。

（4）相对市场占有率（相对市场领导者），用企业销售额占市场领导者销售额的百分比来表示。相对市场占有率超过 100% 表明该企业是市场领导者；相对市场占有率等于 100%，表明该企业与最大竞争对手不相上下。在分析市场占有率时还应考虑下列 3 种情况：①外界环境因素对同行业的所有企业的影响方式和影响程度往往不一样；②新的竞争者进入本行业，引起其他企业的市场占有率出现不同程度的下降；③企业出于营销战略考虑而采取的某项措施，使企业总利润增加而市场占有率却下降。

（三）营销费用率分析

年度计划控制还要确保企业在达到计划目标时，营销费用并无超支。营销费用率是指营销费用相对销售额的比率。营销费用包括人员推销费用率、广告费用率、营业推广费用率、市场营销调研费用率、营销行政管理费用率等。管理者应对各项费用率进行分析，并将其控制在一定限度内。如果费用率变化不大，处于安全范围内，则不必采取任何措施。如果变化幅度过大，或是上升速度过快，甚至接近或超出控制上限，则必须采取有效措施。

（四）财务分析

财务分析主要是通过一年来的销售利润率、资产收益率、资本报酬率和资产周转率等指标了解企业的财务情况。

（五）顾客态度追踪

顾客态度追踪是指企业通过设置顾客抱怨和建议系统、建立固定的顾客样本或者通过顾客调查等方式，了解顾客对本企业及其产品的态度变化情况。

二、盈利能力控制

除年度计划控制外，企业还需要衡量不同的产品、地区、消费者群体、细分市场、分销渠道和订货规模等方面的盈利能力。盈利能力的大小与企业的营销组合决策有直接关系，可帮助管理层决定哪些产品或者营销活动是否应该扩大、收缩或者取消。以下是盈利能力控制常用的一些指标：

（1）销售利润率，表示每100元的销售额给公司所带来的利润。用公式表示为：

销售利润率＝本期利润/本期销售额×100%

（2）资产收益率，是指企业所创造的总利润与企业全部资产的比率。用公式表示为：

资产收益率＝税后息前利润/资产平均余额×100%

（3）净资产收益率，是指税后利润与净资产的比率。净资产就是总资产减去负债总额后的净值。净资产收益率是衡量企业偿债后剩余资产收益率。用公式表示为：

净资产收益率＝税后利润/净资产平均余额×100%

（4）资产周转率，是一个衡量企业资产的利用效率的指标，衡量产生一定量的销售收入占用了多少的资产。用公式表示为：

资产周转率＝产品销售收入净额/资产平均占用额×100%

（5）存货周转率，一般用来说明某一时期内存货周转的次数，从而考核存货的流动性。存货周转率越高，说明存货周转越快，资金使用效率越高。用公式表示为：

存货周转率＝产品销售成本/存货平均余额×100%

三、效率控制

当盈利分析揭示出企业在某些产品、地域或市场的盈利情况较差时，管理层必须考虑是否存在更加有效的方法来管理与这些营销工作相联系的销售队伍、广告、促销和分销绩效不佳的营销活动。效率控制就是指运用一系列指标对营销的各项工作进行日常管理的方法，这些指标包括以下4项。

（一）销售人员的效率控制

销售人员的效率控制包括：每个销售人员平均每天进行销售访问的次数，每次推销访问平均所需要的时间，每次销售人员访问的平均收入，每次销售人员访问的平均成本费用，每100次销售访问的订货单百分比，每次推销发展的新顾客数量、丧失的老客户数目，销售队伍成本占总成本的百分比。各级销售经理都应该掌握自己地区销售队伍效率的几个关键指标，用这些指标考核和管理销售队伍，提高销售人员的工作效率。

（二）广告效率控制

广告效率控制包括：每一种媒体或工具触及每千人次的广告成本；各种工具引起人

们注意、联想和欣喜的程度；受到影响的人在所有受众中所占的百分比；消费者对广告内容和效果的评价，广告前后对产品品牌的态度。

（三）促销效率控制

促销效率控制包括：各种激发顾客购买兴趣和试用产品的方式、方法及其效果。例如，优惠销售所占百分比，每一元的销售额中所包含的商品陈列成本，赠券的回收率，每一次示范表演所引起的咨询次数。为了提高促销效率，营销管理者应该坚持记录每一次促销活动的成本及对整个营销活动的影响。

（四）分销渠道效率评价指标

分销渠道效率评价指标主要是对销售网点的市场覆盖面，分销渠道各级成员（如经销商、代理人、经纪人、制造商代表）的作用和发展潜力，分销渠道的布局和改进方案，企业存货控制、仓库位置和运输方式的效率进行分析。管理者需要寻找更加经济的分销渠道，提出几种可以提高存货控制、仓库位置和运输方式效率的模式。

四、战略控制

战略控制的目的是确保企业目标、政策、战略和措施与市场营销环境相适应。由于环境的复杂性，企业原先制定的目标、战略、计划容易过时，营销管理者必须经常对其整体市场营销活动进行检查和评估，并不断地对战略进行修正。战略控制是对企业总体目标的控制，一般由企业的高层管理人员专门负责。与年度计划控制和盈利能力控制相比，市场营销战略控制显得更重要，因为企业战略是总体性的和全局性的，更难把握。在企业战略控制过程中，最常用的工具是市场营销审计。

营销审计是对一个企业或一个业务单位的营销环境、目标、策略和活动所做的全面的、系统的、独立的和定期的检查，通过营销审计发现营销机会，找出问题所在，提出改进营销工作的行动计划和建议，供企业管理者决策时参考以提高企业的营销绩效，具有综合性、系统性、独立性和定期性的特点。营销审计是一项常规性的定期进行的工作，而不是在企业发生问题时才进行，也不是只审查几个出问题的地方，而是覆盖所有的市场营销活动。营销审计可由企业进行内部审计，也可聘请外部专家进行。但为了保证必要的客观性，通常是由企业外部相对独立的、富有经验的营销审计机构客观进行的。

（1）营销审计的基本步骤是：

①由企业高级管理人员和营销审计人员共同拟订有关审计的协议，其中包括审计目标、范围、资料来源、报告形式以及时间安排等内容。

②审计人员根据协议内容，精心准备一份详细的计划，内容涉及要会见哪些人、询问什么问题、接洽的时间和地点，目的在于使审计所花时间和成本最小化。

③审计计划通过后，严格按计划开始调查和收集各种资料。

④根据调查结果拟订审计总结，对企业存在问题提出合理化建议。

（2）营销审计的主要内容是：

①营销环境审计。市场营销必须审时度势，必须对市场营销环境进行分析，并在分

析人口、经济、生态、技术、政治、文化等宏观环境因素的基础上，制定企业的市场营销战略。

②营销战略审计。企业是否能按照市场导向确定自己的任务、目标并设计企业形象，是否能选择与企业任务、目标相一致的竞争地位，是否能制定与产品生命周期、竞争者战略相适应的市场营销战略，是否能进行科学的市场细分并选择最佳的目标市场，是否能合理地配置市场营销资源并确定合适的市场营销组合，企业在市场定位、企业形象、公共关系等方面的战略是否卓有成效，所有这些都需要经过市场营销战略审计的检验。

③营销组织审计。市场营销组织审计，主要是评价企业的市场营销组织在执行市场营销战略方面对市场营销环境的应变能力。

④营销系统审计。市场营销系统审计，主要是审查包括市场营销信息系统、市场营销计划系统、市场营销控制系统和新产品开发系统运行的有效性，对外部变化反映的灵敏性及各系统之间的协调性。

⑤市场营销效率审计，包括盈利能力分析、成本效益分析等，主要是检查企业各类系统所具有的获利能力和开展各项营销活动的成本收益。

⑥营销职能审计，主要是对企业的市场营销组合因素（即产品、价格、地点、促销）效率的检查评价。

【案例讨论】

全聚德的“互联网+”战略

2016年4月12日，中国全聚德（集团）股份有限公司（简称全聚德）在北京发布“互联网+”战略，官方的说法是：利用好全聚德的百年老字号品牌、完整的供应链体系、百年工匠烤鸭技艺以及丰富的线下门店等独特的资源，从经营产品、经营门店，到启动用户经营计划，利用互联网工具和互联网思维全面拥抱互联网、拥抱年轻人。

随着资本寒冬的到来，在媒体上曾宣称“要革传统餐饮的命”的所谓“互联网餐饮”品牌们大多偃旗息鼓。顶着百年老字号、餐饮第一股等诸多光环的全聚德在这个时候放了个大招：要拥抱互联网、拥抱年轻人，搞“互联网+”了。

深度解读全聚德“互联网+”，可能会带给我们更多思考。

1. 全聚德“互联网+”的实质就是回到用户经营

对于餐饮企业来说，最致命的痛点不是产品不好，也不是门店经营不善，而是你的产品很受欢迎，你的门店生意火爆，但是你没有用户。这里需要纠正的是，顾客不等于用户。顾客是一次性交易，用户是频繁交互和交易。全聚德的“互联网+”战略，正是在突破传统餐饮只是围绕产品经营、门店经营的旧格局，开始升级为经营用户了。这对于传统餐饮而言，是一次思想上的革命。

在传统思维里，业绩等于顾客和客单价之积。在全聚德的“互联网+”战略里，短期的业绩更来自于能发展多少优质的用户，有了用户，让用户参与管理，让用户帮助发明和迭代产品，长期的业绩自然不是问题。

餐饮企业的估值与其销售数字有直接的关系，互联网企业的估值与其用户数有直接的关系。全聚德“互联网＋”或许会创新定义其资本价值。在这种思维方式的转变背后，全聚德要做的事情就是如何把现有的每年几百万进店消费的顾客转化成用户。“获取用户的核心在于不断地创造与用户的交互点和交易点。”一位负责全聚德“互联网＋”战略落地的负责人表示。对于这个交互的点，全聚德选择从自家门店下手。每一个到全聚德门店消费的顾客，平均都有一个小时的停留时间。这一个小时，可以打造成深度互动的场景。

目前，在全聚德门店已经出现了“全聚德小鸭哥”微信公众号的二维码。用户扫描二维码，可以订购全聚德外卖和全聚德电商产品。全聚德已经有超过20万的会员，随着“互联网＋”战略的落地，会员数据的合并成为必然。如此这般，门店的价值被重新定义，它既是实现现实经营收益的场地，也是获取用户的场景。这些用户对全聚德的品牌、产品和服务是有直观感知的，这对于后期用户的转化是有认知和信任“背书”的。

2．经营用户的目的是给用户更满意的产品和服务

百年老字号的金字招牌、完整的餐饮供应链体系、百年烤鸭制作工艺……这些都是支撑全聚德作为一家上市公司持续上行的底层资源。那么经营用户，要解决的问题又是什么呢？答案是“和用户做朋友”。

传统的餐饮企业更多是把互联网当成了销售渠道。所以，当团购来的时候，它们就会使用团购；当外卖来的时候，它们就被动地使用外卖。在全聚德看来，互联网让品牌与用户更亲近了。有了用户，能和用户做朋友，用户需求就会倒逼产品研发、倒逼服务提升、倒逼管理升级。

传统餐饮企业的产品和口味，更多的是靠师傅的经验来判断。上什么菜，往往是大师傅说了算，而现在是用户说了算。据了解，刚刚推出的全聚德外卖产品，超过500个用户做过测试。据此，一个月内迭代了4次，并且“这是一个不断迭代的过程”。这不是说原来的经验、一些主观的判断不重要了。但是用户直观的感知更重要，因为任何经验、任何产品和服务都是服务于用户的。在“互联网＋”的产品和服务端，全聚德的思路是从用户中来，到用户中去。

3．全聚德践行“供给侧”改革的外卖和电商创新在哪里？

通过门店把顾客转化为用户，通过用户倒逼供给侧的改革，全聚德的“互联网＋”思路明确。但是关于此次推出的项目，全聚德外卖和全聚德电商的创新之处究竟在哪里呢？根据深度观察，全聚德外卖和全聚德电商无论是产品还是服务都围绕两个关键词展开，一个是年轻化，一个是互联网化。这些改变都来自用户的“倒逼”。

全聚德外卖最大的创新应该是其产品的创新。烤鸭是全聚德的镇店之宝，敢把镇店之宝拿来玩儿外卖，全聚德秉承的是其100多年来的创新基因。全聚德这次推出的小鸭哥全聚德手作鸭卷，将烤鸭切片后，由人工包制后放入特制装置中，送到用户手中。用户通过启动装置中的自动加热设备，6分钟，就可以还原鸭卷的适吃温度。此前，小鸭哥全聚德手作鸭卷在重庆的“加班狗”互联网餐厅上试跑了半年，春节前开始在北京地区进行了公测，获得了较高的评价。

除了小鸭哥全聚德手作鸭卷，芥末鸭掌、麻辣鸭膀丝等全聚德的招牌菜也已通过外卖化测试，同期上线。目前所有全聚德外卖的产品全部由全聚德门店生产，品质与门店同步。

关于全聚德电商的创新之处，全聚德给出了一个新的概念——场景电商。现在已经错过了平台电商的红利期，场景电商是其可能做大做强的机会点。全聚德描绘的一个场景就是：当您在全聚德的门店品尝到了正宗的全聚德烤鸭，桌上有相关提醒说，扫一扫二维码，就可以把同样品质的烤鸭送给亲人和朋友。用户就可能去试一试。“每个人其实都有分享精神。当他吃到好吃的东西的时候，一定想分享给他想分享的人。但很多时候是无法实现。”全聚德餐桌上的那个二维码直接打通了全聚德电商系统，扫码下单后，“可能你人还没有到家，礼物就已经通过物流送到家了”。

全聚德的“互联网+”战略，是一次传统企业的思维方式的革命，当然，这更是一个大生意。

（资料来源：根据《商业文化》2016 年第 17 期 72 ~ 75 页《拥抱互联网 拥抱年轻人 百年老字号全聚德发布“互联网+”战略》一文整理。）

讨论：

（1）全聚德的“互联网+”战略具体包括哪些内容？

（2）何谓“场景电商”？其未来前景如何？

第十二章　服务市场营销

【学习目标】

1. 了解服务的含义与分类，掌握服务业的含义与分类，掌握服务市场营销的含义，了解服务市场营销的产生与发展
2. 熟悉服务市场营销要素，掌握服务营销组合策略
3. 熟悉服务质量管理

【引导案例】

母婴服务行业发展前景广阔

近年来，“月子阿姨”在杭州大行其道，始创这个行业的是一个女人，名叫俞红。

俞红于20世纪90年代毕业于杭州大学，曾在一家国有企业做过管理工作，还曾在康师傅控股有限公司企划部做过企划。在康师傅控股有限公司的经历对俞红的影响很大，教会了她按科学的方法来思考和处理问题。后来俞红进入了联通租赁集团有限公司。1999年，俞红的女儿出生，初为人母的喜悦很快被烦恼所代替，原因在于，难以找到一个合适的月子保姆。在女儿出生后的短短一个月内，俞红竟然换了6个保姆。

这使她开始思考一个问题，自己有这样的烦恼，别人是不是也会有同样的烦恼？那么，如果能够为大家解决这个烦恼，岂不就是一个巨大的商机。这么想着，俞红很快进行了一番市场调查，发现月子保姆市场确实存在，而且市场还不小。这使她感到兴奋，一直有创业情结而始终找不到好项目的她决定将创业目标就定在这里。

目标定好了，俞红并没有盲动。她想自己资金不多，经不起慢慢折腾，需要寻找一条成功的捷径。她很快就找到了这条捷径：与浙江省妇女保健医院合作，共同开发月子保姆市场。后来她又试探着与浙江省儿童医院联系，对方同样深感兴趣。创业的两大难题——技术和客源，轻而易举得到了解决。

当俞红到工商部门申请登记注册时，工作人员十分惊讶，因为他们还从来没有听说过有这样一个行当。俞红的公司是杭州第一家以产妇、新生儿为服务对象的专业公司。俞红给自己的公司取名为杭州世纪母婴服务有限公司。因为这个事情实在新鲜，引起了很多新闻媒体的关注，杭州的报纸、电台、电视台进行了轮番报道，俞红和她的杭州世纪母婴服务有限公司一举成名。

俞红的生意做得顺风顺水。虽是一门小生意，而且做的是短期业务，因为每家使用的月子保姆一般就在1个月左右，但是附加值很高，单位产值十分惊人。俞红的公司目

前除去各项开支，每月纯利润可达数万元。近期，她还准备在义乌和温州、宁波、台州等地开办分公司或者发展加盟连锁机构。

（资料来源：张涛．创业管理［M］．北京：清华大学出版社，2016：310－311.）

思考：

当前母婴服务行业的市场供需关系是怎样的？

随着社会经济的发展，服务业的范围越来越广泛，在国民经济中的作用也越来越大。作为消费者，我们日常的衣食住行，无时无刻不在消费某种服务产品，当今社会已成为服务经济的社会。服务构成了现代经济的重要组成部分，在一个国家的经济生活中，服务业的地位和影响力与日俱增。在此情况下，服务市场的竞争也日益激烈。服务市场营销理论随之兴起，把握服务市场营销的特点，研究如何制定行之有效的服务营销策略，对服务营销者来说至关重要。

第一节　服务和服务市场营销

一、服务的含义与分类

（一）服务的含义

对于服务的定义，在国际上并没有统一的表述。美国市场营销协会（1960年）对服务的定义是：“服务是用于出售或者是同产品连在一起进行出售的活动、利益或满足感。”格鲁诺斯（Gronroos）（1990年）对服务的定义是：“服务一般是以无形方式，在顾客与服务职员、有形资源商品或服务系统之间发生的，可以解决顾客问题的一种或一系列行为。”克里思托夫·劳洛克（Christopher Lovelock）教授关于“服务”的定义是：“服务是由一方提供给另一方的行动或行为。尽管这一过程或许伴随着物质产品，但行为本质是无形的，通常不会产生任何生产要素所有权的转移。”菲利普·科特勒认为：“服务是一方能够向另一方提供的基本上是无形的任何功效或利益，而不导致任何所有权的转移。它的生产可能与某些物质产品相联系，也可能毫无联系。”

综上所述，我们把服务的定义总结为：服务是指具有无形特征却可以给人们带来某种利益或满足的可供有偿转让的一种或一系列活动、过程和结果，并且不会造成所有权的转移。

上述服务的定义说明：

（1）服务提供的基本上是无形的活动。

（2）服务提供的是产品的使用权，不涉及所有权的变更。

（3）服务与物质产品对购买者而言同等重要。

（二）服务的分类

使用不同的标准可以将服务分为不同的种类。下面，我们从 5 个角度对服务进行分类。

（1）根据服务活动的本质，即服务活动是有形的还是无形的以及服务对象是人还是物来划分，可将服务分成 4 类：①作用于人的有形服务，如医疗保健、理发等；②作用于人的无形服务，如信息服务、教育等；③作用于物的有形服务，如设备维修、货运等；④作用于物的无形服务，如银行、保险、咨询等。

（2）根据服务机构与顾客之间的关系，即连续的还是间断的，正式的还是非正式的划分，可将服务分为 4 类：①连续性、会员关系的服务，如保险公司、银行等；②连续性、非会员关系的服务，如灯塔、广播电台等；③间断性、会员关系的服务，如长途电话、月票等；④间断性、非会员的服务，如租车、邮政服务等。

（3）根据在服务过程中服务提供者选择服务方式的自由度大小以及服务本身对顾客需求的满足程度划分，可将服务分为 4 类：①服务较标准化，供需选择余地较小，如固定的公交车路线及站台；②服务使需方能充分满足，但供方选择方式自由度很小，如电话服务；③对服务提供者选择余地大，但难以满足需求，如教师讲课；④需方能满足，供方也有发挥空间，如美容、建筑设计、律师服务等。

（4）根据服务供应与需求的关系进行划分，可将服务分为 3 类：①服务供应与需求的波动较小的服务，如银行、保险、法律服务等；②需求波动大并会超出供应能力的服务，如交通运输、宾馆、饭店等；③需求波动大但供应基本能跟上的服务，如电力、电话等。

（5）根据服务推广的方法进行划分，可将服务分为 6 类：①顾客在单一地点主动接触服务机构，如电影院、美容院；②服务机构在单一地点主动接触顾客，如直销、出租汽车服务；③顾客与服务机构在单一地点远距离交易，如信用卡公司、地方电视台；④顾客在多个地点主动接触服务机构，如连锁快餐店、公共汽车；⑤服务机构在多个地点主动接触顾客，如邮寄服务、应急修理；⑥顾客和服务机构在多个地点远距离交易，如广播网、电话公司等。

（三）服务的特点

服务的特点很多，对于大多数服务而言，它们具有如下共同特征：

（1）无形性，又称不可感知性。可从两个不同的层次来理解。一方面，这是指服务若与有形的消费品或产业用品比较，服务的特质及组成服务的元素往往是无形无质的，无形性意味着服务作为一种行为既不能触摸，不能包装，也不能带走。例如医生的治疗，交响乐队的现场演出。另一方面，人们在使用服务后，其利益很难被察觉，需等一段时间后享用服务的人才能感觉到利益的存在，而且，很多无形服务需借助有形的实物才能产生，对顾客而言，这些载体所承载的服务或者效用才是最重要的。例如，餐饮业的服务中，不仅有厨师的烹饪过程，还有菜肴的物质加工过程，随着企业服务水平的日益提高，很多消费品和工业品都是与附加的顾客服务一起出售的，这就要求营销管理者重视有形因素的展示，利用有形的形象、象征手段来展示服务企业的核心能力，通过利用有形因素让顾客感受体验服务产品的价值。

（2）同步性，又称不可分割性，即服务的生产过程与消费过程同时进行。也就是说，服务人员提供服务于顾客时，也正是顾客消费服务的时刻，二者没有一定的时间间隔，它表明顾客只有加入服务的生产过程中才能最终消费到服务，如照相、理发等，只有在顾客在场时，服务人员才能完成服务的全过程。

（3）差异性，又称异质性或可变性。差异性是指服务的构成成分及其质量水平经常变化，很难统一界定。由于服务是以人为中心的产业。一方面由于服务人员自身因素的影响，即使同一服务人员所提供的服务也可能会有不同的水准；另一方面，由于顾客直接参与服务的生产和消费过程，顾客本身的因素也直接影响服务的质量和效果。例如理发，发型师不同，顾客不同，对服务的感知就会不同，即使同一发型师，同一顾客，这次来与上次来感受也可能截然不同。

（4）易逝性，又称不可储存性。由于服务的无形性和同步性，使服务不可能储存备售，也不能携带回家安放。这一特征要求服务企业必须解决由缺乏库存所引致的产品供求不平衡问题，如何制定分销策略来选择分销渠道和分销商，以及如何设计生产过程和有效地灵活处理被动服务需求等问题。

（5）缺乏所有权。由于服务的无形性和易逝性，服务在交易完成后便消失了，消费者并没有“实质性”地拥有服务，在服务的生产和消费过程中不涉及任何东西的所有权转移，也不能申请专利。

二、服务业

服务业是21世纪的热门行业。服务业在发达国家经济中已占统治地位，在发展中国家，服务和服务消费的比重也在不断上升。毫不夸张地讲，人类社会正从一个由工业主导的社会逐步演进为一个服务业主导的社会，当今社会是服务经济社会。

服务业构成了现代经济的重要组成部分，发达国家服务业产值占GDP的比重都非常大，例如美国达到75%以上。

服务业不但对一个国家的GDP贡献很多，服务业也为创造新的就业岗位做出了贡献。世界银行统计显示，不仅在发达国家，在许多拉美国家和加勒比沿岸国家，服务业对GDP及就业的贡献均超过50%。可以说，随着一国经济的发展，人均GDP的提升，在一个国家的经济生活中，服务业的地位和影响力与日俱增，在国民经济中发挥着越来越重要的作用。

（一）服务业的含义

服务业是指专门生产和销售服务产品的企业、组织和政府部门。服务业与通常所指的第三产业大体上可以理解为一个概念。从规模上讲，服务机构包括大到国际性的公司如航空公司、银行、保险公司、电信公司、连锁酒店、运输公司等，小到形形色色由当地人经营的小生意如餐馆、干洗店、出租车公司、冲印店以及众多的特许经营店、B2B

服务机构，政府和非营利组织也是服务的提供者。在许多国家，高等教育机构、医疗机构以及国家博物馆等是公众所有的，并在非营利的基础上向社会公众提供服务；还有一些隐性的服务部门，例如传统上定义的制造业、农业、采矿能源业等内部存在的服务机构，担任诸如招聘、公共关系、法律会计、行政管理、写字楼清洁、庭院维护、运输等许多服务性任务。

（二）服务业的分类

随着服务业的发展，服务业的范围也日益广泛，传统上对服务业的分类是将其分为生活服务业与生产服务业，生活服务业属于消费领域，生产服务业则是生产性的。但随着社会经济的发展，服务业的分类标准也越来越多。

根据我国中长期科学和技术发展规划战略研究专题组起草的《现代服务业发展科技问题研究专题报告》提出的服务业分类框架，可将服务业划分为以下 4 个大类。

（1）基础服务。基础服务包括通信服务和信息服务，信息服务又包括信息技术服务和信息内容服务等。

（2）生产和市场服务。生产和市场服务包括金融（银行、证券、保险）、物流、批发、电子商务、农业支撑服务以及中介和咨询等专业服务。

（3）个人消费服务。个人消费服务包括教育、医疗保健、住宿、餐饮、文化娱乐、旅游、房地产、商品零售等。

（4）公共服务。公共服务包括政府的公共管理服务、基础教育、公共卫生、医疗以及公益性信息服务等。

三、服务市场营销

（一）服务营销的定义

服务营销是企业在充分认识满足消费者需求的前提下，为充分满足消费者需要，以服务质量来获得顾客的良好评价的一系列活动。它起因于企业对消费者需求的深刻认识，是企业市场营销观念的质的飞跃。随着社会分工的发展，科学技术的进步以及人们生活水平质量的提高，服务营销在企业营销管理中的地位和作用也日益重要。

服务营销是企业营销管理深化的内在要求，也是企业在新的市场形势下竞争优势的新要素。服务营销的运用不仅丰富了市场营销的内涵，而且也提高了面对市场经济的综合素质。北美第一届服务营销联席会议主席威廉·乔治（William George）在 20 世纪 70 年代就曾说过："在将来，人们将从服务的角度来撰写营销教科书，而有形产品营销只是这本教科书的最后一章。"菲利普·科特勒认为："服务营销是一个前沿领域，是一种属于未来的知识。"

（二）服务营销的产生与发展

服务营销是一种营销理念，是从市场营销中衍生而来的，是对市场营销的拓展。随着服务业的发展，服务营销经历了从产生、探索到实践的阶段。

1．服务营销学的脱胎阶段（20 世纪 60 年代至 70 年代）

这一阶段是服务营销学刚从市场学中脱胎而出的时期，是服务营销产生的第一阶段。早在 1977 年，当时的美国花旗银行副总裁列尼·休斯旦克就撰文指出，泛泛而谈营销观念已经不适应于服务营销，服务营销的成功需要新的理论来支撑；如果只把产品营销理论改头换面地应用于服务领域，服务营销的问题仍会无法解决。这一阶段营销学者研究的主要问题是基于服务同有形产品的比较，识别并界定服务的特征，并且以约翰·E. G. 贝特森（John E. G. Bateson）、G. 林恩·萧斯塔克（G. Lynn Shostack）、伦纳德·L. 贝瑞（Leonard L. Berry）等为代表，他们较准确地归纳和概括出了服务的特征，包括不可感知性、不可分离性、差异性、不可储存性和缺乏所有权。

2．服务营销的理论探索阶段（1980 年至 1985 年）

这一阶段主要探讨服务的特征如何影响消费者的购买行为，尤其集中于消费者对服务的特质、优缺点及潜在的购买风险的评估。1981 年，瓦拉里亚·西斯姆（Valarie A. Zeithaml）在美国市场营销协会学术会议上发表的《顾客评估服务如何有别于评估有形产品》一文为代表之作。由于研究中肯定了服务特征对消费者购买行为的影响，营销学者普遍形成了一个共识，即服务营销不同于传统的市场营销，它需要新的市场营销理论的支持。在这一时期，不少营销学者还探讨了服务的分类问题。美国亚利桑那州州立大学成立了“第一跨州服务营销学研究中心”，标志着对服务营销理论探索的深入。

3．理论突破及实践阶段（1986 年至今）

20 世纪 80 年代下半期，营销学者更加集中于研究传统的营销组合是否能够有效地用于推广服务，服务营销需要有哪些营销工具？营销学者逐步认识到了“人”在服务的生产和推广过程中所具有的作用，并由此衍生出了两大领域的研究，即关系市场营销和服务系统设计。

从 20 世纪 80 年代后期开始，营销学者在服务营销组合上达成了较为统一的意见，即在传统的 4Ps 基础上，又增加了“人员”（people）、“有形展示”（physical evidence）和“服务过程”（process）三个变量，从而形成了服务营销的 7Ps 组合。

随着 7Ps 的提出和广泛认同，服务营销理论的研究开始扩展到内部市场营销、服务企业文化、员工满意、顾客满意和顾客忠诚、全面质量管理、服务企业核心能力等领域。这些领域的研究正代表了 20 世纪 90 年代以来服务市场营销理论发展的新趋势。

（三）服务市场营销与传统的市场营销的比较

（1）产品特点不同。传统营销销售的是具体的产品，而服务则表现为一种活动、过程或结果。

（2）顾客对生产过程的参与不同。传统营销中，消费者购买了某产品意味着交易完成，虽然它也有产品的售后服务，但那只是一种解决产品售后维修的职能。而服务营销则由于顾客直接参与生产过程，如何管理顾客，使得服务推广有效地进行，成为服务市场营销管理的一个重要内容。

（3）人是产品的一部分。服务的过程是顾客同服务提供者广泛接触的过程，服务绩效的好坏不仅取决于服务提供者的素质，也与顾客的行为密切相关。

（4）质量控制问题。服务的质量很难像有形产品那样用统一的质量标准来衡量，同一服务，不同的顾客会有不同的感受评价，因而其缺点和不足也就不易发现和改进。因此，要保证实际提供的服务达到每一位顾客预期的质量水平，就必须保证服务人员与顾客间取得充分的沟通，同时，服务人员必须针对不同顾客的需求差异保持足够的应变能力。

（5）产品无法储存。由于服务的不可感知性以及生产与消费的同时进行，使得服务具有不可储存的特性。服务的不可储存性产生了对服务的供求进行更为准确地平衡的需要。

（6）时间因素的重要性。在服务市场上，既然服务生产和消费过程是由顾客同服务提供者面对面进行的，服务的推广就必须及时、快捷，以缩短顾客等候服务的时间。

（7）分销渠道的不同。服务企业不像生产企业那样通过物流渠道把产品从工厂运送到顾客手里，而是借助电子渠道（如广播）或是把生产、零售和消费的地点连在一起来推广产品。例如，有形产品可以在一地或多地生产，然后运送到中间商或最终用户所在地进行销售；而大多数服务却不能这样做，对这些服务来说，要么顾客必须到生产场地，要么生产设施必须运到顾客所在地。

【案例 12－1】

乔治的发型设计广场

乔治不是外国人，而是个地道的中国南京人。他在读书时，成绩不是很好，但又想做点事情并有所成就，于是他报考了烹饪学校，学习烹饪技术。但是快毕业时，他却发现自己对烹饪没有什么兴趣，他感兴趣的是理发，现在叫美发。他发现当一个发型师是那么美妙的一件事情。所以，他放下勺子，拿起剪子，先在南京，后又到上海，苦练起了美发技术，并且很快就显露出过人的才华。

1996 年，香港演员张敏在上海开了一家名叫露莎莲妮的高档发型屋，乔治正式出师，当上了露莎莲妮的一个技师，帮客人洗发烫发染发，但是没几天老板就发现了他在发型设计上的天赋，破格将他晋升为发型师，与从香港、法国、新加坡等国家和地区聘请来的那些发型师共事。后来乔治又辗转于杭州等地的一些发型屋做发型师，目的是磨炼自己的技术。时机成熟后，乔治开始了自己的创业生涯。因为缺乏资金，他无力租赁繁华的店面，只能在杭州一个偏僻的角落接下一家别人经营不下去的发型屋，改造后打出了自己的“名头”——乔治发型设计中心，时为 2000 年 3 月 18 日。

开始时因为地段不好，乔治的生意很不景气，但过了不久，就有很多过去乔治在别的发型屋做设计师时的忠实“粉丝”跟随而来，这样靠着一传十，十传百，后来大家就都知道杭州那个发型做得最好的“乔治”现在到了某某地方，自己开了一家发型设计中心，乔治很快就走出了困境。仅仅过了一年多，乔治的发型中心就变成了发型广场，面积达 500 多平方米，紧跟杭州那些财大气粗的美发“巨无霸”如新爱情故事、阿伟、东方名剪等发型屋的步伐，成为杭州美发市场的一个后起之秀。

现在在乔治的发型广场剪一个发型，价格最低的只要25元，而最高的需要380元，很多演艺界的名人如胡兵、瞿颖、陆毅等，都接受过乔治的服务。

（资料来源：根据凤凰网财经频道2010年7月7日《12种方法助创业者找到属于自己的财富之源》一文整理。）

第二节　服务营销组合策略

一、服务市场营销要素

由于服务本身的特点，传统的4Ps组合已不能完全适合服务营销，服务市场营销组合在4Ps基础上，扩充为7Ps组合，即产品、定价、分销渠道、促销、人员、有形展示、过程。

1. 产品

服务产品所考虑的要素是提供服务的范围、服务质量、服务水平、品牌、保证以及售后服务等。服务产品包括核心产品以及顾客认为有价值的围绕核心产品的所有附加服务。

2. 定价

价格是指企业出售商品和服务的经济回报，由于服务不同于有形产品的特点，服务定价必须有较大的灵活性。服务企业的任务包括传统上的定价、制定利润空间、折让和佣金、信用条款，同时，还必须尽力降低顾客购买和消费服务产品的其他成本，包括时间、精神和生理付出以及不愉快的心理感觉。

3. 分销渠道

渠道是指企业使其产品进入或达到目标市场所进行的各种活动，包括商品流通的途径、环节、场所、仓储和运输等。随着服务领域的扩展，服务的分销渠道也逐渐增多。在分销因素中，选择服务地点非常重要。服务提供者必须考虑其所在地与顾客的分布，考虑是现场交付还是送货上门，是否可使用第三方物流或虚拟电子通路。

4. 促销

服务促销包括广告、人员推销、销售促进、宣传、公关等各种市场营销沟通方式。企业在促销活动中要尽量使用服务产品的有形化来增强顾客对无形服务的印象。

5. 人员

人员要素是指直接担任企业服务生产和服务销售的人员以及服务工作人员。在顾客看来这些人员就是服务产品的一部分。因此，营销管理者必须和企业管理者协调配合并重视雇佣人员的甄选、训练、激励和控制。此外，顾客也直接参与服务的生产过程，所以顾客间的相互关系也应引起重视。这些都是影响服务质量的重要因素。

6. 有形展示

有形展示包含的要素有：实体环境（装潢、颜色、陈设、声音）、信息沟通和价格。

实体环境有三大类型：周围因素、设计性因素、社会性因素。

（1）周围因素。这类要素通常被顾客认为是构成服务产品内涵的必要组成部分。

（2）设计性因素。这类要素被用于改善服务产品的包装，使产品的功能更为明显和突出，以建立有形的、赏心悦目的产品形象。

（3）社会性因素。这类要素是指在服务场所内一切参与及影响服务产品生产的人。信息沟通是另一种服务展示形式，这些沟通信息来自企业本身以及其他引人注意的地方。有效的信息沟通有助于强化企业的市场营销战略。

顾客把价格看作有关产品的一个线索。价格能培养顾客对产品的信任，同样也能降低这种信任。在服务行业，正确地定价也特别重要，因为服务是无形的，而价格是对服务水平和质量的可见性展示。

有形展示会影响消费者和顾客对于一家服务企业的评价。

7. 过程

过程是指服务的传送过程。包括工作人员的愉悦表情，系统的运作，政策、程序方法的采用，服务的机械化程度、员工决断权的适用范围，顾客参与服务操作过程的程度，咨询与服务的流动等。

二、服务产品策略

产品是7Ps组合的首要因素，是营销组合的基础。而服务产品有别于实体产品，它对企业如何制定营销组合策略有着基础性的影响。因此，我们必须研究服务产品的内涵。

（一）服务产品的概念

在服务营销中，产品、服务与有形商品是不同的三个概念。严格意义上说，产品是一个大概念，它是指能够为顾客提供某种利益的东西或过程，而服务和有形商品则是产品概念下的两个小概念。菲利普·科特勒认为，服务产品往往依附于有形的物品，而有形产品里面也包含有服务的成分。在有形产品的营销过程中，产品的概念比较容易把握，因为产品是实实在在的有形实体，其大小、款式、功能等都由企业事先设计好了，顾客所购买到的也正是企业所提供的。而服务产品的情形则有着很大区别。由于服务产品大都是无形的、不可感知和易逝的，并且是消费与生产同时进行。有形产品可以生产后储存起来，以备随时取用；而服务产品的取用则意味着在需要某种服务之时，由生产它的生产系统提供使用。此外，被服务的顾客往往是参与在生产过程之中，并也提供一部分自我服务。顾客购买服务的过程实质上是感知服务的过程，其伸缩性很强。因此，服务企业必须把顾客感知到的产品同自己所提供的出售物连接起来，即服务产品的概念要从两个方面来理解：一是服务企业所提供的出售物，二是顾客感知到的产品。

服务产品包括核心服务、便利服务和辅助服务。核心服务是企业的产品能够被市场所接受的关键，它体现了企业最基本的功能，例如，医院的诊疗服务，航空公司提供的运输等。当然，一个企业可以有多个核心服务。例如，一家航空公司既可提供短距离旅游服务，也可提供长距离货物运输。便利服务是为配合、方便核心服务而提供的服务。

离开了这些服务，顾客就无法使用核心服务。例如，饭店要有专门的接送服务，航空公司要有订票服务等。辅助服务是为了增加服务的价值或者区别于其他竞争者的服务，有助于企业实施差异化营销战略。例如，饭店房间内供住客洗澡用的肥皂、牙膏，供住客旅游用的地图和旅游手册等。

（二）服务产品的市场生命周期

服务产品同有形产品一样也具有生命周期，如电信、医疗保健、租赁和户外娱乐等服务行业正处在成长的过程，而电影、手表维修和家庭服务等行业则已经发展过了其成熟阶段。服务产品的市场生命周期是指某一种服务产品从投入市场到逐步被市场所淘汰的全过程。有形产品市场生命周期理论同样适用于服务企业的市场营销。

服务营销学把生命周期理论应用到多地点服务企业中。据有关专家通过对麦当劳、假日饭店等多地点企业的考察，得出服务业的增长经历了其生命周期的五个阶段，即创业阶段、多地点合理化阶段、增长阶段、成熟阶段以及衰落或再生阶段。

（三）新服务产品的开发

服务产品的市场生命周期理论告诉我们，任何产品都有一个从兴盛到衰败的过程，因此，服务业要想在激烈的竞争中取得成功，必须不断开发服务新产品。同有形产品的开发一样，为提高新产品开发的成功率，开发服务产品也要遵循科学的程序。服务产品的开发也需要经过构思、筛选、概念的发展和测试、商业分析、开发研制、市场试销和正式上市 7 个步骤。

1. 构思

构思是对未来产品的基本轮廓架构的设想，是新产品开发的基础和起点。这些设想有可能来自企业内部，也可能来自企业外部，既可以通过正规的市场调查获得，也可以借助于非正式的渠道。从外部看，顾客、竞争对手、科研机构、大学和海外企业的经验都是企业获得构思的主要来源；而从内部看，企业科技人员和市场营销主管人员是主要的来源，同时，一般职工的设想对新产品开发者也具有重要意义。

2. 筛选

对于所获得的构思，企业还必须根据自身的资源、技术和管理水平等进行筛选，因为有些构思甚至是比较好的构思并不一定切实可行。通过筛选我们可以较早地放弃那些不切实际的构思。当然，在筛选阶段，企业一定要避免“误舍”和“误用”两种错误。

3. 概念的发展与测试

经过筛选后的构思要转变成具体的产品概念，在概念发展阶段，主要是将服务产品的构思设想转换成服务产品概念，并从职能和目标的意义上来界定未来的服务产品，然后进入概念测试阶段。概念测试的目的是测定目标顾客对于产品概念的看法和反应。此外，在发展和测试概念的过程中还要对产品概念进行定位，即将该产品的特征同竞争对手的产品做一个比较，并了解它在消费者心目中的位置。

4. 商业分析

商业分析即经济效益分析，是为了了解这种产品概念在商业领域的吸引力有多大及其成功与失败的可能性。主要包括预测销售额和推算成本与利润。常用的分析方法有盈亏平衡分析、投资回收期法、投资报酬率法等。在此阶段经常需要一些开发性技术和市场研究，以及新服务产品推出上市的时机掌握和成本控制手段。

5. 产品研制

产品构思经过概念发展和测试，又通过商业分析被确定为是可行的话，就进入了具体服务产品实际研制阶段。因此，企业要增加对此项目的投资，招聘和培训新的人员，购买各种服务设施，建立有效的沟通系统。此外，还要建立和测试构成服务产品的有形要素。新服务产品开发的阶段与制造品不同，除了必须注意服务产品的实体性要素之外，更必须注意服务产品的递送系统。

6. 市场试销

对于有形产品来说，当新产品研制出来之后通常要经过市场试销，因为消费者对设想的产品同对实际产品的评价会有某些偏差。实践表明，很多产品试制出来之后仍然会遭到被淘汰的命运。但是，对于新型服务产品的试销存在一些特定的困难。

7. 正式上市

这一阶段意味着企业正式开始向市场推广新产品，新产品进入其市场生命周期的引入阶段。企业必须在新产品上市之前做出以下决策，即在适当的时间和适当的地点，采用适当的推广战略，向适当的顾客推销其新型服务产品。

三、服务定价策略

有形产品定价的方法和策略同样适用于服务产品定价，但是，由于服务受产品的特殊性，企业与顾客之间的关系通常比较复杂，企业定价不单单是给产品一个价格标签，服务定价策略有着其特殊性。

（一）影响服务定价的因素

影响服务产品定价的因素与传统产品一样，主要也有成本、需求和竞争 3 个方面。成本是服务产品价值的基础部分，它决定着产品价格的最低界限，如果价格低于成本，企业便无利可图；市场需求影响顾客对产品价值的认识，决定着产品价格的上限；市场竞争状况调节着价格在上限和下限之间不断波动的幅度，并最终确定产品的市场价格。值得注意的是，在研究服务产品成本、市场供求和竞争状况时，必须同服务的基本特征联系起来进行研究。

1. 成本要素

服务营销人员必须理解服务产品的成本随时间和需求的变化而变化。服务产品的成本可以分为 3 种，即固定成本、变动成本和准变动成本。

2. 需求因素

在考虑需求因素时，一般使用价格需求弹性来分析。需求的价格弹性是指因价格变动而相应引起的需求变动比率，它反映了需求变动对价格变动的敏感程度。价格需求弹性通常用弹性系数（Ed）来表示，该系数是服务需求量（Q）变化的百分比同其价格（P）变化百分比之比值。用公式表示为：

需求弹性系数（Ed）＝需求量变动百分比/价格变动的百分比

在现实生活中，不同服务产品的需求是不尽相同的，如果对服务的需求是有弹性的，那么其定价水平就特别重要。例如，在某些市场上，需求受到价格变动的影响很大（如市区公共交通服务、旅游娱乐等），而有些市场则影响较小（医疗、中小学教育等）。服务企业应该了解其产品的需求弹性情况如何，然后才能制定合理的价格策略。

3. 竞争因素

市场竞争状况直接影响着企业定价策略的制定。在产品差异性较小、市场竞争激烈的情况下，企业制定价格也相应缩小。对于服务企业来说，要掌握竞争对手的信息，了解对手如何确定其成本、价格和利润率，准确地制定适宜自己企业的全面价格策略。

（二）服务定价的方法

服务业的定价方法比较常用的有以下 3 种。

1. 成本导向定价法

成本导向定价法是指企业依据其提供服务的成本决定服务的价格。这种方法明显的优点首先是简单明了；其次是在考虑生产者合理利润的前提下，当顾客需求量大时，能使服务企业维持在一个适当的盈利水平，并降低顾客的购买费用。在实践中，其具体的方法有利润导向定价和政府控制的定价。

2. 竞争导向定价法

竞争导向定价法是指以竞争者各方面之间的实力对比和竞争者的价格作为定价的主要依据，以竞争环境中的生存和发展为目标的定价方法，主要包括通行价格定价和主动竞争型定价两种。所谓通行价格定价，是指以该种服务的市场通行价格作为本企业的价格。主动竞争型定价，是指为了维持或增加市场占有率而采取的进取性定价。

3. 需求导向定价法

需求导向定价方法注意考虑消费者的认知和行为，服务的质量和成本则配合价格而进行相应的调整。

（三）服务产品的定价策略

有形产品的定价策略也适用于服务产品，一般来说，服务业常用的定价策略包括以下 8 种。

1. 差别定价策略

差别定价法是一种根据顾客需求强度而采取不同价格的定价方法，主要适用于：建立基本需求，尤其是对高峰期的服务最为适用；用以缓和需求的波动，降低服务的易消失性等不利影响的情况。

差别定价的形式主要包括：

（1）价格/时间的差异，例如公用事业及电话服务在假期使用的价格。

（2）顾客支付能力差异，例如管理顾问咨询、专业服务业、银行贷放利率。

（3）服务产品的品种差异，例如使用不同机种电话租用收费。

（4）地理位置差异，例如旅馆房间的定价以及剧院的座位定价。

2. 折扣定价策略

折扣定价的原理同有形产品的折扣定价一样，在此不再赘述。在大多数的服务市场上都可以采用折扣定价法，服务业营销采用折扣定价的目的有：

（1）促进服务的生产和消费的产生。例如，付给保险经纪人的佣金或对单位委托顾问服务的费用支付。

（2）作为促销手段，鼓励提早付款、大量购买或高峰期以外的消费。

3. 偏向定价策略

当一种服务原本就有偏低的基本价，或某种服务的局部形成低价格结构形象时，就会产生偏向价格现象。例如，餐厅为了增加惠顾而提供价廉物美的实惠简餐（如商业午餐、套餐或5元吃饱等），但大多数的客人一旦进入餐厅，最后还是会点其他比较高价的菜品。

4. 保证定价策略

保证定价策略是指“保证必有某种结果产生后再付款”的定价方式。比如职业介绍所的服务，必须等到当事人获得了适当的工作职位后，才能收取费用。保证定价法适用于以下3种情况：

（1）保证中的各种特定允诺可以肯定和确保者。

（2）当高质量服务无法在削价的竞争环境中获取应有的竞争力时。

（3）顾客所寻求的是明确的保证结果，例如防锈服务、有保障的投资报酬率等服务。

5. 高价位维持定价策略

这种策略是当消费者把价格视为质量的体现时使用的一种定价技巧。在某些情况下，某些服务业公司往往有意地造成高质量、高价位姿态。这种定价策略适用于已建立起高知名度的服务企业。

6. 牺牲定价策略

这种策略是指第一次订货或第一个合同的要价很低，希望借此能获得更多的生意，而后来生意的价格却比较高。当顾客不满意目前的供应者或不精通所提供的服务时，适合采取这种做法。这种定价方式的最大不利之处是：起初的低价位可能成为上限价位。一旦此上限价位成立，顾客便会拒绝再加价。此种定价方法通常用在营销顾问业和管理教育训练服务业。

7. 阶段定价策略

此种定价策略与牺牲定价策略类似，即基本报价很低，但各种额外事项则要价较高。例如，某管理咨询顾问的报价只是其执行服务花费的时间费用而已，但未包括执行服务时有关的差旅费。

8. 系列价格定价策略

价格本身维持不变，但服务质量、服务数量和服务水平则充分反映成本的变动。这种定价方式往往被视为一种并不适于用来处理成本变动的定价方式。只有在固定一套收费方式的一系列的标准服务的情况下才适于使用。例如，租赁公司往往使用此定价方式，但不适合于修理服务业。

四、服务分销策略

服务分销策略就是服务企业为目标顾客提供服务时对所使用的位置和渠道所做的决策，它包括如何把服务交付给顾客和应该在什么地方进行。在服务营销中，企业为了获得竞争优势，应该寻找并制定适宜的交付服务方法和地点（渠道）策略，方便顾客对服务产品的购买、享用和受益。

分销渠道是指服务产品从生产者移向消费者所涉及的一系列公司和机构。一般而言，服务销售以直销最普遍，而且渠道最短。此外，还有许多服务业的销售渠道则包括一个或一个以上的中介机构，因此，直销不是服务业市场唯一的分销方法。中介机构执行着不同的功能，例如：承担所有权风险；担任所有权转移的中介角色（如采购）；或是担当实体移动（如运输）的任务，尽管中介机构的功能没有一致性，但服务企业在市场上可供选择的销售渠道主要有直销和经由中介机构分销两项。

（一）直销渠道

直销是最适合服务产品的配送形式。直销可能是服务生产者经过选择而采用的销售方式，也可能是由于服务和服务提供者不可分割的原因。

当服务企业选择直销时，经营者的目的往往是为了获得某些特殊的营销优势。

（1）对服务的供应与表现可以保持较好的控制，若经由中介机构处理，往往造成失去控制的问题。

（2）以真正个人化服务方式实行面对面的服务，能在其他标准化、一致化以外的市场产生有特色服务产品的差异化。

（3）可以在与顾客接触时直接反馈回关于目前需要的变化以及对竞争对手产品内容的意见等信息。

（二）经由中介机构的分销渠道

服务业公司最常使用的渠道是通过中介机构，它们的结构各不相同，而且有些还相当复杂。服务业市场的中介机构形式很多，比较常见的有：

（1）代理。指根据代理合同的规定，受服务提供者的授权、委托从事某项服务活动。一般是在观光、旅游、保险、旅馆、信用、运输、雇佣和工商业服务业市场出现。

（2）代销。指专门执行或提供一项服务，然后以特许权的方式销售该服务，代销商收取手续费或从折扣中取得收入。

（3）经纪。在某些市场，服务因传统惯例的要求必须经由中介机构为服务提供者和顾客双方提供信息才能进行，如股票市场和广告服务。

（4）批发商。主要从事批发业务的中介服务机构，如旅行社、旅游公司等。

（5）零售商。面向广大顾客从事服务产品的供应，如照相馆和提供干洗服务的商店等。

中介机构的形式还有很多，在进行某些服务交易时，可能会关系到好几家服务业公司。例如，某个人长期租用一栋房屋，可能关系到房地产代理、公证人、银行、建筑商等服务业。另外，在许多服务业市场，中介机构有时会同时代表买主和卖主（如拍卖）。

（三）服务渠道的发展

服务产品的分销渠道大都可以以独立渠道和结合渠道两种方式来实施渠道的发展。

1. 独立服务渠道

独立服务渠道的兴起是为了满足某种特定需要，而无须与另外的产品或服务相关联。例如，一家顾问公司或一家旅行社，不与其他公司联合，并且与其他公司分开经营，即属独立服务公司。不过，独立服务公司也可以利用其他的中介机构。

2. 结合型服务渠道

结合型服务渠道，是指服务结合在一个销售某一产品的渠道之中。结合型服务渠道一般是通过以下形式发展而来的：①收购，服务是整体产品组合的一个部分；②租用，服务在另一家公司的设施中提供和营运，特许权使用人必须给付租金或者从营业额中分成给出租的公司；③合同，指两家或两家以上的独立公司，以某种契约方式合作营销一项服务。

（四）服务渠道的创新

1. 租赁服务的增长

在服务业经济中，许多个人和公司都已经而且正在从拥有产品转向产品的租用或租赁。采购也正从制造业部门转移到服务业部门。目前可以租用或租赁的品种包括：汽车、货车、厂房和设备、飞机、货柜、办公室装备、制服、工作服，等等。有些过去是生产制成品的公司开发了新的服务业务，提供其设备作为租用和租赁之用。在租用及租赁合同中，银行和融资公司以第三者身份扮演了重要的中介角色。

2. 特许经营的发展

在可能标准化的服务业中，特许经营已是一种持续增长的现象。所谓特许经营，是指一个人（特许人）以特许经营合同的形式，将自己拥有的知识产权（包括商号、产品、商标、设备等），授权给另一个人（受特许人）使用，使其按合同规定进行分销，等等。

3. 综合服务

综合服务即综合公司体系与综合性合同体系的持续发展，并已经开始主宰某些服务业领域，是服务业增长的另一个现象。例如，在观光旅游方面，许多服务系统正在结合两种或两种以上的服务业，比如航空公司、汽车租赁、餐饮业、汽车旅馆、订票及订位代理业、休闲娱乐区、滑雪游览区、轮船公司等。

4. 准零售化

近几年来，服务业的经济发展中出现了一大特色，即“准零售出口”（outlets）的兴起。这些“准零售出口”主要是销售服务而不是销售产品，包括旅行社、美发店、票务代理业、建筑公司、房地产代理、驾驶训练班等。

五、服务促销策略

服务促销是指为了提高销售，加快新服务的引入，加速人们接受新服务的沟通过程，刺激消费需求。促销对象不只限于顾客，也可以被用来激励雇员和中间商。服务市场营销的促销目标与产品市场营销大致相同。具体促销目标有：①沟通并描述服务带来的各种利益；②说服顾客购买或使用该项服务；③建立对该服务产品及服务企业的认知及兴趣，维持服务企业的整体形象和信誉。

服务的促销手段主要有广告、人员推销、销售促进和公共关系等。

1. 广告

基于服务的一些特点，服务广告的原则有：

（1）信息明确。服务广告以简明的文字和图形，传达所提供服务的领域、深度、质量和水准的明确信息，努力实现无形服务的有形化。

（2）强调服务利益。在了解顾客需求的基础上，选择广告所使用的利益诉求，使广告达到最佳效果。

（3）承诺必须切合实际。服务广告中的服务诺言必须务实，一定是企业可提供和顾客能得到的服务，不可夸大其词。

（4）争取顾客合作，建立口传沟通。在服务广告中，要努力争取并维持顾客对该服务的购买，获取并保持顾客的配合与合作。通过说服满意的顾客将他们的满意转告给他人、制作一些资料供顾客转送给非顾客群、针对意见领袖进行直接广告宣传活动等方式，与顾客建立口传沟通。

（5）提供有形线索。为了增强促销的效果，服务广告应该尽可能使用有形线索作为提示。这种较为具体的沟通展示或呈现可以变为非实体性的化身或隐喻。知名的人物和物体，可用来为服务提供其本身无法提出的“有形展示”。

（6）解除顾客购后疑虑。消费者购买产品和服务后，都会不可避免地对购买行动的合理性产生事后的疑虑。为了使顾客解除疑虑，在服务的购买过程中，服务业公司人员要向顾客提供周到服务，有针对性地强调其购买选择的合理性，鼓励顾客将服务购买和使用后的利益转告给他人，增强对该服务的信任。

基于上述原则，服务广告的主要任务是：①通过说明企业的经营状况和各种活动、服务的特殊之处及企业的价值等，塑造企业在顾客心目中的形象；②通过企业形象的塑造，建立企业受重视的个性；③通过提供和顾客的需求、价值观和态度息息相关的服务，建立顾客对企业的认同；④服务广告通过表达和反映公司员工的观点，指导企业员工如何对待顾客；⑤协助业务代表们顺利工作。

2. 人员推销

服务营销中人的接触的重要性和人的影响力已被普遍认同。因此，人员销售与人的接触已成为服务业营销中最被重视的因素。人员推销的原则、程序和方法在服务业和制造业中的运用大体相同。但在某些服务业市场，专门技术人员的作用更为重要。因此，服务营销中的人员推销要求也会更高。

（1）发展与顾客的个人关系。由于顾客需求的差异性，对不同的问题会有不同的感受，一般顾客都希望能被单独接待。服务业公司员工和顾客之间良好的个人接触可以使双方相互满足。

（2）采取专业化导向，使采购简单化。在服务交易中，顾客总希望销售人员是一个地道的专家，能提供专业的服务，因此，服务提供者的外表、动作、举止行为和态度都必须符合顾客心目中一名专业人员应有的标准，以专业方式照顾并做好一切，尽量减少对顾客提出各种要求。

（3）利用间接销售，推销多种服务。在服务营销中，销售人员通过各种间接手段，提供更多的销售机会。在推销核心服务时，提供一系列辅助性服务，使顾客从中获得利益。

（4）建立并维持有利的形象。人员销售对企业的整体形象有很大的影响。顾客往往从企业推销员的素质来判断这个服务企业的优劣。推销人员的专业技能、工作效率、服务态度和销售技巧，都会影响既有企业形象。

3. 销售促进

销售促进是企业运用各种短期诱因鼓励购买的促销活动。由于服务业方面某些特殊的因素，销售促进的使用受到一些限制。例如，某些销售促进手段的使用可能涉及道德的限制，或者某一专业团体会认为某些方式太过急进。因此，对于服务业而言，要根据目标对象的特征以及运用方式适当而合理地使用销售促进。

4. 公共关系

公共关系是为了促进公众对企业的认识、理解及支持，树立和维护良好的企业形象、促进商品销售而采用的一系列促销活动。服务和产品的公关工作基本上并无差异，其手段同样有：媒介宣传、企业资料宣传、欢迎顾客参观、密切社团关系等。

服务公关工作的 3 个重要决策是：①建立各种目标；②选择公关的信息与工具；③评估效果。这 3 个决策对所有服务企业都是很重要的。许多服务业都很重视公关工作，尤其对于一些小型服务公司，公共关系是建立企业市场知名度和提高其美誉度的有力工具。

【案例 12－2】

希尔顿酒店的“微笑服务”

美国“旅馆大王”希尔顿在 1919 年将父亲留给他的钱连同自己挣来的钱进行投资，开始了他雄心勃勃的经营旅馆生涯。当他的资产从 1 500 美元奇迹般地增值到 5 100 万美元的时候，他欣喜而自豪地把这一成就告诉母亲。想不到，母亲却淡然地说：“依我看，你跟以前根本没有什么两样……事实上你必须把握比 5 100 万美元更值钱的东西。除了对顾客诚实之外，还要想办法使来希尔顿旅馆的人住过了还想再来住，你要想出这样一种简单、容易、不花本钱而行之久远的办法去吸引顾客。这样你的旅馆才有前途。”

母亲的忠告使希尔顿陷入沉思：究竟什么办法才具备母亲指出的“简单、容易、不花本钱而行之久远”这四大条件呢？他冥思苦想，不得其解。于是他逛商店、串旅馆，以自己作为一个顾客的亲身感受，得出了准确的答案——微笑服务。只有它才实实在在的同时具备母亲提出的四大条件。

从此，希尔顿实行了微笑服务这一独创的经营策略。每天他对服务员说的第一句话是“你对顾客微笑了没有?”他要求每个员工不论如何辛苦，都要对顾客投以微笑，即使在旅店业务受经济萧条严重影响的时候，他也经常提醒员工记住：“万万不可把我们心里的愁云摆在脸上，无论旅馆本身遭受的困难如何，希尔顿旅馆服务员脸上的微笑永远是属于旅客的阳光。”为了满足顾客的要求，希尔顿“帝国”除了到处都充满着“微笑”外，在组织结构上，希尔顿尽力创造一个尽可能完整的系统，以便成为一个综合性的服务机构。因此，希尔顿饭店除了提供完善的食宿外，还设有咖啡厅、会议室、宴会厅、游泳池、购物中心、银行、邮电局、花店、服装店、航空公司代理处、旅行社、出租汽车站等一套完整的服务机构和设施，使得到希尔顿饭店投宿的旅客，真正有一种“宾至如归”的感觉。当他再一次询问他的员工们：“你认为还需要添置什么?”员工们回答不出来，他笑了：“还是一流的微笑！如果是我，单有一流设备，没有一流服务，我宁愿弃之而去，住进虽然地毯陈旧，却处处可见到微笑的旅馆。”

（资料来源：根据《中国旅游报》2004年7月28日《“经营微笑”：希尔顿酒店的成功之道》一文整理。）

第三节　服务质量管理

一、服务质量的概念和评价

（一）服务质量的概念

服务质量是服务营销的核心，是一个主观范畴，是服务或服务业满足顾客规定的或潜在要求的特征或特性的总和。它取决于顾客对服务的预期质量同其实际感受的服务水平（感知质量）的对比。因此，服务质量有预期服务质量与感知服务质量之别。预期服务质量即顾客对服务企业所提供服务预期的满足程度。感知服务质量则是顾客对服务企业提供的服务实际感知的水平。如果顾客对服务的感知水平符合或高于其预期水平，则顾客获得较高的满意度，从而认为企业具有较高的服务质量，反之，则会认为企业的服务质量较低。

预期服务质量受市场沟通、企业形象、顾客口碑和顾客需求4个因素的影响。市场沟通包括广告、直接邮寄、公共关系以及促销活动等，直接为企业所控制。企业形象和顾客口碑只能间接地被企业控制，这些因素受许多外部条件的影响，顾客需求是企业的不可控因素。顾客需求的千变万化及消费习惯、消费偏好的不同，决定了这一因素对预期服务质量的巨大影响。

（二）服务质量的构成

顾客通常从技术和职能两个层面来感知服务质量，从而服务质量也就包括技术质量和职能质量两项内容。

1. 技术质量

技术质量是指服务过程的产出，即顾客从服务过程中所得到的东西。对于这一层面的服务质量，顾客容易感知，也便于评价。例如，宾馆为旅客休息提供的房间和床位，饭店为顾客提供的菜肴和饮料，航空公司为旅客提供的飞机、舱位等。

2. 职能质量

职能质量是指服务推广的过程中，顾客对服务人员在提供服务时的行为、态度、穿着、仪表等所感受到的利益和享受。职能质量完全取决于顾客的主观感受，不同的顾客在不同的情景下，对同一服务的感受是不一样的，因此，职能质量很难进行客观的评价。

（三）服务质量的评价标准

美国营销专家派瑞塞姆（Parasuraman）、西斯姆（Zeithaml）和贝利（Berry）（此三人合称 PZB），根据对服务业的研究，于 20 世纪 80 年代提出了 SERVQUAL 模型。SERVQUAL 模型是依据全面质量管理（Total Quality Management，TQM）理论在服务行业中提出的一种服务质量评价体系，其理论核心是“服务质量差距模型”，即服务质量取决于用户所感知的服务水平与用户所期望的服务水平之间的差别程度（因此又称为“期望—感知”模型），用户的期望是开展优质服务的先决条件，提供优质服务的关键就是要超过用户的期望值。其模型公式为：

SERVQUAL 分数 = 实际感受分数 - 期望分数

SERVQUAL 模型将服务质量分为 5 个层面：有形设施、可靠性、响应性、保障性、情感投入。每一层面又被细分为若干个问题，通过调查问卷的方式，让用户对每个问题的期望值、实际感受值及最低可接受值进行评分，并由其确立相关的 22 个具体因素来说明它。然后通过问卷调查、顾客打分和综合计算得出服务质量的分数。

（1）有形性。又称可感知性，是指服务产品的“有形部分”。顾客正是借助这些有形部分来把握服务的实质。

（2）可靠性。可靠性是指企业准确无误地完成所承诺的服务，是最重要的质量指标。

（3）响应性。响应性是指企业随时准备愿意为顾客提供快捷、有效的服务，满足顾客各项要求。

（4）保证性。保证性是指服务人员的友好态度与胜任能力，它能增强顾客对企业的服务质量的信心和安全感。

（5）移情性。移情性是指企业要真诚地关心顾客，设身处地地为顾客着想，了解他们的实际需要（甚至是私人方面的特殊要求）并予以满足，使整个服务过程充满人情味。

现在，该模型已被广泛接受和采用，适用于测量信息系统服务质量，是一个评价服务质量和用来决定提高服务质量行动的有效工具。

二、提高服务质量的策略

提高服务质量的策略有很多，比较常用的方法有两种，即标准跟进和蓝图技巧。

1. 标准跟进

标准跟进是指企业将自己的产品、服务和市场营销过程同市场竞争对手，尤其是最强的竞争对手的标准进行对比，在比较、检验和学习的过程中逐步提高自身的服务水平。

服务企业在运用这一方法时可以从策略、经营和业务管理等方面着手。

（1）在策略方面，企业应将自身的市场策略同竞争者的成功策略进行比较，寻找它们之间的相关关系。通过比较和分析，企业将会发现以往被忽视的成功因素，从而制定出新的策略。

（2）在经营方面，企业主要集中于从降低成本和提高竞争差异化的角度了解竞争者的做法，并制定自己的经营策略。

（3）在业务管理方面，企业应该根据竞争者的做法，重新评估某些支持性职能部门对整个企业的作用。

2. 蓝图技巧

蓝图技巧又称服务过程分析，是指通过分解组织系统和架构，鉴别顾客同服务人员的接触点，并从这些接触点出发来改进企业服务质量的一种策略。蓝图技巧借助流程图的方法来分析服务传递过程的各个方面，包括从前台到后勤服务的全过程。它通常包括4个主要步骤：

（1）将服务的各项内容用流程图的方法画出来，使服务过程能够客观、明显地展现出来。

（2）找出容易导致服务失败的接触点。

（3）确立执行标准和规范，而这些标准和规范应体现企业的服务质量标准。

（4）找出顾客能够看得见的、将被视为企业与顾客的服务接触点的服务展示。

三、服务质量管理

（一）服务质量的差距管理

为了便于分析服务质量问题，PZB还提出了一种服务质量差距分析模式，如图12－1所示。

根据服务质量差距分析模型，企业提供的服务存在5个方面的差距：

（1）管理者认识差距。这是指顾客预期服务与管理者对期望质量的感觉不明确而产生的差距。例如医院管理人员可能认为病人要求好的伙食，但病人更关心的是护士的迅速反应。

（2）质量标准差距。这是指服务质量标准与管理者对质量期望的认识不一致而产生的差距。

（3）服务交易差距。这是指在服务生产和交易过程中员工的行为不符合质量标准而产生的差距。

（4）营销沟通差距。这是指营销沟通行为所做出的承诺与实际提供的服务不一致而产生的差距。

（5）感知服务质量差距。这是指感知或经历的服务与期望的服务不一样而产生的差距。

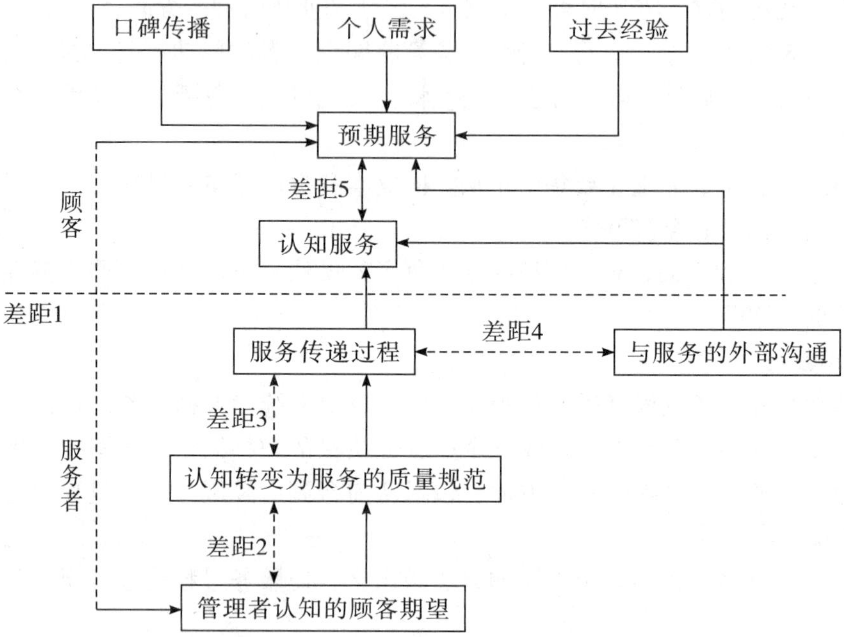

图 12－1　服务质量差距分析模型

（二）顾客期望管理

服务营销的目标就是为了实现顾客满意。我们知道，顾客满意是顾客的感知与期望相比较的结果。如果顾客感知大于顾客期望，则顾客满意；反之则不满意。顾客的感知与顾客期望的比值越大，顾客的满意度就越高。顾客期望作为比较评估的标准，既反映顾客相信将会在服务中发生什么（预测），也反映顾客想要在服务中发生什么（愿望）。

1. 管理顾客期望

可以通过以下 3 个方面的工作对顾客期望进行有效管理。

（1）保证承诺反映现实。明确的服务承诺和暗示的服务承诺都完全处在企业的控制中，对这些承诺进行管理是最直接可靠的管理期望的方法。

（2）重视服务可靠性。可靠的服务能带来较高的现有顾客保持率，有助于减少优质服务重视的需要，从而限制顾客的期望。

（3）坚持与顾客进行沟通。经常与顾客进行沟通，加强与顾客的联系，有助于在服务问题发生时减少或避免顾客的失望感，从而使顾客树立对企业的信任和忠诚。

2. 超出顾客的期望

顾客期望管理为超出顾客期望奠定了基础，企业可利用服务传送和服务重现所提供的机会来超出顾客的期望。

（1）进行优质的服务传送。通过优质服务的传送，有利于保持更切合实际的期望和更多的容忍。

（2）利用服务重现。顾客对服务的期望存在着满意和渴望这两个水平，如果感觉到的服务符合满意的服务，我们认为服务合格；如果感觉到的服务与渴望的服务符合，我们认为服务优秀。优秀的服务的重现是一个超出顾客期望的好机会，可以为企业重新赢得顾客信任创造条件。企业应努力组织好重现服务，使服务中的问题得到令人满意的解答，使企业服务不断超出顾客的期望。

【案例讨论】

手机行业的衍生服务

20 世纪 90 年代中期，手机来到我们身边的时候还是稀罕物，当时名字也不叫手机，而是叫大哥大，不像是一种通信产品，倒颇像某位江湖人士的匪号。当时谁拥有一部手机可是件了不得的事，那是身份和地位的象征。走到街上，经常可以看到有人手里拿着个板砖似的东西站在马路中央，两眼朝天哇哇乱叫，碰到这种情况，过往的车辆都得绕着走，惹不起。那时候买一部手机要两三万元人民币，以购买力来等值折算的话，大概至少得相当于现在的七八万甚至十来万元人民币。十几年来，手机产业让很多人都发了大财，但发财的大多是手机生产商和经销商，包括一些修手机的人。谁也没有想到，手机发展到现在，还能让另一种人发财，这种人就是像李俊峰这样的人，基本上属于白手起家的无产者。一想到手机，大家首先就会想到这是个大投入大产出、小投入没产出的行业。一款手机要想在市场上打响名号，最终捞回成本并且赚到钱，不说研发、生产，光广告费就得投入多少？在这样一个行业中，像李俊峰这样无资源、无资本的小人物，是怎样发家致富的呢？

李俊峰，从农村走出来的大学毕业生，曾经最大的愿望就是能够拥有一部自己的手机。但他直到大学毕业后才真正拥有第一部属于自己的手机。但那个时候，手机已经开始像日常必需品一样普及。走在城市街头，虽不说人手一部，也相差不远了。对于好不容易才奋斗到手的一件“宝物”，转眼间便被淹灭于芸芸众生之中，李俊峰很不甘心。他总想使自己的手机有点特色，与众不同。他没有钱赶潮流经常更换手机。他想的办法就是“新瓶装旧酒”。当时有一种小贴纸，本来是让大家贴在墙上或书包上做装饰用的，他用来贴在手机上，效果还不错，真能够产生“区别众生”的效果。后来他将这种贴纸改进，在上面打印上自己喜欢的图案，再压上一层塑料膜。因为不是手机装饰专用贴纸，这些工作做完后还要用刻刀比着手机的大小和形状对贴纸进行“雕刻”和修改，然后才能贴到手机上。经过这样“改装”的手机，不但“区别众生”，而且“超越众生”，在众多手机中显得是那么的卓尔不群，李俊峰的虚荣心得到了极大的满足。

不过，这也给他带来了麻烦，就是同事们不断地要求他帮忙给自己“改装”手机。李俊峰不能不答应，这使他几乎没有了休息时间，每天下班后就趴在那里给同事们做手机贴纸，进行手机美容。后来，一些朋友的朋友为了排在别人前面得到他的手机贴纸，甚至愿意出钱购买他的贴纸，这使李俊峰心眼一动：原来这玩意儿还可以赚钱！随着愿意出钱买他的手机贴纸的人越来越多，到 2012 年初，李俊峰干脆辞了职，拿出 6 年工作攒下的全部积蓄，一共 18 000 元钱，在北京西单的一家商场租了一小截柜台，正式开始做起了手机贴纸和手机美容的生意。

现在，李俊峰依靠一片小小的手机贴纸，成立了自己的公司，叫作大秦手机化妆公司。他不但自己做，还发展加盟代理，目前旗下已拥有加盟代理商数十家。一片小小的手机贴纸，已为李俊峰带来了超过百万元的利润，以后还会给他带来多少收益，谁也不知道。除了手机贴纸，李俊峰还将业务开拓到手机添香、手机水晶刻印、手机镶钻等30多种手机美容业务，生意一片红火。

如果说金融行业有衍生产品，那么，李俊峰做的可以说是手机行业的衍生产品。像这样依靠手机行业衍生产品发财的并不只有李俊峰一个人。在广西南宁，有一个叫黎小兰的女孩，也是靠做琥珀昆虫手机链和水晶昆虫手机链，从1 000多元钱起家，成立了自己的公司——南宁昆虫之恋工艺品厂，几年间赚了上千万元，还将业务拓展到了国外，开始赚美元，事业做得比李俊峰还大，生意比李俊峰还红火。

（资料来源：张涛. 创业管理［M］. 北京：清华大学出版社，2016：303－305.）

讨论：

（1）李俊峰手机化妆服务满足了哪类市场需求？

（2）你对李俊峰的手机化妆公司的营销管理有什么意见和建议？

参考文献

[1] 车慈慧. 市场营销 [M]. 北京：高等教育出版社，2015.

[2] 李志敏. 市场营销 [M]. 长沙：湖南师范大学出版社，2013.

[3] 黄宏彬. 市场营销学 [M]. 成都：西南交通大学出版社，2013.

[4] 菲利普·科特勒，凯文·莱恩·凯勒. 营销管理：全球版 [M]. 14 版. 王永贵，等译. 北京：中国人民大学出版社，2012.

[5] 刘常宝. 市场营销 [M]. 长沙：湖南师范大学出版社，2011.

[6] 陈守则. 市场营销学 [M]. 北京：机械工业出版社，2005.

[7] 吴健安. 市场营销学 [M]. 北京：高等教育出版社，2004.

[8] 姜宁川，青学跃. 现代市场营销 [M]. 成都：四川大学出版社，2004.

[9] 甘碧群. 市场营销学 [M]. 武汉：武汉大学出版社，2004.

[10] 欧阳慧，朱文渊. 市场营销学 [M]. 长沙：湖南大学出版社，2004.

[11] 菲利普·科特勒. 营销管理 [M]. 2 版. 北京：清华大学出版社，2003.

[12] 雷祺，刘晓梅. 浅谈 AMA 关于市场营销定义的演变 [J]. 市场营销导刊，2009 (2)：43 – 46.

[13] 侯庆轩. 日本的市场营销创新与企业家 [J]. 现代日本经济，2001 (2)：20 – 23.

[14] 王曼莹. 论现代市场营销的本质 [J]. 北京工商大学学报 (社会科学版)，2006，21 (5)：62 – 67.

[15] 沈建国，沈佳坤，杨赐. 案例分析法在市场营销教学中的运用实例：如何把梳子卖给和尚 [J]. 金融经济，2015 (2)：172 – 174.

[16] 王珊珊. 基于价值创新的营销模式研究 [D]. 天津：天津科技大学，2009.

[17] 叶生洪，张泳，张计划. 市场营销经典案例与解读 [M]. 广州：暨南大学出版社，2009.

[18] 张涛. 创业管理 [M]. 北京：清华大学出版社，2016.

[19] 蒋新宁，沈波，肖立刚. 企业经营管理学概论：原理·实务·案例 [M]. 南京：东南大学出版社，2009.

[20] 魏西友. 从"廉价饮品"到"天然饮料"：维他奶不断变化的市场定位 [J]. 现代交际，2007 (3)：26 – 27.

[21] 卡尔·马克思. 资本论：第 3 卷 [M]. 北京：人民出版社，2004.

[22] 陈支农. 引领新潮香港银行业长盛不衰 [J]. WTO 经济导刊，2004 (5)：49 – 54.

[23] 沈小雨. 定位鲜明　奇瑞 QQ 诠释"年轻人的第一辆车" [J]. 成功营销，2004 (2)：34 – 36.

[24] 郭鹏辉. 宝洁公司的品牌战略 [J]. 江苏商论，2008 (35)：95 – 96.

[25] 罗广. 索尼 Walkman 的设计策略及其兴衰分析 [J]. 装饰，2014 (4)：93 – 94.

[26] 陈筱彦，伍丹. "每天降价 10%" 策略的实质与运用 [J]. 中国市场，2006 (49)：59 – 60.

[27] 潘雅芳. 纳爱斯集团营销战略研究初探 [D]. 上海：复旦大学，2008.

[28] 陈昫，贺远琼. 我国企业营销控制模式研究 [J]. 商业研究，2006 (8)：141 – 143.